U0743824

TIANJIN XIQING
XUNGEN DAYUNHE CONGSHU

天津 西青

·

寻根大运河丛书

天津市西青区新闻中心 主编

“寻根大运河”活动纪实

杨鸣起 冯立 / 主编

天津出版传媒集团
天津人民出版社

图书在版编目(CIP)数据

“寻根大运河”活动纪实 / 杨鸣起, 冯立主编. --
天津 : 天津人民出版社, 2021.2
(天津西青·寻根大运河丛书)
ISBN 978-7-201-16440-3

Ⅰ. ①寻… Ⅱ. ①杨… ②冯… Ⅲ. ①大运河-文化
研究-西青区-文集 Ⅳ. ①K928.42-53

中国版本图书馆 CIP 数据核字(2020)第 174138 号

“寻根大运河”活动纪实
“XUNGEN DA YUNHE” HUODONG JISHI

出　　版　天津人民出版社
出 版 人　刘　庆
地　　址　天津市和平区西康路 35 号康岳大厦
邮政编码　300051
邮购电话　(022)23332469
电子信箱　reader@tjrmcbs.com

策划编辑　王　康
　　　　　韩玉霞
责任编辑　吴　丹
装帧设计　郭亚非
书名题字　冯中和

印　　刷　天津新华印务有限公司
经　　销　新华书店
开　　本　710 毫米×1000 毫米　1/16
印　　张　32.75
插　　页　1
字　　数　415 千字
版次印次　2021 年 2 月第 1 版　2021 年 2 月第 1 次印刷
定　　价　131.00 元

编委会名单

总　序

放眼大千世界，运河塑造了威尼斯的繁华，运河之国荷兰成为海上马车夫，运河催生了曼彻斯特的工业革命，运河开启了早期美国的经济开发。苏伊士运河、巴拿马运河则推进了经济全球化。

聚焦祖国山河，京杭大运河培育了沿线璀璨明珠，天津就是华北最闪亮的一座运河城市。天津因运河而兴，大运河自北向南，流经武清、北辰、河北、红桥、南开、西青、静海 7 个区，全长 195.5 公里。天津最早的人口聚落中心、社会经济活动场所，大都沿运河分布。可以说，运河对天津城的形成意义重大。

人工开凿运河，彰显了利用自然、改造自然的人类智慧与力量，激发出前所未有的经济活力。天津段大运河，如壮美的彩练，密切沟通首都北京，绵绵连接黄淮以至富庶江南，自明代以来促进了天津的经济社会发展。运河上帆船点点，南来北往，象征着开放与交流。运河岸边游人如织，人们品味着生活的酸甜苦辣，吟诵出大千世界如水一般柔美或不屈的诗篇。运河孕育了天津开放的地域文化特质，天津人达观奋进的精神风貌。享有世界声誉的年画文化、大院文化、精武文化和赶大营文化，独具特色；历代帝王、文人雅士也在运河两岸留下了众多诗词歌赋、著述碑记。

重温运河的历史，辉煌灿烂；展望运河的未来，无限风光。多年以来，全面、系统性地介绍京杭运河概要情况的史志、专著、丛书虽汗牛充栋，却鲜见有对某一段区间运河的历史与现状进行细致深入考察的系列丛书。与某一段特定运河有关的史料，往往散见于官修正史、地方志、文人笔记、小说家言乃至街谈巷议的口耳相传之中，而各界对于在地乡土社会史、文化史的注意力就更加零散。在使人感到遗憾的同时，这种情况也给今人留下了开展新工作、做出新贡献的很多余地。

“天津·西青寻根大运河丛书”编辑委员会的同志们，胸怀深沉的历史责任感和新时代蓬勃进取的事业心，纵横万里，耗时五年，进行了大量艰苦细致的交流采访、史料挖掘整理、文化传播工作。这使得我们能够以历史的眼光穿透纷繁复杂的史料，按照考察活动实迹、历史文化精华萁剥、诗词选粹、文脉追寻、图籍寓目怡情的体系，全方位、多角度、多层次地了解西青区乃至更大范围内运河的形成和演化变迁，理解与运河相关的津门水利、经济、文化、社会世情特质。在梳理保存史料并多面向地展示津门运河社会世情图景的基础上，该丛书比较详细地解释和揭示了京杭运河这一段的发生、发展、变化规律。

我相信，这一部丛书的出版发行，将能够促进西青区历史文化根脉的传承，并且向世界宣传推广本地独具特色的文化风貌。这部丛书的出版，也必将为今后进一步挖掘、利用运河历史文化资源，恢复和发展航运、旅游文化、创意设计等相关产业，提供借鉴和参照。这部丛书对于推动京杭大运河“运河学”研究取得新的进展，也将是很有帮助的。值此《天津·西青寻根大运河丛书》付梓之际，受邀作序，我由衷地感到高兴，同时也向编委会的同志们表示祝贺。

龙登高

清华大学社会科学学院

长江学者特聘教授

二〇二〇年十月十日

大运河 母亲河

——西青区“寻根大运河”活动综述

杨鸣起

大运河 母亲河——
“寻根大运河”活动综述

全长约1794公里的京杭大运河，北起北京，南至杭州，贯通中国6省市和5大水系。运河水孕育了沿岸世代居民的生命，浇灌滋养了那里的文明。

天津市的大运河段自北向南，流经武清、北辰、河北、红桥、南开、西青、静海7个区，全长195.5公里。大运河是西青人的母亲河。大运河在西青界内既有干流，也有支流。它的干流自西向东贯穿辛口、杨柳青、中北、西营门4个街镇，34公里长。它的一条支流——运粮河——从明朝开挖，流经张家窝、精武、李七庄、大寺4个街镇；它的另外两条支流——赤龙河、红泥河——流经王稳庄镇。历史上，西青区的大部分村镇都是在大运河及它的支流沿河而建、因河而兴的，西青人的祖辈们大多都是枕河而居、喝运河水长大的。

物阜民丰，人杰地灵。流动的大运河孕育了西青繁荣辉煌，更孕育了享有世界声誉的年画文化、大院文化、精武文化和赶大营文化等独具魅力的地域文化。可以说，没有大运河就没有西青区，大运河是西青人的母亲河！

随着城市建设的飞速发展，人们深刻认识到，一座城市的魅力所在，绝不仅仅表现在经济的硬实力上，更表现在文化的软实力上。经济是“筋”和“骨”，而文化是“气”和“神”。离开了文化内涵底蕴，城市化建设只能是钢筋混凝土的堆砌，有形无神、有壳无魂。为壳注魂，让魂归壳，魂壳交融，一个城市才能有筋骨、有血肉、有活的灵魂，才会汇聚人气，让人品读、赏玩、青睐。因此，围绕千年大运河，充分挖掘、整理它的历史文化，变旅游资源为旅游资本，利用它厚重的历史和丰富的人文资源，与城市的大发展相配套、相依托、相交融，已经越来越有必要，越来越刻不容缓。

从 2008 年开始，西青区组织新闻媒体在《天津日报》《今晚报》《今晚西青》上开设“寻根大运河”主题文库，组织媒体记者和文化学者开展拉网式乡土调查，特别是对 60 岁以上老人开展了抢救性调查，并向全国大运河流域省市征集文章，相继挖掘整理史料文章 500 多篇，拍摄了大量照片。挖掘出乾隆皇帝、明代文学家吴承恩等古人吟咏西青的诗赋 800 余篇；挖掘考证出康熙、乾隆皇帝多次泊船驻跸西青的史料；挖掘了杨柳青大院区石、董、周、安、久等家族兴衰的史料；探寻了霍元甲、韩慕侠、周恩来、张学良、白玉霜等大量历史名人与西青的深厚渊源；挖掘出明代大科学家徐光启在天津培育稻米、花卉，引进推广种植红薯的史实；寻找到曹雪芹曾在水西庄撰写《红楼梦》的史料；历史性地发现了天津有妈祖娘娘、岳飞的后代家族；还抢救性整理了濒临失传的运河船工号子和被誉为“天津民俗活化石”的《缸鱼》年画……

随着乡土调查的不断深入，人们越来越深刻地意识到，西青的文化不是孤立的，离开整个大运河流域去挖掘研究自己的地域文化是片面的、肤浅的，还必须挖掘、探寻西青在历史文化的发展演变上，到底与大运河沿岸地区有哪些千丝万缕的联系。如杨柳青年画为何被称之为“中国木版年画之首、之冠”？为什么杨柳青年画会有那么多描绘运河沿岸各地历史故事、民间传说、风土民俗的题材?霍元甲的迷踪拳和运河沿岸的河北沧州的武术、山东临清的谭腿究竟有哪些紧密联系?研究本土文化，必须走出去，沿大运河寻根溯源。

从 2011 年开始，经过精心策划、周密筹备，西青区成立了由新闻记者、

历史文化学者组成的“寻根大运河”天津·西青记者采访团，于 2012 年 6 月至 2013 年 3 月，沿京杭大运河北上南下，开始了异地采访的寻根溯源之旅。

按照“挖掘历史文化资料要有新发现；对运河相关调查研究要有新成果；古为今用、他为我用，对城市发展要有新启示；宣传天津、加强交流要结识新朋友”的指导原则，记者采访团沿京杭大运河跨越了北京、天津、河北、山东、江苏、上海、浙江等 7 个省市，从京杭大运河的最北端北京的白浮泉到最南端杭州的拱宸桥，沿河寻访考察了 30 多个城市。

通过异地采访，寻根溯源，充分挖掘、探究天津西青在历史、文化、经济、政治、民俗、风物、宗教、社会发展等方面与大运河千丝万缕的联系，活动形成了 400 多篇成果文章和大量照片、视频资料，为西青区开发利用大运河提供了深厚的文化底蕴和人文资源保障。同时，观照现实，调查了运河沿岸城市是如何利用大运河扩大知名度，发展文化、经济，做大做强旅游产业，以及推进园林城市、生态城市建设的，为西青的城市全面建设发展提供他山之石以资借鉴。

针对丰富众多的寻根成果，西青区努力推进“寻根”活动成果的传播工作，让这些优秀的运河文化“走出去”。借助中央、市级新闻媒体进行广泛传播；还通过百花文艺出版社、天津人民出版社等出版机构，相继出版《走进霍元甲》《正说霍元甲》《百年精武》《赶大营》《杨柳青古诗萃》《崇文尚武话西青》等图书，以此深度传播运河文化。

为了让天津西青的运河文化“走得更远”，西青区根据“寻根”成果，与天津广播电视台国际频道联合组建摄制组，沿大运河重点城市进行 5 集电视纪录片《美的溯游》的拍摄，并在天津广播电视台卫视频道、国际频道播出；还派摄制组远赴俄罗斯，拍摄那里大量收藏的 100 多年前的杨柳青年画珍品。这些古版年画在我国几近绝迹，成为孤品，其艺术价值难以估量。这次拍摄，不但丰富了我们对杨柳青年画的认知，还向世人证明：杨柳青年画不仅是中国的国宝，更是全世界的艺术明珠！此外，西青区还与中国台湾的 TVBS 电视台、《台湾导报》，以及俄罗斯国家电视台合作，通过新闻报道、报纸专版、电视专题，让西青优秀的运河文化走向了全国、走向了世界，起到了把根留住、让魂传承、扩大天津知名度和影响力的作用。

目录

上篇 | 寻根溯源

· 寻根印记 ·

下篇 | 美的溯游

· 电视纪录片《美的溯游》解说词 ·

· 电视新闻报道 ·

上篇　寻根溯源

·无尽的追思·

没有发出的聘书
——悼念罗哲文先生

杨鸣起

88岁的著名古建筑学家、"大运河申遗"发起人罗哲文先生，于2012年5月14日晚11时因病去世。噩耗传来，我先是震惊，不相信这是真的。三年前见到的罗老，明明还是一个精神矍铄、快乐健谈、"电话一响，背起包就走"、一年中"有一半时间在飞机上，飞遍祖国大江南北"的老小伙儿。然而听了当天的广播，看了当天的报纸，随后，一股无尽的悲伤、痛楚和遗憾缠绕充填于胸！

我和罗哲文先生本来素不相识。虽然早就知道，他老人家年轻时师从著名古建筑学家梁思成先生，曾数百次骑着小毛驴登上长城勘察，拟定了维修规划图，起草了长城申遗文书，直接促成长城成功申请世界文化遗产，被称为"万里长城第一人"；虽然早就知道，他还曾在2003年，以年近八旬的高龄，参加了对汉长城遗址、楼兰古国遗址等的考察，并穿越了被称为"死亡之海"的罗布泊；虽然早就知道，他不屈不挠、孜孜不倦地从事文物保护工作70余载，从长城保护到京杭大运河申遗，从历史文化名城保护到加入《保护世界文化和自然遗产公约》，对历史文化名城、世界文化遗产保护等做出了积极的贡献。然而先生是一代宗师，我是一个无名小辈，况且我们之间更没有专业、工作的往来交集，无缘相识，自己多年只能仰望星辰，对老先生暗自敬重。

终于，在三年以前，我和罗哲文先生见上了一面，做了一次一个多小时的交谈。

和老先生的一面之交，缘于大运河。2008年下半年，我所供职的《天津日报·聚焦西青》，开始筹划对京杭大运河的文化挖掘调查工作。

为了寻求高端权威专家的支持和指导，我们打算在一些全国著名的大运河专家学者中开展研讨、论证。作为大运河申遗工作的发起人和大运河保护的重要呼吁者，被誉为"运河三老"之一的罗哲文先生，成为我们第一个要拜访的专家。

2009年2月4日下午，我和副刊编辑王洪海老师、西青区党史研究室干部冯立同志、司机于洪伟来到了位于北京皇城根公园附近一个普通得不能再普通了的居民小区，敲开了罗先生的家门。

罗先生的家是一套旧式的单元房，应该是20世纪八九十年代的房型，好像没有客厅。走进他的书房，满眼都是书，凡是能摆放东西的地方都被书籍插得满满当当，以至没地方下脚。先生和蔼可亲，一面喊老伴儿沏茶，一面扒拉开沙发上的一摞书，让我们坐下。

我们把开展对京杭大运河文化挖掘调查工作的设想详细地向先生做了汇报。先生一边认真地倾听，一边做着笔记，还不时提问一些细节问题。

听完我们的汇报，先生沉思片刻说道，大运河既是宝贵的历史文化遗产，更是活生生的、还在流淌着的财富，必须发挥其实际的作用。他评价我们的设想既是难能可贵的，也是非常必要和可行的，工作一旦开展起来，对抢救当地运河文化、促进运河申遗、助力地方经济发展将发挥不可估量的作用。

先生告诫我们，挖掘运河文化，特别是沿大运河异地采访，很多地方都搞过，但几乎都无功而返、空手而归。其原因就是有的地方好大喜功，静不下心，沉不下身，走马观花、旅游式地搞调查。他还提醒我们不要重蹈覆辙，

要先从西青本土运河文化开始调查，由内及外、由近及远，扎扎实实地挖出有价值的东西。他还帮我们进一步理清了开展运河文化调查和沿大运河异地采访的目的：寻根溯源、观照现实、推介西青、交流文化、加强合作。

最后，先生兴奋地对我们说：”大运河是我魂牵梦绕的一个心结，你们搞大运河文化挖掘，我愿做你们的顾问！大运河沿线都有我的学生和朋友，如果你们开展沿大运河异地采访，我定会通知他们，给你们鸣锣开道，出发前，我要到天津杨柳青给你们壮行！”

我们当时承诺：我们的活动一旦成行，一定再来北京，给先生颁发顾问聘书！

虽是唯一的会面，虽是极短时间的访谈，但先生的话语，确如春风拂面、细雨润物，令我们视野顿开、信心平添。

一晃，三年过去了。为了和先生的这个约定，三年来，我们按照罗先生的教诲，组织骨干记者开展了以西青的“崇文尚武”为主题，面向西青的“年画文化”“大院文化”“赶大营文化”“精武文化”的挖掘活动；在西青本土开展了扎实有效的田野调查，重点对杨柳青、辛口、中北等多个街镇进行了拉网式调查，特别是对60岁以上老人开展了抢救性调查；向全国大运河流域省市征集文章，在报纸上开设了“大运河·母亲河”主题文库专栏，取得了《运河漂来妈祖后裔》《岳飞后人定居岳家开》《杨柳青年画与大运河的渊源》等许多重大挖掘发现成果，撰写刊登了300多篇有价值的调查文章；继续向张家窝镇“南乡十八村”，中北镇的花卉培育，西营门的梨园文化、花市文化、运河沿儿餐饮文化，大寺镇峰山药王庙文化，精武镇的精武文化和王稳庄镇的韩慕侠进行调查延伸。

随着乡土调查的不断深入，我们越发感到，仅仅对西青本土进行挖掘还远远不够，还非常有必要挖掘西青在历史、经济、文化、民俗的发展演变上，到底和大运河沿岸地区有哪些千丝万缕的联系。如山东临清和我们的杨柳青同是大运河南运河段的重要商埠，历史上肯定有商贸和文化上的往来。元代诗人揭傒斯《杨柳青谣》中“昨日临清卖苇回，今日贩鱼桃花口”一句，令我们遐思翩翩、猜想绵绵：杨柳青人为何要到临清去卖苇？临清是出贡砖的地方，杨柳青的苇和临清的贡砖到底是啥关系？临清和杨青驿，因一船芦苇和一方青砖究竟发生了哪些故事、哪些传说？又如，据杨柳青年画戴廉增画店第十九代传人戴敬勋老先生说，戴家祖上是明永乐年间从苏州携画艺沿大运河来杨柳青定居。中国四大木版年画之一的杨柳青年画与同是中国四大木版年画之一的苏州桃花坞年画究竟有着什么样的联系？杨柳青年画当前虽为中国木版年画之首，但其起源是否与桃花坞互为根脉？再如，明代大科学家徐光启，官场失意，来西青辛口、杨柳青、中北、张家窝、李七庄、大寺等地，又一直向天津的卫南洼拓展，试种水稻、蔬菜、花卉，以解北京朝廷的用粮危机，著名的小站稻就只出自津南小站吗？今天的辛口蔬菜、中北花卉和徐光启有多少渊源？能在他的家乡上海找到哪些有价值的史料？还有，霍元甲与上海精武会的组建、上海大画家钱慧安与杨柳青年画的崛起、《西游记》作者吴承恩的诗作《泊杨柳青》、石家大院后裔——著名戏剧表演艺术家石挥在上海的活动、杨柳青八大家运河漕运的发家与衰败……

要找到这些答案，就必须走出去，沿着大运河寻根溯源。

在扎实有效地开展西青本土调查的基础上，沿大运河开展异地采访的时机已经成熟。我们组成天津西青记者团，开展“寻根大运河”采访活动的方案也开始逐渐引起各级领导的高度重视，多年的愿望很快就要变成现实。在上报的策划方案里，我们把“罗哲文”三个字恭恭敬敬列入了首席顾问一栏，并打算在 5 月下旬，会同有关领导到北京再次和老先生见面，当面

向先生颁发聘书，邀请他出席我们的启动仪式。

然而，恰恰就在此时，先生走啦。没能颁发聘书，没能邀请先生出席我们的启动仪式，没能再次聆听先生的谆谆教诲……

5月16日，是先生逝世的第三天，我们做好了聘书，恭恭敬敬地写下：名誉顾问——罗哲文先生，落款日期：2012年5月14日——那是先生去世的日子。

5月18日，先生去世的第五天，我们带着聘书，驱车北京。为了再次瞻仰先生慈祥的遗容，为了重温先生绕耳的叮咛，更为了我们和先生的那一个约定。

下午两点多，几乎就是三年前和先生见面的时间，我和西青区委党史研究室干部冯立、编辑姜冰坚、司机李宝生，来到了老先生狭窄拥挤的家中。

花篮、花圈、书籍，遗像中的先生微笑丛中。

献花、鞠躬、凝思，我们热泪盈眶。

罗奶奶坚强，和我们一一握手，大师的弟子好友陪我们寒暄、倾诉。

我们动情地把聘书捧上、打开，倾诉我们的情怀。坚强的罗奶奶哭了，把聘书紧紧捧起，放在了胸前……

圆梦啦。为了和先生三年的情结！

圆梦啦。为了和先生三年的约定！

签名簿上，我们又一次恭恭敬敬地写下：

寻根大运河，我们和先生同行！

2012年5月18日深夜

四顾李世瑜

晨 曲

得知李世瑜老前辈不幸驾鹤归西的消息，心头不禁一阵冰凉，眼前瞬间浮现出两个月前李老向我频频摇手的景象。酒宴上，贵客们轮番向我劝酒，坐在对面的李老就频频向我摇手。然而我迁就盛情，没听老人言，果真就吃了亏。正是因为想起李老关心我的缘故，眼圈很快湿润起来。

李世瑜老师享年 89 岁，是天津市文史研究馆馆员，著名社会历史学家，在历史学、宗教学、民俗学、方言学等领域造诣颇深，建树极多。李老于 2010 年 12 月 29 日晨不幸去世，31 日告别他的故乡天津，走完 2010 年的最后一天。

回忆往事，我与李世瑜老前辈一生仅有四顾。

第一顾，是在 20 世纪 80 年代，天津民间文学研究会成立不久。因为那时还没有文联大楼，“民研会”搞活动与其他团体一样都自找门路。一次在天津人民美术出版社开会时，我认识了李世瑜先生。李老那时体格健壮，白面生生，英俊潇洒，别人介绍说他是著名民俗专家学者时，他却非常谦恭，和蔼可亲。

第二顾，已到 2008 年。当时，我在《西青报》任副刊编辑，报社准备开展“寻根大运河”活动，深入挖掘整理运河文化，报社领导安排聘请罗哲文、李世瑜、辛立洲三位专家为顾问。为此，我们登门拜访李世瑜老先生。此次见到的李老已是 86 岁高龄，但思维仍很敏捷，言谈举止越发像老学究，说他知道我，并表示：“寻根大运河”活动，挖掘整理运河文化功德无量，他大力支持。

第三顾，是在 2010 年国庆期间，那天突然接到李老的电话，邀请我参加天津市政协举办的“天津方言岛座谈会”。天津方言的母语被认为来自安徽省宿州地区，当晚的宴席是请宿州地区固镇县政协一行人，才出现“贵客劝

我酒，李老频摇手”的一幕。事后，听语言学家、天津师范大学谭汝为教授讲，李老早就对他说过：“给你介绍一位新朋友，笔名晨曲，写过长篇小说《霍元甲》和《赶大营》，原籍是安徽宿州。”由此我得知，2008 年拜访李老后，老人家一直没忘记，一直在惦念我，这使我受宠若惊，非常感激李老对晚辈的关心与提携。

第四顾，是在天津市第一殡仪馆的灵堂里。李老虽然已 89 岁高龄，但依然令我感到走得很突然。两个月前还在一起开会并共进晚餐是其一；其二是我欠李老一本书，还没能给他，竟成终生遗憾。那次座谈会上，李老提及天津日报正连载的小说《赶大营》，我马上意识到应该送李老一本请他指教，但因手头已经没有，只好说等再次印刷一定奉上。李老欣然同意。天津人民出版社准备再印之际，李老却驾鹤归西，我的愿望再也无法实现。看着灵柩里李老慈祥而又安详的面容，我为他既充实又辉煌的一生感到骄傲。想到李老的关心、关注与提携，我不禁热泪盈眶。

殷切的教诲 无尽的思念

——深切怀念伍绍祖同志

冯 立

2012年9月18日，伍绍祖同志去世。消息传来，让人悲伤不已。2007年，我曾聆听他的教诲，今天写篇小文，作为对他的缅怀。

那是2007年4月底的一天，我的手机铃声响起。“喂！”一个浑厚的男声从电话那端传来，“你是冯立吗？久仰啊。我是伍绍祖，我现在在天津，今天我有事，明晚我请你吃个饭，请你给我上上课。”虽然此前他的秘书已经与我联系，但我没想到他亲自打来电话，而且如此谦虚、和蔼。

第二天，伍绍祖在天津迎宾馆设宴请我吃饭。在座的还有他的夫人曾阿姨和他的次子伍四，以及他的秘书和司机。

我与伍绍祖同志谈了我对科技创新的看法，谈了我对科学发展的理解。我们还谈了科学定义问题，谈了钱学森同志的贡献，讨论了学术争论应该注意的问题。他说，你要学习恩格斯，既要批判杜林的错误思想，又要自觉维护杜林的话语权。

他还向我介绍了中国科技发展的最新动态，与我交流了对传统文化的看法。我们共同认为，科技的发展所依靠的应不只是一般认为的经验主义式的实践，还应包括蕴含在传统文化中的内向型实践。这才是实现科技创新、经济转型，进而实现可持续发展的关键。

数年后，我在参加“寻根大运河”活动伊始就提出了一个观点，即经济发展如同果实，科技如同生长果实的枝干，而文化则是供果树生长的土壤。这个提法应该说就是孕育自与伍绍祖同志的那次谈话。而这一思想也是我积极参与“寻根大运河”活动的动力所在。我们组织开展这一活动就是要保护

我们的文化遗存，让人们认识、重视我们的传统文化，进而为实现科学发展创造好的文化环境。

如今很多人对传统文化不重视，乃至不认识。在这种情况下，如果我们不保护好尚有的文化遗存，让它们在城市建设的热潮中消失，那么当我们发现它们所承载的东西的价值的时候，或许这些载体已经消失，让我们后悔莫及。我想，那些视传统文化为糟粕，为逐一时的 GDP 而无视文化遗存的人能听到伍绍祖同志的话，不知会不会为自己的无知而羞愧和懊悔。

一晃五年时间过去了。伍绍祖同志的音容笑貌犹在眼前，其谆谆教导犹在耳畔。如今回想起他的教诲，不由让人百感交集。同时，我重温他的教诲，铭记他的教诲，以此作为我为文化保护乃至为科学发展略尽微薄之力的鞭策。

2012 年 9 月 18 日

·寻根大运河札记·

北行记

（京杭大运河天津红桥、南开、河北、北辰、武清，北京段）

冯　立

2012年6月25日

今天是“寻根大运河”活动的第一天。

万事开头难

俗话说，万事开头难。历经周折，“寻根大运河”采访活动终于启程了。但在第一天的采访活动中，我们就遇到了一系列的难题。

第一个难题是赶上了维修期，天津各展馆均集中闭馆。我们计划采访的大悲院、梁启超纪念馆闭馆，天后宫、吕祖堂维修。好在经过带队领导的协调，加上当地文化部门的积极配合，我们得以进入天后宫与其工作人员进行了交流，并得到第二天到吕祖堂与红桥区文化部门进行座谈的许诺。

第二个难题是某些地方文化部门不了解我们要寻访的内容。当我们与某区文化部门联系，表示希望得到韩慕侠相关资料时，接待我们的几位人士竟表示不知道有韩慕侠这样一个人物。这让我们与当地相关人士座谈、搜集韩慕侠相关资料的计划落空了。

第三个难题是天气变化大，有的队员身体出现了状况。昨天夜里的一场透雨让天气骤然凉了起来，午后气温又开始升高。天气的变化让年纪较大的王洪海老师患上了感冒，年轻的记者温权则闹起了肚子。好在他们一老一小都很有咬劲儿，丝毫没有因身体不适影响各自的工作进度。

文化保护有知音

“寻根大运河” 采访活动的一个重要目的就是挖掘和保护历史文化资源。活动第一天,我就深深感到这个活动是有着众多知音的。采访活动启动会刚开过,新华社记者岳月伟便联系西青区委宣传部表示想采访“寻根大运河”活动。今天一大早,他守候在我们采访的第一站——天后宫门前等待我们的到来。采访过程中,他不停地向采访团的成员询问活动的相关情况,我为认识这样一位热心历史文化资源保护的新闻界朋友而高兴。

南开区文化和旅游局副局长、天津民俗博物馆馆长尚洁是一位皇会研究专家,写有专著《天津皇会》。座谈中,我向她提及此前曾考察过杨柳青十四街香塔法鼓,并告诉她香塔法鼓会还在活动。她听后,欣喜之情溢于言表,表示如果香塔法鼓会愿意,她可以通过皇会基金予以支持。从她对历史文化保护事业的热情中,我相信她也是我们的知音。

其实,知音何止这两位。今天的采访中,一位位普通市民热情为我们指路,主动为我们提供信息,耐心回答我们的问题、接受我们的采访,让我感到文化保护事业大有希望,人们是深深热爱自己的历史、热爱自己的文化的!

相约不如巧遇

下午, 我们决定自己到韩慕侠和天津武士会曾经的活动地——中山公园(曾称河北公园)寻觅线索。其实,我们多数团员对此行并不抱很大希望。因为连当地文化部门都表示不了解韩慕侠的情况,而且年代久远,恐怕连蛛丝马迹都难寻觅了。但王洪海老师说不能这么想。他告诉我们,他当年写小说《霍东阁传奇》时曾到广东省图书馆查阅资料,数日后一位老先生主动问他为什么总是查找东南亚的资料,他回答说是找霍东阁的资料,老先生拍案大叫说:“我就是霍东阁的徒弟啊!”此后这位老先生为王老师提供了宝贵的资料和线索。王老师说,或许今天我们会有同样的奇遇。

在中山公园门口,我们一行正踌躇间,发现一位老先生驻足打量我们。于是,王洪海老师上前询问:“您听说过韩慕侠和中华武士会曾经在这里活动吗?”老先生叫道:“我就是中华武士会的传人啊!而且我专门研究中华武士会和韩慕侠啊!”这位老先生叫于学龙,是中华武士会的第四代传人,他的老师叫高春年,高春年的老师叫彭汉之,彭汉之是中华武士会的创立人之一、单刀李存义的弟子,而李存义也是韩慕侠的老师!正如王洪海老师说的,今天我们有了奇遇!

于先生向我们介绍了韩慕侠与中华武士会的渊源,向我们指明了当年韩慕侠练武的场地,并给我们提供了韩慕侠的学生、弟子等重要线索,对我们提出的问题一一耐心解答。中山公园一行成了“寻根大运河”活动第一天收获最多、最让我们难忘的采访。

2012年6月25日深夜
于红桥区大丰桥如家快捷酒店

2012年6月26日

今天是“寻根大运河”活动的第二天。

兴奋难眠

昨夜整理资料、撰写札记直到今天零点三十分。睡到三点多,旅馆里的闷热和蚊子的叮咬让我和同屋的朱国成老师都睡不着了。于是,我们就大运河历史文化资源的价值展开了讨论,越聊话题越广,越聊兴致越高。等感到有困意,准备再休息时,时间已经是早晨六点了。记者团预定七点出发,回笼觉睡不成了。

本以为晚上只有我们二人没睡好,谁知隔壁的两位年轻女士也是一脸

困意。李焕丽见面就埋怨我们，说昨天她写稿子也是到半夜，但她有个入睡难的毛病，可好不容易迷糊着却被隔壁我们的激烈讨论吵醒，同屋的刘柳也被吵醒，直到天亮未能再入睡。我和朱老师实在没想到旅馆的隔音条件这么差，对打扰了队友的休息深表歉意。好在接下来的采访活动亮点频闪，让我们都忘记了疲倦，精神抖擞。

吕祖座前话运河

“寻根大运河”天津·西青记者采访团与红桥区文化旅游局的座谈安排在吕祖堂(天津义和团运动纪念馆)。吕祖堂外的广场上有一座高大的义和团运动纪念塑像，表现的是三位义和团战士英勇战斗的情形。

此时的吕祖堂正在维修，不对外开放。红桥区之所以把与我们的座谈安排在吕祖堂，一是因为我们提出要参观吕祖堂，希望获得相关资料，再则是红桥区的同志考虑到这里环境雅致，有谈历史文化的氛围。

吕祖堂始建于清康熙五十八年(1719)，后来虽经多次复建、修缮，但古朴之风格不失，优雅之气韵犹在。该建筑群前殿供有道教祖师纯阳真人吕洞宾的塑像，殿内锦帐绣诗一首：

吕祖宫内步虚长，斗转璇玑夜未央。
仰望层霄鹤驾下，金炉添炷降真香。

座谈会的长桌就摆放在吕祖座前，仿佛吕祖仙师也要听一听运河轶事，了解我们采撷历史文化珍闻的情况。

上午十点左右，天降细雨，一阵阵清新的空气吹进殿堂。我们坐在青砖碧瓦的吕祖殿内，隔扇门外掩映着银杏树翠绿的枝叶，伴着细细的雨声，谈着运河的古迹珍闻。这其中颇有仙境的意味。

霍公名声天下闻

下午，红桥区安排我们参观了与运河文化相关的点位。其中，位于西沽公园的梁崎、龚望纪念馆是重点之一。梁崎和龚望是著名画家和书法家，被称为“沽上双贤”。聆听二位大师事迹，瞻仰他们的书画作品，我们确实为其深厚的艺术功力所折服。但佩服之余不禁冒出一个念头，这二位大师能与西青有什么关系呢？正想间，忽然有记者团的团员叫道：“这里有霍元甲的照片！”

走近一看，果然。照片被工整地裱贴起来，镶在镜框里。照片上有“梁崎先生惠存，霍文亭敬赠”的字样。照片所裱纸上有梁崎的题记，照片上方题：民族正气凛然长存。照片右侧记有梁先生在20世纪80年代拜访霍元甲故居的文字：“甲子五月初六日，云气空蒙，细雨霏霏，携友赴西郊小南河访武术大师霍公元甲故居，拜瞻遗容英姿奕奕宛然如生，不禁肃然起敬。幽州梁崎时年七十八岁。”照片下方写：“此照为文亭先生所赠，文亭为元甲公次子东阁哲嗣，元甲公之孙也。也顷游沪粤归。承赐此照谨珍藏之。痴聋叟又志。”照片左侧，梁崎撰短文记述了霍元甲的生平。

真是没想到西青区竟然因霍公而与梁崎大师结缘！这源于梁崎先生敬仰民族英雄的爱国情怀，也源于出自西青的伟大爱国武术家霍元甲的鼎鼎大名。

在吕祖堂与红桥区文保所工作人员和文史专家座谈时，我们发现了怀庆会馆的牌匾，专门研究霍元甲的王洪海顿时来了精神。钱所长介绍说：“霍元甲在怀庆药栈打工时，经常利用休息时间练功。他嫌石墩子太轻，就举药栈的石权。”

王洪海笑得合不拢嘴，蹲下身子，仔细地端详着那被风雨剥蚀的石权。边看边咂嘴儿：“想不到，真是想不到，会有如此意外的大收获！”

钱所长见他喜不自禁，也来了精神，兴致勃勃地说：“还有呢！‘天子津

渡’石碑下铺着的那些片石，都是原来怀庆药栈门前的，那上面不知留下霍元甲多少足迹呢！”

又一个喜出望外。大家都围上来，认真地观看那些石杈和片石，拍照。

2012年6月26日夜

于北辰区佳德尚品快捷酒店

2012年6月27日

今天是“寻访大运河”活动的第三天，我们来到北辰区。

北辰区是天津市北运河段流经的主要区域。今天，我们受到北辰区文化广播电视局的热情接待，他们请来本区的文史专家，原区政协文史委主任胡曰钢老先生和区党史研究室主任、区志办主任霍贵兴与我们一起座谈。

西青也有古沉船

前一段被媒体高度关注的北辰区双街镇张湾村北运河段挖掘出3艘明代沉船的事，是座谈不可或缺的话题。北辰区的同志向我们介绍了发掘的情况和意义。

有意思的是，在人们发现北运河沉船的同时，也就是“寻根大运河”调查团进行西青域内调查的时候，我们发现了40年前南运河西青区(当时叫西郊区)段明代古沉船的信息，据《中国文物地图集·天津卷》记载：

> 1971年，在西郊区上辛口乡大杜庄村南运河清淤过程中，发现一艘沉船，埋于河堤下，距地表2米，船体长40米，宽4米，高1.5米，对槽，4个仓，满载青砖，砖长48厘米，宽24厘米，厚12厘米。砖上有“明嘉靖十三年”和“三十年加派窑户许大成、作头王大用造”刻字。同时出土青花瓷碗、碟子，“天启”铜钱等遗物。

西青“抢走”郎荣标

谈到文化传播，话题自然转到人才交流。北辰的同志开玩笑说，我们北辰也是出人才的地方，可出了个郎荣标却被你们西青抢走了。

郎荣标，北辰区双街镇汉沟村人。自幼习武，多次在全国、世界武术锦标赛中荣获冠军，特别是南拳、对练处于全国顶尖水平，被誉为“南拳王”。1999年9月，他在著名武术家霍元甲的故乡西青区南河镇（现称精武镇）小南河村开办“霍元甲武术学校”，落户西青。

应该说不是西青抢走了郎荣标，而是霍元甲大师的魅力和西青深厚的武术文化资源吸引来了郎荣标这个人才。

架起文化保护桥

昨天在红桥区座谈时曾与该区文保所李鑫桥副所长谈起理门，谈到天津旧城西门外曾经的理门公地和曾经树立在那里的理门祖师墓碑——羊祖碑和尹祖碑。李所长说那应该是红桥的重要文物，很想找到它们，但是不知下落了。我告之，几年前在调查理门历史的时候，曾听理门六方派众善堂末代领众于云震老先生提起过羊祖碑和尹祖碑的下落：当年理门公地迁坟到北仓了，后来北辰区修公路，平了坟，他想把两块石碑运回家中保护起来，但是个人无力搬动，于是把石碑都埋了起来。我曾问他是否记得埋藏地点，他说记得，并表示希望文化部门来做此事。当时我忙于工作，又苦于与红桥、北辰的文化部门均无联系，此事便耽搁了。谁知，两年前于老先生去世，我也就对此事不抱什么希望了。

今天座谈中我抱着侥幸的心理提起羊祖碑和尹祖碑的事。胡主任说，当初平坟的时候确实有很多石碑，一些石碑被保护起来了。他没看到过羊祖碑和尹祖碑，但是曾看到在辰永公路北仓桃花寺村旁一处涵洞中有两块石碑，由于地处低洼常年被水浸泡，水少时会露出来。但不知是否是羊祖碑和尹祖

碑。得到这个线索我非常高兴,就地点和数量来看,这两块石碑很可能就是羊祖碑和尹祖碑。于是,我急忙托付胡主任和北辰文广局负责文物工作的王科长说,如果红桥文保所来寻找石碑还希望胡主任引路,希望王科长配合。他们二位非常痛快地答应了。

处理完白天的工作,晚上九点,我给红桥李所长打电话,告知他这个情况,并告知北辰王科长的联系方式。李所长非常高兴,感谢我提供了这个信息,表示忙完手头工作一定要去寻找这两块石碑。

我感觉,这或许是我今天做得很有意义的一件事,如果石碑确实是羊祖碑和尹祖碑,那么我也算替于老先生完成了未了的心愿,同时为红桥和北辰的文物保护工作搭了一座桥。这都是拜"寻根大运河"活动所赐。

2012 年 6 月 27 日夜

于武清经济开发区如家快捷酒店

2012 年 6 月 28 日

"寻根大运河"采访活动进入第四天。

希望大家保重身体

连续的奔波采访,熬夜整理材料、写稿子,使一些团员开始身体不适。与我同屋的王洪海老师感冒加重,在凌晨咳嗽不停,以至不能入睡。朱国成老师怕时间长了造成记忆错误,连夜整理资料,直到凌晨两点。白天他也有点精神恍惚了。

早上,我用手机看了一下"寻根大运河"活动的官方博客——"运河娃新浪博客",发现在西青坐镇指挥的杨鸣起老师居然也在与我们一起熬夜,阅读、修改我们子夜时分传给他的稿子。他把稿子发到博客上的时间是凌晨 3 点 24 分!

我很想对“寻根大运河”天津·西青记者采访团的各位老师们说，身体是革命的本钱啊！我们的工作才刚刚开始，大家一定要首先保证健康，这才是我们采访活动成功的第一保障！

他乡？故土！

离开西青第四天了，连日的行程让我们感到已经远离家乡。虽然杨村离杨柳青只有百十里地，但产生了身在他乡远离故土的感觉。

上午，武清区文化馆的同志热情接待了我们，并邀请了武清区政协原副主席冯品清、原常委杜宝江、武清区文化馆原馆长王毅与我们座谈，共叙武清与西青的历史渊源。几位老先生向我们详细介绍了武清的历史文化、掌故趣闻，而谈起西青，特别是杨柳青的情况时也是如数家珍，甚至有些情况比我们还要熟悉。

原来，在雍正前，西青的大部分村庄属武清县管辖。雍正八年（1730），朝廷设天津县，拨武清县东南 142 个村归天津县，现在的西青大部分区域即在其中，杨柳青镇也曾归武清县管辖。

这样说来，我们都觉得武清、西青本来就是一家。与其说我们离开了家乡，不如说我们又回到了故土。

近水则智，人杰地灵

座谈中，杜宝江先生提出一个观点叫“近水则智”，认为靠近水边的人就比较聪明。他解释道，因为过去水路运输是重要的运输方式，物资多由水路运输，文化成果多由水路传播。所以靠近水路的人从小见多识广，自然就比闭塞之地的人们聪明，于是这些地方就出人才。像武清、西青这些运河流经的地方就确实产生了很多人才。人杰地灵这种说法是有道理的，因为大运河这样的地利资源确实为我们传播了知识，创造了有利于文化传播，有利于人才成长的环境。

杨柳青年画——我们的共同财富

谈文化传播不能不说杨柳青年画。武清区距离北京较近，老先生们对当年杨柳青年画在北京销售的盛况颇有耳闻。他们介绍，早年间随着杨柳青最早、也是最大的年画店戴廉增年画店为皇宫供奉年画，杨柳青年画便火遍了北京城。每到过年时，北京正阳门、崇文门等地都搭棚卖杨柳青年画。

据老先生们介绍，从很早起，武清就有不少村庄加工、制作、经销以门神、纸祃为主要内容的杨柳青年画。后来，随着杨柳青年画需求量不断增加，质量不断提升，武清加工、制作年画的村庄也不断增多，年画品质也随之提高。武清县在历史上销售杨柳青年画之量非常大。有很多人借助大运河水系之便，把杨柳青年画通过潞河、白河、永定河等销往北方各省，甚至出山海关进入关东。杨柳青年画通过运河传播到武清，在武清生根发芽后又通过运河传播到更远的地方。可以说，正是大运河让杨柳青年画成为了我们共同的财富。

2012 年 6 月 28 日深夜于武清

2012 年 6 月 29 日

今天是“寻根大运河”采访活动的第五天。

一早，我们在武清区政协原副主席冯品清和武清区文化馆郭、朱二位同志的陪同下，从武清杨村启程寻访津门首驿、大运河重要码头——河西务镇。由于连日忙碌，采访团的两个小伙子温权和田健也病了，但他们仍坚持跑前跑后摄影录像，一点儿也没耽误工作。

天公随人意，好雨知时节

从 6 月 25 日至今，虽然时处仲夏，但老天爷好像有意眷顾我们采访团一行，天气一直凉爽，为我们顺利做好采访工作提供了良好条件。

昨天下午我们寻访八孔闸——顺治皇帝手植槐树处，记者温权刚刚拍完最后一个镜头，天降大雨。大家跑到车上颇感幸运，因为这雨恰好在我们完成外出采访任务之后到来，否则晚上的稿子就没法写了。

今天一早又下起了雨，我们既担心雨天影响外出采访，又担心冯品清老先生受雨所阻不能陪我们前往河西务。快到约定的出发时间了，雨逐渐小了，冯老如约而至。等我们的车开到河西务时，雨停了。河西务镇党委的领导热情接待我们，并请来当地文史专家、河西务镇政府办公室原主任陈景山为我们介绍当地历史。待我们落座，屋外又飘起了雨丝。临近中午，我们的座谈快要结束时，雨收了，云淡了，天也亮了起来。采访团员们说，这是老天爷眷顾我们，知道我们这几天都上火了，赐予我们一个凉快天，让我们消消暑、败败火啊！

冯品清先生赠诗

冯品清先生熟知武清文史，并且自己进行过两次对大运河流域的考察。在武清的两天，冯品清先生全程陪同我们采访，并且欣然答应做我们记者团的顾问。

临别时，他赋诗一首赠送我们。现抄录如下：

自称“运河娃”的西青大运河寻根采访团来武清走访运河两岸文化古迹。风雨兼程寻访，昼夜劳作发稿，令我感动，雨中咏小诗一首：

运河娃队苦寻根，风雨兼程踏津门。
细观御碑思三帝，仰望古槐念皇恩。
古寺牌坊留胜景，钞官皇仓古迹存。
精英获宝心狂喜，明日弘扬御河魂。

酷爱家乡历史文化的陈先生

陈景山先生是河西务的文史专家，著有《武清瀛西杨家将》等著作，并在退休后一个人完成了《河西务镇志》手稿。他讲道，明燕王朱棣“靖难”成功后，在南京登基称帝伊始，便为迁都北京做准备。其间，他突出抓了两件大事：一是大规模扩建北京城；二是重新部署北方的军事力量，也就是添置卫所（即指挥机构），增派军队。北运河沿线的通州卫、武清卫、天津卫三卫，都是在永乐初期新设的。其中的武清卫建立最早，始建于永乐元年（1403），卫所设在地处水陆咽喉的河西务。当时按明朝兵制，每卫屯卒5600人。其中驻扎在如今的东西仓村至马头村之间的营盘，因位于运河西岸，被称为“西大营”，驻兵3000人。此外，白庙驻兵2000人，杨村驻兵500人，杨柳青驻兵100人。他强调，早年杨柳青可是属于武清卫啊！他还介绍当年杨家将的后人受封九千户，封地是一直到杨柳青的……

讲起武清，特别是河西务的历史文化，陈先生如数家珍，引人入胜。从他的讲述中，我们深深感到他热爱着自己的家乡，热爱着家乡的历史和文化。

临近分别，陈先生显得颇为激动，他说：大运河有着非常辉煌的历史，漕运在推动历史发展上有着重要作用。不能让我们的历史文化淹没，现在的河西务人、武清人、天津人都应该好好挖掘、保护自己的历史文化。在这一点上，西青区搞“寻根大运河”，走在了历史上运河岸边的各州、府、县的前面。历史文化对推动经济发展有着无限的潜力，我们应该向西青学习。发展不在于高楼大厦，而在于文化！

2012年6月29日深夜

于北京马甸桥汉庭快捷酒店

2012年6月30日

今天是“寻根大运河”采访活动的第六天，也是采访团出发以来最忙碌的一天。

忙碌、坚持、保重

根据总的时间进度要求，今天我们安排了对北京市9个节点的考察。从早晨起来便一直忙碌，就像演员在赶场一样。中午两点多才吃午饭，晚上9点多才吃晚饭。好在总体进度比较顺利。

采访忙碌加上饮食不规律，好几位团员在闹肚子。下午5点多，我们来到位于什刹海的前海和后海之间的银锭桥。这时刘柳肚子疼得实在坚持不住了，没有再跟我们继续到下面的节点考察。田健和温权两个小伙子也忙坏了。田健的肚子一直在疼，脸色越来越不好看。温权也是扛着病痛在干活。晚上回到宾馆时，温权身上所带房卡上的贴膜都被汗水泡烂了。我想，这次采访可能是他们从事新闻工作以来最辛苦的一次了。

刘柳的丈夫来接她时，她还坚持说明天要继续跟我们跑。大家说，咱们出来采访第一要安全，第二要健康，第三才是出成果，一定要先保重身体！

寻根溯源大运河

我们“寻根大运河”活动的名字一开始叫“寻根溯源大运河”，后来才改为现在的名字。但今天的活动可以说是我们对大运河的一次寻根溯源。一早我们便溯流北上，来到昌平区的龙山度假村，因为这里有通惠河的源头——白浮泉。在龙山度假村门口我们被值班的师傅拦住，这位师傅看过了我们出示的介绍信并电话请示了领导后，就热情地领我们前往白浮泉。

历史上，白浮泉水汇合其他几个小的水流后，流入著名的皇家园林——颐和园。颐和园的昆明湖其实就是一个蓄积上游来水的大水库。从这里流出

园外形成的河水就是通惠河了。在昆明湖与通惠河的交界，有通惠河上调节河水的第一道闸——绣漪闸。此闸与石桥本为一体，如今只剩石桥了。

我们还参访了广源桥、万宁桥和银锭桥等通惠河重要节点。

站在银锭桥上，仿佛可以看到当年大运河一河托起万国船的盛景。通惠河水从白浮泉经昆明湖奔流而下，各地船只在银锭桥码头靠岸卸货。各地物资、文化就这样汇集京城。可以想见，当年的杨柳青年画也是从家乡杨柳青逆流而上来到皇城，从这里上岸，成为皇家贡品的。

寻戴廉增年画不遇

今年四月，我在游北京圆明园的时候曾看到园中有戴廉增杨柳青年画展。

戴廉增，杨柳青人，生于雍正十三年(1735)，卒于乾隆六十年(1795)。戴氏先人自明永乐年间，携画艺从苏州桃花坞随漕船北上，定居杨柳青，经营木版年画。

戴廉增为戴氏第九代传人，清乾隆中期，首创以姓名为店名，开始雇徒工、请画师，出样、雕版、印刷等有了明确分工和工序，并在年画人物面部敷粉、描眉、点唇、开相(称套印加手绘制作技法)，题材、品种不断增加，始创年画左下角加印“廉增”字样。其他年画店纷纷效仿，这种做法很快流传于世。清乾隆后期，戴氏年画成为贡品，戴廉增画店在北京绒线胡同建立戴廉增扇画店。到民国初年，因为战乱及新印刷技法的出现，杨柳青年画开始走向衰落。至20世纪30年代，戴廉增敬记画店停业，戴氏年画几近消亡。

戴氏年画再度兴起并能在北京站住脚令我这个杨柳青人兴奋异常。如今采访团来到北京不能不拜访一下当年把杨柳青年画送到天子面前的戴氏年画的后人，探听一下他们继承、弘扬杨柳青年画艺术的打算。

于是，今天我专门买票进入圆明园，希望采访一下戴家后人。谁知，找了半天，园中连杨柳青年画的影子都没有。我把电话打到杨柳青戴氏后人戴敬勋老先生家，戴老的女儿告诉我，在北京经营年画的叫戴时贤，并告知了我他的电话号码。我赶紧跟戴时贤先生联系，并跟他约定第二天对他进行采访。

皇姑寺中缅李老

下午，我们来到石景山区西黄村，探访建于明代的顺天保明寺（又称皇姑寺）。我们开车找了半天才找到这座寺庙。原来寺庙藏身旧村，穿过一条小胡同才得见真容。石景山区文物研究所也栖身寺庙。但正值周六，工作人员都歇班了。值班的田师傅把电话打给了文物所的张所长。我跟张所长通过电话说明来意，并告诉他我们杨柳青镇的普亮宝塔与皇姑寺有渊源。张所长很高兴，电话指示田师傅带我们参观，并专为我们打开展室。同时，张所长对皇姑寺与杨柳青普亮宝塔的关系很感兴趣，再三嘱咐我要把资料发给他。

在皇姑寺内，望着参天的古槐，看着残破的石碑，我想起一个人。他就是著名学者李世瑜先生。三年前，策划"寻根大运河"活动时，我曾与王洪海老师一起拜访过李老，希望他能够当我们"寻根大运河"活动的顾问。如今我们的活动开始了，但李老已于2010年底去世了。李老生前曾9次考察皇姑寺，发现过相关重要资料，撰写过研究文章。当初我看过他的文章，特别是在对西青的历史文化的调查中发现普亮宝塔与皇姑寺的关系后，曾想一定要到皇姑寺实地考察。如今，"寻根大运河"活动终于圆了我这个梦。希望通过这个梦我们能够发现普亮宝塔的主人于五爷溯运河而上，在北京学道的足迹，能够发现李世瑜先生当年考察皇姑寺未能发现的线索，兑现当初对他所说的希望借"寻根大运河"活动进行历史文化挖掘保护的承诺。

2012年6月30深夜

于北京马甸桥汉庭快捷酒店

2012年7月1日

今天是“寻根大运河”采访活动的第七天。

云依意远

北海公园白塔之下，有东西两座四方亭，其上分别有“云依”“意远”二匾，原匾皆为乾隆皇帝御笔。后因年深日久“意远”匾朽坏不存。1962年，北京市园林局修缮北海公园时，经北京市书法研究社秘书郑诵先介绍，请杨柳青人刘紫蘅仿乾隆笔迹补写“意远”二字。写成后，其字神形兼备，与尚存之“云依”匾如出一人，遂镌刻为匾。刘紫蘅也自此在北京书法界扬名，求书者络绎不绝。可以说，这是运河水畔杨柳青与北京文化交流的一段佳话。

昨天我们曾专门到北海，意欲瞻仰刘先生遗墨。但时间已近晚上8点，北海公园仍然开放，只是四方亭所在的永安寺、白塔区域已经关闭，虽然还能遥望看清东面亭子匾额上的“云依”二字，但西面有刘紫蘅遗墨的“意远”亭从远处是看不到的。同时，由于光线不足也无法拍摄，我们只好无功而返。

一大早，我们便再次来到北海，直奔白塔脚下。这次，我们把两个亭子都看清楚了。亭子位于白塔之下，楞严洞之上。从亭下平台仰望，亭子掩映于苍松翠柏之中，其下怪石拥抱，回栏曲折，极尽清幽之趣。

有团员提出，曾看到有资料说，刘紫蘅所题字为“依云”。于是我们对两匾细加研究。首先，有“云依”二字的匾比较旧，有古朴之感，而“意远”匾相对较新，故直观上“意远”应为后补。杨柳青镇的掌故老人王鸿逵老先生熟悉刘紫蘅，他曾经撰文记述此事，认定刘紫蘅所写为“意远”。王老的说法应有权威性。

再说另一块匾，到底是“依云”呢？还是“云依”呢？其实，大家都知道，古人写字都是从右往左写，不从左往右写。东面亭子的匾从右到左为“云依”二字，而不是“依云”。而两个亭子的匾应该是有对应关系的，在语法结构上，不可能一块匾用“意远”这样的主谓结构，而另一块匾用“依云”这样的动宾结构。所以，东面亭子的匾只能是“云依”。如果我们从右至左把两个亭子的匾连起来看，那么就是云依意远，正合小山顶上云霭依依意境深远之意。

杨柳青地名碑

在瞻仰“意远”匾后的采访路上，我提及刘紫蘅为杨柳青地名碑书字事。1987 年，杨柳青镇政府设立地名碑，碑阴由杨柳青镇农民书法家郭丕丞书写，石碑造型设计和汉语拼音由区政协干部谢玉明承担。唯独碑阳“杨柳青”3 个字无人书写。经过杨柳青的掌故老人王鸿逵先生推荐，镇政府派干部王家福携纸赴北京刘紫蘅家求字。其时，刘紫蘅已封笔数年，又卧病在床。听到王家福的来意后，欣然接受请求。等数日后病情稍好，为地名碑书写了“杨柳青”三字。虽然病中，其字迹遒劲，功力尽现。但刘先生书字后不到半月即病逝，终年 84 岁，为家乡题写的“杨柳青”三字成了他的绝笔。杨柳青地名碑共有 4 块，镇东南西北各一。但近年由于修路等原因石碑已经不知去向。

记者团团长、区文化局副局长王明清虽然不是杨柳青本地人，但热衷文化工作，当他得知石碑下落不明后立即致电下属查问，并责令一定要想办法找到地名碑。这北京北海亭子上的“意远”匾今又引出一段保护杨柳青家乡文化的佳话。

看望罗哲文夫人

罗哲文是“寻根大运河”团队的首席顾问。2009 年初，西青报社策划“寻根大运河”活动时，我曾通过同是梁思成学生的楼庆西先生致电罗老，然后与杨鸣起、王洪海二位老师共同拜访罗老，请他为寻根运河活动出谋划策。罗老对活动非常支持，说：“等你们出发时我去为你们壮行！”谁知，今年 5 月，当开展活动的时机成熟时，当我们正要再次拜访罗老，给他送首席顾问的聘书时，罗老却与世长辞。5 月 18 日，我们到罗老家中祭拜，并把首席顾问的聘书送到罗老的夫人杨静华老师手中。

今天我们特意到罗老家中看望杨老,杨鸣起老师也从杨柳青驱车赶来,我们一起送上杨柳青年画《松鹤延年》,祝她健康长寿。杨静华老师也关心着我们"寻根大运河"的活动情况,向我们推荐运河专家齐欣、张义生为我们的顾问。

临别时,杨老祝我们一路顺风,取得成功。与杨老分别后,我们感到肩上的担子更重了。

贡品年画戴廉增

下午，我们在位于北京饭店的中国艺术馆采访了戴氏年画的第二十代传人戴时贤,他在这里设有戴氏年画展室。他向我们介绍了当年乾隆下江南时钦点戴廉增画店为皇宫提供贡品年画的情况。他说,贡品年画与普通年画是不一样的,必须是全手绘,而所用颜料、纸张也与普通的杨柳青年画不同。其中最典型的是把建筑工艺中的"堆金沥粉"(也称"堆金立粉")技艺用到了贡品年画当中。因为堆金沥粉只能皇宫用,即使是当时的北京各王府也不能僭越,所以这项技艺只有戴氏年画有传承。近年来他又开始使用这一技艺制作高档次年画,受到收藏界的热烈欢迎。去年用堆金沥粉技艺制作的一对纸绘门神已经有近百位买家排队竞购,出价已经达到 180 万元。

戴氏年画是杨柳青年画中的翘楚,当年它溯运河北上成为皇室贡品,为杨柳青年画业领袖巨擘。如今它在京城重新振兴,并依旧站在年画业高端,这不能不让来自家乡的记者们为之高兴。

2012 年 7 月 1 日

于北京通州速 8 快捷酒店

2012 年 7 月 2 日

今天是"寻根大运河"采访活动的第八天。骄阳似火,通州区同志接待我们的热情也似火。组织座谈,安排采访,提供资料,忙前跑后让我们感动不己。上午，我们与通州区文化委员会副主任杨根萌、通州区博物馆馆长郑旭升、通州区文物管理所前所长周良、通州区档案局原主任张庆和等相关专家座谈。下午，我们参访了通州区博物馆、三教寺、燃灯塔、李贽墓、御制通州石道碑和八里桥。

照片留住汗水

酷热加上忙碌，增加了采访工作的难度。下午拍摄中，温权眼前一黑突然坐在地上，手臂突突颤抖。王洪海老师双脚都磨起了水泡。团长王明清闹肚子，为了不耽搁采访进程干脆以不吃饭的办法来与疾病对抗……

骄阳如火，但同志们的工作热情也如火，两个“火”加在一起让我们每个人都大汗淋漓。从昨天起，我就想捕捉同志们流汗工作的镜头，但手机的拍照功能拍不出汗水滴落的效果。幸好，我们有专业的摄影记者田健，我叮嘱他一定要留住这样的镜头，记录好我们共同流下的汗水。终于，田健拍下了一张温权工作中汗水从脸上滴下的照片。照片虽然拍的是温权，但这汗水不仅仅是温权的，也是田健的，是我们团队每一个人的。

一位作家、一部小说、一部电影

有一位通州的著名作家曾经以大运河为背景写了一部小说，后来这部小说被改编成电影，而且拍摄地就是在千年古镇杨柳青，成就了运河两地文化交流的一段佳话。

这位作家叫刘绍棠，是我国著名作家，通州儒林村人，1936 年 2 月生，1997 年 3 月病逝，终年 61 岁。刘绍棠 1948 年参加革命，1953 年加入中国共产党。他早年成名，13 岁开始发表作品，20 岁成为中国作家协会最年轻的会员，被誉为中国文坛的“神童作家”，曾任北京市人大常委会委员、北京作家协会副主席、中国文联全国委员会委员、中国作家协会副主席。他从事文学生涯四十余年，是当代乡土文学的举旗人，著有 12 卷的《刘绍棠文集》。

他扎根于乡土文学，曾写诗说：芬芳故乡土，深深扎我根。运河水灵秀，哺育我成人……

他生在运河岸边，笔下描绘的也是大运河边的人和事。1981年，他创作小说《瓜棚柳巷》，发表于《当代》1981年第3期。小说写的是，在20世纪30年代抗日背景下的北运河畔，柳巷村种瓜把式柳梢青的女儿柳叶眉行侠仗义，与汉奸斗争、与教书先生吴钩及其妻花三春的爱恨情仇。小说笔法细腻优美，充满乡土气息，宛如一组20世纪30年代的运河风俗画。

1985年，根据《瓜棚柳巷》改编的电影《瓜棚女杰》在杨柳青镇卍字会胡同南头、猪市大街拍摄。在我的记忆中，这是改革开放后在杨柳青拍摄的第一部电影。拍电影，对于当时杨柳青的老百姓来说是非常新鲜的，引得很多群众围观。电影拍摄正值夏日，但为了拍摄冬天的画面，剧组在台阶、墙头等处撒了很多盐，拍摄出来居然跟雪景一模一样。剧组拍摄时还雇了很多群众演员。等到《瓜棚女杰》公开放映时，杨柳青镇的电影院场场爆满，人们都从银幕上寻找自己的熟人，观众们纷纷议论，不时发出阵阵笑声。

燃灯塔铃与沙窝萝卜

通州燃灯塔，北京市文物保护单位，位于北京城东通州区北城。辽代创建，明、清多次重修。为八角十三级密檐式实心砖塔，高56米。须弥座双束腰，每面均有精美的砖雕。塔身正南券洞内供燃灯佛，故名“燃灯塔”。其余三个正面设假门，四个斜面雕假窗。塔身以上为十三层密檐，第十三层正南面有砖刻碑记“万古流芳”。塔刹为八角形须弥座，上承仰莲，再上为相轮、仰月、宝珠。它立于大运河畔，是通州的地标建筑。据说当年的船工，一路沿运河运货载客非常辛苦，而只要远远看到夕阳下一座高大的塔影，就知道辛苦的旅程即将结束。清代王维珍有诗曰：“云光水色潞河秋，满径槐花感旧游。无恙蒲帆新雨后，一支塔影认通州。”

燃灯塔有一绝，即它是世界上悬挂风铃最多的塔，整座塔上共悬风铃2224枚。每枚塔铃都刻有捐献者姓名、家乡。八国联军入侵时，曾把风铃当作靶子打，很多风铃丢失。20世纪80年代，政府拨款重修燃灯塔。通州文物部门从社会上搜集当年丢失的塔铃。工作人员从铃身上的铸文发现，这些塔铃中，当年天津人铸造捐献得最多，占铃铛总量的60%以上。

交谈中，通州的同志提起他们最爱吃天津的沙窝萝卜，说沙窝萝卜整体碧绿，口松脆，味甜美，早年的通州人都把它当作稀罕的水果来吃。我们说，这沙窝萝卜就是产自西青区辛口镇，等到萝卜收获的季节欢迎他们来西青品尝。

燃灯塔上的铃铛和沙窝萝卜看似风马牛不相及，但它们通过大运河让西青与通州相闻。是大运河传播了文化，流通了物资；是大运河让西青与通州成了一家。

通州的专家说运河文化是一根针，可以连起千条线，它可以扩展出很广的面，扩展出很多内容。三年前，我们在“寻根大运河”活动的可行性报告中也曾提出，西青的历史文化景点就像一颗颗散落的珍珠，大运河就是可以把它们串起来的一根丝线。其实，何止景点？大运河可以串起来的东西还有很多很多……

深爱家乡历史文化的周良老

今天在通州发现的亮点很多，但最大的亮点是通州区文物管理所前所长周良老先生。

座谈中，周老向我们介绍运河和通州历史文化时，大段与通州历史文化相关的诗词歌赋、史志文存、碑文墓志随口背出，珍闻掌故信手拈来。这让我们采访团一行人佩服至极。

通州的同志对我们说，周老之所以能够如此是因为他深爱着家乡的历史文化，深爱着自己的工作。过去常听人说，干一行爱一行不如爱一行干一行，今信此言不谬也！

2012 年 7 月 2 日

于北京通州速 8 快捷酒店

2012 年 7 月 3 日

今天是“寻根大运河”采访活动的第九天，也是我们对北运河、通惠河采访的最后一天。今天采访活动结束后我们得先回家乡休整一下了。

热情的通州人

由于今天的采访任务安排并不紧张，于是大家的神经便有些放松。也正是因为这么一放松，身体的疲劳就显现出来了，一大早好几个人说仍觉得累，想睡觉。

但是，早上 8 点 10 分通州博物馆馆长郑旭升和周良老先生如约一起来到记者团驻地，陪同我们去采访。周良老先生专门用篆书为我们题字“高瞻远瞩，深思熟虑”。郑馆长说这是周老用一晚上的时间构思和创作的。周老的字是注入了他对我们的期望和感情的，他期望我们的活动能对运河文化的保护和开发起到一定作用。面对周老的期望，我们的疲劳顿时烟消云散。

在通州的两天是我们这次采访中最热的两天，但杨根萌主任、郑旭升馆长全程陪同，行程、吃饭均安排得非常周到。69 岁的周良老先生更是处处讲解，有问必答。当我们表示感谢的时候，杨主任说：“咱们都是喝运河水长大的，是邻居，更是亲戚，一家人不说两家话。”杨主任的话让我们心里热乎乎的。

世界上名称最多的河

在杨主任、郑馆长和周良老的陪同下，我们从通州游船码头乘船顺流而下，参访了通州投巨资建设的运河万亩森林公园、运河小道通州段、皇木厂、张家湾村古码头。周良老向我们介绍了北运河的历史。

我们行船的这条河在西汉以前称为沽水，"沽"字古代与"苦"字通用，音"古"，释为"滥恶"。源于今河北左源县境内山区（因为沽水发源地而名），沿途收纳众水，波流渐大，出今密云山区，经今怀柔、顺义山前坡地，至路县界始入平原而肆无忌惮。《水经注》说，沽水入潞（东汉路县又称潞县）乱流，若遇大雨，山洪暴发，则沽水横流，路县一片汪洋，给两岸百姓带来极大灾难，所以"沽"不读本音"姑"，而应读作"苦"（古），字义与河性相符。当时沽水流经路县城西，于是约定俗成，渐改河名称潞水。

建安六年（201），曹操为北征乌桓，曾用潞水运输军用粮物，到三国魏时，因曾用以漕运军粮衣物，潞水易称笥沟。

金天德三年（1151），开辟潞水漕运，潞河正式成为运河。因漕水通济之意，潞河便叫通济河了，路县也就成为通州了。

元代，顺义县牛栏山以下潞水河段，河床宽广，白沙片片，不生青草，故此易名为白河。

明代，白河与东北流来的潮河在密云县城西南汇合，由此至通州城北河段改名为潮白河，通州城以下河段复称潞河或白河。因通州域内此河性悍多沙，经常改道，摆动不下，自由自在，故又俗称自在河。正统元年（1436），白河修竣成功，漕船可沿潞河直抵通州城下，故赐称通济河。当时大运河通称漕河，因不同河段又有异样称呼，通州至天津的大运河的首段运道是用白河漕运，所以潞河又称作白漕。明时将通州视为首都北京的重要组成部分，因此将通州至北京的通惠河俗称里河。相对里河而言，自通州至天津的潞河就俗称为外河。潞河在张家湾接连，汇入了通惠河、萧太后运粮河与浑河（今凉水河）。四条河流汇流一河，河面极宽，水势更涌，因而张家湾以下的潞河又称

为泗河。

清时，通州城外白河还曾称通流河。雍正四年（1726），不同雍正帝争皇位的怡贤亲王允祥，受命治理京东水利及直隶北部各条河道，以潞河位于大运河北端首起段，故将其定名为北运河，一直沿称至今。

这北运河在历史上居然有十三四个名字，简直是世界上名字最多的河流。

一句话挖出一根皇木

明代初期，国都设在南京，燕王朱棣夺权后，立意迁都，下令按南京皇城建制建设北京。永乐四年（1406），朱棣派遣大批官员前往云南、贵州等省采伐珍贵木材，沿大运河运至张家湾码头存储，以修建皇城。存放皇家所用木材的地方叫皇木厂。通州张家湾的皇木厂村便是当年存放皇木的地方。

昨天，在三教寺，我们曾看到三根从故河道中挖掘出的巨型皇木，一根是格木，两根是硬合欢木。周良老说，这都是无价之宝。

说者无意，听者有心。王洪海老师对皇木有了深刻印象。今天我们到曾经存放过皇木的“皇室新村”采访，王老师便问村里是否发现过皇木。村书记回答说，在建设新村时曾挖出皇木，但因条件所限不能发掘，又埋了回去。一旁周良老听到后立即问，为什么不告诉我们啊？这个东西挖出来放在你们村里展览也是好的呀！王老师的一句无心之问，居然挖出了一根皇木！

南下！南下！南下！

今天一早，我就看到杨鸣起老师在“运河娃”官方博客上发文《〈寻根大运河〉——天津西青记者团健儿明天就要回家啦！》，期盼之情呼之欲出。文末几个大字引人注目：南下！南下！南下！

刚刚有点放松的我吓了一跳，以为这就要让我们再出发了，赶紧加了一条评论：老兄，南下的事能不能过两天再说啊？大家压力太大了！

这是实话，9天来大家的工作强度太大了，不能马上南下啊！

下午回天津的路上，我用手机再细看杨鸣起老师的这条博文，发现前面还有几个字：休整！整理！总结！

都怪我粗心。是呀，休整、整理、总结，为了更好地南下！

2012 年 7 月 3 日深夜于家中

南行记

（京杭大运河天津静海、河北省段）

冯　立

2012年8月15日

今天我们开始了大运河天津静海和河北省沧州段的寻根之旅。

踏上新征程

经过一个多月的休整，“寻根大运河”天津·西青记者采访团很好地整理了北运河段的采访成果，写出了多篇文章；根据在北运河寻根期间获得的线索，我们还在西青开展了域内寻根活动，找到了刘紫蘅先生书写的杨柳青地名碑；接受了天津广播电台的采访，录制了相关节目。

休整期间，我们做了大量功课，对即将考察的南运河及其相关历史文化有了较为深入的了解，对行程安排进行了深入研究。

这次启程我们还增添了新生力量。天津日报集团《城市快报》的记者柴波、庄健，天津广播电视台都市频道的记者马诚、郭春阳、刘楠，西青报社的司机于宏伟师傅加入到我们的队伍之中。相信他们必定能为活动带来新的活力。

有了充分的准备，有了新同志的加盟，面对新的征程，我们充满信心！

成功的前站

此次行程的第一站是静海县的运河古镇——独流。关于独流镇的历史文化我曾有一个线索，但是后来断了。于是，在正式探访独流之前，我提出要去打个前站，以期重新接上线索。

于是8月9日，我同西青报社的司机倪师傅一起提前到独流跑了一趟。事实证明，这个打前站是非常正确的，而其过程则像当初在河北区中山公园的经历一样奇，一样巧。

那天，到独流后我便找到聚集老人最多的独流菜市场。说实在的，我要问的事情距今时间太长了，问年轻人恐怕不知，即使问老人，如果当年未实际接触过也未必知道。所以，只能是碰一下运气。

一到地点我便上前问：哪位老人家知道独流镇在理（一种带有宗教色彩的，以禁戒烟酒、毒品为特色的民间慈善组织，又称“理门”）的情况？众多老人都说不知，但一位看起来只有60多的老人却说他知道。于是，我进一步问：您听说过众善堂的情况吗？老人答：“知道，我年轻时就在理啊！”老人叫张大庆，今年已经80岁了，但他不抽烟不喝酒，身体硬朗，精神矍铄，难怪看起来比实际年轻很多。

真是踏破铁鞋无觅处，得来全不费功夫啊！

张大爷得知我们要沿运河采访相关历史文化非常高兴，他说：“很多历史如果再不挖掘就要被淹没了，你们的工作很及时啊！”他带我登门拜访了几位对独流理门历史有较多了解的老人，并告诉我独流镇原党委书记张春山曾撰写独流镇志，对独流的历史文化非常了解。这都是非常宝贵的线索，相信有了这些线索，采访团的独流之行一定是成功的。我的这趟前站没白跑。

追访百岁传奇老人

我们采访团今天到独流的一个重要课题就是追访一位百岁传奇老人的遗迹。这位老人叫李忠祥。据我们了解到的情况，李忠祥原是行伍出身，30多岁时看破红尘，在西琉城村三官庙出家。他虽为道长，但同时也是理门的掌法人。1931年，李忠祥在三官庙后建房，成立众善堂理门公所。1950年农历三月初四，李忠祥坐化，享年114岁。据传，他有深厚的内功修养，有“长日打坐、不食不泄”的功夫，“多冷不戴帽，走路快如风”的体质，并且耿直和蔼、

乐善好施，当年在百姓中享有崇高的威望。方圆数百里，包括文安、霸州、台头、胜芳等地的百姓提起李忠祥几乎无人不知，把他当作活神仙。独流镇曾经的理门止静堂公所，就是李忠祥创立的。至今，独流镇对理门有所了解的老人提起李忠祥的事迹都津津乐道。

采访中，90岁的于文贞老奶奶向我们提供了她所珍藏的关于李忠祥的文字资料。87岁的张恩彩老人将他珍藏多年的一张李忠祥的照片送给采访团。照片中，李忠祥须发皆白，留着典型的理门领众发型，左臂戴有红十字臂箍，安详笃定。这或许是如今唯一能让我们领略这位百岁传奇老人风采的照片了。

天下第一坛

在独流，镇党委阎副书记、镇政府朱副镇长热情接待了我们。静海县文化局副局长何洪新、社文科李会、文化馆祖红霞参加了与我们的座谈，参加座谈的还有县志办原主任王敬模、独流镇人大主席团原主席张春山以及文史专家张秀卿。王敬模主任对义和团的历史有专门研究，曾经骑自行车跑遍静海县和西青区的相关村庄，调查了大量关于义和团的史料。他向我们介绍了义和团在独流的历史。

与杨柳青一样，独流是义和团运动的一个重要活动地，以天下第一坛而闻名华夏，这要从义和团的著名首领张德成说起。张德成是河北省新城县白沟河人，素以操船为业，经常沿南运河、子牙河往来于独流、王口、天津一带，并与武林中人和下层群众结下深厚友谊。后来又在独流一个姓段的富户打短工。当时，帝国主义对中国的侵略日益加深，清政府的政治日趋腐败，使张德成逐步树立了反帝爱国思想。他凭借自己在群众中的威信，发动民众，组织义和团。光绪二十六年（1900）四月，他在独流镇老君庙（今独流镇胜利街织物厂）建立了“天下第一团”，并设立坛口，号曰“北坛”。当地民众出于对不法洋人的愤恨而纷纷加入，使义和团得以迅速发展，很快形成一个强大的农民武装。此后，张德成沿运河北上，又在包括杨柳青的今西青地区设立坛口十余处。当年六月下旬，张德成率领团众七八千人进入天津，与曹福田领导的团民汇合，共同对八国联军作战，终因武器落后等原因失利。败退静海王口时，张德成被当地地主武装杀害。

义和团运动虽然失败了，但它不啻为一场人民群众顽强反抗帝国主义侵略的爱国运动，我们要记住这段历史。

运河水酿出独流醋

到独流不能不提到当地特产——独流老醋。独流老醋产于静海县独流镇，因此得名。独流老醋是中国三大传统名醋之一，与山西陈醋、镇江米醋齐名。始创于清康熙初年(1665)，是宫廷御用贡品。它精选优质元米、红粱等原料，采用传统配方及工艺，经三年陈酿方成，故又称之“三伏老醋”。色泽酱红，清澈透亮，口味软绵，酸中回甜，且久存不霉。能够解腥去膻，除腻增香，助消化，深受食用者喜爱，驰名海内外。西青人现在所吃的醋基本都是独流老醋，很多西青人还直接到独流购买独流老醋。所以，到独流不参观一下独流老醋的制作过程是不行的。在有关方面的陪同下，今天下午我们参观了天津市天立独流老醋股份有限公司，杨建华副总经理领我们参观了独流老醋的制作过程，向我们介绍了独流老醋的历史。

相传静海独流镇运河水异常甘甜可口，远近百里无人不晓，久而久之这消息传到了康熙皇上耳朵里。他就下了一道圣旨：用御河水给我造御酒，年年进贡。皇差拿着圣旨到了独流，对造酒名师来福说了这件事，来福不愿把祖传技艺献给皇上，就撒谎说：“甜水加热要变酸酒的。”皇差知道他在刁难皇家，便说：“就要你造酸酒，不酸就杀你的头！”来福没办法，只好烧香求助天上的造酒仙师杜康来解难了。杜康知道了，变为一位老者来到来福家，说：

“酸酒米糠出，二十一日酉时流。”来福得到神仙秘诀感激不尽，赶紧以米做糠，用制酒的方法，发酵21天，到酉时，果然流出了开胃止渴、调味提神的酸酒来。可是这不能叫酸酒呀，聪明的妻子就按着仙师说的秘诀说：“这酸酒不是二十一日酉时出的吗？我们就叫它‘醋’吧。”来福听了，高兴得直叫：“好！好名！”他们就把醋送进了北京，康熙皇上品尝了之后，果然开胃提神，又听传说后龙颜大悦，特颁谕旨，钦定“醋”名，并昭告天下。

这只是一段民间传说，但充分说明了独流老醋与运河“甜水”密不可分的关系。天立公司的职工告诉我们，过去没有自来水，这独流老醋几百年都是用的运河水啊！没有运河水就没有独流老醋。

2012年8月15日

于静海县城太亨商务大酒店

2012年8月16日

今天是大运河天津静海、河北省沧州段寻根之旅的第二天。

割不断的亲情

从金代起，西青的大片地区就归静海县（金代称靖海）管辖。1962年，西郊区（西青区前身）复建前，包括杨柳青镇在内的西青大片地区属静海。所以，西青与静海有着千丝万缕的联系。很多西青人，特别是杨柳青人曾在静海工作，两地的亲戚则更多。

西青、静海还有一个重要联系，就是两地人民有着共同的口音。按照天津方言岛学说的介绍，如今天津市区及其周边居民口音为江淮口音，是随着移民迁移而来。采访团成员王洪海老师的老家就是安徽宿州，可是口音几乎与天津市区口音完全一样。而西青大部分地区的口音则属于静海音系，属于本地口音。就口音而论，西青应该与静海的关系更近些。

如今，虽然西青与静海成了兄弟区县，但听着同样的口音，看到同样的风俗，便如同在家乡一样，感觉就像走亲戚。

《血溅津门》与津南支队

“海河掀巨浪，怒火燃胸膛，津门好儿女，驰骋在疆场上……”

20世纪80年代，电视剧《血溅津门》热播，故事背景地的天津更是万人空巷，争相观看。这部电视剧讲的是津郊武工队在地下党的配合下，在津郊和天津市区，与日伪周旋、斗争，最终取得胜利的故事。电视剧中武工队长郝明，汉奸袁文会、郭运起等一个个鲜活形象至今为天津的老百姓津津乐道。电视剧拍摄的时候，一些镜头是在西青农村拍摄的。

而剧中津郊武工队的原型就是当年活跃在今静海、西青地区和天津市区的津南支队。津南支队成立后，相继拿下、袭击了炒米店、芦北口、大泊等敌伪据点，巩固了根据地。此后，连续袭击日伪成功，是天津地区一支重要的抗日力量。津南支队的冯景泉（又名冯三）更是在西青地区留下许多传奇故事，至今为西青人民津津乐道。

著名作家张孟良谈大运河及其保护与开发

电视剧《血溅津门》改编自同名小说，作者叫张孟良。8月16日，“寻根大运河”天津·西青记者采访团在静海县位于南运河畔的义渡口村拜访了张孟良先生，并参观了张孟良文学馆。

老人已经86岁了，但精神矍铄，鹤发童颜，宛如画中的老寿星。他思路清晰，谈起运河更是头头是道。

张老说，自己很小的时候就光着屁股在运河里游泳，是喝着运河水长大的，是喝着运河水学会写字的。自己一辈子都没离开运河，自己的创作受运河影响很大。后来用手中的笔写革命,写家乡,写的也都是运河两岸的人和事。创作的大部分文学作品都是取材于运河两岸广大人民群众的生活,运河是自己的“母亲河”,她深厚的文化底蕴和经历的沧桑岁月,永远是自己创作的源泉。

张孟良还说,记得小时候义渡口村只有30多户人家,土坯墙、篱笆院,老牛拉车叮叮当,农民灌田打水忙。两岸种着麦子、稻子、蔬菜,非常美。在运河畔、田园中,望着晚归的渔舟别有一番情趣。古人诗句“西村渡口人烟晚,坐见渔舟两两归”,简直就是义渡口当时的景色。

张老先生听说现在有在义渡口盖楼房的规划了,他对此有自己的看法。他说:就运河文化而言,如果要看楼房为什么要到这里?是否可以把这个村子保留下来,就像《红楼梦》里的稻香村那样,给人保留一片能够欣赏运河之美、田园之美的小天地呢?

运河岸边的大佛

在静海县文化局同志的陪同下，我们参观了静海县文化遗产保护中心的文物展览。其中,一幅佛像的照片吸引了我。虽然是照片,但仍可以看出佛像之大,而且佛像坐于千叶莲花座上,造型非常精致、独特。静海的同志告诉我,这是一尊明代所铸古铜鎏金千佛莲座释迦牟尼像。铜佛高5.2米,莲花座重6吨,莲花座上有9999片莲叶,每片莲瓣上铸有小佛像,铭刻着清代建庙施主的姓名及家乡住址。铜佛持“说法相印”端坐,非常高大,一个脚趾上就可以站5个人。而千叶莲花座造型既精致又壮观,铜像线条清晰和谐,铸工精细,堪称佛门奇宝,是国家二级文物。

静海的同志告诉我们，这座佛像本位于静海县南十多公里南运河西岸的曹村(旧称曹家疙瘩)之中的移兴寺。旧时,移兴寺建筑恢宏,气势雄伟,寺院分东西两路,院中苍松翠柏,槐柳繁茂,为当地一大胜景。后来寺庙几经变乱，毁坏殆尽。

1982年，天津市宗教事务委员会将大佛搬往大悲院，并重镀金身，安放于大雄宝殿。大悲院扩建后，原大雄宝殿改为释迦宝殿，大佛仍在接受着四方香火。

车开在运河岸边，不禁感叹移兴寺古迹的毁弃，同时又为大铜佛仍存而庆幸。只是佛像搬离了南运河边的曹村，去了三岔河口岸边的大悲院。虽然大佛改变了所住寺庙，但仍在守望着运河。

2012年8月16日晚

于沧州市红达佳苑酒店

2012年8月17日

今天是大运河天津静海、河北省沧州段寻根之旅的第三天。

渊源颇深的沧州和西青

由于诸多缘故，沧州接到西青区政府的函较晚，但他们对我们的“寻根”之行非常重视。接到函后，沧州方面召开紧急协调会，安排我们的行程与接待事宜，直到晚上11点多。今天市政府副秘书长寇炳谦、市委宣传部副部长张勇、市文物局局长王玉芳、市文化局副局长张艺等沧州市的有关单位领导热情接待了我们，沧州的文史专家颜淑云、刘增祥、孙健、袁书缓与我们座谈。刘增祥先生本来有事，因为我们的到来特意改变了日程来陪我们座谈。

当我们对他们的热情表示感谢时，他们说，咱们本来就是一家人，是亲戚，不用说两家话。

历史上，沧州与西青确实有很深的渊源，说是一家人一点儿也不过分。南北朝时，东魏政权就把现属西青的部分地区划归沧州浮阳郡章武县管辖。五代十国时，后梁、后唐把现属西青的部分地区划归沧州乾符县，后周将其

划归横海军沧州永安县。北宋将其划归河北东路沧州清池县。

1958年6月,天津市归属河北省后,沧县专区与天津专区合并,称天津专区。天津专区行署从杨柳青的石家大院搬往沧县,后又在天津市区临时办公。由于这个关系,一些西青地区的干部被带到了沧州专区,而更多的沧州人和西青人结下了亲戚。

沧州人曾把油厂开到杨柳青

下午,在沧州市文物局局长王玉芳的陪同下,我们参观了刚刚复建完工的沧州文庙。在文庙院内,我们看到几个直径1米多,顶部有圆槽的圆形石器。望着这些怪东西,我们不禁好奇它们是干什么用的。王局长告诉我们,这是榨油用的石砣,沧州人榨油的历史很长。

这让我们不禁想起,杨柳青曾有一个著名的榨油工厂,字号叫"双顺和"。它是由沧州庆云(庆云镇现属沧州市盐山县)人刘常顺开办的。

1908年,刘常顺夫妻带着4个儿子迁居杨柳青镇前桑园村。1915年,建双顺和油作坊,用石碾、石砣榨油。有一定积蓄后,购进人工手推式榨油机,不但大大增加了油的产量,所产豆饼也正满足农村需要。作坊从此产销两旺。后来刘家在杨柳青牌坊以东的北河沿大街建厂,增加了柴油发动机,成为杨柳青镇最大的油厂,所产豆油和豆饼销路都很好。后来虽然工厂曾遭受火灾,但凭借雄厚的积累,很快又引进更先进的设备,建起了更大规模的工厂。20世纪50年代初,天津专区工业局以赎买方式接收了双顺和油厂,成立国营杨柳青制油厂。

沧州专家谈运河保护与开发

座谈中,沧州的文史专家谈到了运河文化的保护与开发问题。

王玉芳局长说,大运河沧州段长215公里,保存比较完好。现在已建成3万平方米的博物馆,正在考虑是否挂河北省运河博物馆的牌子。

刘增祥谈到了运河保护与开发的关系。他说,大运河申遗就意味着必须保护。而建筑物的保护应是在使用中保护,如果一个房子不住人,那就是一支干花,没有了灵气。在使用中,只要保证安全,并防止对建筑的破坏,再加以修缮,那么,建筑就既实现了使用价值,又会得到灵气。大运河也是一样,河道不一定非得通航、恢复漕运,在现代交通工具如此发达的情况下,恢复漕运也无必要。但起码要实现生态调水,发挥运河的生态功能。

铁狮子镇水

沧州有一件非常著名的文物——铸成于后周广顺三年(953)的沧州铁狮子。它位于沧州关东村西 500 米处。铁狮身高 5.78 米,长 5.34 米,宽 3.17 米,体重约 50 吨。狮身向南,头向西南,两左脚在前,两右脚在后,呈前进状,姿态雄伟,昂首阔步,栩栩如生,被列为全国第一批重点文物保护单位。

据《沧县志》记载:“铁狮子在旧州城内开元寺前,高一丈七尺,长一丈六尺,背负巨盆。头顶及项下各有‘狮子王’字,右项及牙边皆有‘大周广顺三年铸’七字,左肋有‘山东李云造’五字,腹内、牙内外字迹甚多,然漫漶不全,后有识者谓是金刚经文。”据有关资料记载,“寻根大运河”采访团的首席顾问罗哲文认为,铁狮子应为文殊菩萨造像坐骑。

但当地百姓一直把它当作镇海吼,视为镇水之兽。这让我们想起考察北运河、通惠河时看到的诸多镇水兽,也让我们想起杨柳青运河岸边的普亮宝塔,据说它们都是为镇水而建。那么,这铁狮子是否具有实际功能呢?据民国时代《古沧铁狮记》作者刘树鑫曾描述:“北风吹入狮腹,作吼声,余心慄然。”据工作人员介绍,由于铁狮子腹空,当有海啸时大风吹入铁狮子口中时,它就会发出巨大的吼声。20 世纪 50 年代时,一些老人还能回忆起过去风暴潮来袭时铁狮子发出的吼声。

运河号子、纪晓岚文化园与杨柳青

探访沧州运河上的捷地闸后,沧州的同志停下车子,与路边一位放羊的老人搭话。原来这位老人当年曾是运河上的纤夫,会唱运河号子。老人得知我们是探寻运河文化的,便为我们唱起了运河号子,并告诉我们他从十几岁便开始拉纤,最南到过河南新乡,最北到过大港。往北走时往往到杨柳青时要住下来休息,第二天又唱着运河号子拉船上路了。

运河是重要的南北通道,杨柳青又是运河重镇,老人知道杨柳青,并在杨柳青住宿过并不奇怪。想来沧州的人们到北方去大都是从运河乘船去的,他们也应该都到过杨柳青吧?

沧州最有名的文人纪晓岚就曾在他的《阅微草堂笔记》中提到过杨柳青。或许他在来往于北京和老家沧州时也路过杨柳青吧?

今天下午,我们参观了纪晓岚文化园。园中的一条小路引起我的注意。小路由石磨盘铺成,这让我想起来杨柳青的老塘子胡同。该胡同位于杨柳青河沿大街和估衣街之间,形成于乾隆年间。因过去曾有一李姓人在胡同内开设了澡塘,且是镇上最早的一家澡塘,故取此名。胡同以废旧磨盘砌路,小时候每每走在这石磨铺路的胡同,我看着路两侧的青砖瓦房,便有一股文化的气息沁入心脾,确确实实地感到古镇历史的厚重,为生于这文化悠久之地而自豪。后来,老塘子胡同拆了,石磨盘铺就的路没了,一股惆怅感曾久久萦绕。多少次梦中,我又走在那条磨盘铺路的胡同中。今天,纪晓岚文化园的这条小路又把我带回了当年的杨柳青,让我如入梦境。

2012 年 8 月 18 日凌晨

于沧州市红达佳苑酒店

2012年8月18日

今天是大运河天津静海、河北省沧州段寻根之旅的第四天。

到南皮县走亲戚

上午我们来到大运河边的千年古县——南皮。到南皮来我们是抱着走亲戚的想法来的。因为我们知道雍正九年(1744),将沧州所辖的南皮县、庆云县、盐山县,一并隶属于天津府。而杨柳青著名的石家大院更是与南皮张氏家族有亲戚关系。所以到南皮的一路上,我们都有一种要去一个久未谋面的亲戚家的感觉。

进入座谈现场,出乎我们意料的是十几位老同志已经就座,在等待我们。南皮的重视与热情让我们心里热乎乎的。

南皮人张之洞(1837—1909)是清代名臣。他13岁考取秀才;15岁乡试中举人第一名,成为解元;26岁考取进士第三名,成为探花,授翰林院编修。后相继任湖北学政、四川学政、山西巡抚。1883年中法战争爆发,因力主抗战任两广总督。1889年7月调任湖广总督。他提出"中学为体,西学为用",力主洋务,任督鄂17年间,广开新学、改革军政、振兴实业,由此湖北人才鼎盛、财赋称饶,成为后期洋务新政的中心地区。

1907年7月,清廷授张之洞大学士,仍留湖广总督之任。后充体仁阁大学士,补授军机大臣。9月到京,奉旨管理学部事务。

张之洞还有一位堂兄张之万。张之万(1811—1897),字子青,号銮坡,直隶南皮人。道光二十七年(1847)中状元。光绪二年(1876)任河南巡抚,移督漕运,历任江苏巡抚、闽浙总督。光绪八年(1882)任兵部尚书,后调刑部。光绪十年(1884)到军机处,兼任吏部尚书。升任协办大学士、体仁阁大学士、东阁大学士。

有了张之万、张之洞兄弟,南皮张家可谓名声远播,成为名门望族。也正

是这个缘故，让南皮与杨柳青成了亲戚。因为张之万、张之洞兄弟近支侄女嫁给了杨柳青石家尊美堂掌门人石元仕，也就是说石元仕是张之万、张之洞的侄女婿。

张之万还曾经给石元仕写过寿屏。而石元仕更是因为张之洞从运河乘船回南皮路过杨柳青，而热情接待，花费数千两白银。

与南皮张家有亲戚关系的不只是石家。杨柳青的翰林刘学谦有一个女儿叫刘毓瑄，嫁给清代著名才子纪晓岚的五世孙纪堪颐（字彭年）续弦。而纪晓岚家族与南皮张家早就有姻亲关系，且刘翰林家也与石家有姻亲关系。

可以说，南皮张家与杨柳青有着亲戚套亲戚的关系。

2012 年 8 月 18 日晚

于泊头市政府招待所

2012 年 8 月 19 日

今天是大运河天津静海、河北省沧州段寻根之旅的第五天。上午我们在泊头市与专家座谈、探访运河古迹，下午我们到衡水市景县瞻仰了运河名胜——景州塔。

书画大师连起西青与泊头

我们是昨晚入住泊头市的，泊头方面做了很细致的准备和安排。今天泊头市委宣传部和市文广新局的领导安排范凤池、陈金升、夏增江、董书明、郭树芳等泊头的文史专家与我们座谈。泊头的专家们向我们详细讲述了泊头的运河文化以及泊头与天津、与西青在历史上的关系。看得出他们做了很充分的准备。特别是郭树芳先生专门讲了他所知道的泊头和西青的历史渊源，这让我们的感情一下子拉近了许多，因为我们就是来寻亲的，来寻西青历史文化之根的。

在泊头市赠送给我们的《泊头风物》一书中，我们一眼便看到梁崎的名字。原来著名书画大师梁崎是泊头人，1945年移居天津。“寻根大运河”天津·西青记者采访团在红桥区采访时曾参观过梁崎纪念馆，在那里我们曾发现霍元甲的孙子霍文亭赠送梁崎的霍公照片，照片上还留有梁崎的墨宝。王洪海老师告诉我们，他后来了解到梁崎与霍家的交往并不止于赠送照片，梁崎与霍文亭有过很多交往。这既是出于梁崎对霍元甲的敬仰，也因为霍元甲祖籍东光与泊头相邻，梁崎与霍家是老乡。

交谈中，陈金升老先生告诉我们，梁崎是他的舅舅。而随杨鸣起老师前来探班的方博则说，他的书法老师的师爷就是梁崎。陈金升笑道，那也就是你的师祖了，这真碰到一家人了。

历史上的深厚渊源

郭树芳先生专门为我们讲了泊头与天津、与西青的历史渊源。他的讲述为我们梳理出了泊头与西青联系的条条脉络。

在政治上，过去河间府曾设有专门管理运河的河间管河通判，常驻泊头，管理范围是包括现在西青段的天津到德州的运河事宜。

经济上，泊头是锻造、铸造业之乡，其锻造、铸造技术曾影响“近到州府郡县，远到文丽”(文丽即现在的文莱)。天津三条石的铸造业从业者基本都是交河县(泊头镇曾属交河县)的，特别是泊头人。而旧时以行炉为业行走于西青乡村间、四处做工的也多是泊头人。不知有多少西青人曾经用过泊头人打造的铁制生活用具、农具……泊头还出产鸭梨，过去所谓的天津鸭梨其实出自泊头，采摘后装船从运河运到天津再出口，于是泊头鸭梨变成了天津鸭梨。这个美丽的误会也曾让我这个西青人产生过疑问，曾想探究天津鸭梨的产地，今天我终于得到了答案。王洪海老师说，他最早知道泊头这个地方是

因为泊头火柴，因为过去所用火柴的盒上多有“泊头”两字。郭树芳说，泊头火柴厂是由与天津颇有渊源的冯国璋大力支持兴建的。本来是要建在天津的，但当时有规定，两个火柴厂必须相距200公里以上，而天津已经有一个火柴厂了，于是只好建在了泊头。

语言上，泊头与天津、与西青也有很多联系。郭树芳先生专门研究过泊头各行业的切口（又称春典，指帮会或某些行业中的暗语），他说他发现泊头的切口与别处有很多区别，但与天津是一致的，属于同一体系。过去曾有“宁舍一锭金，不传半句春”的说法。泊头的切口能与天津一致充分说明了泊头人与天津人的关系之密切。

瞻仰景州塔

河北省曾有运河三宝之说，即“沧州狮子、景州塔、东光县的铁菩萨”。我们看了沧州狮子，这景州塔也是一定要瞻仰的。于是，下午我们在告别泊头后驱车前往景县，探访这一运河名胜。

入景县城区不远，一座高耸的巨塔便映入我们的眼帘。其雄伟高大出乎我的意料。

该塔始建于北魏兴安年间，即公元452至453年，距今已有1500多年历史，原名“释迦文舍利宝塔”，因今景县原为景州所在地，所以人们通常称为景州塔。1996年景州塔被国务院列为全国重点文物保护单位。

景州塔塔高13层，外形为八面棱锥体，通高63.85米，底层周长50.5米，是一座由砖石结构而成的楼阁式古塔。塔基由坚固的巨型青石铺成。塔顶下部为砖砌须弥座，以仰莲承托刹身，刹身不用相轮而用铁板交替压叠，有如锥形铁框。刹顶为大小不同的5个铜制葫芦相串叠。这种不用相轮而以锥形铁框作为刹身的铁刹尚不多见。铜葫芦下有铁丝网罩。据说，每有风起，铁丝网罩与洞户被天风鼓荡，如惊涛澎湃之声，故有“古塔风涛”之称。

塔身有警示牌提示，由于年久，塔檐常有砖石掉落，希望游客保持距离。而距塔大约10米外已经拉起了一圈铁丝网，由此可见因其年代久远受风雨侵蚀已重。但我们也注意到，该塔得到了明显的修缮保护，最底层塔砖明显比上面的要新。而周围的铁丝网既有保护游客的作用，客观上也起到了保护古塔的效果。

站在景州塔下，我们说起了曾经瞻仰过的通州燃灯塔和位于家乡杨柳青的全国罕见的道士塔——普亮宝塔。王洪海老师说，我们应该把运河岸边所有的古塔都记录下来，这是文化，是历史，我们要研究，要传播。

2012年8月19日晚

于东光县政府招待所

2012年8月20日

今天是大运河天津静海和河北省段寻根之旅的第六天。上午我们在东光县与专家座谈，下午瞻仰了东光县著名的铁佛寺，以及马致远纪念馆、荀慧生纪念馆、供奉二郎神的永清观、泰山行宫碧霞祠。今天都市报道的两位记者因有紧急任务被召回，城市快报的记者也因一位同志拉肚子而无法继续工作，他们先回天津了。

西青、东光渊源多

昨晚我们“寻根大运河”天津·西青记者采访团一行到达东光县。东光县的有关领导热情地接待了我们。他们说，前些天刚有小南河霍家来人到东光祭祖。今天上午东光方面安排刘关臣、徐国安、郭凯峰、赵宝岭、高延升、张云杰、张君宇、邢增刚、李天峰、匡淑玫等当地文史专家与我们座谈。

座谈交流中，大家发现西青与东光渊源还有很多。郭凯峰教授告诉我们，据他所知，杨柳青的郭姓多是从东光县于桥乡郭家村迁过去的。据我们

所知,东光人很早就到西青做生意了。清末曾有王姓东光人在杨柳青西渡口开设义盛合调料店,《杨柳青地理买卖杂字》上有"义盛合,西渡口,青酱、醋、油卖黄酒"之说。还有为北京北海公园补乾隆御笔,写"意远"匾的刘紫蘅老家也是东光人,他父亲就是从沧州东光到杨柳青谋生的,以卖带子为业,人称"带子刘"。后在估衣街西头、曹家胡同南口斜对面设义顺成百货线店,铺面两间,经营腿带、腰带、绒花、绢花、线袜以及洋广化妆用品。住家居于姜店胡同南头。热爱地方文史的东光电视台记者匡淑玫对此很感兴趣,向我们索要了刘紫蘅的相关材料,希望拍摄关于刘紫蘅的电视节目。

沙家门与密宗功夫

刘关臣老先生是研究东光地方武术的专家。他说,东光霍家练的武术叫沙家门,源于佛教功夫。沙家门包括气功、武术和医术。它的气功包括内桩功和外桩功。这门功夫不但有很强的技击性,其健身作用更佳。刘先生本来体弱多病,10 年前做了心脏手术,那时走路最多走 180 米。后来,刘先生开始练沙家门,身体日益健壮,10 多年来从未得过感冒,如今他能连续步行 10 公里,每天能走好几次。他整理沙家门的相关资料已经 5 年了,即将成书。采访团的王洪海老师表示,希望书尽快出版,好一睹为快。

刘先生提到,曾有传说沙家门的祖师姓沙,但据他考证这是一种误传。沙家门的祖师姓名无可考,但可以确认他是一个和尚,而且与密宗有关。和尚又称沙门,所以其武术传为沙家门。

刘先生讲的情况引起了我的联想。霍元甲的武术主要是家传,那么其先祖来小南河时就是携技而来,所携之武功那就是东光霍家所练的沙家门了。那么,霍元甲所练秘宗拳也就是沙家门的拳法。而沙家门既然是密宗拳法,这"秘宗拳"是否是"密宗拳"的变字,而非一般所说的燕青拳(燕青拳也称秘宗拳)呢?包括秘宗拳,以及后来其所称的迷踪拳或许也是其先祖早前为了掩盖与东光的关系吧？

东光县的铁佛与杨柳青的天齐庙

河北省运河三宝是“沧州狮子、景州塔、东光县的铁菩萨”。昨天我们去景县看了景州塔，今天来到了东光县，不能不去瞻仰这里的铁菩萨。下午，采访团一行来到东光县普照公园内的铁佛寺。说是铁菩萨其实是铁佛。铁佛寺原名“普照寺”，始建于北宋开宝五年（973），至今已有一千多年的历史，因寺内释迦牟尼佛体态硕大而闻名。解放后，铁佛寺曾被列为河北省重点保护文物。后来铁佛毁于“大炼钢铁”，寺庙毁于“文革”。现在的寺庙和铁佛均为20世纪80年代重建。据讲解员说，寺庙和大佛的重建有很多传奇故事，历史上铁佛的来历更为传奇，而且与大运河密切相关。

传说古时铁佛原在京东香河县金鸡寺，因向往东光这块佛乡宝地，每天僧人撞钟即发出“东光、东光”的声响。金鸡寺和尚意识到铁佛要去东光，于是用铁链锁住铁佛的右臂，但铁佛去意已坚，终于挣断锁链沿运河逆流南下。沿途各县见运河里漂来了大铁佛，有的在河边修起了接佛寺，想拦留铁佛进寺，但铁佛毅然向南，目不斜视，直漂到东光码头停住。这样的庞然大物谁能搬得动？此时，走来一个小和尚，其貌不扬，但食量极大，一口气吃了十多屉包子，俯身把铁佛背上岸来，放在一口井上。人们在井上建起了铁佛寺。据说这小和尚就是铁佛的化身。于是铁佛在东光安家。

采访团的各位听到这个故事后说，如果大佛是通过大运河从香河到东光的，那一定路过了杨柳青，而且杨柳青也有类似故事。杨柳青天齐庙的神像就是用运河上漂来的木头雕刻的。传说明代一次水患，南运河上游漂来六尺长的圆木十根，其中一根已显现神像轮廓。当时又有人梦见神人，要人们立庙供奉。随后又漂来很多大木料，于是人们集资筑成天齐庙。

当然，这都只是美丽的传说。但这些传说充分说明了运河曾在物资交流

和文化交流中的重要作用。

荀慧生西青有传人

铁佛寺旁建有马致远与荀慧生的纪念馆，这二位都是出自东光的戏曲艺术家。

马致远(约1250—1321至1324年间)，字千里，号东篱，东光县人，元代著名戏剧家、散曲家，与关汉卿、郑光祖、白朴并称元曲四大家。其作《天净沙·秋思》至今脍炙人口，他也因此被称为秋思之祖。

纪念馆大门前有一副楹联，为中国楹联学会理事、省楹联学会副会长朱惠民所撰并书：

七百年面目全非不复存古道西风瘦马，

十万里江山大变尚容有小桥流水人家。

对联把马致远的代表作《天净沙·秋思》巧妙地融入，把游客带入了幽怨的意境。马致远纪念馆的竹林间有一条小道，从小道穿竹林而过，是另一个庭院。这里是东光县走出的戏曲大师荀慧生的纪念馆。

荀慧生1900年出生于河北省东光县(现为阜城县大白乡谷庄村)，1907年随父母到天津谋生。不久开始学戏，初学河北梆子，后学京剧，历尽艰辛终成大家，是京剧旦角表演艺术家，荀派艺术的创始人。

西青人应该是较早熟悉荀慧生的。据纪念馆展牌介绍，1909年时，荀慧生(当时艺名白牡丹)曾在天津四郊演出《教子》《烧骨记》《送灰面》《小放牛》等。这恐怕是他与西青结缘之始了，但荀慧生与西青的缘还不止于此，他的艺术在西青还有传承呢！杨柳青人李经文就受益于荀派艺术。

李经文1947年出生于西郊区(西青区前身)，杨柳青人。1966年毕业于天津市戏曲学校，工青衣兼演花旦。现为天津京剧院国家一级演员、中国戏剧家协会会员、天津剧协副主席、天津市政协委员。

李经文曾于1984年拜著名京剧表演艺术家、荀慧生的弟子赵慧秋为师,学习荀派艺术。后又拜梅派传人、著名京剧表演艺术家杜近芳为师。两位京剧大师使李经文在戏曲艺术上也成就非凡。1992年,她获得戏曲表演的最高奖项——梅花奖,曾多次作为京剧艺术的使者出国演出,为京剧艺术这一国粹争得了极高声誉。

2012年8月20日晚

于东光县政府招待所

2012年8月21日

今天是大运河天津静海和河北省沧州段寻根之旅的第七天。今天我们到东光县安乐屯为霍元甲寻根,探访了北霞口村的李神仙墓、连镇太平天国战场和谢家坝糯米堤。目前采访团里一半的人身体不适，我从昨天开始头疼、腹泻、浑身难受,坚持了一天。

为霍元甲寻根

我们到东光的一项重要任务是要为霍元甲寻根，据说霍元甲祖籍东光安乐屯。在昨天的座谈中,高延升先生对我们说,在20世纪80年代,他就听说霍元甲的老家在东光,但是查遍了东光的档案以及东光的霍氏家谱,没有发现相关记载。1987年冬天,他还专门赴天津西郊小南河村,希望找到线索。在小南河村,高延升拜访了霍元甲的孙子霍文亭。霍文亭说,小时候常听他奶奶说,霍家祖籍是东光的,临河而居。当时迁走了三支:一支去了关东,一支在静海闫家冢,一支到了小南河。到霍元甲已经七八代了。但霍家没有家谱,高延升仍心存疑惑。于是,他回到东光后便从东光霍氏家谱往上推,大约霍元甲生存时代的七代以上确实有一支失绪。高延升说,所谓“失绪”不是乏嗣,是有后代,但没有续家谱,说明是迁走了。王洪海老师说,这就对了。他

说，霍家人都知道，他们的先祖是哥儿三个，在东光惹了祸逃跑出来的，而且落户小南河的当初也不敢暴露自己与东光的关系，所以霍家也没有家谱。如今高先生为我们提供的情况正好把霍家的传说与霍家家谱失绪的情况对上。

今天我们来到安乐屯，看到在宣统三年(1911)重修的《霍氏家乘》上，从霍元甲以上大约七代的那一代，即东光霍氏第九代果然有霍家人名为续修者失绪。在2008年重修的《霍氏家乘》上，已经在霍续修之下补上了霍利通的名字。这是小南河霍氏的第一代祖。在第十六代和第十七代上，分别补上了霍元甲和霍东阁的名字。

太平军，从杨柳青转战连镇

1853年(清咸丰三年)5月，太平天国天官副丞相林凤祥、地官正丞相李开芳等率2万多人从扬州出发北伐，经安徽、河南等地，后经献县、沧州向天津进发，在沿途进军中招募收编，队伍不断扩大。10月29日，经沧州到达静海。30日兵分两路向东挺进，一路由良王庄沿运河南岸至汪庄子，一路经杨柳青到曹庄子北黄家坟地。后太平军进军受挫，退回汪庄子及杨柳青一带。退入杨柳青的太平军在报恩寺、山西会馆分别扎营休息。31日晨，汪庄子的太平军也来到杨柳青，分驻于运河南岸的文昌阁、玉皇庙等处。太平军还让杨柳青的画店印制了宣传年画，大张旗鼓地召开"英雄会"。11月5日，清军统帅胜保率军从子牙河北岸进入天津。同时清政府又派出蒙古王公僧格林沁率军进驻武清县王庆坨，给杨柳青构成威胁。太平军退往独流。临行将报恩寺、山西会馆、玉皇庙、文昌阁四处庙宇用火引着。清军来后更是趁火打劫，将药王庙前大街的许多商号洗劫一空，从此市面繁盛的一条大街，变得死气沉沉，直到解放也没有恢复起来。

后来，太平军从运河南退，到东光连镇后仍无后援，筑方圆35公里的木营寨。僧格林沁以土城围之。后李开芳分兵高唐，林凤祥守连镇。东光刘关臣先生曾调查了太平军在连镇的情况。据他所知，太平军当时在东光各村四处征粮，各村自保，以武力抗之。僧格林沁以困而不见之策对付太平军，后来又决南运河堤，水淹连镇，把太平军在河东连镇的地道都淹了。太平军只好退守河西连镇。1855 年 3 月 7 日，清军攻克连镇，连镇太平军全军覆没，林凤祥被俘后被杀。

应该说这是发生在大运河岸边，西青、东光历史上的一场惨烈战事。

2012 年 8 月 21 日晚
于东光县政府招待所

2012 年 8 月 22 日

今天是大运河天津静海和河北省沧州段寻根之旅的第八天。有一首歌留在我们的记忆中，就是《牡丹之歌》，这是电影《红牡丹》的主题歌。今天我们来到了电影主人公红牡丹的家乡、著名的杂技之乡——吴桥，探访运河文化。吴桥县委宣传部的张部长、县文广新局吴局长等领导热情接待了我们，并请杨双印、张彦广等当地专家与我们座谈。

吴桥杂技不陌生

提起吴桥杂技，我们并不陌生。记得在 20 世纪 80 年代初期还有很多吴桥人在杨柳青撂地摆场子变戏法、练硬气功，很受老百姓欢迎。90 年代初，曾有一个吴桥杂技团连续多日在杨柳青带状公园的儿童园门前广场（20 世纪 80 年代建于运河废弃故道，现该河道已重新挖通）上搭帐篷表演，场场爆满。

朱国成老师说，他还记得小时候村中有一个卖艺的吴桥人叫王傻子。他每次卖艺后都推销一种刀伤药。他的刀伤药搽上后能立刻止血，甚至连刀口都看不到。

在吴桥的杂技大世界，我们采访了以表演《三仙归洞》而闻名的老艺人，人称“鬼手”的王保合。王保合说，他在50多岁时就曾在杨柳青撂地演出，天津还有他的徒弟。

吴桥的专家告诉我们，过去吴桥艺人曾有“走柳口、下东北”之说，这“柳口”就是杨柳青。旧时陆运不发达，运河就成了吴桥杂技艺人外出卖艺最重要的通道。过去杨柳青是运河上的重要码头，因此也就成了吴桥艺人卖艺谋生的重要目的地。可以说大运河让西青与吴桥杂技结了缘。

从江湖杂耍到文化产业

吴桥有一首歌谣，颇能反映旧时杂技艺人的生活状态：

小小铜锣圆悠悠，学套把戏江湖走。
南京收了南京去，北京收了北京游。
南北二京都不去，运河两岸度春秋。
财主种有千顷地，老子玩耍不伺候。

运河文化与杂技文化形成重叠，运河各码头都留下了吴桥的杂技艺人们的足迹。据吴桥的专家说，在吴桥杂技兴盛时，有一些村庄村民几乎走光，只留几个妇女孩子的情况。虽然有当年孙福友那样挣回整船银元，娶回俄罗斯老婆的成功者，但大多数艺人则备尝艰辛。其地位也不过是江湖杂耍，难登大雅之堂。解放后，国家对杂技艺术给予了高度重视，全国各地相继成立了杂技团，而吴桥杂技艺人成为了各地杂技团的主力。

改革开放后，吴桥杂技更是焕发了新的活力。目前，全县473个村，村村都有杂技艺人，近万名杂技艺人常年活跃在国内外舞台上，年演出收入近亿元。

1993 年 11 月 26 日，投资六千多万元、占地六百多亩的吴桥杂技大世界正式对外开放。它以杂技文化发展为主线，以杂技艺术为特色，集杂技旅游、人文、博物、民俗、培训、比赛交流为一体，内有江湖文化城、杂技奇观宫、魔术迷幻宫、滑稽动物园等景区。过去行走于江湖的艺人们在家乡有了自己固定的表演场所，而集中表演又使各种杂技、各种相关产业形成优势互补。如今吴桥的杂技业正在带动服务业蓬勃发展，已经形成了以杂技旅游为龙头，多种产业相依托的集约化、规模化经营。

据相关报道，以杂技大世界为龙头的吴桥杂技旅游业，2011 年创产值 6.6 亿元，占全县 GDP 比重的 11.8%。杂技旅游业已经成为吴桥的支柱产业。

吴桥紧抓其独特的文化资源——杂技，做大旅游产业的做法很值得西青借鉴。西青有深厚的历史文化资源，如能保护、开发、利用好，也将成为西青发展的一大助力。

吴桥也有法藏寺

座谈中，吴桥的专家说，2010 年 3 月，吴桥县安陵镇小齐村的村民们偶然发掘出五块石雕，其中包括一对赑屃、两块碑额和一件石墩。经鉴定，其为明代寺院遗存。碑额正面中心刻有“重修法藏寺记”的字样，另一面为篆书体，字迹暂时无人能识别。据了解，当地原来确有“法藏寺”。根据《吴桥县志》的记载推算，法藏寺应建于唐朝，最后一次修缮在明代，毁于清光绪年间。

下午，我们来到法藏寺遗址，瞻仰了寺庙遗存。在当地村民的带领下，我们看到了寺庙仅存的台阶遗址，看到了碑额和赑屃。我们发现碑额后面篆字应为“碑界题名”四字。所谓无人识别之说恐为误传。

吴桥的同志说，按照佛教的说法，阿弥陀佛曾为法藏比丘，所以法藏寺是阿弥陀佛道场。据说唐代时仅有三座。吴桥同志的说法引起了我们的兴趣，我们说西青也有法藏寺，而且始建于陈隋之间，现在复建为千尊玉佛寺。

如果说唐代全国法藏寺只有三座,那么西青与吴桥的法藏寺就各占其一了,两寺就是兄弟寺庙了。而唐代时,中国佛教的阿弥陀佛信仰并不普遍,法藏寺较少的说法是十分可信的,两寺确实可能是兄弟寺庙。这样一来,我们在吴桥就从宗教文化上寻到亲了。

2012 年 8 月 22 日晚于家中

南行记

（京杭大运河山东段）

冯　立

2012年9月19日

我们经过一个月的修整，从西青开始了“寻根大运河”山东段之行。昨天赶了一下午的路，我们来到山东省德州市。由于率队团长王明清同志单位有紧急任务，山东段的“寻根大运河”活动的率队团长由《西青报》编辑部主任杨鸣起老师担任，摄影记者李妍也参加了山东段的采访。山东，也是杨鸣起老师的家乡。

深厚的文化，热情的人

德州历史悠久，文化深厚。早在旧石器时代，我们的祖先就在这块土地上生息、繁衍。精美的黑陶器物距今已有四千多年的历史。大禹在这里治水，后羿、东方朔在这里出生，董仲舒曾在这里读书，管辂曾在这里研易，颜真卿曾在这里击退安禄山叛军……

德州市地方领导陈建军、张大文、张立明、周蜜对采访团一行热情接待。上午，梁国楹、张明福、李占江、齐新亮、陈雪梅、赵德军、郭彦等地方历史文化学者、专家与我们进行了座谈。下午，我们考察了董子读书台、儒家文化展览馆和古运河码头。

实地考察安排在下午两点开始，中午时间稍宽裕。于是，大家各回房间稍加休息。令我们没想到的是，当大家在13:45下楼到大厅集合时，发现负责陪同我们考察的德州市文物管理处副主任张立明居然一直等候在大厅里，由于上午跑前跑后太累，他倚在沙发上睡着了。看着他熟睡的样子，大家既为自己给德州的同志添了麻烦而不安，又为山东人的热情和真诚而感动。

德州西青联系多

德州市是运河重镇,德州与西青同在南运河沿岸,所以自古联系就多。

据我们查阅史料,当年杨柳青的船户往来于运河多是北到通州,南到德州。德州是杨柳青船户跑漕运的最南端节点。也是由于运河的缘故,德州的物资、文化到了杨柳青,杨柳青的物资、文化也到了德州。西青人都知道德州的扒鸡,德州人也久闻杨柳青年画的大名。

其实,德州人不仅仅是闻杨柳青年画之名,他们也参与了杨柳青年画的制作和销售。据了解,杨柳青一位著名的雕版艺人雕版王就祖籍德州,他带艺来到杨柳青,为杨柳青木版年画的发展做出了自己的贡献。而早年间,德州盛产杜梨木,那是制作年画版最好的原料,曾源源不断地运往杨柳青。而一些德州的艺人也曾为杨柳青年画做来料加工,而后年画再销往各地。可以说,没有德州人的辛劳就没有当年杨柳青年画2亿张的年销量。

十美图放风筝

德州是华北民歌的重要流传地, 其中德州人创编的民歌《十美图放风筝》曾广为流行。它表现的是阳春三月,百花盛开,风和日丽,旧时难得出门的姑娘们也要趁此大好春光,出外踏青、游春,带着自己巧制的各种风筝尽兴地游玩。《十美图放风筝》的唱词是根据“伏羲文王八卦”演绎而成,其组词合理、自然且合辙押韵。其曲调主体是一个徵宫调,一段体体裁,全曲由46个旋律小节和18乐句组成,每段歌词均为多句体。其内容以10个美丽的姑娘作引线,把所放风筝的含义用说唱形式展现,包含着深刻的历史文化的渊源,曲调自然、生动、上口,语句环环相扣,起承转合运用得较好,非常富有生活气息,可归纳为说唱行列。

据资料记载,《十美图放风筝》为德州艺人崔玺创编。他爱好文艺,年轻时曾到天津等城市观光学习。1932年间,崔玺和一个叫“大鸽子”的穷艺人来到德州索庄，演唱《十美图放风筝》，并把此民歌传授给了索庄人。《十美图放风筝》一般由10名女演员化妆表演。她们个个扮相俊美，道具新奇，舞姿婀娜，唱腔优美婉转，歌词具有鼓舞性，通俗风趣，久唱不俗，所到之处万人空巷。据德州专家介绍，杨柳青年画《十美图放风筝》就是根据德州的《十美图放风筝》的演出形式创作的。而据笔者考证，杨柳青年画《十美图放风筝》是清末作品，远远早于德州民歌《十美图放风筝》，应该是德州艺人受杨柳青年画《十美图放风筝》的启发创编了这套歌舞。至于细节，还需做进一步的考证。

如今，德州化妆表演的《十美图放风筝》已经看不到了，所幸的是我们还可以通过杨柳青年画一窥其风采。

禹疏九河，其五在德

大禹治水的故事流传久远。《山海经》上说："洪水滔天。鲧窃帝之息壤以堙洪水，不待帝命。帝令祝融杀鲧于羽郊，鲧复生禹。帝乃命禹卒布土以定九州。"

《尚书》记载了大禹治水的自述："洪水滔天，浩浩怀山襄陵，下民昏垫。予乘四载，随山刊木，暨益奏庶鲜食。予决九川距四海，浚畎浍距川。"

大禹先后开挖了九条河道以疏导洪水，其中徒骇、马颊、胡苏、钩盘、鬲津五河都在今德州境内，即所谓"禹疏九河，其五在德"。为纪念大禹曾在此率众治水，唐朝天宝元年(742)设禹城县(1993年9月9日经国务院批准撤县设市)。为纪禹功，明万历三十二年(1604)，在具丘山建禹王亭，翰林院检讨刘士骥作《禹亭记》，歌颂大禹功德。清康熙五十年(1711)，重修禹王亭，知县曾九皋作《禹亭记》，重述大禹功德。

虽说禹王治水其五在德，但大禹是中华民族的重要先祖，禹王治水的传说不仅是德州，也是西青人宝贵的历史财富。杨柳青年画中就有以大禹治水为题材的《禹王治水图》。该画以大禹降服水怪无支祁为主画面，并有制服猛

兽、过家门不入等画面，人物生动，画工精致。

大禹治水的故事给了我们一个提示，我们西青与运河沿岸各地的联系不仅仅是大运河水，更重要的是我们有着共同的源头——中华传统文化。或者说，中华传统文化是我们共同的源，大运河是把我们连接起来的流。

2012 年 9 月 20 日凌晨

于德州市柳湖书院

2012 年 9 月 20 日

今天，我们继续在德州市做运河文化寻根之旅。上午我们参观了苏禄王墓、四女寺闸，然后我们赶到武城县，听了武城县同志对该县文化保护、挖掘情况的介绍。下午我们又驱车回转，拜访了张官寺乡小李庄村的老船工李俊民。然后，我们再驱车向南，直到晚上七点多赶到了聊城市。

瞻仰苏禄王墓

苏禄国东王墓，亦称苏禄王墓，坐落在山东省德州市德城区城北，是全国重点文物保护单位。

古苏禄王国位于菲律宾的苏禄群岛上，明永乐十五年(1417)苏禄群岛上的 3 位国王以东王巴都葛叭哈喇为首，率家眷、官员共 340 多人远渡重洋，经杭州、苏州沿京杭大运河至北京，受到了永乐皇帝的隆重接待。辞归途中，东王不幸染病殒殁。永乐帝闻讯，即派官员为东王择地厚葬，谥封恭定王。东王下葬后，其长子都马含随西王、峒王等人回国继承王位，王妃葛木宁、次子温哈剌、三子安都鲁及侍从 10 余人则留在德州守墓 3 年。

苏禄东王去世后，明朝皇帝对守墓的东王后裔非常照顾，赐田免税。永乐二十二年(1424)，明朝政府派人护送王妃葛木宁回国，由于对东王的眷恋，次年她再次返回德州，从此再未离开，与两位王子长期留居德州，直到去世。

清代对苏禄东王的后裔仍然给予了特殊照顾。清雍正九年(1731),当时的苏禄国王苏老丹来中国访问,途经德州时瞻拜东王墓,东王第八代孙温崇凯、安汝奇向其提出加入中国籍的请求。苏禄王苏老丹到京后立即折奏清廷,很快得到清朝的批准,并取两位王子名字的第一个字:温、安为姓入籍中国德州。

苏禄王墓前的感慨

应该说,苏禄王墓与其后人入籍中国都是中国与古菲律宾人民友好的力证,同时是中华文化魅力的力证。瞻仰苏禄王墓时我注意到,其墓葬与建筑均按照明代的规制。而墓地陵恩殿上苏禄王着明代官服的画像更使苏禄王对中华文化的向往溢于言表。

墓地南侧有御碑、石人(翁仲)、石马、石羊等,这在中国古代是高规格墓葬的标志。

见此,我不由感叹,杨柳青也曾有这样的宝贝,但如今却已了无痕迹。那是杨柳青镇十六街运河南岸的张愚墓。张愚(1500—1552),字若斋,明代戍边名将,官至御史中丞。其墓修建于明嘉靖三十一年(1552),明末崇祯四年(1631)重修。墓地面积为2000平方米,原有高大封土堆、牌坊、享堂、石五供、燎炉、石羊、石马、翁仲等。正因为其墓地多石人、石马,其后人在杨柳青被称为石马张家。但随着岁月的流逝,其墓地没有得到很好的保护。石人、石马等文物被毁坏、盗掘,只是偶有石人、石马出现,成为旧时杨柳青的一景,被称为石马坑。“文革”时曾有农民发现坑中有石赑屃,但由于当时文物保护意识缺乏,只是想着用它搞生产,创造价值,于是把石赑屃脑袋砸下来,沤了白灰。可见,对文化的无知导致对文化价值的无视,而急功近利则是破坏文化的元凶。

同是明代墓葬,看着保护完好的苏禄王墓,想起踪影全无的杨柳青张愚墓,怎能不让人感叹?!

老船工心愿得偿

下午我们到张官寺乡小李庄村拜访了79岁的老船工李俊民。希望听他说说年轻时经历的运河轶事。

李俊民老人告诉我们，他生于1933年，从15岁就开始在运河上跑船了,在运河上干了16年,北边到过子牙河,最南到过河南浚县。后来他参加了青岛海运公司,成为一名海员。如今回忆起运河上的生活,李俊民仍记忆犹新。他说,船工的生活是“白天和兔子赛跑,晚上和王八做伴”。船主为让船工好好干活别惹事,轻易不让船工下船。他年轻时曾多次到过杨柳青,听说过杨柳青街市如何繁华热闹,年画如何有名,但从没能下船到杨柳青转转,没能买一幅年画捎给家人,这是他的一大遗憾。

采访团记者告诉他,我们就是来自他昔日曾经到过的杨柳青,并送上杨柳青年画《健康长寿》,祝愿他长命百岁。李俊民接过年画,高兴得合不上嘴,因为多年的心愿,今天终于得偿了。

2012年9月21日凌晨

于山东聊城良友商务大酒店

2012年9月21日

今天是“寻根大运河”活动山东段采访的第三天,我们在聊城考察。聊城是历史文化名城，中华人文始祖伏羲曾在如今聊城治下的阳谷一带研究天文地理;仓颉曾在东阿造字;伊尹在莘县教百姓种谷植麻;孙膑在这里添兵减灶,智斗庞涓;曹植在东阿为王,创“鱼山梵呗”……

聊城市委宣传部副部长王洪奇、教育科科长周政热情地接待了我们。上午，当地文史专家陈昆麟、吴文立、王庆友、潘凡玉、岳俊与我们座谈。聊城的同志不但认真介绍了聊城的历史文化，还对西青与聊城的联系非常感兴趣，陈昆麟老先生嘱咐我们一定要尽力寻找关于武训的杨柳青年画，潘凡玉先生则希望我们把林黑儿与西青有关的资料寄给他，而吴文立先生则对韩慕侠训练张自忠大刀队的情况非常感兴趣……下午，我们参观了中国运河文化博物馆，瞻仰了光岳楼、山陕会馆。

探寻林黑儿下落之谜

1900年，中华大地上义和团运动风起云涌。其中，有一位传奇女子林黑儿以红灯照为号召，组织广大青年妇女投身抵抗外侮的斗争，在天津留下了很多传奇。学术界一般认为，“黄莲圣母”林黑儿来自山东聊城(也有人说，林黑儿虽然是山东人，但她自幼行走江湖，本人是杨柳青十三街的儿媳妇)，后来成立红灯照，组织妇女配合义和团作战。1900年农历六月初三，红灯照首领“黄莲圣母”林黑儿从山东率众曾来到杨柳青，打算在文昌阁设坛，但遭到士绅石元仕的反对。石元仕说，文昌阁崇文书院乃儒学圣地，向来不准妇女过桥，马庄有娘娘庙，大梁庄有九圣庙、河滩寺均可设坛，请林黑儿斟酌。林黑儿听了张德成的建议，顺流到南运河侯家后在船上设坛。

义和团运动失败后，林黑儿下落不明，有人说她战死了，也有人说她被八国联军掳去。她的下落成为义和团运动史上一个不解之谜。

“寻根大运河”活动的顾问、著名学者李世瑜在其《社会历史学文集》中曾专门撰文《黄莲圣母下落的新线索》披露，林黑儿的坛口就设在船上，船就停在运河上，看到天津陷落便回到了山东，并成为当地民间组织红枪会的首领。文章还说，她的朋友申仲铭是一名老共产党员。1927年冬，申仲铭根据八七会议的部署，到老家山东聊城发动了“坡里暴动”。暴动之前他曾找到当地的红枪会，劝说他们一起参加革命。当时红枪会的首领是一个50岁左右

的妇女，人称“白莲圣母”。白莲圣母为申仲铭演示了请神念咒。申仲铭先生曾对李老讲起过“白莲圣母”的施法经过，和李老了解的红灯照作法非常近似，而“白莲圣母”的年龄又与“黄莲圣母”林黑儿非常吻合。所以，李老推测“白莲圣母”就是回到山东后隐姓埋名的林黑儿。果真如此，那么可以说是大运河保护了她。

座谈中，潘凡玉先生向我们详细介绍了发生在阳谷县坡里村的这次暴动的情况。他说，当时暴动依靠的主要武装确实是红枪会。

这次暴动与义和团运动有一个共同点，就是把当地占有大量土地、大肆压榨农民的教堂作为了主要进攻目标。周政科长更是回忆说，他就是阳谷县人。他小时候常听老人们说起“黄莲圣母”的故事，这位“黄莲圣母”影响非常大，而不是“白莲圣母”。

周科长的说法证实了我的一个猜测，即申仲铭可能是记错了当时那位红枪会首领的名号，把“黄莲”记成了“白莲”。这也从侧面证明了李老的猜想，林黑儿确实回到了她鲁西南的老家。

山陕会馆供关公

山陕会馆，即明清时代山西、陕西两省工商业人士在全国各地所建会馆的名称。山陕商人视关公为武财神，而关公的行为举止与山陕商人所遵循“诚信为本、以义制利”的经营理念相吻合，于是山陕会馆就同时又成为了关帝庙。

聊城的山陕会馆始建于清乾隆八年(1743)，是山西、陕西的商人集资兴建的集会馆与神庙于一身的建筑群。从开始到建成共历时66年，耗银6万多两。建筑中轴线上依次为山门、过楼、戏楼、夹楼、关帝大殿、春秋阁等部分，为全国重点文物保护单位。该建筑群精美绝伦，令记者团赞叹不已。

参观山陕会馆时，我不禁想起有关文史资料中曾记载杨柳青镇当年有山西会馆，同时也是西关帝庙。其性质与山陕会馆极为相似。

据记载，杨柳青的山西会馆位于原七街卍字会胡同与猪市大街交口处，直对原乔家疙瘩胡同，即现在的时代豪庭小区东南端部分。庙分前后两个院落，有房百余间。山门高大，上修戏台。殿前有月台，高约两米。殿内塑关羽坐像，两旁立周仓、关平；西壁一赤兔马，头南向，乃关羽坐骑。一马童牵缰扶马背而立。东配殿供财神，西配殿供日月二神。后来太平军曾驻于此，败退时焚毁山门、戏楼及街前牌坊，并延及两旁房舍30余间，前院仅余殿宇。民国初年，庙前院及殿后僧房被改为民立十三小学，后院设第五女子小学。新中国成立后成为杨柳青第一小学。如今，杨柳青的山西会馆（西关帝庙）原址已建住宅楼，其旧貌荡然无存。

看着山陕会馆的古建筑群，我不禁想，虽然杨柳青山西会馆（西关帝庙）可能建筑工艺没有山陕会馆精美，但它始建于清顺治八年（1651），比山陕会馆早得多，如果能保存到今天，恐怕也是国家级文物保护单位了吧？

2012年9月22日凌晨

于聊城市光岳宾馆

2012年9月22日

今天是我们“寻根大运河”活动山东段的第四天。在聊城市委宣传部副部长王洪奇、教育科科长周政的陪同下，我们来到了运河名城临清市。临清市委宣传部常务副部长赵振原和张中才、陈春生两位副部长热情地接待了我们。上午，马鲁奎、靳国恩、王明波、郑书红、魏庆新、魏辉等当地专家与我们座谈。下午，我们瞻仰了著名的临清舍利塔、鳌头矶吕祖堂，参观了考棚街遗址以及张自忠纪念馆、季羡林纪念馆、临清市博物馆。我们还特别到临清永祥贡砖生产基地，实地探访了临清贡砖的生产过程。

厚重的临清文化

临清市是历史文化名城，文化底蕴深厚。明清时期，临清依靠运河漕运迅速崛起，成为江北五大商埠之一，繁荣兴盛达五百年之久，有“繁华压两京”“富庶甲齐郡”之美誉。

市内现存的鳌头矶、清真寺、舍利塔、运河钞关等，均为国家级重点文物保护单位。临清还是武训兴学所在地、山东快书诞生地、《金瓶梅》故事背景地，也是著名的轴承之乡、京剧之乡、书画之乡、武术之乡。

可贵的是，临清城至今保存着明清古城的格局，虽经历史风雨，但古城的总体风貌没有被破坏，那些蕴含着历史和文化的街巷、胡同仍存。据介绍，临清在城市规划上已经确定要建新城保旧城。2008 年，“临清运河文化保护协会”策划、组织了临清胡同游。该活动旨在宣传保护运河文化遗产的一项活动，广受群众欢迎。如今，临清市旅游局已经把该活动作为推广临清旅游的一个品牌。

在下午的参观过程中，我们也切实感受到临清胡同的魅力，这种魅力源于胡同中历史文化的积淀，不是钢筋水泥能制造出来的。

或许有人说，之所以临清能保存古城格局，保留了胡同街巷是因为经济不发达。这或许有一定的道理，因为很多经济发达地区确实在拆旧建新，让老旧建筑无存。但这恐怕不是临清能保存古城格局的唯一原因，临清市文化中心就是证明。建成于 2008 年 8 月的临清市文化中心位于该市温泉路以南，总建筑面积 2.5 万平方米，总投资 1.8 亿元。文化中心由规划展览馆、文化馆、博物馆、张自忠将军纪念馆、季羡林先生纪念馆、张彦青艺术馆六馆组成，是集场馆、园林绿化、水体景观、运河公园、迎宾道路等多种景观元素为一体的大型景观建筑群。看着这样的一个以文化为承载内容的建筑群，你很难想象这是一个地方年财政收入不到 9 亿元的县级市的手笔。所以，对文化和历史的重视才是临清能保护好古城的最重要原因。

临清砖与杨柳青

临清是著名的产砖地，过去曾有“临清砖，北京城”“大运河漂来的北京城”的说法。当年大运河上的漕运船，路过临清时都要无偿给皇上捎带40块临清贡砖进北京。北京城、故宫、十三陵、天坛等等所有建筑用的青砖，都来自临清。据马鲁奎老先生介绍，临清制砖用的是运河淤积之土，称为莲花土，它土质好，含铁量高，烧的砖质量就好。前些年曾有专家用硬度仪测量临清舍利塔上砖的硬度。舍利塔第六层上一块砖的硬度居然大过一般的石头。

采访团在来临清前曾猜测临清的砖与杨柳青有关，这是因为元代翰林修史官揭傒斯的一首《杨柳青谣》。《杨柳青谣》中说：“杨柳青青河水黄，河流两岸苇篱长……昨日临清卖苇回，今日贩鱼桃花口……”

我们问马先生，临清距离杨柳青这么远，它要这么多苇子干什么？是不是用来做烧砖的燃料？临清本来就是水乡，难道临清没有苇子？马鲁奎说，芦苇是用作编织苇箔苫盖砖坯子的，临清虽然也产苇子，但远远不够用的。

应该说是杨柳青的苇子帮助临清制出了贡砖，是临清人和杨柳青人的劳动一起造就了北京城。

下午，我们参观了临清永祥贡砖生产基地。非物质文化遗产临清贡砖的传承人景永祥老先生向我们介绍了贡砖的历史和制造过程。临别时，他把亲自烧制的一块仿制贡砖送给采访团，采访团则回送他杨柳青年画《健康长寿》，这也算是一段文化交流的趣话吧！

临清潭腿传西青

中国武术有“南拳北腿”之称，“北腿”以潭腿等为代表。据传，潭腿始创于宋初，其创始人为昆仑大师。昆仑大师原名不详，只知其本为五代后周的大将。他曾奉命远征东海，此间，赵匡胤黄袍加身，篡周立宋。他自知无力回

天，当即解散军队，削发为僧，隐居临清龙潭寺（今属临西），法号昆仑。大师身怀绝技且精通医术，恐失传，遂在龙潭寺（当时属于临清地界）立门收徒，又见流传武功多重拳法，而失于腿法，因其具有腿长力大，且极富隐蔽性的特点，故将武术与医术融为一体，研创出以腿功见长，独具特色的潭腿武术。“潭腿”之“潭”因龙潭寺之“潭”而名，又称临清潭腿。据传，宋太祖赵匡胤曾召集天下比武，选出十八家最好的拳术，定名为宋朝十八家，潭腿被列为十八家之首。明代时，临清潭腿与少林罗汉拳互换。于是，临清潭腿有了罗汉拳，少林寺也有了潭腿。后来，少林寺又将拳架有所改动，并增添了两路，形成了少林十二路潭腿。至今，在武术界流传有十二路潭腿和十路潭腿的练法。潭腿发展至清代，达到鼎盛时期，并逐渐传入更多门派。

据史料记载，西青地区也有潭腿的传承。

据载，清末杨柳青有一位王国立，其家族为旗人。年轻时曾在北京做镖师，其武艺属昆仑派潭腿门（所谓“昆仑派”应为传自昆仑大师之意，后人误认为是昆仑派）。王国立为人忠厚，行侠仗义，与爱国武学大师霍元甲交情甚厚。据王家后人和高龄弟子回忆，当时霍元甲经常从南乡（小南河）来杨柳青向王国立探讨武艺，王国立还将霍元甲介绍到河北省景县与赵家五虎切磋潭腿技艺，使其武功有了很大的飞跃。霍元甲在上海创办精武会时，王国立应邀携弟子赵连和、赵连城前往助威，为霍元甲捐款并传授了潭腿十路拳。

这次我们到临清，算是为精武潭腿寻到根了。

拜师临清

座谈会上，临清武术协会主席魏庆新也在。此前，我曾在中央电视台《走遍中国》节目录制的《铁打潭腿》中看到过他讲述潭腿的历史。其人虽然练武，但英武中带有儒雅，不同于印象中的一般练武者。

由于时间紧促，座谈未结束记者就请魏先生到会场外做了采访。采访结束，魏先生告诉记者，节目中做身份介绍时不要说是潭腿传人，而应说是临清武术协会主席，因为他有武协主席这个身份，再在媒体说是某一门派传人有专门宣传某一门派之嫌。听他这么一说，我立刻感觉到他不是争强好胜的一介武夫，而是有涵养、能包容的人。

中午就餐时，魏先生讲了他对武术的认识。他认为，练武重要的是提升人的精神境界，同时强身健体，而不是争强斗狠。他还借用司马迁《史记》自序中的一段话讲了他对武德的理解，即：非信廉仁勇者不能传兵论剑，与道同符，内可以治身，外可以应变，君子比德焉。

我虽然是武术外行，但对中国传统文化中的武术非常喜欢。听了魏先生话后自忖，这不就是我心目中的武术家吗？于是很冒昧地向魏先生提出希望成为他的寄名弟子。魏先生知我真心仰慕武术的精神，爽快地答应了。

晚上，他专门来到我们下榻的宾馆，送来了他题写的并赶了一下午时间装裱好的条幅，作为给我的礼物。条幅上书：文以评心，武以观德。我想，这八个字会成为我精神修炼之路上的鞭策。

2012年9月23日凌晨

于临清市临清宾馆

2012年9月23日

今天是“寻根大运河”山东段之行的第五天。上午，我们在聊城市委宣传部副部长王洪奇、教育科科长周政的陪同下，到冠县柳林镇瞻仰武训纪念馆。下午，我们离开聊城市赶赴济南市平阴县洪范池镇，追寻于慎行先生遗迹。

武训馆中受教育

在冠县柳林镇，我们受到冠县县委常委、宣传部部长王丽慧，冠县宣传

部副部长、县文明办主任张隆军，柳林镇党委书记曹鑫，镇长左华等友人的热情接待。

采访团一行是专门来瞻仰武训纪念馆的。纪念馆讲解员向我们介绍了武训生平，特别是办学事迹。冠县文化局原副局长任金光在座谈时进一步介绍了武训的相关情况。采访团团员，特别是一些此前没听说过武训的年轻团员皆为武训执着的精神动容。武训（1838—1896），堂邑（今属聊城市冠县）人，原名武七，清廷为嘉奖其兴办封建教育之功，取“垂训于世”之意，替他改名武训。武训7岁丧父，乞讨为生，求学不得。14岁后，多次离家当佣工，屡屡受欺侮，甚至雇主因其文盲以假账相欺，武训争辩，反被诬为讹赖，遭到毒打。他气得口吐白沫，不食不语，病倒3日。武训吃尽文盲苦头，决心行乞兴学，20岁时当乞丐行乞攒钱。后在柳林镇、馆陶、临清镇创办义塾。清廷封其为“义学正”，赐给黄马褂和“乐善好施”匾额。光绪二十二年（1896）四月二十三日，武训在临清其所办义学的房檐下，听着琅琅读书声含笑病逝，终年59岁。师生哭声震天，市民闻讯泪下，自动送殡者达万人。时人皆谓：谁说武训没儿子？

纪念馆中有一副冯玉祥将军为武训的题词：特立独行百世流芳，先生之风山高水长。大家认为，这副题词是对武训一生最贴切的评价。在武训墓前，寻根大运河全体成员向武训先生深深鞠躬，表达对他的敬意。

年画曾印武训传

孙之俊（1907—1966），字近之，笔名孙信，是中国早期漫画家之一。他敬佩武训的精神，欲以画传的形式加以宣传，曾三次创作《武训画传》，为宣传行乞终生、兴办义学的武训精神，留下了宝贵的研究资料。

1936年，孙之俊与段承泽合作，第一次创作《武训先生画传》。1937年春在天津《大公报》连载，并出了单行本，陶行知作了跋，先后再版8次，还由加拿大友人文幼章译成英文版在国外发行。1937 年，孙之俊以 4 条屏幅形式第二次画了《武训画传》连环年画，在天津杨柳青出版达 3 万份，发行到广大农村。1950 年，孙之俊与当时上海武训学校校长李士钊合作，第三次画《武训画传》，由上海钱君匋主持的万叶书店出版。而此书刚一出版即与电影《武训传》一起遭到批判。

“寻根大运河”采访团在查阅运河沿岸历史文化资料时，发现了孙之俊第二次创作武训画传时与杨柳青年画发生的关系。据了解，这次创作的画传是以 4 条屏形式创作的 12 幅彩色连环画。虽然其画法不是杨柳青年画，但在杨柳青作为年画印刷销售，极大地扩展了武训在全国农村的影响力。

采访团到冠县武训纪念馆来，既是对这位奇丐景仰所致，也希望能够寻到当年这份年画式画传的踪迹。但由于年代久远，而年画又是一次性消费品，不易保留等原因，冠县的同志们并不知道杨柳青年画与武训画传的联系。失望之余，我们不禁想，哪怕是能看到别的版本的武训画传也是好的。但武训纪念馆的同志表示，他们知道有画传印行，但馆中并无收藏。柳林镇党委书记曹鑫了解到我们有此心愿后，把自己珍藏的唯一一套孙之俊的女婿——著名画家李燕主持印制的线装精装本《武训画传》赠送给了“寻根大运河”采访团。采访团员们都说这真是不虚此行，得到了宝贝。

座谈中，冠县领导表示，希望能与杨柳青年画业再度合作，请杨柳青年画这一艺术瑰宝为传播武训的精神再次助力，再次出版武训画传。

于慎行与杨柳青的渊源

于慎行（1545—1608），山东东阿镇（今属聊城平阴县）人，明代政治家、学者、诗人、文学家，是明朝三代帝师。万历年间任礼部尚书、东阁大学士。于慎行为人忠厚老成，熟悉历代典章，对明朝礼制建设有较大贡献。

于慎行为人忠厚平恕、襟怀坦白。不管对皇上、对首辅还是对同僚皆心胸坦荡、真诚相待。万历初年，张居正当国，他进行了一系列改革，解决了明朝中期许多严重的社会问题，为明朝政治经济的稳定发展做出了很大贡献。但张居正个人作风独断专行、压制百官，引起朝中普遍不满。御史刘台因为弹劾张居正专恣不法，而被下狱谪戍。同僚都避讳刘台。而于慎行却独往视之。万历六年(1578)，张居正父亲病故，他不想遵制守丧，授意门生提出“夺情”。神宗予以批准，举朝大哗。于慎行与其他大臣一起疏谏，以纲常大义、父子伦理劝神宗收回成命，张居正很不高兴。一次，他对于慎行说：“子吾所厚，亦为此也？”于慎行语重心长地对他说：“正以公见厚故耳。”

后来，张居正死去，反对他的势力执掌了朝政，左右了神宗。这时，张居正遭政敌攻击，死后被剥夺封爵，籍没全家。于慎行在这种情况下，不避嫌怨，以恳挚的语气写信给主持此事的丘橓，“居正母老，诸子覆巢之下颠沛”，实堪可怜，望予关照。

于慎行是著名政治家，也是著名文人，并且，他与杨柳青还有扯不断的渊源。当年他曾留诗《杨柳青道中》。

鸣榔凌海月，捩舵破江烟。
杨柳青垂驿，蘼芜绿到船。
笛声邀落月，席影挂长天。
遥望沧州路，从兹遂渺然。

此诗，意境幽远、深邃、优美含蓄，既透露出诗人对运河畔杨柳青旖旎美景的留恋，又透出诗人淡淡的乡愁，实为诗中佳作。

于慎行还曾为杨柳青镇张大中丞墓撰写过碑文。“中丞”是对古代御史中丞的简称，是御史大夫的副职。明清两代多由巡抚兼御史中丞职。墓主人张愚（1500—1552），字若斋，是明代戍边名将，生前曾任延绥镇（明代边防重镇）巡抚之职，故而称其为张大中丞。

据资料记载，张愚墓有碑五，题撰者包括徐光启、李春芳、于慎行、钱象声等，这都是当时的显贵人物。

我们本来是想拜谒这位曾与杨柳青结缘者，可惜的是他的墓地已毁于“文化大革命”。好在平阴县洪范池镇的洪范池公园还很好地保存着于慎行的墓志铭。但墓志铭锁于玻璃柜中，由于反光，记者无法拍照。于是，我们提出想打开玻璃门以便拍照。讲解员说，这是我们这里的宝贝，镇长才有打开这块大石碑的钥匙。

采访团员们还不死心，费尽口舌求得了一套于慎行墓志铭拓片。拿着拓片，又想起柳林镇获赠《武训画传》之事，大家都说，今天是采访团收获最多的一天。

2012 年 9 月 24 日凌晨

于汶上县格林豪泰商务酒店

2012 年 9 月 24 日

今天是“寻根大运河”山东段之行的第六天。上午，我们赶赴曲阜，瞻仰了孔子墓、孔尚任墓，还拜谒了颜庙、周公庙和中华先祖少昊陵。下午，我们到邹城瞻仰了孟庙和孟府。我们不但寻到了杨柳青历史文化的根脉，也参拜了儒家文化之源头。一天的行程都沉浸在崇敬的心情之中。

孔尚任与杨柳青

杨柳青文化底蕴深厚，历史上很多文人、名人都曾与杨柳青结缘。孔尚

任就是其中一位。

孔尚任(1648—1718),字聘之,又字季重,号东塘,别号岸堂,自称云亭山人。山东曲阜人,孔子六十四代孙,清初诗人、戏曲作家。他以创作戏剧《桃花扇》而闻名于世。

笔者最初了解孔尚任与杨柳青的渊源是在杨柳青南运河畔的诗碑廊。其内墙面镶山西青石石碑共计16方,选取了自元代至新中国名人、文人歌咏杨柳青的风物诗词16首。其中就有孔尚任的《津门极望》,诗曰:

津门极望气蒙蒙,泛地浮天海势东。
昏到晓时星有数,水连山外国无穷。
柳当驿馆门前翠,花在鱼盐队里红。
却教楼台停鼓吹,迎潮落下半帆风。

如今在"寻根大运河"的活动中,通过查阅资料,笔者又发现,一幅著名画作也连接着杨柳青和孔尚任。

明崇祯十六年(1643)秋,明代著名画家陈洪绶在杨柳青舟中作《饮酒读书图》。图绘一高士趺坐几案前,读书饮酒,神色风雅,意境高古,属陈洪绶晚年佳作。可以想见,陈洪绶在停泊杨柳青运河的舟中,沉浸在杨柳青优雅的夜色中,同时感伤于旅者的寂寞而作此图,甚至这就是陈洪绶的自画像。康熙二十九年(1690)二月,孔尚任在北京琉璃厂购得此画并收藏,后在画上题跋四则。题跋记述了孔尚任得到此画的经过,表达了对此画的喜爱。

在第三处题跋中,孔尚任作七绝两首,描述了此画意境。诗曰:

一

白发萧骚一卷书，年年归兴说樵渔。
驱愁无法穷难送，又与先生度岁除。

二

炉添商陆火如霞，供得江梅已著花。
手把深杯须烂醉，分明守岁阿戎家。

如今，孔尚任在陈洪绶于杨柳青舟中所作的这幅《饮酒读书图》上所作的题跋已经成为研究孔尚任生平、艺术鉴赏活动乃至文学创作的重要文献。笔者想这份文献的产生离不开陈洪绶，也离不开杨柳青的那个优雅的泊船之夜。

采访团此次曲阜之行的重点就是瞻仰孔尚任墓，寻这位为杨柳青文脉增色者之遗迹。立于孔尚任墓前，遥想这位先贤与杨柳青的渊源，每一位采访团的团员都感慨万千。

“孟母三迁”传美名

孟子是我国古代著名的思想家、儒家学派的代表人物。今天我们拜谒了孟庙、孟府，寻觅儒家文化的根脉。

孟庙中有孟母殿。殿中有一方汉白玉石刻画砖，讲的是“孟母三迁”的故事。这个故事表现的是孟子的母亲为了教育孟子成才而三次搬家的故事。该故事流传久远，是中国教育史上的一段佳话。

汉刘向所著的《列女传·邹孟轲母》记载了这个故事：

昔孟子少时，父早丧，母仉氏守节。居住之所近于墓，孟子学为丧葬，躄踊痛哭之事。母曰：“此非所以居子也。”乃去，遂迁居市旁，孟子又

嬉为贾人炫卖之事，母曰："此又非所以居子也。"舍市，近于屠，学为买卖屠杀之事。母又曰："是亦非所以居子矣。"继而迁于学宫之旁。每月朔望，官员入文庙，行礼跪拜，揖让进退，孟子见了，一一习记。孟母曰："此真可以居子也。"遂居于此。

儒家文化是中华文明的重要组成部分，也哺育了西青人、杨柳青人。杨柳青年画中有表现此故事的，而且有多种版本的《孟母三迁》。可见儒家文化对杨柳青年画和杨柳青历史文化的影响。

据戴廉增年画第十九代传人戴敬勋老先生讲，杨柳青年画的一个重要功能就是传承文化、教育后人。杨柳青年画把孟母择邻的故事画入年画，充分说明了杨柳青人对教育的重视，同时让人真切感受到杨柳青人以文化传承为己任的责任感。

2012 年 9 月 24 日夜

于枣庄市台儿庄大酒店

2012 年 9 月 25 日

今天是"寻根大运河"山东段之行的第七天。按照计划我们应该到枣庄市进行座谈。但或许因为台儿庄区的运河开发是我们此行的重点考察内容，枣庄市委宣传部安排我们直接到台儿庄。今天上午，台儿庄区委宣传部副部长、区文化局局长李振启，政协台儿庄区委员会文史委主任徐臣与我们进行了座谈。下午，我们参观了台儿庄战役纪念馆、枣庄市运河展览馆和台儿庄古城。

台儿庄古城的重建

座谈中，李振启副部长向我们介绍了台儿庄古城重建的情况。他说，台儿庄古城集南北建筑风貌于一体，古迹众多，各种庙宇就曾有 72 座之多。但历经战火，特别是台儿庄大战，古城已经基本被毁掉了。2008年曾有开发商投资4个亿要利用古城遗址搞房地产开发。这对于经济并不很发达的台儿庄是个很大的诱惑。但也有一些人提出要保护古城遗址。面对争议，枣庄市的领导利用节假日，对台儿庄古城进行实地调研，认识到古城遗址是不可失去的。尽管当时已经签定房地产开发的协议，舆论上多数声音也反对终止搞古城开发的协议，但市领导力排众议，决定在保护遗址的基础上搞古城开发。

李振启说，在大量调研等前期工作，进行充分论证的基础上，台儿庄做了周密的规划。这是古城重建成功的前提。规划中，台儿庄注重了“洋专家”和“土专家”的结合，既请来城市规划专家进行规划，也充分听取了地方文史专家的意见。因为规划专家不可能真正了解地方的历史文化，只有尊重地方文史专家的意见才能在重建的古城中体现出地方特色。同时，在重建中，台儿庄还提出要留古、复古、创古。留古是指严格保护历史遗存，尊重历史原貌。复古是指挖掘历史，原貌复建。台儿庄曾大量搜集古城老照片，并广访当地80岁以上老人，根据照片和老人回忆尽量按照古城原貌重建。在实在没有照片资料，也没有相关记忆可参考的地方，以创古的方式填补。所谓“创古”就是在严格尊重原真性的基础上，创新标准，严格按照遗产和文物标准来打造新亮点，根据周边建筑风貌推测出旧时空位建筑的风貌。

枣庄曾经是一座靠资源消耗发展的城市。如今，单靠煤炭已经不能保证枣庄的可持续发展了。所以枣庄早就开始了“退二进三”的筹划，开始把发展中心倾向于第三产业。如今根据这一方针所做的台儿庄古城的重建、开发已经初见成效。据介绍，古城现在平均每天游客量可达一万余人，年均三百多万，不算对吃住行等相关于行业的拉动，单门票收入一项，就达年均三个多亿。而相关专家对古城估价达二百多亿，这早已大大超出搞房地产可能带来的效益了。事实证明，台儿庄古城重建的策略是非常正确的。

杨柳青年画卖到台儿庄

在古城中,有一个门脸儿非常抢眼,门口是一幅巨大的杨柳青年画——《连年有余》。这是台儿庄年画展览馆。看到家乡的年画,我们不由走进店中。

这里其实是一个专门经营各地年画的店铺,各地年画它几乎都有,但最多的、最惹眼的还是杨柳青年画。笔者特别注意了一下,这里的杨柳青年画大多是著名画师霍庆友先生的作品。三裁标价都是九百元。据店员介绍,该店开业将近一年,店里生意还是很好的,主推的就是杨柳青年画。

我们告诉店员,我们就来自杨柳青年画的家乡。望着杨柳青千里之外的这座小店里满墙的杨柳青年画,采访团的每一个人都感到自豪。

2012 年 9 月 25 日夜

于枣庄市台儿庄大酒店

2012 年 9 月 26 日

今天是“寻根大运河”山东段之行的第八天。今天我们一直奔波在路上。一早我们从台儿庄赶赴滕州,在滕州市委宣传部徐琦同志的带领下,我们参观了王学仲艺术馆、鲁班纪念馆、墨子纪念馆。然后我们匆匆吃了午饭又赶赴运河四大名镇之一的夏镇,后又行车三个小时赶到济宁。

文化名城滕州

滕始于黄帝,因境内泉水“腾涌”而得名。滕州历史悠久,文化灿烂,古为“三国五邑之地,文化昌明之邦”。历史上的很多名人,如墨子、鲁班、奚仲、毛遂、孟尝君等均出自滕州。

滕州市也很注重文化建设,在市中心建有包括墨子纪念馆、鲁班纪念馆、汉画展览馆等六个展馆,与建于北宋的龙泉塔共称滕州六馆一塔,形成了滕州的一个文化中心。对于一个县级市,在各地都大兴土木搞房地产的时候，能在市中心区建这样规模的 个文化馆群实属不易。

滕州共话杨柳青

王学仲先生，我国当代著名书画家，笔名夜泊，晚号黾翁，1925 年 10 月出生于山东省滕州市。1942 年，王学仲入北京京华美术学院国画系学习，后在中央美术学院受业于当代绘画大师徐悲鸿等先生。1953 年起在天津大学任教，任天津大学王学仲艺术研究所所长，于书法、绘画、文学、哲学样样精通，是一位弘扬中华传统文化的教育家，创立“黾学”学派。

王学仲艺术馆位于山东省枣庄市滕州城东区，左依城河，右连干道，前有龙泉塔，后望龙谷两山。1987 年 3 月奠基建馆，1988 年 3 月落成。艺术馆占地 0.196 公顷，建筑面积 1250 平方米，是一座粉墙青瓦、清幽典雅的南方民居建筑。艺术馆大门朝西，门楼高悬匾额，上刻著名画家关山月题写的“王学仲艺术馆”六个大字。

我们到王学仲艺术馆是为了瞻仰他的一幅与运河和杨柳青有关的画作《杨柳青漕泊图》，馆长李广兰热情接待了我们。她说我们的活动很有意义，愿意尽力帮助，并告诉我们王学仲老先生一直热爱着大运河，并与杨柳青颇有渊源。她说王学仲先生曾有一幅画作，画的就是杨柳青著名年画艺人白俊英，她曾多次携此画到各地展出，但目前原画不在馆里。我们说这是我们意外的收获，她闻言便跑到办公室查找了起来。少顷，她捧来了《中国近现代名家画集——王学仲(卷)》，其中便有她提到的《白俊英》。在千里之外的艺术馆中能见到表现家乡艺术、家乡艺术家的画作，能在千里之外的滕州与当地艺术馆馆长共话杨柳青，采访团员们兴奋之情溢于言表。

运河名镇的遗憾

运河有四大名镇——南阳、夏镇、镇江、扬州。既然是沿大运河寻根，这几个地方是我们必须去的。如今夏镇距离滕州近在咫尺，而且据说那里有运

河古闸，有“泗亭问渡”牌坊，有因撰、写、刻俱佳而被誉为“三绝高碑”的漕运新渠记碑，有碧霞祠(又称泰山行宫)，不去是个遗憾。中午离开滕州，草草吃过午饭，我们便赶赴夏镇。

车子到达夏镇后，我发现这里并不是想象的那样具有古镇的气息，或者有什么有特色的自然风貌。下车向几位年长者打听到“三绝高碑”的路，居然没人知道，再问运河古闸、“泗亭问渡”牌坊等，更都连连摇头。我们不由心生疑惑。好在他们知道泰山行宫的位置。

路上，我们再次打探相关古迹的位置。一位老先生告诉我们：“三绝高碑”已经在“文革”中被毁了；运河古闸是一个木桥闸，其上就是“泗亭问渡”牌坊，牌坊也被毁掉了；运河古闸则因航运原因在去年被拆掉，建了新闸；如今我们要寻的古迹只有泰山行宫了，而泰山行宫也是2003年复建的。

听老者这么说，我们不禁深深地遗憾。不仅仅为我们没有能寻到这里曾有的古迹，更遗憾于这些宝贵的东西就这么轻易地失去了。

2012年9月26日夜

于济宁运河宾馆

2012年9月27日

今天是“寻根大运河”山东段之行的第九天。

应该说，我们到济宁的时间很不巧，因为9月26日至9月28日，2012中国(曲阜)国际孔子文化节开幕式、第五届世界儒学大会暨“孔子文化奖”颁奖仪式等多项重要活动在曲阜举行。济宁市文化部门的干部都在曲阜忙碌。身在曲阜的济宁市政府办接待处的张沛同志接到接待我们的任务后十几次给我们致电，联系相关事宜，协调座谈专家，安排考察行程。这让我们一行很过意不去，张沛同志却说不用客气，这是职责所在。其实，我们心里有数，他身在曲阜很多事完全可以推脱，而且他协调的范围已经不只是尽职的程度了。我们为遇到这样认真尽职的干部而感动和敬佩。

特殊的座谈

上午，我们与济宁市的地方文史专家刘玉平、边德峰、王战胜、鄢霞进行了一次特殊的座谈。

说座谈“特殊”是因为这是我们第一次在宾馆客房里进行座谈。采访团十几个人，加上四位地方专家，一个十来平方米的小房间里显得满满当当。

虽然条件简陋但大家谈得却很投机。济宁的专家向我们介绍了济宁多年来的运河研究和济宁段的运河情况，还帮我们深挖了与天津的一些联系，告诉我们济宁有一条街叫天津府街，是因为天津人在那里做生意成功而得名，天津人为济宁的发展做出了很多的贡献。

重修罗祖庙碑

下午，我们参观了济宁市博物馆，济宁著名的竹竿巷、清真东大寺，还欣赏了济宁市的运河景观。

济宁市博物馆保存的宋代铁塔、明代大雄宝殿、钟楼及僧王祠、汉碑馆等，为全国重点文物保护单位。但这些没有吸引我的太多注意，引起我兴趣的是博物馆外碑廊里的一块石碑。

此石碑为光绪元年所勒，刻有《重修罗祖庙碑记》。

罗祖为老官斋教创教祖师，也是生活于运河上的青帮（漕帮）的祖师和诸多民间宗教所供奉的祖师。作为因运河而兴起的城市，济宁为罗祖建庙是再正常不过的事。应该说，这块石碑也是运河文化的产物。

“寻根大运河”活动的顾问李世瑜老先生对青帮、对罗祖有专门研究，写有专著。今天看到此笔者不禁想起李老当年对“寻根大运河”活动的支持与勉励，不禁感慨万千。

竹竿巷

济宁竹竿巷位于济宁老运河南岸。总长约一公里，沿街西侧的店铺，大都是二层至三层五开间抬梁硬山式楼房，前出抱厦，明柱承托。竹竿巷的出现，是伴随着元代开凿运河应运而生的，自元代京杭大运河改道济宁后逐渐发展起来，以经营竹编、土产、杂货等为主的济宁著名手工业作坊区。前店后厂，下店上居的建筑格局，具有浓厚的民族气息，是目前反映明清时期济宁商业概貌的典型街区，直接反映了济宁运河文化的特色，具有浓厚的江南水乡韵味。1985 年，被济宁市人民政府公布为市级文物保护单位。

下午，我们到竹竿巷参观。但一看之下却不免失望，因为这不是我们心目中的老街巷。询问一位长者，原来在 20 世纪 90 年代初，竹竿巷一带的老旧建筑都拆了，建起了一片仿古建筑。而且在个别官员的要求下，临街窗户都统一安装铝合金门窗，于是一条安着铝合金门窗的仿古街代替了原来的竹竿巷。铺路的条石已经更换成柏油路，原来日月磨光的条石带给人们的韵味已经不见。很多济宁人每谈及此都扼腕叹息。

竹竿巷之行让我产生一个想法，搞文化保护也好，搞文化产业也好，官员本身是绝不能缺失文化的。如今济宁已经意识到文化的重要性，2006 年还举办了“中国运河之都”高层文化论坛。我相信，济宁的文化保护工作会越来越好的。

2012 年 9 月 27 日夜

于济宁运河宾馆

2012 年 9 月 28 日

今天是“寻根大运河”山东段的第十天。上午，我们离开住地赶往汶上县南旺镇瞻仰运河分水枢纽工程。下午，我们赶赴济南，拜访著名学者路遥，并邀请他担任“寻根大运河”活动的顾问。

运河两“最”在南旺

京杭大运河有很多“最”，走北运河段时我们了解到北运河是世界上名字最多的河流。如今南旺则拥有两个“最”。

首先南旺是大运河上海拔最高的地段，是大运河的制高点，海拔高程约39米，俗称水脊。这里南高于徐州运河段近39米，北高于临清运河段30米。

一条水道中有地势高的地方不奇怪，奇怪的是我们的古人竟然可以有手段让这里通航。这便是南旺运河段的另一“最”，大运河上科技含量最高的水利工程——南旺分水枢纽工程。

这段运河开挖后，因水浅难以通航。明朝初期，工部尚书宋礼和汶上当地老人白英利用大汶河水量充沛，且其上的坎河口地势高于南旺这一有利条件，在坎河口修筑戴村坝，截住大汶河之水，又从戴村坝至南旺分水口开挖一道40余公里长的小汶河引汶济运，使得南旺段运河有了足够的水源。

为了引汶入运于南旺分水补源，宋礼、白英在小汶河入运口对岸砌石堤，并建造一鱼嘴形的石拔（分水尖），这样不仅能防止洪水冲刷，而且可调节南北分水量。其中大部分水流向北方，少量流向南方。因此，民间流传着“七分朝天子，三分下江南”的说法。

南旺水脊，地形复杂，宋礼、白英为调节水量，又相地置闸。《明史·宋礼传》载：“北自临清置闸十七；南至沽头置闸二十有一。”所置水闸，值人看守，层层节水，以时蓄泄。这样就保证了南北过往船只的顺利通过。

济宁南旺分水枢纽是整个大运河上最具科技含量的工程，为千里运河南北分水之咽喉。南旺分水枢纽工程建成后，使京杭大运河畅通500余年，为国家做出了巨大贡献。缘于此，从皇帝到民间，都对白英的贡献给予极高

的评价。把白英封为永济神，荫封后代。在汶水入运河口修建了分水龙王庙，并塑白英像以纪念。乾隆六次南巡，每次都为该工程留诗作词。毛主席在了解南旺分水工程时，也曾发出由衷的赞叹。

济南访路遥

下午，我们离开运河直奔济南市。济南之行是为了拜访山东大学终身教授、义和团研究权威路遥先生。

路遥，1927 年生，山东大学历史文化学院教授，博士生导师，山东大学首批终身教授。1951 年毕业于山东大学，是国内外公认的义和团史和民间宗教史权威，山东大学中国近代史学科学术奠基人，山东大学义和团运动与近代中国社会研究中心主任、中国义和团研究会顾问。出发前，我曾向刚刚分配到西青区党史研究室的山东大学研究生小孟提及路遥教授。小孟告诉我，路老是山东大学的终身教授，是历史系的泰山北斗啊！

我们拜访他一是为了向他请教有关义和团的一些问题，二是想请他做我们“寻根大运河”活动的顾问。

由于时间紧张，我们一路上顾不得欣赏近在咫尺的大明湖景色，直奔山东大学，赶在约定时间之前到达了路遥先生的办公室。

路遥先生向我们介绍了他对义和团“总首领”王觉一的研究成果，欣然接受我们请他担任顾问的请求，并在留言簿上题词：发扬京杭运河文化，进一步发掘王觉一与义和拳事迹。

交谈中我向路遥先生透露了我们在西青地区进行民间调查的一些成果，当谈到独流镇的李来中可能就是义和团首领李来中时，路遥先生拍掌惊叫：“太好了！”因为这一线索正与他所掌握的关于此事的最新线索相吻合。笔者知道，如果此事得到进一步考证坐实，那将是中国近代史上的一大重要发现。于是，路遥先生让他的博士后与我们互换联系方式，要求我们回天津后把相关资料发给他。

临别时，我们把杨柳青年画《健康长寿》赠送给路遥先生，路遥先生则把他的大作赠送给了我们。

做好准备，更重的任务在等待

从济南出来天色已晚，为安全起见，采访团不得不住在德州。估计明天下午可以回到天津。

回想山东之行，一路并不轻松。除去路上的两天时间，考察时间总共九天。而相关节点多，需深入研究的内容多，考察中变数更多。很多地方从资料上看到的与实际大大不同。好在出发前做了充分的功课，以至于可以应变。

南方离西青更远，历史文化的联系可能更不易挖掘，任务也就更重了。解决这个问题需要我们更好地做功课，做准备。只有这样，在江浙地区的寻根活动才会成功。

2012年9月28日夜

于德州7天连锁酒店

南行记

（京杭大运河徐州、淮安、扬州、镇江段）

冯　立

2012年11月19日

射戟台与《辕门射戟》

由于运河在江苏境内流域较长、需考察的节点较多，所以我们把江苏运河分为两段来考察。徐州、淮安、扬州、镇江放在本次考察，其余节点与运河浙江段一起放在后面考察。本次考察，我们采访团又加盟了新的成员——《每日新报》记者张家民。增加了新生力量，采访活动肯定会更成功。

从家乡杨柳青驱车出发，经过两天的奔波，今天我们终于开始了“寻根大运河”江苏部分节点段的活动。

汉文化是徐州的特色文化，沛县是汉文化的发源地，所以徐州之行是不能不到沛县看一看的。但由于沛县在徐州西北，到徐州后与大运河走向相反，所以制订考察计划时我们不得不割舍了沛县。但或许是机缘所致，我们并没有错过前往沛县瞻仰汉文化的机会。由于几位同志有事，得坐高铁赶往徐州，而我们坐汽车从高速公路赶赴徐州的一路人马在19日中午便到达了徐州，为了不浪费下午的时间，也为了给后面的考察节省出时间，我们这一路人马马不停蹄赶往沛县。

在沛县，我们参访了全国重点文物保护单位——刘邦曾经放歌的——歌风台，瞻仰了风歌碑；我们还专门参观了《三国演义》中著名的“辕门射戟”遗迹——射戟台。

射戟台位于沛县世界刘氏宗族总会会馆后身，在一仿汉代四方亭内。亭上有“射戟台”匾额，两侧有对联“一弦飞矢鸣画戟，十万雄兵卸征衣”。亭内有清代所立“射戟台”石碑。碑前为 圆形石台，这就是当年传说中吕布射戟的石台了。

吕布这一箭使得“十万雄兵卸征衣”，这是何等传奇啊！所以，这个故事广为流传，乃至也成为杨柳青年画的重要题材。有多个版本的杨柳青年画描绘这个故事。较常见的是以京剧为样本的《辕门射戟》，画中吕布、刘备、纪灵神情生动，实为杨柳青年画中的佳作。

2012 年 11 月 19 日夜

于徐州市中山饭店

2012 年 11 月 20 日

今天，徐州市文广新局局长高成富、副局长韩峰、文物局文物处副处长王爱民热情接待了我们。上午我们在徐州汉画像石艺术馆与徐州市政协原副主席赵彭城、徐州师范大学教授李洪政、徐州市政协文史委主任肖岚等人进行了座谈，还参观了汉画像石艺术馆。下午，我们瞻仰了国家、省、市三级文物保护单位徐州市博物馆、汉采石场、汉墓、乾隆行宫，此后在返回宾馆的路上瞻仰了著名的云龙山放鹤亭、黄楼等名胜。

汉文化——杨柳青民间文化的重要题材

上古时，彭祖受封在今徐州，建彭国，后来楚霸王又在此（时称彭城）建都，而汉高祖刘邦的家乡在徐州沛县。彭祖的传说与楚汉争霸、三国的故事都与徐州密切相关。所以徐州专家说，彭祖文化和汉文化是徐州的特色文化。

应该说，汉文化源远流长，对中华民族影响很深，对杨柳青民间文化的影响也是非常大的。杨柳青走出的著名评书表演艺术家姜存瑞就以说《三国》而闻名。《西汉演义》《三国演义》也都是杨柳青年画的重要题材。前几年，

每到元宵节，杨柳青十六街都会在文昌阁前的几条胡同中挂出绘有全本《三国演义》故事的灯笼，故事精彩，画工精美，既显文化底蕴，又有地方特色。可惜，杨柳青镇大规模拆迁后十六街的灯展不办了，这些灯笼也不知下落了。

好在，很多以汉文化为内容的杨柳青年画被保存了下来。《张良吹箫破楚军》《三让徐州》《八门金锁阵》等都成为了杨柳青年画中的精品。

舍命保护下来的国家重点文物

下午，我们参观了徐州市博物馆旁的汉代采石场。徐州市文物局文物处副处长王爱民告诉我们，他听文物局的前辈讲，这个采石场遗迹是徐州市文物保护部门的干部舍命保护下来的。那是 20 世纪 90 年代的事情了，一家房地产开发商要在采石场遗址上搞开发，已经在遗址上安放了炸药，准备炸开石头开工。文物干部们劝阻无效，于是搬来铺盖搭帐篷住在遗址上，以防该遗址被炸毁。不久国家文物局得知此事，以最快的时间把采石场定为国家重点文物保护单位。

王处长说，这是前辈们的功绩，那时他还没有到文物部门工作。自从他加入文物保护队伍后，实际感受到了作为文物干部的苦与乐。苦的是工作往往不被理解，甚至挨打挨骂的事也常遇到；乐的是看到一件件文物被保护下来，心里感觉对得起祖先，对得起后人。

我们听后对文物保护工作者肃然起敬！

2012 年 11 月 20 日夜

于徐州市中山饭店

2012 年 11 月 21 日

今天，大家在徐州参观了户部山古民居群落、项羽戏马台和淮海战役纪念馆。下午驱车赶奔邳州市。

相隔千里,同样瓦当

走进徐州户部山古民居群落有一种似曾相识的感觉。觉得走进这里如同走进杨柳青的大院。细看之下才发现,原来这里的房子有着与杨柳青老旧房屋一样的瓦当结构。

曾经听杨柳青有关文保专家介绍，旧时杨柳青大家主的房屋是很讲究的,其瓦当结构与周边地区,乃至华北地区建筑都不相同。它由花檐、瓦脸和滴水三部分组成。后来只在安徽发现过与杨柳青老旧房屋相同的瓦当结构。

没想到今天在徐州也发现了这样的瓦当结构。其实徐州地近安徽,它们有相近的建筑艺术并不奇怪。而如果说相隔600多公里之外的杨柳青与徐州、安徽有相同的建筑风格就让人感到惊讶了。我们不得不感叹大运河的伟大,因为正是它沟通了南北,交流了物资,交流了文化。相隔千里,同样瓦当,这奇迹一定也是大运河的杰作。

2012年11月21日夜

于邳州市锦华大酒店

2012年11月22日

今天是“寻根大运河”江苏部分节点段采访的第四天。我们是昨天下午到达邳州市的。一路上高速路两边拔地而起的植物活化石——水杉,葱茏颀秀,既优雅又充满活力,就像邳州这座既古老又欣欣向荣的城市。副市长张祥荣、市文广新局局长李岩、副局长张言宜热情接到了我们。今天上午张言宜副局长陪同我们考察了运河号子,参观了邳州市博物馆、水杉文化馆。此后,张言宜副局长一直把我们送到新沂市窑湾镇。他的热情让采访团团员们感动不已。在窑湾镇,我们受到新沂市文广新局副局长李成等同志的热情接

待。他陪同我们参观了窑湾古镇。

深厚的邳州文化

邳州古称邳国、下邳。邳州历史悠久，境内大墩子文化遗址距今6000年，是江苏文明最早的起源。上古时，大禹封车正官奚仲为侯，先居于薛（山东薛城），后迁于邳，建立邳国。秦时，张良刺杀秦始皇不成，隐匿于此。汉高帝五年（前202），韩信为楚王治下邳。

多数西青人对邳州的了解恐怕还是来自《三国演义》的故事。这里确实是诸多三国历史事件的重要发生地。汉献帝初平四年（193），陶谦任徐州牧，治下邳。下邳人阙宣聚数千人与陶谦共举兵反，曹操杀陶谦，任刘备为徐州牧，治下邳，备命张飞守之。汉献帝建安元年（196），吕布袭张飞，得下邳，自称徐州刺史。次年曹操、刘备共破下邳，擒杀吕布于白门楼下。献帝建安四年（199），刘备杀徐州刺史车胄，夺下邳，命关羽守之，代太守职。次年曹操攻下邳，关羽降曹，下邳入魏。很多杨柳青年画反映的就是这里的故事。

如今，邳州人对文化分外重视。虽然邳州只是一个县级市，经济也不是很发达，但2005年市政府投资3000余万元建起占地20000余平方米，建筑面积近11 000平方米，拥有5000余件馆藏文物的邳州市博物馆。望着壮观的博物馆大楼，我们深深感叹，这才配得上邳州厚重的文化，同时，这也显示了邳州市领导对历史文化的重视和认识。

窑湾古镇

窑湾古镇位于新沂市西南边缘，京杭大运河及骆马湖交汇处，与宿迁、睢宁、邳州三市县相连，是一座具有千年历史、闻名全国的水乡古镇。

近年来，窑湾古镇经过保护和开发，正在大力发展文化旅游产业。如今已打造了吴家大院、赵信隆酱园店、窑湾典当史话馆、窑湾民俗博物馆、大清窑湾邮局、“文革”记忆馆、山西会馆、江西会馆、天主教堂、过街楼、界牌楼、南哨门、北门等多个景点。2010年,窑湾被中国大运河网等单位授予多个荣誉称号。古镇特产绿豆烧酒、窑湾甜油等被列入非物质文化遗产保护名录;2012年6月,窑湾成为国家4A级景区。

应该说,窑湾古镇的打造是成功的。它的开发既使古镇的古旧建筑得以保护,同时又促进了地方文化旅游产业,甚至是整个第三产业的发展。但我们也可以看出窑湾的开发也存在着一些问题,比如开发与保护原始风貌的问题、旧有建筑的利用问题等。这与杨柳青遇到的问题是一样的。我们希望窑湾和杨柳青早日破解这些难题,或者能在交流中共同研究,早日找到好的办法。

2012年11月23日凌晨

于淮安迎宾馆

2012年11月23日

今天是“寻根大运河”江苏部分节点段采访的第五天。我们受到淮安市委宣传部副部长王维国、淮安市政府副秘书长王立华、市文广新局副局长李倩、市文物局文物处处长严斌等淮安领导的热情接待。上午,我们与淮安市地方文史专家季祥猛、马超俊、范成泰、王克喜、王卫华、赵亮、郑晋坤等进行了座谈。下午,在范成泰、王卫华两位专家的陪同下,我们参观了清代的江南河道总督部院所在的清晏园、淮安运河文化广场、清江大闸、淮安运河博物馆中的淮安名人馆。范成泰老先生一路陪同讲解,非常热情,当我们得知他已经80岁了时,心里很是过意不去。但老先生说,采访团为运河文化远道而来,他非常高兴把淮安的文化介绍给我们。

文化需要交流

座谈中,淮安市的专家们对西青区组织的“寻根大运河”活动非常赞赏,

他们说文化就是需要多交流。

座谈中，淮安的专家向我们介绍了淮安市运河段的历史和现状，介绍了深厚的淮安历史文化。我们介绍了淮安与天津、与西青的联系。淮安市政协文史委主任季祥猛先生希望我们能帮淮安找到海漕入天津的图片和有关鸦片战争时英国人北河投书的图片资料。《淮安晚报》副总编王卫华希望了解周恩来年轻时跟韩慕侠学习武术的情况。淮安市文学院副院长赵亮则对杨柳青人救护淮安才子杨鼎来的事情产生极大兴趣，表示他们正在筹拍关于杨鼎来的电视剧，希望能与西青方面合作，挖掘杨鼎来在杨柳青遇救的情节。

座谈中，采访团与专家们就各自感兴趣的问题问答、讨论，相谈甚欢。大家都感觉通过交流，发现了新的历史文化资料线索，得到了文史研究的新启示。

文化资源要深挖

座谈中，淮安市政协文史委主任季祥猛先生提出，要搞文化产业就必须对文化资源深入挖掘、研究。他举例说，淮安要建关天培纪念馆，市领导听汇报时需要相关材料。于是，他们对关天培进行了深入研究。过去只知道关天培是鸦片战争时抗英的民族英雄，研究后才发现：关天培还是清朝最早倡导海道漕运的人；他还大力兴办义学，编著有《义学备基》；同时，他对“奇门遁甲”有专门研究，整理编辑过奇门专著《金函玉镜》；他去世后，是道光皇帝亲自为他题写墓碑。季祥猛先生说，如果当时不深入对关天培进行研究，只把他作为抗英英雄来介绍就太片面了，所以，不对历史文化进行深入研究，贸然搞文化产业是不行的。

杨查孽缘

座谈中，我们谈及清代淮安著名才子杨鼎来。

杨鼎来，清咸同年间人，字小匡，号柳岑，出身淮南名门世家。杨鼎来精丁拳术,自幼随其父在苏州校官任所。署邻有海盐姓查的人家,眷属时相往来。查家有个女孩叫查婉香很有才,与杨两小无猜,情投意合。后来查婉香嫁给了吴县潘祖同。潘祖同的父亲侍郎潘曾莹在老家时,杨曾受业门下。杨鼎来长大后则与彭氏女订婚。彭父在北京当官,杨赴京就婚,寄宿于潘家。这时查婉香已嫁入潘家,潘祖同做了翰林。咸丰己未年(1859)恩科,杨鼎来中顺天副榜。这时杨已与查旧情复燃。同治甲子年(1864),杨又中乡举。同年,潘祖同因事被革职戍边,他哥哥潘祖荫也由侍郎降为编修。潘家骤然失势,杨就无所顾忌了。然而,其师潘曾莹健在,以侍郎退休,就养于京。一日,他在无意之中发现杨与查氏的唱和诗,语多狎昵,料定必有私情,十分震惊,一怒之下,遂将杨鼎来逐出。次年,杨会试不第,于一天深夜翻墙入潘宅,带着查婉香私奔。于是,潘家请了五位拳师,追杀杨鼎来。他们追至天津杨柳青,看到杨与查迭骑而驰,上去阻击,但五人都被打败,杨安然回到淮安府山阳县老家。

潘家把此事遍告同乡故旧,谴责杨的行径。于是朝臣相诫,会场若得杨卷,即抽换,不使杨这个淫凶之徒得志。然而,杨鼎来竟然在同治戊辰年(1868)再次入京应试,等到拆封时,发现杨名列第九。此时,考卷已呈御览,不能改换。于是,朝臣们相互告诫在殿试时抑之。杨鼎来平时工于书法,学米襄阳,人们都认得他的字。这时,杨改变了字体,人们没能认出来,进呈皇帝的前十本中又有杨的考卷。朝考时,才把杨鼎来的名次贬入三等,但杨鼎来仍得以任主事职,分在工部。杨自知不容于舆论,遂弃官回乡,在淮安河下镇建房居住,与查婉香日夕唱和,快乐地生活了二十余年,授徒以终。淮安人把查婉香两个丈夫的姓各取一半,叫她“汤夫人”,拿她开玩笑。到晚年,查婉香先于杨数月去世,杨写了这样一副挽联:“前世孽缘今世了,他生未卜此生休。”有曾见过查婉香的人,说她其实并不漂亮而且脸上有麻子,只是有才。

此事见于清徐珂编纂的《清稗类钞》中《查氏女悦杨小匡》。其事时人褒

贬不一，但一对才子才女，遍经坎坷，终成佳偶也不啻为一段充满戏剧性的传奇故事。

李梦麟救护杨鼎来

杨鼎来携查婉香私奔跑到杨柳青时曾被潘家聘请的武林高手追上，但杨却击败追杀者得以脱逃。目前，几乎所有记述此事的文献上均无杨鼎来如何击败追杀者的细节。但已经去世的杨柳青文史专家、掌故老人王鸿逵却根据《芹洲笔记》的记载写下了《镖师李梦麟与“杨查孽缘”》一文，发表于《西青文史》。文中记述了杨柳青镖师李梦麟救护杨鼎来的细节。

李梦麟字玉书，祖籍沧州，明末定居杨柳青，家传有万胜刀法。李梦麟也自幼练武，以保镖为业。同治四年（1865）的一天早晨，李梦麟出门练武回家途中，见马庄西堤下跑来一匹马，马上双跨一男一女两个年轻人，后面有五人骑马追赶。前面的年轻人下马把女人安顿于树林，便持钢刀跑到“老公坟”迎战追赶者。双方刀光剑影，引得田间农夫远远围观，李梦麟也在旁观看。见年轻人使用的是自己家传的万胜刀法，又觉得五个人打一个欺人太甚，于是出手相助，以飞石助年轻人取胜。年轻人感谢李梦麟相救，并告知他叫杨鼎来，被仇家追杀。李梦麟问他为什么会自己家不外传的刀法。杨告诉他自己年幼时曾被绑架，被人救下。救他的人曾受伤，后被杨的父亲挽留治伤。此人伤好后传授爱好武功的杨鼎来刀法。李梦麟听到这里知道这是离家出走的哥哥李梦德，但没有说明，只说是同族。他留杨、查二人吃了一顿饭，并劝他们改雇快船行路。杨鼎来拜谢而去。

这是当年王鸿逵先生写就的一段旧事。没想到这段故事通过“寻根大运河”活动成为西青与淮安文化交流的一环。因为，杨鼎来身世传奇，淮安方面正在筹拍关于他的电视剧，加入李梦麟救护杨鼎来的情节定能为电视剧增色不少。我们也希望西青和淮安就此开启文化合作，为两地挖掘更多的文化资源，创作更多的文化产品。

2012 年 11 月 23 日

夜于淮安迎宾馆

2012 年 11 月 24 日

今天是“寻根大运河”江苏部分节点段采访的第六天。我们在《淮海日报》副总编王卫华的陪同下，上午瞻仰了吴承恩故居、河下古镇、韩信钓台、刘鹗故居、镇淮楼、漕运博物馆、周恩来纪念馆；下午参观了漂母墓、高良涧镇水铁牛、周桥大塘、信坝遗址、蒋坝石工尾。满满的一天，收获颇丰。

淮安人的效率

一大早《淮海日报》副总编王卫华就在迎宾馆大堂等待我们了。他手里拿着今天出版的《淮安晚报》，在第 6 版上有报道采访团活动的文章《吴承恩的古诗，周恩来的佚事——天津“寻根大运河”记者团来淮送宝》。

大家很奇怪，座谈和下午参观王老师一直陪着我们，是什么时候写的稿子啊？如果是晚上写的稿子，编辑、排版也没这么快啊！他说，他在座谈中听我们谈到吴承恩在淮安留诗和周恩来跟韩慕侠学武术的情况后非常感兴趣，认为这为研究吴承恩和周恩来提供了宝贵资料。于是，他昨天中午就没有与我们一起用餐而是回去看我们提供的资料，并写出了报道。我们不得不惊叹淮安人的效率，同时也深深感到正是对文化的热爱才激发出这样的工作效率。

吴承恩与杨柳青

我们到淮安来就是来寻留诗在杨柳青的吴承恩的文化根脉的，没想到谦虚的淮安学者却把我们此行称作“送宝”。那么吴承恩留诗杨柳青的情况到底如何呢？原来，吴承恩于嘉靖二十三年(1544)中岁贡，由府州县选送廪生入京都国子监肄业为岁贡生。嘉靖二十九年(1550)春夏之交入京候选。乘

船路过杨柳青时，吴承恩写下了《杨柳青》，诗曰：

村旗夸酒莲花白，津鼓开帆杨柳青。
壮岁惊心频客路，故乡回首几长亭。
春深水涨嘉鱼味，海近风多健鹤翎。
谁向高楼横玉笛，落梅愁绝醉中听。

此诗被杨柳青人广为传颂，著名民间美术研究学者王树村在 20 世纪 50 年代出版的《高桐轩》一书中就引用过这首诗。今天，我们来到淮安瞻仰吴承恩故居也算是来感谢这位为杨柳青留诗的古人吧。

在吴承恩故居东跨院的美猴王世家艺术馆中，我们发现了一幅《三打白骨精》年画。画的是几个可爱的孩子扮作唐僧、孙悟空、猪八戒和白骨精的娃娃戏场面。其绘画几乎完全是杨柳青年画手法。据讲解员介绍，此画是六小龄童先生收藏捐献的。于是我们凑近该画，画的右下角印有“1952 年天津人民美术出版社”字样，画的创作者为张鸾。我们知道这是杨柳青新年画的标志性作品。没想吴承恩昔日留诗的杨柳青的精品年画如今又为他的故居增色。

感叹淮阴侯

淮安是韩信的故乡。今天我们瞻仰了淮安区的韩信钓台、漂母祠，又专门到码头镇瞻仰了漂母墓和淮阴侯庙。

韩信是汉初三杰之一，曾经纵横天下，战功赫赫，但他身世坎坷，最终以悲剧收场。从主观上找原因，对比前面说过的张良，韩信的问题恐怕出在了人生观上。同样是功成名就，张良选择的是退步学神仙，而韩信则放不下功名。

旧淮阴侯庙曾有邵康节《题淮阴侯庙》十首。旧庙因黄河夺淮早已被冲毁，新庙中不见邵康节诗的影子。但我依稀记得其中两首。

一

虽则有才兼有智，存亡进退处非真。

五湖依旧烟波在，范蠡无人继后尘。

二

若履暴荣须暴辱，既经多喜必多忧。

功成能让封王印，世世长为列土侯。

这两首诗颇具哲理，似乎并不是专门写给韩信的，或许今人也可以从中得到启示。

2012年11月25日凌晨

于淮安迎宾馆

2012年11月25日

五陵豪杰今何在？

今天是“寻根大运河”江苏部分节点段采访的第七天。上午，我们在雨中参观了位于盱眙县的全国重点文物保护单位、大运河申遗点明祖陵。下午，我们赶赴运河名镇扬州。盱眙县文广新局副局长卞龙热情接待了我们。盱眙，东临京杭大运河，北靠洪泽湖，境内有大运河申遗项目明祖陵和被称为东方庞贝古城的古泗州城。由于时间的关系，今天我们只参观了明祖陵。

明祖陵是明朝开国皇帝明太祖朱元璋之高祖、曾祖、祖父的衣冠冢。朱元璋建立明朝后，追尊其高祖朱百六为玄皇帝，曾祖朱四九为恒皇帝，祖父朱初一为裕皇帝，并于洪武十九年（1386）修建祖陵，至永乐十一年（1413）祖陵全部建成。据有关史料记载，当年明祖陵建筑规模宏大，气势雄伟，十分壮观。

明弘治七年（1494），黄河夺淮入海后，河道开始紊乱，淮河中下游连年洪水泛滥，祖陵不断遭受水患。清康熙十九年（1680），明祖陵和泗州城终被滔滔洪水吞没。经过湖水长期的侵蚀和冲击，坟丘已被荡平，原先地面的砖木建筑大多毁坏，仅余下棂星门、正殿、东西两庑遗址和残存的30多个大型柱础、砖砌拱顶建筑3座，但神道两侧的21对石像大多完好。1963年，洪泽湖水位下降，明祖陵才得以重见天日，但木制建筑已荡然无存，仅剩外围城城墙以及后来发掘修复的石像。

关于朱元璋到底是凤阳人还是盱眙人学术界还有争论，但明祖陵位于盱眙是不争的事实。望着几百年前的陵墓，大家不禁感叹。如果没有朱元璋的这些祖辈就没有朱元璋，没有朱元璋就没有朱棣，也就没有了燕王扫北，没有了天子津渡，没有了天津卫，更没有了西青区的大部分村庄和居民。从这一点说，我们还真应拜一拜朱元璋的这几位祖辈呢。

2012年11月25日

于扬州市如家瘦西湖文昌阁店

2012年11月26日

今天是“寻根大运河”江苏部分节点段采访的第八天。连续紧张的采访、写稿让多位团员身感不适，好几个人开始闹肚子了。好在大家精神还好。

采访团到申遗办

可能是因为我们的采访主题是“寻根大运河”的缘故，扬州市政府把接待我们的任务交给了大运河联合申遗办公室。其实，我们的工作是沿大运河寻西青历史文化之根脉，并非是单独对大运河进行研究。不过，如果从西青历史文化与大运河密不可分的角度讲，我们的工作确实与运河申遗密切相关。

副主任姜师立等大运河申遗办公室的同志热情接待了我们，并组织相关专家与我们座谈。参加座谈的专家有扬州市政协文史委原主任许凤仪、现任主任王虎华和申遗办《大运河保护与申遗》执行编辑陈跃。

在座谈会议室，当我招呼记者李焕丽时，陈跃冲着李焕丽叫道：你就是李焕丽啊！原来大运河申遗办公室一直关注着各地的运河申遗及各种相关活动动态。"寻根大运河"活动伊始，申遗办的网站"大运河申遗"就开始转发我们记者采写"寻根大运河"活动的相关报道了。所以，李焕丽的大名早已被负责宣传工作的陈跃所熟悉了。

座谈中，几位专家都对西青区组织的"寻根大运河"活动给予高度评价。姜师立说，此前有很多人搞过走大运河的活动，但西青区的活动别具特色，既挖掘本地运河文化，又到沿岸各地寻找西青历史文化的根，这是很独到的创意，说明对运河文化有深入思考。许凤仪说，运河的漕运不只是运粮运盐的过程，更是文化传播的过程，"寻根大运河"活动定位于文化寻根很好，同时活动本身也是一次文化传播。王虎华说，此前走运河的很多，有个人，也有小团体，西青区由地级政府组织，是大型活动；活动定位于寻西青历史文化根脉，目的明确，是一次很成功的活动。

姜师立先生还介绍了大运河申遗与扬州文保工作的情况。他提到申遗和文保工作要特别警惕建设性破坏。一些地方打着保护、修复古迹的旗号搞了大量的仿古建筑，而真的古迹却遭到破坏，这是非常不应该的。扬州市的这方面工作是做得很好的。这主要得力于市领导的支持。扬州市负责申遗的副市长就提出"城建服从文保，文保服从申遗"。扬州市曾要建一座科技馆，但据唐城遗址太近，影响整体风貌，文物局提出希望搬到别处建。市委主要领导对此事亲自批示，让科技馆重新选址。为此，扬州市损失两千万。国家文物局局长单霁翔听说此事后立即拍板，说扬州损失两千万，国家支援八千万。听到此处，我们为扬州拍掌叫好。

汪沆命名瘦西湖

下午，我们参观了扬州市的大运河申遗点——瘦西湖。瘦西湖，在扬州

城西北，景色非常秀丽。康熙、乾隆先后下江南巡游，扬州官员和盐商为助皇帝游兴，不惜重金沿湖筑园，使这里成为风景名胜。但当时它并不叫现在的名字，而是叫保障湖，又名长春湖。瘦西湖的名字得自清代乾隆年间《天津府志》和《天津县志》的主修者、《津门杂事诗》的作者汪沆。

修志过程中，汪沆对天津掌故尤为注意，再加上他本身又是诗人，所以府、县两志修毕，他也写了吟咏天津地方的百首竹枝词，收于《津门杂事诗》，与《天津县志》同时刊行。其中有一些是写西青地方的。如：

重红复翠接村畦，比屋都居花太医。
剧爱小园蜂蝶闹，篮舆日日挂偏提。

这首诗写的是小园村当时花艺兴盛的情形。小园村今属西青区西营门街。

汪沆来往于天津、扬州与杭州之间，深感扬州保障湖与杭州西湖之神似，只是保障湖别有一种清瘦秀丽的风韵，于是赋诗曰：

垂杨不断接残芜，雁齿虹桥俨画图。
也是销金一锅子，故应唤作瘦西湖。

随着汪沆的这首诗，“瘦西湖”之名就流传开来了。

当过扬州知府的石作桢

过去，杨柳青的石家并不只是著名的石家大院“尊美堂”，而是分为“福善堂”“正廉堂”“天锡堂”“尊美堂”四门。石家的二门为“正廉堂”。其实不管是论财富还是比权势，二门“正廉堂”都不逊于四门“尊美堂”。但是因为二门

“正廉堂”的宅院都没能完整地保留下来，所以现在人们大多只知道“尊美堂”，即石家大院。“正廉堂”主人石宝庆，膝下有两子，长子石元春，立堂号“恩绶堂”，次子石元恺，立堂号“恩德堂”。石元恺有四子，其中四子石作桢，字蕴轩，立名“承德堂”。

石作桢妻子是天津名门之后，希望石作桢能求功名，入仕途。于是，石作桢就想尽一切办法经营仕途，先是花钱买了一个监生，后又花了十万两白银捐了一个候补知府，被分发江苏。当时，张之洞署理两江总督，而他与石家有姻亲关系，于是石作桢经过上下打点，捞了一个扬州知府的实缺。

这样上任的官能是什么好官？光绪二十八年(1902)，江苏米价昂贵，江苏地方政府要求各府县购米平粜，但扬州知府石作桢与江都、甘泉两县令受奸商张传芳贿赂，准许其贩米外运。后两江总督刘坤一查得此事并于七月中旬奏报朝廷，请革职递籍。朝廷准奏，并要求“确讯受贿卖放案情。从严查追。毋稍轻纵。以儆贪劣”。后石作桢几经打点只被革职递籍，但没有受到进一步的追责。由此可见当时清王朝已经腐败到了什么程度。

淮扬菜传杨柳青

淮扬菜与鲁菜、川菜、粤菜并称为中国四大菜系，指流行于江苏扬州、镇江、淮安及其附近地域的菜肴，是江苏菜系的代表。淮扬菜注重刀工，刀法细腻，口味清淡，有“东南第一佳味，天下之至美”之美誉。而扬州因为地理环境的关系，历史上各种宗教兴盛，因此又形成了独特的素菜体系。而淮扬菜，特别是扬州素菜也曾传到杨柳青，让千里之外的美味滋润了古镇人的舌尖。这要归功于杨柳青的著名厨师王永成。

王永成，杨柳青人，祖上曾经营杨柳青著名饭庄“五云居”。他幼年曾跟家长随石作桢赴扬州知府任上伺应，因而见识了淮扬菜的各种做法，特别是对各种风味素餐独有心得。回杨柳青后，王永成为石家三门“天锡堂”石祐荪所赏识，成为其家用厨师。石氏家祠每年除夕祭祖，都要用荤素席面上供，皆由王永成操办。1900 年，石祜荪去世，王永成用自己的积蓄在前大街西口开设复兴园酒席处。而石氏祠堂家祭仍由王永成供应。据说，王永成素菜荤做之清蒸素鸭、素大肠、焦汁素鲤等，不但形神兼似，其口味也与荤菜相仿。

今天我们品味了一下正宗的扬州菜，这也算是感受了老杨柳青人的口味了。

2012 年 11 月 26 日夜

于扬州市如家瘦西湖文昌阁店

2012 年 11 月 27 日

今天是"寻根大运河"江苏部分节点段采访的第九天。大家赶场似地奔走于运河各节点，但仍有很多地方没能前往，或许什么事都要留些遗憾吧。这样或许会使"寻根大运河"之行因缺憾而美丽。

隋炀帝陵前的感叹

今天我们来到扬州市邗江区槐泗镇槐二村，瞻仰隋炀帝陵。

隋炀帝杨广是隋朝第二代皇帝，在位十四年。此前，开皇元年(581)，立为晋王。六年，任淮南道行台尚书令，闰八月之后，进位雍州牧、内史令(即宰相)。八年冬，任行军元帅统兵伐陈。灭陈后，封太尉。开皇二十年(600)，立为太子。仁寿四年(604)七月，文帝病逝于仁寿宫大宝殿，杨广即皇帝位。《隋书》说："杨广，南平吴会，北却匈奴，昆弟之中，独着声绩。"

为加强南北交通，巩固对全国的统治，促进江南地区的经济建设，以及南粮北运，隋炀帝修建运河。

杨广为晋王时就曾于公元 584 年命宇文恺率众开漕渠。自大兴城西北引渭水，循汉代漕渠故道而东，至潼关入黄河，长 150 多公里，名广通渠(公元 604 年改名永通渠)。大业元年(605)，隋炀帝即位第一年就修造通济渠。

同年又改造邗沟。大业四年(608),又征发河北民工百万开凿永济渠以供辽东之需。公元610年,又开凿了沟通长江与浙江间航运的江南河,开凿大运河的工程基本完成。隋炀帝开凿大运河前后用了六年的时间。大运河从北方的涿郡到达南方的余杭,南北蜿蜒长达五千多里,成为中国南北交通的大动脉,满足了将长江流域同仍是政治中心的北方连接起来的迫切需要。

但如此浩大的工程必然给人民带来沉重的徭役负担,导致阶级矛盾激化。同时,隋炀帝利用大运河,组织到江南巡游,也进一步加剧了当时的阶级矛盾。大业十四年(618),叛军司马德勘等煽动兵变,推宇文化及为首在江都缢弑隋炀帝。初殡于宫内流珠堂,后改葬于城西北的吴公台下,唐武德三年(620),唐高祖以帝礼葬于今址。

晚唐诗人皮日休曾作诗曰:

尽道隋亡为此河,至今千里赖通波。
若无水殿龙舟事,共禹论功不较多。

站在隋炀帝陵前,我们不禁感叹,对历史,对历史人物做客观公正的评论实在太难了。

邵伯镇与谢安

下午,我们赶到邵伯镇参观古码头等大运河申遗点。路上采访团的成员们议论此镇为什么名邵伯?邵伯又是谁?镇上为我们引路的丁主任说,邵伯镇其实与邵伯没有直接关系,它古称甘棠、邵伯埭,因东晋太元十年(385)官封太保太傅的著名政治家、军事家谢安于此筑埭而得名。因为谢安施惠于当地民众,人们把他比作召(邵)公,并种甘棠以怀念其政德。

甘棠即棠梨、杜梨，是一种高大的落叶乔木，春华秋实，花色白，果实圆而小，味涩可食。《史记·燕召公世家》记载："召公巡行乡邑，有棠树，决狱政事其下，自侯伯至庶人，各得其所，无失职者。召公卒，而民人思召公之政，怀棠树，不敢伐，歌咏之，作《甘棠》之诗。"据说，召伯南巡，所到之处不占用民房，只在甘棠树下停车驻马、听讼决狱、搭棚过夜，体恤百姓疾苦，不搅扰民间。此后种植甘棠就成为人们纪念施德政官员的习俗了。

谢安（320—385），字安石，东晋名士、宰相。年轻时以清谈知名。曾短期为官，后与王羲之、孙绰等交游并负责教育谢家子弟。40多岁时再次为官，后至宰相，成功挫败桓温篡位。他作为东晋一方的总指挥，面对前秦的侵略，在淝水以8万兵力打败了号称百万的前秦军队，致使前秦一蹶不振，为东晋赢得了几十年的和平局面。

谢庭咏絮

杨柳青人知道谢安恐怕更多的是因为《谢庭咏絮》年画。这幅画是杨柳青的著名画家高桐轩所作。画的是关于谢安和他的侄女谢道韫咏雪的一段故事。

这段故事出自刘义庆的《世说新语》。一天，谢安召集众子侄论文义，俄而雪骤，谢安问："何所似也？"他的侄子谢朗答："撒盐空中差可拟。"谢道韫答："未若柳絮因风起。"谢安大为称赏。因而后世称女子的文学才能为"咏絮才"。

画中庭院落雪已深，屋中叔侄三人围坐火炉，神态安详，谢安、谢朗都眼望谢道韫，似在倾听。而谢道韫则似乎正在吟咏她的咏雪之句。

苏小妹三难新郎

由于行程太紧，我们不得不放弃了高邮这个重要节点。好在今天我们到邵伯镇有幸参观了有秦观诗句石刻的分野亭。

秦观(1049—1100),字少游,一字太虚,号淮海居士,别号邗沟居士。“苏门四学士”之一,扬州高邮人。北宋文学家,北宋词人。

笔者最早是从冯梦龙所著《醒世恒言》中的《苏小妹三难新郎》知道秦观的。故事讲的是,秦观娶了苏东坡的妹妹苏小妹。新婚之夜,苏小妹出了三道题考秦观。前两道题没有难住他。第三题,小妹出上联:闭门推出窗前月。秦观怕对得平淡不能显示自己的高才,便坐在池塘边苦苦思索。直到三更,苏东坡出来打探妹夫消息,见他在池塘边不住喃喃念着“闭门推出窗前月”,知是小妹发难,便悄悄拾起石子朝水池中投去。秦少游忽听“砰”的一声,见池中月影散乱,遂受启发,连忙对出下句:投石冲开水底天。

杨柳青中也有以这段故事为题材的年画——《苏小妹三难新郎》。画中三人神态惟妙惟肖,实为佳作。

其实,秦观的正妻叫徐文美,而非传说中的苏小妹,这只是关于古人的一个浪漫故事。秦观以文才闻名,纪晓岚在《四库全书总目》中说他的词“情韵兼胜,在苏黄之上”。

2012年11月27日夜

于镇江碧榆园

2012年11月28日

今天是“寻根大运河”江苏部分节点段采访的第十天。我们在历史文化名城镇江采访。这是我们大运河之行的第一个江南城市,这里的树木葱绿,温度比现在的天津可能要高很多,而主人的热情比气温又高出很多。镇江市分管副市长对接待做出专门批示。市政协副主席赵庆荣热情接见了采访团。镇江市文广新局副书记、副局长赵峰,政协文史委主任徐伟珍,文物局文物处处长张小军等领导热情接待采访团并参加座谈。当地文史专家郑继堂、庐山、罗戎

平等参加座谈。庐山和张小军先生还陪同我们考察。

寻访李来中

笔者到镇江的一个重要目标是寻访李来中的相关线索。因为笔者在查阅相关资料时看到20世纪80年代出版的，作家庐山的长篇小说《忠王李秀成》中有关于李来中的描写。笔者相信，这不是作家的虚构，必定是结合相关史料所写。而作家庐山曾任镇江市政协文史委主任。于是，在区政府给镇江市政府发的函中，我们特别提出要邀请庐山先生参加座谈。

座谈中，我问庐山先生在写《忠王李秀成》时是否想到李来中会与义和团有联系。他认为没有，因为按年龄推算，如果李来中参加了义和团，那么他在1900年应该是60岁左右了。即使那时李来中还在世，60多岁的人也难以在那么大范围奔波，掀起这么大的运动。于是，笔者告诉庐山先生我们在西青区域内做调查时发现一位叫李来中的老人的线索，他在1950年时是114岁。庐山先生说，那确实在年纪上对上了。笔者又告诉他，山东大学路遥教授给笔者的当时日军参谋本部情报资料中曾提到“泗州李来中常常以长发贼魁首洪秀全自居，与部下曹福田、张德成图谋不轨”。这既说明李来中与安徽有关，又证明了他与太平天国有关。笔者拿出西青区那位叫李来中的老人的照片给庐山先生看时，庐山说：“哎呀！这照片与董福祥很像啊！”董福祥曾任甘肃提督，是义和团的重要支持者，与李来中是结义兄弟。看来，一条证据链已经逐步串起。至于西青区的这位李来中到底是不是义和团的李来中，还是由史学专家们来继续研究吧。

传奇作家

当初看到《忠王李秀成》时，认为作者起码在四五十岁。那是20世纪80年代出版的一本大部头小说。所以，作者现在起码七八十岁了。虽然在政府函中提出邀请庐山先生参加座谈，但没敢奢望想象中的老先生一定会来。今天见到庐山真面目,没想到他居然只有六十出头。如此算来,庐山先生当年写书时不过三十出头,不由对他更加钦佩。

在我们的追问下,庐山先生向我们讲起了他当年写太平天国系列小说的情况。当时写书完全是个人行为,没有钱。1979 年时,他靠扒运煤火车寻访了太平军当年的全部行程,搜集了大量素材。在杭州乔司,他曾经两天两夜没有吃饭。有人给了他两块地瓜,后来他曾专门到故地寻找当年的恩人,但没有找到。1985 年开始,庐山创作的《忠王李秀成》《西王妃洪宣娇》《东王杨秀清》《沙场情泪》《北王韦昌辉》《大渡河畔千古恨》等以太平天国为题材的六部长篇小说相继出版。庐山先生很谦虚,他说,其实很多人比他写作能力强,他只是在最困难的时候坚持了下来。

庐山先生不仅是一位具有传奇色彩的小说作家,同时还是一位文史专家。他从江苏省作协调到镇江后曾长期担任市作协主席、政协文史委主任。今天下午他陪同我们参观了运河名胜西津渡,并亲自为我们讲解。徐伟玲主任说:“你们很幸运啊,有这么高级的导游,镇江的导游词都是庐山先生写的,别地的导游都是背他写的导游词。”庐山先生说,明天他还会继续为我们做义务导游,大家热烈鼓掌。笔者心想,搞旅游文化产业就是要请这样的专家参与才能搞好,镇江人聪明啊!

惊艳江南的杨柳青年画

镇江民间文化艺术馆是一座专门搜集各地民间艺术品的展馆,有“中国民间艺术品收藏第一馆”之称。座谈中,镇江民间文化艺术馆副馆长罗戎平告诉我们,他们曾购得一套由杨柳青韩秀英、霍秀英等画师绘制的杨柳青年画册页《白蛇传》。册页由《下凡》《取伞》《施药》《庆节》《惊变》《盗仙草》《水漫金山》《塔倒》等 16 幅分页组成。

因杨柳青年画是著名民间艺术品,而镇江又是《白蛇传》故事的背景地,所以他们把这套册页收入馆藏并作为镇馆藏品。今年10月,这套册页年画在杭州举办的“千年等一回——《白蛇传》民间艺术展”上引起轰动。之所以引起轰动,既因为杨柳青年画作为艺术品的精美,也因为镇江白蛇传说的魅力。这是两地文化交流的结果。

《白蛇传》是杨柳青年画的重要题材。韩秀英和霍秀英是解放后杨柳青画业合作社培养的年画艺人。20世纪60年代,她们绘制的年画册页《白蛇传》曾被法国大使佩耶视为中国艺术珍品而购买,并送给戴高乐和当时的法国总理。笔者想,法国大使之所以选择年画册页《白蛇传》,是因为它是中国美丽民间传说与最美民间艺术的结合。

2012年11月28日夜
于镇江碧榆园

2012年11月29日

今天是“寻根大运河”江苏部分节点段采访的第十一天。上午,在镇江市文物局文物处张小军处长的陪同下,我们参观了杨柳青年画素材的重要背景地甘露寺和金山寺。下午我们匆匆赶到茅山,在新四军纪念碑前鞠躬致敬。然后,我们分两批走上返津之路。如今昼短夜长,为安全起见,我们坐汽车返程估计得在路上用两天时间了。

甘露寺

甘露寺位于镇江北固山上。《三国演义》第五十四回“吴国太佛寺看新郎,刘皇叔洞房续佳偶”的故事就发生在这里。赤壁大战后,刘备借东吴的荆州不还,周瑜向孙权献计,以其妹孙尚香为饵,设下美人计,诱刘备来京口(镇江古称京口)联姻招亲,趁机扣为人质,以讨还荆州。诸葛亮将计就计,让刘备过江成亲。吴国太和孙权在甘露寺设宴接待刘备。最终,孙刘联姻弄假成真，东吴赔了夫人又折兵。今天我们就来到甘露寺，因为以它为背景的一系列故事已经成为杨柳青年画的重要题材，这里有杨柳青“三国”题材年画的一条根。

《三国演义》中有这么一段：甘露寺席间，刘备更衣出殿前，见庭下有一石块。他拔从者所佩之剑，仰天祝曰：“若刘备能够回荆州，成王霸之业，一剑挥石为两段。如死于此地，剑剁石不开。”言讫，手起剑落，火光迸溅，砍石为两段。孙权在后面看见，问曰：“玄德公如何恨此石？”玄德曰：“备年近五旬，不能为国家剿除贼党，心常自恨。今蒙国太招为女婿，此平生之际遇也。恰才问天买卦，如破曹兴汉，砍断此石。今果然如此。”权暗思：“刘备莫非用此言瞒我？”亦掣剑谓玄德曰：“吾亦问天买卦。若破得曹贼，亦断此石。”却暗暗祝告曰：“若再取得荆州，兴旺东吴，砍石为两半！”手起剑落，巨石亦开。至今有十字纹“恨石”尚存。后人观此胜迹，作诗赞曰：“宝剑落时山石断，金环响处火光生。两朝旺气皆天数，从此乾坤鼎足成。”二人弃剑，相携入席。

他们所砍的石头被后人称为“试剑石”。笔者记得小时候听袁阔成讲评书《三国演义》，他曾说“如果听众朋友们今天到镇江甘露寺仍能看到这块石头”，当时就想一定要实地看看，如今小时候的这个愿望终于实现了。

北固山后峰绝高处的北固亭，又名祭江亭。相传刘备西征入川后，孙权诡称母病，骗得孙尚香回吴。一日，孙夫人闻刘备兵败，死于军中，悲痛不已，望西遥哭，投江殉情。后人为纪念孙夫人，亦称北固亭为“祭江亭”。杨柳青年画《孙夫人祭江》表现的就是这段故事。

金山寺

《白蛇传》中水漫金山寺的故事尽人皆知。这个故事就是以镇江金山寺为背景的。金山寺始建于东晋，《金山志》载：“山有佛寺，始建于晋明帝时。”

南朝梁武帝重佛，曾于天监四年(505)，亲自到金山寺参加水陆大会盛典，这是中国佛教举行水陆法会的开始，也是当时佛教中的最大盛典。金山寺也因水陆法会而名声日盛。宋徽宗时，因崇尚道教，曾一度把金山寺改为道观。不久又恢复为佛寺。

金山寺依山而建，殿宇层叠，北侧一塔耸起，让金山寺建筑有了一种不对称的美。此塔一般叫作金山寺塔，正名慈寿塔，高约30米，砖木结构，八面七级，矗立于数重楼台殿宇之上。据介绍，塔始建于南朝齐梁时期，原为两座，南北对立，后倒塌。宋哲宗元符年间修复，重建后成为一座八角七层塔。现在看到的慈寿塔，是光绪二十六年(1900)修建的。

水漫金山的故事为西青，特别是杨柳青的人们代代相传。杨柳青年画中就有多个反映此题材的版本。昨天在镇江民间文化艺术馆，我们看到了镇江丹阳市刻瓷艺术家根据戴廉增版杨柳青年画《水漫金山》创作的刻瓷作品。这应该算是两地文化交流的产物吧！

难忘的回忆

在从镇江回天津的返程路上，我对王洪海老师说，寻根过程中每个人都很累，现在都想快点回到家。但是，就像每个人上学时都想早点毕业，而毕业后又留恋学生时代一样，“寻根大运河” 活动也会成为每个人的一段难忘的回忆，难忘一起克服的诸多困难，难忘从北运河到江南运河的一路行程，难忘一起相处的日日夜夜。即使不再参加后面的“寻根大运河”活动，这段美好的回忆也印在我的心里了。

2012年11月30日凌晨于南京

南行记

（京杭大运河江南段）

冯　立

2013年3月18日

在新的一年,“寻根大运河” 活动最后一段——京杭大运河江南段的考察、采访活动开始了。

在此前的四个阶段中,“寻根大运河”活动取得很多重要成果,众多媒体纷纷报道,《人民日报》海外版记者将全程跟踪采访本次活动。我们的队伍也在扩大,《人民日报》海外版主任记者、大运河小道遗产发起人齐欣,《人民日报》海外版记者宿静晗,中国摄影出版社总编辑高扬和编辑陈风采,《天津支部生活》编辑狄青,西青电视台记者张秋领和王雪成为我们的新团员,相信他们的加盟会让我们的活动取得更多、更大的成果。

一路奔波向江南

这次考察的目的地是距离西青最远的,15日下午,我们便出发了。整整两天时间,我们都奔波在高速路上。大家都很累,吃饭也是草草而已。中国摄影出版社编辑陈风采对笔者说:“你们的活儿就是这么干吗? 太辛苦了！”笔者说:“是啊！跟我们一起跑要有吃苦的准备,特别是如果后面每天写稿会更苦。”

记者李焕丽出发时正赶上女儿过生日，女儿的生日宴进行一半她就不得不出发了,女儿哭着为她送行。17日是记者温权的生日,他的生日是在旅店与大家一起过的。虽然旅途中的生日宴很简朴,但温权说他的这个生日过得很温暖。途中也有一件事让笔者倍感温暖。17日上午,我们从高邮往常州赶的路上,笔者感到胸腹很难受,知道这是胆囊炎又犯了。本想忍到常州再买药,但团员们却让笔者赶紧买药吃,别挨着。于是两车的人都在路边等笔者买药。吃了药,难受的感觉很快过去了。路上,江南初春的雨凉凉的,但笔者的心头却暖暖的。

虽然坐车,但时间长了也依然很累。王洪海老师出发前犯了腰疼病,只好用系护腰、顶东西的办法扛着。在高速服务区休息时,朱国成老师反复做弓箭步压腿,他自嘲道:“岁数大了,坐时间长了腿就木了。”16日下午,开了一天半车的于宏伟师傅开始反复抖手,拍打自己的脸,原来开车时间长了手臂都麻木了,而困意更是让他难忍。可是高速路上又不能停下车来换师傅,只好等进入服务区才把另一辆车上的孔令明换来开车。

虽然赶路辛苦,但随着南行,窗外的景色却越来越美。山东境内,柳树已经发芽,一片朦胧的绿色。到江苏境内,柳树已经有了嫩叶,一片春意盎然。一天之内,我们就追上了春天的步伐,这让人颇感欣喜。这或许预示着我们的活动也会像车外的景色渐入佳境,取得更大成功吧?于是,虽然仍在奔波行路,但却不怎么觉得辛苦了。

今天,常州方面热情接待了我们。市政府副秘书长彭峻、市规划局副局长顾春平主持座谈,当地文史专家陈宫伟、唐新亮和规划部门的干部黄勇等人向我们介绍了常州的运河文化和当地保护、开发大运河的情况。

管干珍与杨柳青

管干珍(1734—1798),字阳复,号松崖,常州人。乾隆三十一年(1766)管干珍中进士,历任翰林院编修、御史、工部侍郎,1789年起任漕运总督。在任漕运总督时,他的干练公允得到乾隆的称赞。1796年,他因不从户部所议,被革职,1798年逝于北京。管干珍不但是清代名臣,还是一位画家和大学者,有《五经一隅》《明史志》等多部著作传世,其画亦有盛名,善花鸟,精于着色牡丹。

管干珍故居“漕运锡福堂”在延陵西路前北岸。今天我们特意到这参观,不仅因为他曾做过管理大运河的漕运总督,更因为他与杨柳青的不解之缘。

管干珍曾在杨柳青留诗多首。其中,《杨柳青夜泊》《杨柳青》是描写杨柳青景色的。而《卫河棹歌》则更显管干珍对杨柳青风物之熟悉,诗曰:

杨柳青边紫蟹肥,娘娘庙外白蝠飞。
酒酣更买青州面,说饼篷窗醉解衣。

管干珍与杨柳青的渊源还不止于他在杨柳青留诗。乾隆五十六年(1791)五月中旬。其时正值麦收已毕,农家盼望雨水的季节。时任漕运总督的管干珍在督催南漕的途中于十一日晚至杨柳青时,雷雨交作,连宵达旦,至十二日申刻雨已经下了八寸,而雨势未止。此时,两岸农家收麦工作已经完成,大田长势很好,正盼望雨水来临。得到这场甘霖并且收麦的田地也得到及时耕作,百姓们都非常高兴。他马上把这一情况奏报乾隆。乾隆闻讯兴奋不已,作诗以志。诗曰:

收麦竣时望雨优,彻宵八寸渥恩稠。
运河水长北来速,漕舸风资南送遒。
较以抵通早去岁,期当回次毕中秋。
览章岂不心生慰,此虑霖多转略愁。

乾隆五十八年(1793)六月初六日,管干珍亲押漕船尾帮至杨柳青,中午时,阵雨如注,云气广被。大田正在望雨之时,此时沾被甘霖,农民极为欢庆。他又及时把此情况奏报乾隆。乾隆亦赋诗以志。诗曰:

去岁运河微欠水,今年弗闰水原通。

总因化箢为消息，度以津关无异同。
南府恰当望泽际，甘霖正喜济农功。
食天国本何非事，遇顺惟深敬畏衷。

2013年3月18日夜
于无锡运河大酒店

2013年3月19日

今天是“寻根大运河”活动江南运河段采访的第二天。无锡市委宣传部副部长蔡文煜，无锡市政协文史委主任丁坚、副主任袁彬彬，市文广新局副局长高燕，市政府新闻办外宣处副处长顾志坚等领导热情接待了我们。上午，我们与无锡市地方文史专家杨建明、曹荣之、沈大授、夏刚草、辛道刚等座谈。下午，我们进行实地考察。但我们没有去看乾隆御封的著名的“天下第二泉”惠山泉，更没有时间一览太湖春色，而是直奔惠山泥人厂和无锡运河示范段。那里有与杨柳青年画《连年有余》渊源颇深的《大阿福》和当地运河保护开发的经验。

下午，南方的雨为我们的行程平添了几分考验，雨中张秋领、田健、温权脱下衣服裹住摄录器材一路飞奔。

“大阿福”与“连年有余”

说起中国民间艺术中的胖娃娃形象，你一定会想到杨柳青年画的代表作《连年有余》和无锡惠山泥人的代表作《大阿福》，都是莲花簇拥下的胖娃娃怀抱着大鱼，都有连年有余之寓意。它们之间是否有某种渊源？或许，我们能由此探知杨柳青年画娃娃的身世。

自佛教传入，表现莲花化生的宗教形象便传入我国，汉魏时期就有了表现莲花化生的瓦当。后来，“化生”从佛教理念变为民间活动，其形象也从得道成就者变为“化生儿”,成为了妇女于七夕求子的媒介,原型就是佛教童子。但这时的“化生儿”是蜡制的,直到宋代开始有了泥制的“化生儿”。这个过程中,“化生儿”与磨睺罗(有人认为是释迦牟尼出家前的儿子,后成为阿罗汉的罗睺罗;也有人认为是佛教音乐神摩睺罗伽)形象结合。而随着宋室的南迁,这一风俗也被从开封带到了杭州。那时杭州已经有了七夕时供奉磨睺罗泥人的风俗。据记述南宋杭州旧事的《武林旧事》讲,七夕时杭州“小儿多衣荷叶半臂,手持荷叶,效颦磨睺罗”,而民间亦多塑这种形象的泥人。这应是经典的持莲花童子的艺术形象了。后来泥塑磨睺罗孩儿更是出现了多种可爱的造型,乃至出现了怀抱鲢鱼,寓意连年有余的大阿福形象。

我们知道,杨柳青年画的形成与古代南方艺术家北移密切相关,应该是他们把拥莲花抱鱼娃娃的形象带到了北方。而此时,这一形象的载体再次发生改变,成为了年画形象,而如今已经成为了中华民间文化最亮眼的名片。通过查阅史料和对大阿福的实地考察,我们厘清了杨柳青年画娃娃,特别是“连年有余”题材的源流。应该说,年画娃娃与“大阿福”泥娃娃是同一根脉,只是年画娃娃改变了载体,“大阿福” 没有改变;而年画娃娃的形象定型较早,其拥莲抱鱼的“化生儿”形象变化不大,而定型于清末的“大阿福”的形象则开始游离莲花,所抱的也更多地趋向于麒麟等吉祥物。可以说他们是同一历史根脉上的一对民间艺术姐妹花。

无锡人咏稍直口

历史上,有很多名人雅士曾在西青地区留诗。“寻根大运河”活动开始至今,我们又发现过去不为西青人所知的古人吟咏西青的诗词40余首。去年笔者在查阅文献时发现《泊天津稍直口》,诗曰:

名津稍直一舟横,野旷谁知夜几更。

山月徘徊人独立，海天寥落雁孤鸣。
河流东下烟波远，风阵西来草木惊。
有酒欲斟斟不得，边防民瘼正关情。

此诗作者名叫顾彦夫，字承美，无锡人。明正德五年(1510)中举人，嘉靖己丑举进士，在南京为太常博士。期间，顾彦夫深得当时的著名学者吕仲木的器重，被荐为国子监监丞，但没有成功。后顾彦夫就任瀛海别驾，再后来又做了河间府通判。当时官场腐败，而顾彦夫却奉公廉洁。这是因为他内心充实深沉，不为利禄所眩夺。也正因此，他的文章不仅文笔好，而且都非常有见地。

话说范蠡

无锡是吴文化的发祥地。据传说，灭吴后范蠡对当地人秋毫无犯，深受尊重，更曾一度与西施隐居在此。所以，无锡关于范蠡的传说很多。范蠡早年与宛令文种一同赴越国为大夫，辅佐勾践卧薪尝胆，图强雪耻。经过十余年努力，越国终于转弱为强，吞并吴国。此后，范蠡急流勇退，辞官归隐，与所爱的西施泛舟五湖。后居齐地，务农致富，又移居定陶经商而积财千万，号陶朱公。他是道家的代表人物，也是道家从楚地传向稷下学派的代表人物。

范蠡的故事，特别是他的妻子西施早已为西青人所熟知。杨柳青年画中我们还可以看到戴廉增画店的《西施采莲》。

大运河的作用不仅是物资流通，它还发挥着文化交流与传承的作用。另外，大运河还有一个重要功能，即人才交流。大运河畔的无锡就流传着关于“文种重才，拜访范蠡”的故事。

据《越绝书》卷六记载：范蠡“其始居楚也，生于宛橐，或伍户之虚。其为结僮之时，一痴一醒，时人尽以为狂。然独有圣贤之明，人莫可与语，以内视若盲，反听若聋”。《正义吴越春秋》上甚至记载文种去访范蠡，范蠡竟然“从犬窦蹲而吠之”，文种则说：“吾闻犬之所吠者人，今吾到此，有圣人之气，行而求之，来至于此。且人身而犬吠者，谓我是人也。”下车向范蠡行礼，而范蠡不理他。《正义会稽典录》上说，范蠡“本是楚宛三户人，佯狂倜傥负俗。文种为宛令，遣吏谒奉。吏还曰：‘范蠡本国狂人，生有此病。’种笑曰：‘吾闻士有贤俊之姿，必有佯狂之讥，内怀独见之明，外有不知之毁，此固非二三子之所知也。’驾车而往，蠡避之。后知种之必来谒，谓兄嫂曰：‘今日有客，原假衣冠。’有顷种至，抵掌而谈，旁人观者耸听之矣”。

从以上史料我们可以看出文种对人才的渴求与尊重，甚至范蠡冲他学狗叫，他反而认为是对自己的尊重。在经过考验后，范蠡终于接受了文种。于是，“蠡修衣冠，有顷而出。进退揖让，君子之容。终日而语，疾陈霸王之道。志合意同，胡越相从。”后来他们“去吴之越，勾践贤之。种躬正内，蠡治出外，内浊不烦，外无不得。臣主同心，遂霸越邦”。

重才文化在西青

大运河上流传着众多重视人才，渴求人才的故事。历史上，重视人才的理念早已在西青扎根。著名的杨柳青年画在发展之初就曾请多位南方画家到杨柳青进行年画创作，拓宽了年画题材。像钱惠安、吴嘉猷等海派画家的画作就带给了杨柳青年画一种文人趣味，让脱胎于北宋院画风格的杨柳青年画有了些许不同的韵味。

如今，西青更是在招贤纳才上下了大力气。《西青区人才发展“十二五”规划》提出科技英才“113”聚集工程等6项重大人才工程。而西青区在人才工作上也很舍得投入，实现了新的突破：人才专项资金不低于一般预算支出的1.5%，引进高层次人才最高享有300万元项目启动经费……各级党政领导干部联系专家和优秀人才制度、对重点人才的“一对一”跟踪服务制度等更是为西青打造了良好的人才环境。

曾经有一位掌握风能领域相关技术的博士，慕名到西青考察投资创业环境，他抱着试试看的心态来到西青开发区管委会，简单说完他的几个需求便离开了。几天后，他竟然接到通知去看厂房，这厂房还是管委会按他的要求根据公司特点筛选而定，下午就开始帮助他办理公司注册，很快所有手续都办理妥当。后来，西青有关部门帮助该企业解决资金困难，解决员工户口问题，帮助企业搞培训……良好的人才环境，促使该企业迅速成长壮大，在4年内产值增长40倍，这位博士对西青爱才、重才、助才的工作赞不绝口。

应该说，享有文化传承之誉的西青真正传承了中华民族的重才文化，也只有这样，西青才能打造出良好的人才环境。

重视文化与打造旅游产业

无锡是一个工业城市，工业曾带给无锡经济的繁荣。在发展中无锡人的发展观念也在改变，特别是在2007年太湖蓝藻事件后，无锡大力发展文化产业，先后制定了众多文化保护政策。此后，无锡积极梳理历史文化资源，开展了建市以来规模最大、历时最长、范围最广的文物普查活动，让众多历史街区和地面文物重现光彩。实施了“1234”文化遗产保护工程：围绕一条古运河，全面保护沿河传统民居和工业遗产；建设鸿山遗址、阖闾城遗址两大遗址公园；构筑泰伯渎、泰伯墓、泰伯庙3大历史人文景观；修缮清名桥、惠山、荣巷、小娄巷4大历史街区。由此，无锡全市“国保”数达到18处，“省保”数达到70处，“市保”数达到300处，历史街区、古村镇达到10处，各类博物馆、纪念馆、名人故居等开放单位数达到100座，各级文保单位完好率达到100%，历史街区、古镇村完好率达到95%以上。国家级非物质文化遗产数达到6个，省级的达到10个。

无锡还强调，每修复利用一处文物，就要成为文化设施的重点、城市建设的亮点、人文旅游的景点、文化产业的增长点，构筑起以吴文化为主线，以民族工商业为重点，以江南水乡、古运河为背景，以名人、名居、名街、名园等为要素的文化旅游板块。就运河开发而言，无锡政协早在20世纪90年代就提出，运河两岸不能让开发商插手，因为只有政府会考虑公益性第一，而开发商只会考虑利益最大化。事实证明政协的考虑是完全正确的。如今，无锡的文化保护与文化旅游产业的开发相得益彰，获得了可观的经济效益。旅游业全年总收入已近900亿元。

2013年3月20日凌晨

于苏州锦江之星快捷酒店

2013年3月20日

今天是“寻根大运河”活动江南运河段采访的第三天。

上午我们本计划与苏州市的文史专家座谈，但苏州市政府办公厅方面声称没有接到西青所发的函，没有安排接待，我们只得改变行程自己去桃花坞考察年画。忙碌的工作和南方忽雨忽热的天气让数位团员感冒、上火，今天气温骤降，好几位团员感到不适，幸好前天有几位司机师傅为大家及时买来水果、药品。下午，我们到寒山寺拍摄寒山、拾得，然后直奔忠王府，想拍摄有关资料，但那里下午5点关门，4点就已不再放人进去参观，我们只拍摄了忠王府的后花园——拙政园。拍摄后即匆匆返回宾馆，草草用过晚饭我们又去桃花坞年画艺术传承人王祖德先生家做采访。再回到宾馆时已经晚9点了，真正是忙碌的一天。

南桃北柳

就中国的年画艺术而言，天津杨柳青年画和江苏桃花坞年画最有名，素有“南桃北柳”之称。

桃花坞，即今苏州市桃花坞大街及其周边地区，其名称由来已久，宋末元初人徐大焯在《烬余录》中描述过桃花坞的范围："入阊门河而东，循能仁寺、章家河而北，过石塘桥出齐门，古皆称桃花河。河西北，皆桃坞地，广袤所至，赅大云乡全境。"我知道桃花坞的名字是因为小时候看到关于唐寅的书，书的开头便有唐寅手书的《桃花庵歌》：

桃花坞里桃花庵，桃花庵下桃花仙。
桃花仙人种桃树，又摘桃花换酒钱。
酒醒只在花前坐，酒醉还来花下眠。
半醉半醒日复日，花落花开年复年。
但愿老死花酒间，不愿鞠躬车马前。
车尘马足显者事，酒盏花枝隐士缘。
若将显者比隐士，一在平地一在天。
若将花酒比车马，彼何碌碌我何闲。
别人笑我太疯癫，我笑他人看不穿。
不见五陵豪杰墓，无花无酒锄作田。

当然，桃花坞的名声不只是因为唐寅和他的《桃花庵歌》，更是因为桃花坞的年画。在位于朴园的桃花坞年画馆，馆长凌君武和桃花坞年画非物质文化遗产传承人王祖德老先生热情接待了我们。据介绍，桃花坞年画在明代发展成为民间艺术流派，清代雍正、乾隆年间为鼎盛时期，每年出产达百万张以上。这与杨柳青年画的产生、发展时期大致相同。而在工艺上，杨柳青年画和桃花坞在前期都是采用画稿刻版套印，但杨柳青年画的功夫更多下在后期的手工彩绘。而桃花坞年画虽然有的也有手绘程序，但功夫更多下在刻版上。印刷时采用"分版、套印、单线平板、平刷平印，每版一色”的方法。

年画源流略考

“寻根大运河”活动到桃花坞的一个重要目的是要考察一下杨柳青年画是否与桃花坞年画有渊源，甚至是传承关系。

来苏州前，我曾拜访过历史上曾执杨柳青年画牛耳的戴廉增年画的第十九代传人戴敬勋老先生。戴老向我讲述过戴氏年画的历史。他说：戴氏先祖来自苏州桃花坞，在当地是印制小说、绣像的。元末明初江南战乱频仍，苏州更深受战祸。明初，燕王清君侧，形成了移民活动。戴氏先祖就是在这时来到杨柳青的。当时，杨柳青是高地，很多移民在此落脚，而且附近适于刻版的杜梨木较多，于是戴氏先祖就在此落户，刻版印制门神、灶王等纸祃，成为杨柳青的第一家成规模的年画店，而且生意越干越大，在杨柳青站住了脚。到戴氏九代祖先戴廉增的时候，戴氏年画形成气候。历史上，戴廉增年画无论经营规模、销售范围，还是从年画品种、质量、题材上讲都是杨柳青年画中的翘楚，特别是戴廉增总结、制定了一套杨柳青年画的绘制标准，为杨柳青年画的定型做出了重大贡献。可以说，从戴廉增起杨柳青年画形成了自己独特的风格。

此前，我们曾多方寻找戴氏家谱，因为它是杨柳青年画发展的重要证据。20世纪五六十年代，戴敬勋先生曾把家谱捐赠给欲建在杨柳青的杨柳青年画博物馆，后博物馆因故不建，家谱退回，但“文革”时因抄家遗失。而王祖德先生告诉我们他曾从年画史专家郭钧等人处听说，戴廉增年画的一世祖本是在苏州从事刻版印刷的，是在明初迁往杨柳青的。

今天通过对桃花坞年画的考察，我们得知，桃花坞年画源于宋代的雕版印刷工艺，由绣像图演变而来。这就证实了戴敬勋先生的说法。同时，我们也厘清了杨柳青和桃花坞年画的共同渊源，即它们都与雕版印刷工艺、绣像图

密切相关，虽然在不同的地域，却又在几乎相同的时期开花结果。

2013 年 3 月 21 日凌晨

于苏州锦江之星行政中心店

2013 年 3 月 21 日

今天是“寻根大运河”活动江南运河段采访的第四天。

周折的一天

上午我们参观了苏州运河名胜山塘街。我们还前往大运河畔著名的宝带桥。苏州路窄车多，到了那里，已经是中午。但那里正在施工，把桥圈在工地里面了。我们跟工地人员协调，说明我们希望摄录宝带桥。工地人员说他们是政府的工程，是否能拍摄得请示领导，并让我们出示介绍信。我们出示介绍信后他们说还得再请示一下领导。请示后仍然表示不能拍摄，我们只得遗憾地离开了。下午我们到周庄沈万三故居寻访杨柳青沈万三题材年画的线索。其故居沈厅深藏于周庄景区中，门票需要 100 元，价格太贵。我们决定只让摄影和摄像记者入内摄录，其他人在外等候。在周庄，我们一路所乘的依维柯的轮胎被钉子扎了，大家又等候修车。下午将近 4 点，车子修好了，我们赶赴上海徐汇区。刚进入上海又遇到难题，那里下午 4 点到 6 点半不允许外地车上高架桥。于是，我们在桥下绕弯，缓慢地向目的地行进，直到晚上 7 点转了两个多小时才到达目的地。匆匆吃过晚饭，打开电脑准备工作，谁知居然不能上网。查不了资料，查不了地图，稿子写不了，明天的行程也无法规划，只好整理电脑里的资料。这真是周折的一天啊！

年画曾画姑苏台

苏州是春秋时期吴国的都城，古称姑苏。夫差是吴国君主(？—前 473)，吴王阖闾之子。公元前 495 年即位，在位 23 年。其父阖闾在与越国的战争中受伤而死。传说夫差葬阖闾后三日,其埋葬地有"白虎蹲其上",于是那里得名虎丘。夫差遵从阖闾遗训,依靠伍子胥打败了越国,使越王勾践屈服。夫差把勾践夫妇和越国大夫范蠡囚禁在姑苏,为他养马。后来越国曾献美女西施以迷惑夫差。公元前486年,夫差开邗沟,连接长江和淮水。一般认为,这是中国最早见于明确记载的运河。此后,夫差打败齐国,公元前482年,在黄池大会诸侯,与晋争霸,夺得霸主地位。而此时,越国国力已恢复。卧薪尝胆的勾践趁夫差率精锐赴会黄池,只有太子与老弱留守之机,率军乘虚而入,并杀死吴太子。夫差匆匆赶回与越议和。公元前473年,越再次兴兵,灭吴国,夫差自杀。吴越争霸的故事在民间影响深远,杨柳青年画中的《姑苏台》反映的就是这段历史。

沈万三年画

沈万三(1330—1376),本名富,字仲荣,世称万三,出生于苏州周庄,为富可敌国的商人。曾资助朱元璋修筑三分之一的南京城墙,后被发配云南。

沈万三成为年画题材已数百年了。桃花坞、朱仙镇、杨家埠的年画中均有以沈万三为题材的。而杨柳青年画,如《沈万三发财》《聚宝盆》等所画的则描绘更加细腻。但无论如何,各地年画都表达了一种百姓对富足生活的向往。或许这就是一个苏州人能成为各地年画题材的原因吧。

2013年3月22日晨

于上海徐汇区金佳快捷酒店

2013年3月22日

今天是"寻根大运河"活动江南运河段采访的第五天。

我们来到上海。因为这里与西青的历史文化有着密切的渊源。霍元甲在北运河边起步,在上海滩上扬名;钱慧安从上海来到大运河畔的杨柳青,为杨柳青年画带来文人气息。

子夜不安静

昨天夜里，虽然因不能上网而提前睡了，但宾馆里其他客人的喧哗让团员们不能安睡，有的团员甚至整宿未能入睡。温权借夜间宾馆里上网人少的机会往电视台传片子，但传到凌晨3点，片子传到三分之一时网络又断了，害得他白熬了夜。我的咳嗽似乎更厉害了，上半夜几次咳醒。凌晨，上海雷雨交加，也许是太疲劳的缘故，我反而能安然入睡。一大早，我们趁着能上网赶紧把札记发到“运河娃”博客上。今天只好另找宾馆了。

徐光启与西青

本来担心上午依然下雨，但天公作美，一大早天晴了。我们能按计划进行考察了。今天上午，我们专程瞻仰了徐光启墓、徐光启纪念馆和反映上海中西文化交流历史的土山湾博物馆。下午，徐汇区委宣传部副部长周坚、徐汇区文化局副局长宋浩杰等当地领导热情接待了我们，并与当地文史专家、徐汇区非物质文化遗产保护办公室主任黄树林一起跟我们进行座谈。

徐光启(1562—1633)，字子先，号玄扈，教名保禄，汉族，明朝南直隶松江府上海县人，明末数学和科学家、农学家、政治家、军事家，官至礼部尚书、文渊阁大学士。赠太子太保、少保，谥文定。徐光启也是中西文化交流的先驱之一，是上海地区最早的天主教徒，被称为“圣教三柱石”之首。他与利玛窦结交，不仅成为天主教徒，还成为较早接触西方科学和文化的中国官员。

据史书记载，徐光启曾在天津一带试种水稻，1991年百花文艺出版社出版的《津门谈古》一书说他是在现在的包括精武镇小南河村一带种水稻。在徐光启给家人的信中描述了当时的情况：“荒田无数，至贵者不过六七分一亩，贱者不过二三厘钱，粮又轻。中有一半可作水田者，虽低而近大江，可作岸备涝，车水备旱者也。有一半在内地开河即可种稻，不然亦可种麦、种秫也，但亦要筑岸备水耳。”于是徐光启在这里购置田产约二十顷，一干就是三年。

那么，是否有更确切的记述呢？我们只有到上海徐家汇，也就是徐光启的老家来一探究竟。除此之外，徐光启还曾为葬于杨柳青的明代右副都御史张愚撰写墓碑碑文。这是徐光启与西青关系最直接的证据。

张愚与张愚墓

张愚，字若斋（1500—1552），明嘉靖十一年（1532）进士，是明代戍边名将，生前曾任延绥镇（明代九个边防重镇之一）巡抚之职，因其在都察院做御史中丞，故而称其为张大中丞，著有《蕴古书屋诗文集》《浙西海防稿》。《卫志》记载："愚由户部主事，历升右都宪。赋性刚直，莅政明敏。巡抚延绥，严饬戎务，边境乂安。钦赐蟒玉。以劳瘵卒于官。赐谕祭，荫一子。"《津门诗钞》中录有他的诗《思归》：

投老惟耽物外情，青山原有旧时盟。
才疏谋国无长策，学薄持身耻近名。
贫剩蠹余书百卷，家遥蝶梦月三更。
水云何日梅花外，结个茅庵了一生。

张愚墓在杨柳青镇东南，修建于明嘉靖三十一年（1552），明末崇祯四年（1631）重修。墓地面积为2000平方米，原有高大封土堆、牌坊、享堂、石五供、燎炉、石羊、石马、翁仲等。正因为其墓地多石人、石马，其定居在杨柳青的后人被称为石马张家。其墓碑碑文为徐光启所撰，碑现已无存。旧版《天津县新志》记载了碑文《重修张大中丞公墓碑记》，记述了张愚的生平和张愚墓曾经的风貌，并简介了重修张愚墓的情况。

据碑文载，张愚镇守延绥时，军中感愤乐战，有投石超距之气，皆愿得一当虏，而公特严防御，以伺叵测，不欲邀功。所修筑城堡，墩台四千六百

所，特有备以无患，每遇虏入寇，出拒战，斩首辄百许级，所获器械，名马以数千计，时套贼入犯辄不利，乃相戒曰："张太师在，我何以自贻伊感。"于是，督府及部使者上功格，赐宝钞、飞鱼锦嘉劳之。未及满秩而卒。奇谋秘画，多不传于世。

张愚卒于任上，据碑文载："嘉靖甲寅十二月二十七，葬于杨柳青之原。东西六十飨台以便祭扫，又前十六步□之处，二十四步为墓门，门以内五步左右为亭者四，一碑，两表，一碑墓记，而左右所列翁仲石物等如常仪。基图弘广，木石壮丽，松柏森蔚，风烟杳霭，真巨观也，历年即远，公子孙各附葬于后，凡三封。"可见当时张愚墓的规模。

从徐光启能应邀为张愚墓撰写碑文，我们也可以知道张愚在当时的地位和影响。

故乡人

在徐光启纪念馆，上视新闻综合频道《新闻坊》记者、徐汇有线电视中心采访部副主任王志莲对"寻根大运河"活动进行采访。采访后，王志莲说她的祖上就是杨柳青人，是在八国联军入侵时定居乌鲁木齐的。我们说原来是赶大营的后裔啊！并向她简单介绍了杨柳青人当年赶大营的历史。她说她的父母已随她定居上海，但在生活和饮食上仍然保持着杨柳青人的习惯。他们也很想回家乡看看。我们都非常高兴在上海、在工作中能遇到故乡人。

文化产生美

江南景色的美是自然风光与历史人文底蕴相结合的美，江南美女的美则是秀丽容貌与内在文化气息相结合的美。我想，如果没有了文化气息，不论江南景色还是江南美女的美都会大打折扣。

座谈时，有一位年轻的女同志在场。虽然她很靓丽，但由于宋浩杰先生讲述徐光启讲得非常精彩，我居然忽视了她的存在，直到周坚部长招手向我介绍她。周部长说她是政府新闻办负责徐汇区官方微博“上海徐汇发布”的韦丽，希望及时报道我们的活动，请我向她介绍一下情况。

于是，我把活动的大致情况和我们到上海的目的，要考察的内容向她做了介绍。她对“寻根大运河”活动很感兴趣，认为搞这样的一个寻找历史文化根脉的活动很有意义，说此后会密切留意我们的“运河娃”博客。我向她介绍情况后几分钟，徐汇区政府的官方微博就报道了我们的活动。小韦的敬业精神和对文化事业的热情让我们佩服不已。

我对她说很高兴向你这样一位美女介绍我们的活动。这话不是恭维，因为当一个人的内心浸染了文化的馨香，就会自然地散发出一种内在美，这种美不是靠修饰可以得来的。我相信，小韦会越来越美！

2013 年 3 月 22 日深夜

于上海技贸大酒店

2013 年 3 月 23 日

今天是“寻根大运河”活动江南运河段采访的第六天。

上午我们拜访了上海精武会，并与虹口区体育局、上海精武体育总会有关人员座谈。下午，我们兵分两路：一路人马到上海市图书馆查阅清末民初上海的报纸，希望找到更多关于霍元甲的资料；一路人马到与西青历史文化相关的节点进行摄录。

霍元甲与上海

霍元甲（1868—1910），清末著名武术家，字俊卿，世居天津静海小南河村（今属天津市西青区精武镇）。霍元甲出身武术世家，排行第二（大排行第四），父霍恩弟。霍元甲在 27 岁以前基本上生活在故乡，时常挑柴到天津去卖。28 岁后到天津当上码头装卸工，后来在农劲荪开设的怀庆药栈当帮工，

后升任掌柜。1909 年,英国大力士奥皮音在上海摆下擂台,讥讽中国人是"东亚病夫"。农劲荪从报上得知此消息,遂向上海同盟会员、革命党人陈其美推荐了霍元甲。霍元甲一到上海,上海各大报纸即予报道。霍元甲与奥皮音约期在张园公开比赛。但到了比赛时间,奥皮音已逃之夭夭。同年,他接受聘请,在由陈公哲、陈铁生所创办"精武体操会"中主教武术。1910 年 9 月,霍元甲去世,传为日本人下毒所致。

此后,在霍元甲之子霍东阁等人的努力下,精武会获得很大发展,在海内外建立分会。孙中山在精武会成立十周年之际,题写了"尚武精神"四个大字,以示对霍元甲的纪念。后来,霍元甲与精武会的故事被拍摄为电影、电视剧,具有极大影响。1984 年,西青作家王洪海(笔名晨曲)的小说《霍元甲》出版,深受读者欢迎。

今天我们参观了上海精武体育总会,那里有很多老年人在练武健身。从他们的健身和身体状况看,上海精武会的工作是非常出色的。

动画片里的杨柳青娃娃

上海美术电影制片厂前身是东北电影制片厂的卡通股,1949 年成立美术片组,次年迁到上海隶属上海电影制片厂,1957 年 4 月正式建厂。这里产生了众多少年儿童喜闻乐见的经典美术片,孙悟空、哪吒、阿凡提、黑猫警长等动画形象给一代代人留下了美好的童年记忆。

可是,你知道吗?上海美术电影制片厂的动画片中就有杨柳青年画娃娃的形象。

电影《渔童》是 1959 年由上海美术电影制片厂出品的剪纸动画片。该片是根据廊坊作家张士杰搜集整理的关于义和团的民间故事改编而成。大家一看便知,鱼盆中彩绘娃娃半夜里活了的故事就是脱胎于杨柳青年画一年鼓一张的传说。而拥莲花而坐的娃娃不就是杨柳青年画娃娃的形象吗?

1961年，万古蟾创作的动画片《人参娃娃》也是借鉴了杨柳青年画《连年有余》的胖娃娃形象。该片于1961年获民主德国第四届莱比锡国际短片和纪录片电影节荣誉奖，1979年获埃及第一届亚历山大国际电影节最佳儿童片银质美人鱼奖。

今天是周六，是休息日，我们无法对制片厂进行采访，但我们特意到上海美术电影制片厂门前进行摄录，希望我们能够向读者和观众介绍那些经典的美术片与杨柳青年画的渊源。

石挥其人

石挥(1915—1957)，原名石毓涛，艺名杨柳青。“津门八大家”之一的石家第二门正廉堂后代，生于杨柳青，后随父母迁居北京。以后在北京师大附小毕业又断续上了两年初中，后因其父失业生活困难，15岁时就独立谋生了，先后卖过报，做过学徒，当过列车服务员、小卖部会计等。1940年赴上海，后经幼时同学董世雄(影星蓝马)介绍，参加了“明日剧团”，曾来天津演出。几经磨炼，演技逐渐提高，由配角到主角。在20世纪40年代初，参演了30多个剧目，无论正面、反面、青年、老年、喜剧、悲剧，各种角色他都能驾驭自如，特别是他饰演的《正气歌》中的文天祥、《大马戏团》中的慕容天锡、《秋海棠》中的秋海棠，更是令人叫绝。因此，1942年石挥被报刊与观众舆论评为“话剧皇帝”。1941年进入电影界，他的第一部影片是在金星影片公司拍摄的《乱世风光》，他任主要角色。1947年到1951年，石挥在文华影片公司工作。在此期间，他主演了12部影片，导演了3部影片，其中《我这一辈子》是他根据老舍的原著自编、自导、自演的优秀作品，此片曾荣获文化部颁发的优秀影片奖。1953年以后，石挥在上海电影制片厂工作。

2013年3月23日深夜

于上海技贸大酒店

2013年3月24日

今天是“寻根大运河”活动江南运河段采访的第七天。

上午我们到高桥镇参观了钱慧安纪念馆，下午我们在倾盆大雨中赶赴嘉兴。

钱慧安与杨柳青年画

钱慧安(1833—1911),生于上海高桥,名贵昌,字吉生,号清溪樵子。早期师从民间画师学写真,对肖像画潜心钻研,后又师法改琦、费丹旭、陈老莲、黄慎诸家,逐渐形成了自己的风格,咸丰年间以肖像和人物仕女画饮誉上海。40岁以后,钱慧安专门从事人物画创作,自成一派,有“钱派”之称。光绪年间应杨柳青年画经营者的邀请,只身泛舟前往,十年间三上杨柳青,有一次一去就三年。他别出心裁以历史故事和前人诗句入画，创作了大批画作。钱慧安的加盟令杨柳青年画题材和画法都得到扩展,他的画作也是杨柳青年画中文人画的代表。

钱慧安纪念馆位于高桥镇的西街上。纪念馆舍为明清木结构样式,石库门,典型的南方建筑。临河而建,坐北朝南,三重进深,宁静清幽,古朴雅气。我们到时正逢当初负责筹建该纪念馆的原高桥镇纪委书记周敏法在，他热情地接待了我们,并为我们讲解。

该馆在钱慧安的生平介绍中专门提到他应天津杨柳青“齐健隆”“爱竹斋”两知名年画庄之邀,只身泛舟前赴杨柳青,十余年创作了百余种画样。

纪念馆二楼展厅有著名画家戴敦邦送展的根据钱慧安画稿印制的杨柳青年画坯子《东山丝竹》和《皆大欢喜》,大家皆以为宝贵。其实,杨柳青应还有钱慧安的真迹。区志办的李刚老师就曾说过,他当年在石家大院工作时就见过戴敬勋先生捐赠的用于展览的钱慧安绘的四幅画作真品。

吴嘉猷

为杨柳青年画作画的南方画家绝不只钱慧安。吴嘉猷就是又一位曾为杨柳青年画供稿的著名海派画家。

吴嘉猷(？—约1893),清末画家,字友如,别署猷。江苏元和(今吴县)人。幼年贫困,喜绘画,自学勤练,并吸取钱杜、改琦、任熊等人画法,遂工人物、肖像,以卖画为生。曾应征至北京,为宫廷作画。清光绪十年(1884)在上海主绘《点石斋画报》,名噪一时。

他曾经为杨柳青的年画作坊供稿,由盛兴画店刻印。其作品有《丰年大吉》《群争富贵》《子孙拜相》《余荫贵子》《欢天喜地》《争名夺利》等,多为儿童嬉戏题材。

南方的门与杨柳青的门

一到南方,我深感其建筑之美,它们与北方的建筑风格迥异。然而,我又对南方建筑有一种亲切感,总觉得有些地方似曾相识,与杨柳青的建筑有相同之处,如院门便是。

以前曾看到网友芥园居士撰文说杨柳青有一种独特的门, 他称之为八字门。他说,这种院门的大门两侧的位置会在院墙处向内凹进一部分,留出的位置砌成台阶。从上部俯瞰就是“八”字的形状。这样既满足了自家院门有台阶的需要,又不会影响行人从自家门前通过,是一种颇具智慧的节省空间的造型。他还说这种“院门的样式,不管是在拆迁前的老城里,还是南市‘三不管’,再到津郊远县武清、静海,我都从未再见过”。而这次的南方之行,我却在常州和上海见到了这种形式的院门,但也仅见两处。

还有一种门叫石库门。石库门是上海、苏州地区一种非常有特色的建筑形式。它起源于太平天国时期。当时的战乱迫使江浙一带的富绅为安全起见,修建住宅时把门户改小,追求简约,把多进改为单进,以求门户严谨。于是，中西合璧的石库门住宅应运而生。这种门大量吸收了江南民居的式样，用石条围箍而成，地上是石门槛，两边是石柱条，顶上是一条直的石门楣或是“冖”字形石门楣，两端成弧形。它形态精致，苏州、上海保留较多。

这种门因以石头做门框，所以得名“石箍门”。但因宁波人发“箍”字音同“库”，所以“石箍门”就讹作“石库门”了。2010 年，文化部公示第三批国家级非物质文化遗产名录，“石库门里弄建筑营造技艺”名列其中。2011 年，“石库门里弄建筑营造技艺”正式申报世界非物质文化遗产。

石库门结合了中西方院门建筑的风格，安全实用，并不失美感。于是一些建筑以水泥抹框，仿制石库门的形式，我们把它叫作仿石库门。我们在苏州就多次见到这种院门。

应该说，石库门是一种江南特色建筑。但你知道吗？远在数千里之外的杨柳青也有这种建筑形式。杨柳青是运河重要码头，而大运河连接着苏州等江南城市，想必这石库门的建筑风格就是从大运河上来到杨柳青的。

杨柳青的石库门式建筑位于距离运河不远的曹家胡同。曹家胡同位于杨柳青镇中部，南起估衣街，北至猪市大街，长 120 米，宽 4 米。曹家胡同形成于清乾隆年间，因曹姓住户居此最早得名。胡同两侧为老式高大青砖房，解放前多为富足人家所居。胡同东侧的五号院院门，虽然不是条石所箍，但一看便知是仿石库门风格所建。

八字门也好，石库门也好，在北方都非常难见。从这一点上我们可以看出杨柳青是文化汇聚之地、文化包容之地。至于原因，这恐怕还得归功于大运河的物资、文化交流之利吧？

2013 年 3 月 24 日

于浙江省嘉兴香溢大酒店

2013年3月25日

今天是“寻根大运河”活动江南运河段采访的第八天。

今天开始我们在浙江嘉兴继续“寻根大运河”活动。上午，我们考察位于嘉善县的江南名镇西塘。嘉善县政府办公室副主任殷竹青、西塘古镇保护与旅游开发管理委员会主任陆勇伟等当地领导热情接待了我们，并介绍了西塘保护和开发的情况。下午，我们到嘉兴下属的平湖市瞻仰李叔同纪念馆。平湖市委宣传部副部长曹亮、平湖市文广新局局长沈力行等当地官员热情接待了我们，介绍了当地文化保护的情况。

保护与开发并重的西塘

西塘古镇位于苏浙沪三省交界处，古名斜塘、平川，春秋战国时期是吴越两国的相交之地，故有“吴根越角”和“越角人家”之称。唐宋时期就已形成村镇，到了元明朝时，西塘凭借鱼米之乡、丝绸之府的经济基础和水道之便，发展成一座繁华、富庶的大集镇。古镇区9条河道纵横交织，它们将古镇分为8个区块，在这些河上有27座古桥将市镇连通，景色之美犹如一幅动态的水乡风情画。

古镇现存的许多古宅大院，都得到了很好的保护和开发利用。我们来到西塘的重要目的就是来学习他们是如何对大院进行保护和开发的。因为西青区的古镇杨柳青也面临保护和利用古宅大院的问题，希望西塘的经验能对我们有所启示。

据介绍，21世纪初浙江省就制定了《西塘省级历史文化保护区保护规划》，对西塘加以保护，他们注意了三个方面的关系：一是政府和百姓的关系。积极鼓励百姓居住在景区，居民可以搞百姓客栈，这样既有利于保护和营造古镇人文环境，又可以全员保护古镇。二是保护与开发的关系。在1.01平方公里的保护核心区做减法，把现代的、三层以上的、铝合金的建筑拆除，恢复传统风貌。三是历史和未来的关系。坚持传承不墨守、创新不变异，保持文化脉络不能变异。

陆勇伟说：其实与兄弟景区相比，西塘并没有明显优势。西塘的旅游业要搞好就要体现出自己的文化特色，现在西塘的吸引力就在于西塘有自己的文化内涵，所以保护与开发是相辅相成的。2012年，西塘的游客达470万人次，与旅游相关的行业收入达5亿元。

李叔同

李叔同，清光绪六年（1880）农历九月二十生于天津官宦富商之家。他是中国新文化运动的先驱，卓越的艺术家、教育家、思想家、革新家，对音乐、美术、诗词、篆刻、金石、书法、教育、哲学、法学、汉字学、社会学、广告学、出版学等领域均有创造性发展。20世纪80年代的电影《城南旧事》主题曲就选用了他填词的歌曲《送别》，这首歌在民国时期曾广为传唱。1995年，中央电视台在杨柳青"石家大院"拍摄完成20集电视连续剧《弘一法师》，这也算让杨柳青和这位文化名人结了缘吧？

1918年，38岁的李叔同在杭州虎跑寺出家为僧人，法名演音，号弘一法师。出家后的李叔同一改风流才子的生活方式，一心向佛，精研《四分律》，被视为重兴南山律宗第十一代祖师。其佛学思想以华严为境、四分戒律为行、导归净土为果，以守戒律和念佛为主要修行方式。出家后的他与学生一起进餐，学生吃了一口白菜就吐了出来，因为厨师放多了盐，太咸了。可是弘一法师却恪守不诽食的戒律面不改色，一口口把菜吃下去。1942年10月13日，弘一法师圆寂于泉州，遗体火化后捡得舍利1800多颗。

今天，在平湖参观后，团员们深深为李叔同的人格魅力所打动。同时，打动我的还有平湖人对文化的尊重和热爱。其实，李叔同只是其母亲是平湖人，他在平湖生活的时间并不长。但平湖人却专门为他建馆纪念，其对文化的虔诚可见一斑。

2013 年 3 月 25 日夜

于浙江嘉兴香溢大酒店

2013 年 3 月 26 日

今天是“寻根大运河”活动江南运河段采访的第九天。我们考察了运河名镇——乌镇。桐乡市博物馆副馆长朱宏中、乌镇国际旅游区建设管理委员会顾晓菊热情接待了我们。2012 年，乌镇接待游客 601 万人次，成为接待游客量全国第一的单个景点。乌镇实现景区门票收入 3.75 亿元，服务业地区生产总值 10.74 亿元。乌镇的经验值得西青学习。

运河边的名镇

乌镇曾名乌墩和青墩，具有悠久历史。乌镇是典型的江南水乡古镇，同时也是运河名镇。紧贴乌镇西栅街区的白莲塔下，大运河由西向北拐了一个大弯。乌镇原以市河车溪为界，分为乌、青二镇：河西为乌镇，属湖州府乌程县；河东为青镇，属嘉兴府桐乡县。解放后，市河以西的乌镇划归桐乡县，才统称乌镇。谢灵运、沈约、裴休、范成大等人都曾在这里留下文化瑰宝。这里走出的最著名的人是茅盾，他的小说如《子夜》《春蚕》《林家铺子》为人耳熟能详。

保护开发并重，以开发促进保护

乌镇是一个有 1300 年建镇史的江南古镇。十字形的内河水系将全镇划分为东南西北四个区块，当地人分别称之为：东栅、南栅、西栅、北栅。

乌镇人在保护、开发利用祖先给他们留下的宝贵遗产时很好地利用了这种错落。1998 年乌镇委托同济大学城市规划设计院编制《乌镇古镇保护规划》，明确了乌镇古镇保护和旅游开发的整体发展方向，并将整个古镇划

分为绝对保护区、重点保护区、一般保护区和区域控制区四个不同等级的保护区域，提出不同等级的保护措施。

据介绍，与其他古镇相比，乌镇搞旅游开发较晚，但在旅游开发上却跃居江南六大古镇之首，这与它注重既有的文化、自然资源的保护密切相关。乌镇人提出的“修旧如旧，以存其真”“保护与开发并重，以开发促进保护”的原则被联合国称为乌镇模式。在修旧如旧的过程中，他们请文物专家做具体指导，在搞文化旅游规划时既邀请研究机构提出设想，又请地方历史文化专家做顾问以使规划能够充分利用和保护当地的文化、环境资源。

乌镇开发的一期工程，实行了先搬迁后修复，居民还迁的办法；第二期工程实行了部分居民还迁，而大部分房屋商用的办法，以保证古镇的生气。就我们实地来看，目前二期工程与有居民居住的一期工程相比还是欠缺人气的。乌镇也正在想办法解决此问题。

解决旅游业发展的瓶颈问题

面对旅游业的效益只集中于门票收入而旅游资源有限，缺乏可持续发展能力的瓶颈问题，乌镇提出并实施了从单纯的古镇旅游到开发养生、养老游，进而提升至文化游的策略。这样，乌镇旅游业所产生的效益就不只是门票收入了，就把旅游业的产业链做长了。

我们问，在这个过程中有什么问题需要注意呢？顾晓菊说，搞养老项目时就有人怀疑是借养老名目在搞房地产，其实这个项目所建房屋基本都是一二层的。这是因为乌镇的开发实行的是政府主导的项目公司，它不只考虑经济效益，还要考虑开发的长期效益和公益性。而在保护、开发上，政府要做出牺牲，要让利百姓。

朱宏中说，乌镇的成功还在于对非物质文化遗产的保护。只有保护好自己的文化特色才能使当地的旅游业有自己的特色，才能有搞文化游的基础，才能把产业链做长，而不只是局限于门票收入。

2013 年 3 月 26 日夜

于嘉兴香溢大酒店

2013 年 3 月 27 日

嘉兴画家献艺杨柳青

今天是“寻根大运河”活动江南运河段采访的第十天。上午，我们瞻仰了党的一大会址——南湖红船。其后，我们马不停蹄赶赴京杭大运河的最南端——杭州。

在嘉兴的三天给我们留下美好的印象。其实，历史上西青人与嘉兴人早就结缘，嘉兴画家曾经为杨柳青贡献过他们的艺术，为杨柳青年画增色。

嘉兴人张熊（1803—1886），又名张熊祥，字寿甫，亦作寿父，号子祥，年轻时移居上海，参加各种美术活动。他擅长画花卉，尤其善于画大幅的牡丹，屏山巨幛。他画的花鸟、草虫、蔬果、人物、山水都很有功力，用色艳而不俗。作品雅俗共赏，带动了一批画家活跃于画坛，时称鸳湖派，是当时在上海、苏杭一带比较流行的画风。他的妻子钟惠珠，字心如，也是嘉兴人，善于画梅竹及着色花卉。杨柳青戴廉增画店曾雕刻他的花鸟和博古花卉。

朱梦庐（1826—1900），也是嘉兴人，原名琛，字觉未，号梦庐，擅没骨花卉草虫，其画作代表着海派写意花鸟画派主流。在“戴廉增”刻印的年画中有朱梦庐的《富贵大吉》《榴开百子》《秋葵图》《鸲鹆栖鸣》等。

嘉兴的海派名家为杨柳青年画带来了文人的气息，在很大程度上提升了杨柳青年画的品位。同时，他们也让嘉兴与杨柳青、与西青结缘。

2013 年 3 月 27 日子夜

于杭州海外海纳川大酒店

2013 年 3 月 28 日

由于杭州之行事务过多过密，并遇到一些难题，故 28 日和 29 日的札记没能及时撰写。回津后补记。

今天是“寻根大运河”活动江南运河段采访的第十一天。上午，我们与杭州拱墅区方面座谈。下午，我们参观了京杭大运河最南端的标志拱宸桥、中国京杭大运河博物馆及相关展馆。

千里有缘来相会

预定昨天下午抵达杭州的“寻根大运河”活动顾问、《人民日报》海外版主任记者、大运河遗产小道发起人齐欣因飞机晚点于昨天夜里到达。他到宾馆后马上与我们联系，商谈如何做好在杭州段的考察和采访工作。

拱宸桥

拱宸桥是京杭大运河的最南端，也是古运河终点的标志，始建于明崇祯四年（1631），为举人祝华封募资所造。清朝顺治八年（1651），桥坍塌。康熙五十三年（1714），由布政使段志熙倡导并率先捐款，林云寺的慧辂和尚竭力募捐款项相助，历时四年，建成现在的这座拱宸桥。该桥长 98 米，高 16 米，桥面中段略窄为 5.9 米宽，而两端桥堍处有 12.2 米宽。2005 年，拱宸桥进行大修，这也是建成后 120 年来头一次大修。2006 年，杭州运河集团又更换了长 3 米、重 2 吨的护桥石。

在古代，“宸”是指帝王住的地方，“拱”即拱手，两手相合表示敬意。每当帝王南巡会觉得这座高高的拱形石桥在对其相迎、致敬，拱宸桥之名由此而来。

从去年 6 月 18 日“寻根大运河”异地采访活动开始到今天，从天津至北京的北运河练兵到一路南下，我们历时将近一年，其中的酸甜苦辣、成功与挫折或许只有我们自己才能体味和理解，而诸多成果的背后的故事更是不为外人所知。今天我们终于到达了大运河的最南端，异地采访活动就要结束了，站在拱宸桥头，心中百感交集。

杨柳青年画的衍生品

拱宸桥旁是杭州运河文化的系列展馆。在拱墅区方面的安排下，我们参观了京杭大运河展馆、中国扇子博物馆以及杭州活态民间艺术馆。

在中国扇子博物馆中，我们意外地看到了“戴廉增扇庄”的招牌。采访团的成员们不禁诧异，难道杭州有与杨柳青“戴廉增”画店同样字号的扇子店？细看方知，这里展示的是当年一些北京著名扇子店的模型。这就不奇怪了。

“戴廉增”画店第十九代传人戴敬勋曾给我讲述过戴氏年画进京的故事。相传，一次乾隆经过杨柳青曾微服到“戴廉增”画店看画。戴廉增不厌其烦地为其拿画、介绍，被乾隆称为老实人、好买卖人。乾隆离开时仪仗接驾，戴廉增方知看画的是皇帝。为纪念此事，戴廉增连夜画了新样子的门心娃娃画——《钱龙引进四方财》和《宝马驮来千倍利》。此后“戴廉增”画店在北京开设“戴廉增扇画店”，成为唯一制作杨柳青御贡年画的画店。

为什么叫扇画店呢？因为，年画只是春节时的商品，北京的年画市场不比杨柳青。杨柳青可以一年四季制作年画，到春节时都供不应求，因为全国各地都要杨柳青的年画。而北京的市场要小得多。于是，在淡季，画店就要想别的办法，在卖年画之余也经营扇子，而特色就是有着精美绘画的扇面。应该说绘画扇面是杨柳青年画最早的衍生品了。

目前，西青区开展了“为杨柳青年画献一计”活动，很多朋友提出要做年画衍生品的设想，应该说我们的先辈早已想到这个问题了。我个人认为，这其中有几点是需要提醒的。第一，年画衍生品本身就是年画不景气的产物。“戴廉增”在北京年画淡季经营扇子如此，天津杨柳青画店过去和现在开发各种衍生品也是如此。年画衍生品的存在就是杨柳青年画业不景气的标志。

第二，一些朋友建议改变杨柳青年画的载体，提出要搞瓷器、泥人、鼻烟壶。戴敬勋先生曾经就所谓年画鼻烟壶谈过自己的看法，画扇面终究没有离开画，而鼻烟壶的所谓内画其实不是画，已经离开年画了。其实，瓷器、泥人更是如此。必须认识到，这些连画都不是，更不是年画，并非有同样形象的就是年画。无锡惠山“大阿福”就有与《连年有余》里的娃娃一样的造型，但它不是年画。如今，我们要发展年画，如果变成发展瓷器、泥人、鼻烟壶，那本身就已经离题了，不是发展年画了，而是做空年画了。

应该说，戴廉增扇画店早在乾隆年间就为我们的年画衍生品市场做了实践，更为今天年画业的发展做出了警示。

2013年3月31日

于天津家中

2013年3月29日

今天是“寻根大运河”活动江南运河段采访的第十二天。

我们行程异常紧张，虽然身在被誉为人间天堂的杭州，但却无暇细细观赏这里的美景，只赶场似的到几个与西青历史文化相关的地方摄录，并用一个上午的时间在昨天去过的京杭运河最南端——拱宸桥拍摄访谈节目。虽然如此，每位团员都没有任何抱怨，而是随着拍摄的成功和活动的圆满而爆发出发自内心的喜悦！

胡雪岩与杨柳青人赶大营

杭州被誉为“人间天堂”。如果说千里迢迢跑到这里，放弃诸多美景而去看胡雪岩故居，你一定觉得不可思议，甚至有的朋友连胡雪岩是谁都不知道。但采访团却把摄录胡雪岩故居当成杭州之行的重要任务。

胡雪岩（1823—1885），名光墉，浙江杭州人，祖籍安徽绩溪，幼名顺官，字雪岩，著名徽商。他早年在杭州城“仁德钱庄”做跑街，后在湖州以买卖粮食为生，又在杭州设银号，成为浙江巡抚幕僚，通过经商，渐成当时的中国首富。

1866年，左宗棠任陕甘总督，奉命出关西征。1871年7月，沙俄武装强占伊犁，1874年，日本入侵台湾。在这种局势下，清廷爆发“海防”“塞防”之争。李鸿章等认为两者“力难兼顾”，主张放弃塞防，将“停撤之饷，即匀作海防之饷”。左宗棠力表异议，指出西北“自撤藩篱，则我退寸而寇进尺”。同年5月，已经64岁高龄的左宗棠，被任命为钦差大臣，督办新疆军务，但军饷自筹。

当时清朝已经衰落，军饷经常拖欠。为解决经费问题，左宗棠只好在朝廷的同意下借洋款救急，具体经办借洋款事务的重任落在了胡雪岩肩上。此后，为助左宗棠西征，胡雪岩先后6次向洋人借款，累计金额为1870万两白银。从维护祖国统一的大局来看，这一借款举动是值得的。而在当时西征大军粮饷欠缺，各方推诿的时候，胡雪岩能挺身而出，不辞劳苦担负起筹饷的重任，协助左宗棠西征保住新疆，说明他是爱国的。

当然，只有银子不能当饭吃，左宗棠大军需要各种军需物资、生活用品。而这一重任则落在了杨柳青大营客们的身上。随着左宗棠的西征大营，出现了十万货郎走天山的景象。可以说是杭州人胡雪岩和杨柳青的大营客共同保障了左宗棠的军需，为维护祖国统一做出了贡献。

岳飞与西青

杨柳青年画中关于岳飞的题材很多，《疯僧扫秦》《牛头山》《镇潭州》《金翅鸟落凡》等，可以说岳飞的故事是杨柳青年画的重要题材。

当然，岳飞与西青的渊源不只是在年画题材上。因为传说岳飞是心意六合拳即形意拳始祖。该拳本为岳飞教将士战场杀敌之用，后为山西姬龙峰在终南山所得，姬龙峰在拳谱基础上传下形意拳。岳飞后人及部将后裔在黄梅秘传的一路岳家拳与形意拳拳法拳意极为相似，里面很多手法步法如出一辙，可验证岳飞创拳之说。形意拳在西青早有流传，其中最著名的形意拳家就是著名武术家韩慕侠。

而西青与岳飞关系更紧密之处在于，岳飞后裔的一支就在西青定居。据西青的岳氏家谱记载：宋武穆王讳飞，公何如支派无从考核，于前明永乐初年奉谕由河南汤阴县迁居静海城北，创置岳家开、岳家园庄田两处。住址即在庄田邻村大沙窝该村法藏寺旧址。

近年通过“寻根大运河”活动进一步调查考证，岳飞后裔在西青的一支已经有了明确源流。岳飞和长子岳云被害后，家人被流放到岭南。岳飞四子岳震和五子岳霆尚年幼，被藏匿于湖北黄梅改姓鄂。20年后，宋高宗死，宋孝宗继位，岳飞冤案得以昭雪，但子孙已逃难散居大江南北各地。后陆续有几支返回祖籍河南汤阴，岳飞第五子岳霆是回故乡的其中一支。到明代，明太祖朱元璋将岳飞追封为晋国大帝，与关羽同庙，后来又赐“精忠庙”，供人们缅怀。那时，岳飞后裔入文武两科仕途的大有人在。岳霆的第十一世孙岳通曾任应天府南京总兵。明成祖朱棣迁都北京后，岳通奉上谕率军屯居静海，拱卫北京。那时，岳通的家眷随军迁居静海县大瓦头。至第三代时，其孙子辈中叫岳璟的，来到现在的西青区辛口镇境内，在南运河西岸大沙沃附近创置岳家开和岳家园子。从此，一支岳飞后裔在此地繁衍生息。1953年，开凿独流减河时，岳家园子被一分为二，其大部分在静海县境内，故从此隶属静海县，而岳家开留在西青境内。

今天，我们特意拜谒了西湖岸边的岳庙，全体团员向岳飞墓鞠躬致敬。

白蛇传年画

西湖的景色很美，但吸引我们来到西湖的不是这里的景色，而是一个美丽的传说，即中国四大传说之一的白蛇传说。

关于白蛇传说的最早记载见于冯梦龙编辑《警世通言》第二十八卷的《白娘子永镇雷峰塔》。后来被演绎成为著名的爱情故事，近年更是被多次拍摄为影视剧。

白蛇传说是杨柳青年画的重要题材。韩秀英和霍秀英是新中国成立后杨柳青画业合作社培养的年画艺人。20世纪60年代，她们绘制的年画册页《白蛇传》曾被法国大使佩耶视为中国艺术珍品购买，并送给戴高乐和当时的法国总理。我想，法国大使之所以选择年画册页《白蛇传》，是因为它是中国美丽民间传说与最美民间艺术的结合。

我们的印迹

今天上午，我们改变了原先的安排，再次来到拱宸桥，拍摄访谈节目《印迹》。我们的顾问、《人民日报》海外版主任记者、大运河遗产小道发起人齐欣接受了西青电视台主持人肖艳丽的采访。他说："我们之所以要保护包括大运河在内的文化遗产，就是要保留住我们民族文化的基因。如果我们的基因丧失了，我们的民族也就完了。"这也说出了我们的心里话。

我们正在拍摄时，两辆大巴车缓缓停在我们跟前。从车上下来40多名德国留学生，当他们知道我们是"寻根大运河"采访团的，兴奋地冲我们挑起大拇指说"我们德国也有大运河，叫基尔运河。京杭！基尔！伟大的奇迹！"

随后，大家俯下身子，在我们铺开的17.97米长的"寻根大运河"条幅上签下来自己的名字。

京杭大运河——基尔大运河，把我们两个伟大民族的心紧紧连在了一起！

按拍摄计划，我们每个人也都要讲讲自己的感受。我说，今天我们站在京杭运河最南端，心里百感交集，并用一个故事来说明我个人对文化保护的认识。从前有一个富人有两个异母儿子，临终时分给大儿子很多财产，但只留给小儿子很少财产和一幅自己的肖像。小儿子对这幅肖像爱护有加，但很

快小儿子没钱用了，他找大儿子借钱，大儿子不给并欺负他。于是小儿子把大儿子告到官府。官员是富人的学生，他想公正判案，于是认真研究了肖像，发现那是幅藏宝图，注明财宝只给小儿子。原来富人怕大儿子霸占小儿子财产，用这种方式留遗嘱分财产。

我说，我们的传统文化就像这幅肖像，它里面藏有宝藏，但我们往往认识不到它的价值，如果以为它只是破烂，把它毁了，那我们就永远失去了得到宝藏的机会。

这只是接受采访时说的。其实，我知道传统文化中确实有宝藏，而且即便是就经济价值来说，也绝不只是体现在所谓文化旅游产业上的，其中还有更有价值的东西。而包括大运河在内的有形的文化遗产则是我们祖先的智慧的印记。如今，我们搞“寻根大运河”活动，是寻西青历史文化的根脉，也是在寻找和介绍中华传统文化的根脉，希望人们看清我们祖先智慧的印记，从中发现宝藏。

我们一路走来，用我们的镜头、我们的笔来描绘我们看到的运河，看到的与运河相关的文化，看到的祖先智慧。或许，这样也能留下些印迹，以慰我们的人生。

也希望我们走过的这段历程，能被整理出来，成为西青历史文化宝库中的一份资源，能成为促进家乡的建设和发展的宝贵印记。

2013 年 3 月 31 日深夜

于天津家中

·新闻报道·

寻根溯源 观照现实 推介西青 文化交流

——西青记者团寻根大运河

李焕丽 李 妍

本报讯 6月18日，“寻根大运河”天津·西青记者团异地采访启动仪式隆重举行。区委常委、区委宣传部部长刘红出席启动仪式并讲话。副区长高艳参加启动仪式。冯景元、谭汝为、杜明岑等市内文化名人应邀出席启动仪式。

刘红首先代表区委、区政府对此次活动的顺利启动表示热烈祝贺。她指出，区委、区政府高度重视文化工作，对此次活动工作上支持、物质上保障，活动前期各相关人员也进行了大量细致的准备工作，精心确定选题，反复论证，活动目的明确，意义重大。她希望采访团成员能够不辱使命、团结协作，带着政治责任感和历史使命感，高质量完成此次异地采访活动，挖掘出更多的历史文化资源，为西青留下更多的文史资源，向区委、区政府交上一份满意的答卷。

据了解，此次异地采访活动计划对大运河天津以北运河段、大运河天津以南运河段，围绕60多个重要选题，通过召开座谈会、走访专家、搜集史料等方式开展沿京杭大运河的文化挖掘调查工作。

天津段的京杭大运河重点在西青，是西青的母亲河。在全国运河开发开放的大格局下，围绕大运河充分挖掘、整理，利用其历史、人文资源，将旅游资源转化为旅游资本，打运河文化牌，促进经济发展，已刻不容缓。

此次文化挖掘调查，其目的一是寻根溯源。挖掘、探究西青区在历史、文

化、经济、政治、民俗、风物、宗教、社会发展等方面与大运河的关系，收集本土和沿大运河各地与西青相关的文史资料，形成文字、照片、音像资料，为全区开发利用大运河提供深厚的人文支撑和保障。二是观照现实。调查运河沿岸城市是如何利用大运河扩大知名度、发展经济、文化，做大、做强旅游产业，以及推进园林城市、生态城市建设的，为西青全面建设发展提供宝贵借鉴。三是推介西青。向大运河沿线城市宣传西青，达到互相交流取长补短，促进西青融入全国大运河整体开发利用、合作互惠共赢的大格局。四是文化交流。挖掘悠久璀璨的大运河历史文化精彩点，把它介绍给西青人。

此前，西青对此项活动已做了大量、细致的基础准备性工作，并多次邀请专家进行论证，得到了大运河知名专家学者的认可和支持。

2012 年 6 月 19 日《今晚报·今晚西青》一版

采访考察大运河天津市区段和北运河

——“寻根大运河”天津·西青记者采访团出发

李焕丽　田　建　温　权　李　妍

6月25日上午,“寻根大运河”天津·西青记者采访团出发,开始沿京杭大运河采访考察大运河天津市区段和北运河段的行程。每到一地,记者团将采访相关专家学者、运河老人,召开座谈会,考察文物古迹等。

此次采访考察,是整个“寻根大运河”天津·西青记者采访团异地采访活动的一个重要阶段,预计行期一周,将沿京杭大运河相继采访考察天津市红桥、南开、河北、北辰、武清五区和北京市通州、石景山、西城、昌平、海淀五区,围绕大运河,重点考察、探寻这些地区与西青区在历史、经济、文化、民俗上的渊源和联系,搜集交流相关史料和线索,调研这些地区在开发利用大运河、保护文物古迹方面的成功经验和做法。

此外,《今晚报·今晚西青》已开设“寻根大运河热线”专栏,及时报道记者团的活动动态、新发现新成果;同时,开通“运河娃”新浪博客作为“寻根大运河”天津·西青记者采访团的官方博客。

2012年6月26日《今晚报·今晚西青》一版

妈祖文化连起天后宫与辛口冯高庄

——“寻根大运河”天津·西青记者采访团到达天后宫民俗博物馆

李焕丽　田　建　温　权

本报讯　6月25日上午,“寻根大运河”天津·西青记者采访团一行到达此次活动的首站——本市南开区天后宫民俗博物馆，与该区文化和旅游局副局长、天后宫民俗博物馆馆长尚洁等相关专家学者进行座谈。

座谈会上，记者团一行与尚洁等人共同探讨了妈祖文化在民间的历史与影响，双方互相交流了天后宫与辛口镇冯高庄村因妈祖文化而结下的历史渊源。座谈会结束时,双方交换了与大运河历史文化相关的史料。尚洁等人对记者团所提供的冯高庄村妈祖文化线索表现出了极大的兴趣,并表示以后要在开发始祖文化方面进一步加强联系,通力合作,共同弘扬妈祖文化。

据了解，辛口镇冯高庄村林姓在明代永乐年间从福建莆田移民至冯高庄村,家谱中记载,冯高庄林姓人每年农历三月二十三妈祖生日前,派代表至天后宫为妈祖娘娘拂尘、理佛袍、净面。此事唯有天后娘娘本家——冯高庄村林姓人——有资格做。冯高庄村林姓人第六代,有个十几岁女童,因崇拜妈祖娘娘,出家于天后宫,取法名“性宽”。

2012年6月29日《天津日报·聚焦西青》一版

“寻根大运河”天津·西青记者采访团获得新发现
京杭大运河红桥区段觅得霍公遗迹

李焕丽　田　建　温　权

“寻根大运河”天津·西青记者采访团在活动的第二日到达了京杭大运河红桥区段,受到当地文化部门的热情接待。通过座谈、查阅史料,以及对京杭大运河红桥区段文物古迹的实地考察,大家收获颇丰。对记者团顾问、长篇小说《霍元甲》作者王洪海来说,又有额外的收获,那就是多处霍元甲遗迹的发现。这一发现,既密切了京杭大运河西青段与红桥段的联系,又丰富了霍元甲的相关研究史料,更极大地鼓舞了记者团的成员们,干劲更加充足地继续接下来的行程。

吕祖堂内现霍元甲练武用石砝码

与红桥区文史专家的座谈会,被该区文化和旅游局的工作人员安排在红桥区文物保护管理所、天津义和团纪念馆、义和团吕祖堂坛口遗址的前殿内举行。

在吕洞宾及其两个弟子的雕像前,记者团的成员们与红桥区的文史专家们,就双方大运河段的基本情况、大运河开发利用情况,以及与大运河相关的文物古迹等方面进行了深入的交流,并互相赠送了相关史料。红桥区文化和旅游局副局长张丽萍表示,西青区与红桥区都高度重视文化资源的挖掘和整理工作,希望在今后对大运河的开发利用中,双方能够加强交流与合作,共同开发我们的母亲河。

吕祖堂内除存有众多文物外,还有众多碑石铭刻。大家在跟随馆内工作人员参观考察时,王洪海忽然指着一块石碑道:“这里还有怀庆会馆的牌匾啊!”然后就和文保所所长钱建国仔细攀谈起了霍元甲生前活动过的怀

庆会馆以及怀庆药栈。当钱建国知道王洪海就是创作长篇小说《霍元甲》的作者晨曲时,不禁脱口而出:“我们这儿还有霍元甲当年练武用过的石砝码呢!”

随着钱建国的指引，大家见到了霍公当年用过的物件——众多件分量不一的石砝码。对于记者团成员们来说,这真是意外的收获!

西沽公园内的霍元甲照片

“大红桥北是西沽,杨柳楼台金碧铺。隔岸好添山一角,不须装点似西湖。”这是清代诗人梅宝璐笔下的西沽。如今,北运河畔的西沽公园正以浓郁的文化特色、精美的人文景观和秀丽的自然风光接纳着八方来客。

记者团一行在西沽公园内的参观考察重点集中在梁崎、龚望纪念馆。在书画大师梁崎纪念馆内，采访团顾问王洪海又有了新的收获——在展室中间部分的展柜内，他发现了霍元甲之孙霍文亭赠送给梁崎的一张霍公照片复印件。

在照片右侧的空白处,梁崎写明了此照片的由来:梁崎 78 岁时,和朋友一起到精武镇的小南河村瞻仰霍元甲故居，霍元甲之孙霍文亭赠送给他这张照片,回来便谨慎珍藏起来。左侧的空白处则记录了霍元甲的生平。照片正上方八个大字:民族正气凛然长存。

一代书画大师,心中敬仰民族英雄;民族英雄后代,敬重大师赠送珍贵史料。这真是“英雄惜英雄,好汉识好汉”。

“天子津渡”巨石下的长条石

在红桥区南运河北路,有一块重 62 吨的巨大景观石,临河一面上书 4 个大字“天子津渡”,是从乾隆皇帝的墨宝真迹中选字拼组而成的。背面则镌刻着铭文:“明建文二年,燕王朱棣由此渡河。克南京、取皇位,改元永乐。翌年赐名天津,始设卫筑城。”

这块巨大景观石固然吸引大家的视线，但王洪海却更加关注景观石四周铺设的30块“饱经风霜”的长条石。

据红桥区文保所副所长李鑫桥介绍，这些长条石都是拆迁清代巷道——竹竿巷——时保留下来的，代表了天津工业的发源地——三条石，后来在修建“天子津渡”遗址公园时，将这些长条石移铺在巨大景观石四周。

20多岁时的霍元甲来到天津，就生活在短短竹竿巷内的怀庆药栈内，一过就是十几年。这些当年铺在竹竿巷地面上的长条石，又不知留下了霍元甲多少的足迹。

“寻根大运河”天津·西青记者采访团担起文化交流大使重任　协助红桥区文物部门获得遗失文物线索

李焕丽　田　建　温　权

日前,在“寻根大运河”天津·西青记者采访团的积极沟通和协助下,红桥区文物保护部门获得了该区遗失的两个重要文物羊祖碑和尹祖碑下落的重要线索,日前正与文物流落地北辰区文物保护部门取得联系,双方在进一步接洽中。

羊祖碑和尹祖碑是初建于红桥的理门祖师墓碑，是红桥区重要文物,记载着天津著名的西老公所历史,但后来不知遗落何方。在与红桥区文化部门座谈时,记者团成员冯立因对这段历史有所了解,便询问起两件文物的情况。但红桥文化工作人员表示未能寻到两件文物。此前,冯立便对羊祖碑和尹祖碑的情况细心留意,了解到两块石碑可能被埋在北辰区某地。6 月 27 日在与北辰区文化部门人员座谈时,便提出了两块石碑的下落问题。北辰工作人员根据冯立提供的线索,推测该区一处涵洞中的两块石碑可能为羊祖碑和尹祖碑。得到新线索后,冯立与北辰文化部门说明情况，对方表示将积极配合红桥文化部门人员寻找两块石碑的工作。在冯立的沟通下,双方取得联系,目前正在进一步接洽中。

“寻根大运河”天津·西青记者采访团自出发以来,先后到达了本市大运河南开区段、大运河河北区段、大运河红桥区段和大运河北辰区段。每到一地,团员们不仅详细了解了当地大运河历史渊源、开发利用保护情况以及与大运河西青段千丝万缕的联系,还担当起了运河文化交流大使的重任,将自己已经了解掌握到的信息毫不保留地提供给当地文化部门,促进了大运河文化的传承保护。

2012 年 6 月 28 日 运河娃新浪博客

发掘西青与武清的三大历史渊源

——“寻根大运河”天津·西青记者采访团到达本市大运河武清段

李焕丽　田　建　温　权

6月28日,“寻根大运河”天津·西青记者采访团一行到达本市大运河武清段,通过与武清文史专家座谈和实地考察该段运河文化古迹,发掘出西青区与武清区历史上在地域归属、杨柳青年画传承与销售、弘扬武学技艺等多个领域有着很深的关系。

西青部分区域历史上隶属武清界内。据武清文史专家介绍,至清代雍正年间,西青的大部分村庄仍归属武清县管辖。雍正八年(1730),朝廷设天津县,拨武清县县东南142个村归天津县,现在西青大部分区域即在其中。

杨柳青年画随运河传至武清,且经此扩大销售范围。座谈会上,武清文史专家介绍,受杨柳青年画的影响,从金代起,武清就有不少村庄的农户从事杨柳青年画的制作与销售,品种包括门神、纸码、吊钱等,从业人员技艺水平也随着杨柳青地区质量的提升而提高。借助大运河水系,大量杨柳青年画经武清销往北方,甚至出山海关进入关东。

武清区与西青区在弘扬武术方面也有密切关系。清末武清武术名家李瑞东曾经与西青爱国武术大师霍元甲切磋武术技艺。霍元甲和李瑞东都具有浓郁的爱国情怀,分别创办了精武体育会和中华武士会,在弘扬武学技艺方面都做出了一定的贡献。

2012年7月3日《今晚报·今晚西青》四版

冯品清诗赠“运河娃”

——《大运河史话》作者为“寻根大运河”天津·西青记者采访团现场作诗

李焕丽　田　建　温　权

“寻根大运河”天津·西青记者采访团6月28—29日在大运河武清段进行采访，武清区政协原副主席、《大运河史话》作者冯品清全程陪同，协助搜集史料，热情讲解运河古迹。在该区河西务镇冒雨采访时，冯品清感动于记者团成员的敬业精神，现场作诗赠予全体团员，诗文整理如下：

自称“运河娃”的西青大运河寻根采访团来武清走访运河两岸文化古迹，风雨兼程寻访，昼夜劳作撰文，令我感动，雨中咏小诗一首：

运河娃队苦寻根，风雨兼程踏津门。
细观御碑思三帝，仰望古槐念皇恩。
古寺牌坊留胜景，钞官皇仓古迹存。
精英获宝心狂喜，明日弘扬御河魂。

冯品清对活动给予了充分的肯定：“西青区委、区政府能够投入这么大的力量，组织如此专业技术性强的团队挖掘大运河文化，自己非常受感动，希望采访团通过此次活动将运河文化挖掘得更深，把运河资料积累得更加丰富，为今后开发利用大运河做出贡献。”

现年70岁高龄的冯品清，2001年和2002年曾两次对京杭大运河进行沿线考察，并著成《大运河史话》一书，对大运河的历史进行多侧面、全景式介绍和描写，对后人研究京杭大运河提供了宝贵的经验借鉴。

2012年6月30日 运河娃新浪博客

“寻根大运河”天津·西青记者采访团到达大运河北端源头

李焕丽　田　建　温　权

6月30日，“寻根大运河”天津·西青记者采访团到达京杭大运河北端上游源头白浮泉，并实地考察了秀漪闸桥、广源闸桥、万宁闸桥和银锭桥等大运河北端的几处重要运河古迹。

京杭大运河北端上游水源白浮泉，又名龙泉，是元代水利专家郭守敬为引水济漕，解决大都城的漕运，于1292年建成。白浮泉周围建有水池，流水出处有青石雕刻的九个龙头，取名九龙池。随着城市功能的提升改造，白浮泉与大运河之间也不再连接，九个龙头流出来的水也要靠人工抽水打压来完成。

绣漪闸桥位于北京颐和园南如意门内，在昆明湖与长河、东堤与西堤交界处，建造于1750年，是京杭大运河北端的第一道闸。大运河水自上游水源白浮泉引出流至颐和园昆明湖内，绣漪闸对其起到调节水位的作用。如今，绣漪闸的闸板早已不见，但绣漪桥成为园内一个重要的景点。

广源闸桥是大运河北端的第二道闸，位于北京万寿寺东延庆寺门口，是由郭守敬主持修建的一座重要闸桥，建于元代至元(1264—1294)年间，具有桥闸、码头等多种作用，号称“运河第一闸”。闸桥的结构分为闸基、闸门、闸墙三部分。闸墙两端镶嵌着汉白玉石雕兽头两个，首昂目瞪，前爪隆起，栩栩如生。据广源闸桥附近居民介绍，1953年前闸桥的闸板还存在，目前仅有保留完好的闸口。

万宁桥，俗称后门桥，建于元代，初为木结构，后改为石结构，是北京旧城中轴线上的重要标志之一。桥两侧曾设澄清闸，可以使沿京城大运河北上

的运粮船直抵积水潭码头，对保障大都城的供给至关重要。石桥东西石拱券上方各有一石雕螭状吸水兽。桥两侧石砌护岸，四边各有一只鹿角分水兽，趴在岸沿边对视着桥孔。

银锭桥位于北京西城区什刹海前海和后海之间的水道上，为南北向的单孔石拱桥。银锭桥旁的积水潭码头，是大运河北端终点码头。元代营建新大都后，这里已是船舶必经之处，两岸商事繁华，又是风景胜地。辽、金时代，数公里长的水系两岸也应有便桥方便来往。明代史籍已有明确的记载。

2012 年 7 月 3 日《今晚报·今晚西青》一版

补写乾隆御笔的杨柳青人——刘紫蘅

李焕丽　田　建　温　权

位于故宫西北面的北海公园，是中国现存最古老、最完整、最具综合性和代表性的皇家园林之一。虽然每年来这里游玩的海内外游客无数，但鲜为人知的是，就在这座举世闻名的皇家园林内，有一块乾隆字迹的牌匾是由人仿写而成的。这个人就是杨柳青人——刘紫蘅。

登上北海公园的琼华岛，沿两侧石阶步往白塔的途中，都可见到一座供休憩的小亭子。左面的小亭悬有匾额“意远”，右面的小亭子上书“云依”。两块匾额字迹均为乾隆御笔。但据相关专家介绍，两块匾额中，只有一块是乾隆真迹，另一块匾额因损坏无存，是由著名书法家、杨柳青人刘紫蘅仿写的。

1962 年，北京市园林局对北海公园进行修缮，白塔下两块乾隆御笔匾额中的“意远”匾额因朽坏无存，经北京市书法研究社秘书郑诵先推荐，请刘紫蘅仿乾隆笔迹补写“意远”二字。待写成后，字迹遒劲有力，与尚存之“云依”匾如出一人，遂镌刻为匾。刘紫蘅也自此在北京书法界扬名，求书者络绎不绝。

刘紫蘅生于 1904 年，自幼爱好书法，先后受业于当时镇上名士王猩酋和天津市金石学家、甲骨文学家王襄。他初学欧柳，继学赵孟頫，深受两位老先生赞赏。后随女儿定居北京，并加入北京书法研究社。

离开故土的刘紫蘅，心里仍然牵挂着家乡，愿意为家乡做些什么。1987 年，杨柳青镇政府设立地名碑，碑阳“杨柳青”三个大字无人承写。经人推荐，镇政府工作人员携纸赴北京刘紫蘅寓所，恳请当时卧病在床的刘紫蘅书写碑阳。已封笔数年的刘紫蘅，闻之欣然接受请求。待数日后病情稍有好转，展

纸一挥而就“杨柳青”三个大字。此后不足半月，刘紫蘅病逝，终年84岁，骨灰葬于北京，并立碑纪念。

如今，北海白塔下的“意远”亭，依旧接纳着过路小憩的游客，“杨柳青”三个大字也进驻了家乡人们的心中。

2012年7月6日《天津日报·聚焦西青》四版

寻根大运河，先生与我们同行
——“寻根大运河”记者团成员看望罗哲文夫人杨静华

李焕丽　田　建　温　权

还是那座旧式的单元房，屋内仍旧是满满当当的书籍，耳边回响着罗哲文先生给我们壮行的允诺，出发时我们再来“聆听”谆谆教诲。

7月1日，“寻根大运河”天津·西青记者采访团启程的第七天，全体成员再次来到此次活动的首席顾问、古建筑学家、“大运河申遗”发起人罗哲文先生的家中，看望先生的夫人杨静华女士，以实际行动告慰先生的在天之灵。

在罗哲文先生的寓所内，杨静华女士热情地接待了记者团一行：“大运河申遗成功，是他(罗哲文)一直的梦想。长城已经是世界文化遗产了，但大运河申遗还没有成功，他始终觉得是个遗憾，所以一直在做这方面的工作。大运河申遗，涉及诸如水利、文物等众多部门，但值得欣慰的是，越来越多的部门、越来越多的人开始关注这个问题并积极参与其中。”

三年前，就是在这所简单的单元房内，因运河情，罗哲文先生与西青的“寻根大运河”活动结下了缘分。听了活动筹划者详细的工作设想汇报，罗哲文先生对此次活动给予了高度的评价，提出了中肯的意见，并告诫活动筹划者：挖掘运河文化，千万不要好大喜功，要静下心、沉下身，不要重蹈覆辙，要从西青本土运河文化开始调查，由内及外、由近及远，扎扎实实地挖出有价值的东西。

他还帮活动筹划者们进一步理清了开展运河文化调查和沿大运河异地采访的目的：寻根溯源、关照现实、推介西青、交流文化、加强合作。最后，罗哲文老先生兴奋地说：“大运河是我魂牵梦绕的一个心结，你们搞大运河文化挖掘，我愿做你们的顾问；大运河沿线都有我的学生和朋友，如果你们开展沿大运河异地采访，我定会通知他们，给你们‘鸣锣开道’，出发前，我要到天津西青给你

们壮行！”

在这三年多的时间里，西青区的新闻工作者和专家遵从先生的教诲，对西青境内的大运河进行了深入细致地走访，对杨柳青等重点街镇进行了拉网式调查，对60岁以上掌故老人进行了抢救性述录，努力让运河文化深入人心……

再次置身于这间摆满书的房间，思绪总是禁不住飘回三年前。如今，三年多的时间过去了，先生的教导仍回响在耳畔，西青人“寻根大运河”的脚步也未曾停歇，而先生却已不在了。但先生所留下未竟的事业仍然有人在继续，“寻根大运河”天津·西青记者团异地采访活动也引起越来越多人的关注。

在罗哲文先生的影响下，杨静华女士也深深地爱上了京杭大运河，时刻关注着大运河申遗的进展情况，对“寻根大运河”记者团异地采访活动也给予了格外关注。

看到西青人“寻根大运河”的活动终于成行，杨静华女士也非常激动，并且尽己所能继续给西青人“寻根大运河”提供帮助：“你们组织的这个‘寻根大运河’活动，历经三年多的筹备，现在终于成行了，相信他（罗哲文）也会感到欣慰的。他虽然不在了，但当初和他一起走大运河的学生们还在，他们会给你们继续提供帮助，希望你们能一起把这个活动做好，挖掘出更多的运河文化，推动大运河申遗工作的进行。”

临别前，杨静华女士在留言簿上签字留念。

大运河既是萦绕在罗哲文先生心头的一个结，也是所有运河沿岸人们的梦想。承着运河人的希冀，载着先生的嘱托，“寻根大运河”记者团的成员们，正沿着运河行进着……

2012年7月6日《天津日报·聚焦西青》四版

异地媒体关注 报道形式多样 跟踪报道不断
众多媒体聚焦"寻根大运河"

李焕丽　田　建　温　权

由西青区委、区政府组织的"寻根大运河"天津·西青记者采访团活动自6月18日正式启动以来,引起了各界媒体的广泛关注,新华社天津分社、北方网、网易、《天津日报》《今晚报》、天津电视台卫视频道、都市频道和天津人民广播电台等十余家主流媒体,对此次活动纷纷予以报道和转载。采访目的地的新闻媒体也对此项活动进行了积极的宣传报道。

记者团出发首日,新华社天津分社记者就跟随团员们一起对大运河南开段天后宫等运河古迹进行了实地考察,并及时在新华网进行报道,各网站纷纷予以转载。

记者团在对大运河本市红桥区段和北辰区段进行采访时,天津电台《话说天津卫》栏目主持人刘云随团进行了为期两天的跟踪报道。通过随团采访,刘云对此次活动给予了充分的肯定和高度的评价,她认为此次活动除深入了解大运河、挖掘大运河史料等目的外,团员们还担当起了交流大使的重要使命,通过此次异地采访将运河沿岸的历史、文化连接起来,对于大运河的开发利用必将起到极大的推动作用。

7月1日,记者团按照行程计划,对大运河北京市区段各运河古迹进行采访。天津电视台《都市报道》栏目组记者跟随记者团成员一起,对万宁桥等运河古迹进行了实地考察,并随记者团成员一起拜访了此次活动的首席顾问、已故古建筑学家罗哲文的夫人杨静华。

在采访团异地考察过程中,当地媒体也对此项活动进行了报道,《北辰之声》《武清资讯》《通州时讯》等媒体均派记者进行了随团采访。

2012年7月6日《天津日报·聚焦西青》一版

发现众多与西青有关的历史文化线索

——“寻根大运河”活动第一阶段采访圆满结束

李焕丽　田　建

由西青区委、区政府组织的“寻根大运河”天津·西青记者采访团活动，经过九天的紧张行程，已圆满完成京杭大运河北运河段的采访计划，对大运河本市南开区段、河北区段、红桥区段、北辰区段、武清区段，以及北京市区段和通州区段进行了深入的运河文化挖掘调查，发现了众多有价值的新线索，丰富了原有史料，取得了一定的成果。

此次采访活动通过召开座谈会、走访专家、实地考察运河古迹和搜集史料等方式，对京杭大运河北运河段沿线各区域的文化，按照既定目标着重在四个方面进行了深入的挖掘调查。

一是寻根溯源，挖掘、探究西青区在历史、文化、经济、政治、民俗、风物、宗教、社会发展等方面与大运河的关系，收集本土和沿大运河各地与西青相关的文史资料，为全区开发利用大运河提供深厚的人文支撑和保障。

通过深入走访和挖掘调查，采访团成员有了一系列重大发现：在大运河南开区段，探寻到妈祖娘娘后代林姓人在明代永乐年间由福建移居到西青，并且每年农历三月二十三妈祖生日前，林姓家族派代表到天后宫为妈祖娘娘拂尘、理佛袍、净面，后来林姓第六代一女童因崇拜妈祖娘娘出家于天后宫，取法名“性宽”；在大运河红桥区段，发现三处与霍元甲有关的遗迹，分别是吕祖堂内霍元甲练功用过的石砝码、西沽公园梁崎纪念馆内霍元甲之孙霍文亭赠送给梁崎的一张霍元甲照片、霍元甲年轻时生活过的竹竿巷内的长条石；在大运河武清区段，挖掘出西青与武清的三大历史渊源，分别是西青部分区域历史上隶属武清界内、杨柳青年画随运河传至武清且经此扩大销售范围、在弘扬武术方面的密切关系；在大运河北京市区段，采访团成员寻访到北海公园内杨柳青人刘紫蘅补写的乾隆御笔的牌匾，采访了戴氏年画第二十代传人戴时贤，戴氏年画是最早溯运河北上进入北京的年画，且成为皇室贡品；在大运河北京通州区段，探寻“神童作家”刘绍棠的足迹，他曾经以大运河为背景创作了小说《瓜棚柳巷》，后改编成电影《瓜棚女杰》，在杨柳青镇翰林院胡同完成拍摄，此外，通州区还曾是杨柳青年画的集散地，杨柳青年画随运河传至通州，且经此扩大销售范围。

二是观照现实，调查运河沿岸城市是如何利用大运河发展经济、文化，做大、做强旅游产业以及推进园林城市、生态城市建设的，为西青全面建设发展提供宝贵借鉴。

在挖掘调查运河文化的同时，采访团成员高度关注运河沿岸城市保护开发利用大运河的经验模式，对所到区域内的运河古迹以及以大运河为主题的博物馆、公园、文化带等人文景观进行了详细了解。

三是推介西青，向大运河沿线城市宣传西青，达到互相交流取长补短，促进西青融入全国大运河整体开发利用、合作互惠共赢的大格局。

走访过程中，每到一地，采访团成员都会主动向当地文史专家等人员赠送西青文史资料，积极宣传西青，通过运河文化平台，拓宽双方合作领域，达到双赢的有利局面。在大运河本市南开区段，采访团成员与南开区文化和旅游局相关负责同志深入探讨了妈祖文化在民间的历史与影响，并交流了天后宫与辛口镇冯高庄村因妈祖文化而结下的历史渊源后，双方均表示今后将在开发妈祖文化方面进一步加强联系，通力合作，共同弘扬妈祖文化。

四是文化交流，在将大运河历史文化的精彩点介绍给西青人的同时，又担负着运河文化交流大使的重任，将自己已经了解掌握到的信息毫不保留

地交流给当地文化部门，带动运河沿岸地区的文化信息交流，进一步促进了各地区间的合作。

在采访团的积极沟通和协助下，红桥区文物保护部门获得了该区遗失的两个重要文物——羊祖碑和尹祖碑下落的重要线索，日前正与文物流落地——北辰区文物保护部门取得联系，双方在进一步接洽中。

随着此次活动的深入开展，在社会上也引起了越来越广泛的影响，众多媒体竞相跟踪采访报道，新华网、人民网、搜狐网、网易、北方网、《天津日报》《今晚报》、天津电视台都市频道和天津人民广播电台等十余家主流媒体，对此次活动纷纷予以报道和转载。采访目的地的新闻媒体《北辰之声》《武清资讯》《通州时讯》等也对此项活动进行了积极宣传报道。

截至目前，记者团正对京杭大运河北运河段挖掘搜集到的史料进行归纳整理，同时为下一阶段的采访行程做着积极的筹备。

2012 年 7 月 13 日《天津日报·聚焦西青》一版

刘紫蘅后人接受“寻根大运河”随团记者采访时表示感谢区委区政府组织了这么有意义的活动

李焕丽

补写乾隆御笔、手书杨柳青地名碑的著名书法家刘紫蘅后人刘世荣在接受“寻根大运河”活动随团记者采访时表示，感谢区委区政府组织了“寻根大运河”这么有意义的活动，感谢采访团成员为寻找、妥善安置刘紫蘅手书地名碑做出的积极努力。

刘世荣是刘紫蘅的二儿子，目前居住在西青。他在接受“寻根大运河”随团记者采访时激动地表示：“我们全家都非常感谢区委、区政府组织这样一个团队来挖掘运河文化，感谢这个团队里那些热情的年轻人，他们为了探寻我父亲当年手书的杨柳青地名碑，不顾天气炎热忙前忙后，并且帮助联系区文化部门，使找到的地名碑得到了很好安置，我从心里感谢他们为挖掘运河文化所做的这些事情。”

现年已近90岁高龄的刘世荣老人一家，是刘紫蘅唯一居住在西青的后代。找寻并妥善安置父亲当年手书的杨柳青地名碑，是刘世荣老人多年来的心愿。刘世荣老人觉得，乾隆为杨柳青起地名，他父亲刘紫蘅为乾隆补御笔，而刘紫蘅的绝笔又是为家乡杨柳青所写的地名碑，所以找到并妥善安置父亲手书地名碑更加有意义。“寻根大运河”天津·西青记者采访团北运河段采访期间，从探寻刘紫蘅补写的乾隆御笔，从而引出寻找刘紫蘅当年手书的杨柳青地名碑，并积极联系区文化部门，将已寻找到的地名碑进行了妥善保存。

采访时，刘世荣老人还表示，刘紫蘅成名是在北京，很多人并不知道他

是从杨柳青走出去的，希望有关部门能够举行刘紫蘅书法作品展览或邀请京津两地书法家召开座谈会,通过可行的方式让大家知道刘紫蘅是天津人，是杨柳青人。

2012 年 7 月 27 日《天津日报·聚焦西青》一版

“寻根大运河”天津·西青记者采访团再踏征程重点采访考察南运河静海县段、沧州段

——天津日报集团《城市快报》、天津电视台《都市报道 60 分》等市级媒体加盟

李焕丽　田　建　温　权

8 月 15 日上午，“寻根大运河” 天津·西青记者采访团经过一个多月的休整再次踏上征程，将对京杭大运河南运河的静海县段、沧州段进行采访考察。此次采访，天津日报集团《城市快报》和天津电视台都市频道《都市报道 60 分》栏目组加盟，壮大了采访团阵容，社会影响力进一步增强。

此次采访考察，预计行期为 8 天，将沿京杭大运河向南对静海县独流镇、静海县城，沧州南皮县、泊头市、东光县、吴桥县和衡水地区景县等运河流经区域，围绕大运河，重点采访考察这些地区与西青区在历史、经济、文化、民俗上的渊源和联系，搜集交流相关史料和线索，调研这些地区在开发利用大运河、保护文物古迹等方面的成功经验和做法。

此前，采访团已用 9 天的时间圆满完成京杭大运河北运河段的采访计划，对大运河本市南开区段、河北区段、红桥区段、北辰区段、武清区段，以及北京市区段和通州区段进行了深入的运河文化挖掘调查，发现了众多有价值的新线索，丰富了原有史料，取得了一定的成果。

此外，“寻根大运河”活动自启动以来，在社会上引起了高度的关注，西青报“寻根大运河”专栏以及记者团官方博客“运河娃”新浪博客（http://blog.sina.com.cn/u/2761091373）开通后，吸引了大批的读者和知情者。大家纷纷来电或在博客留言，畅谈感受、提供线索，引起了强烈的反响。新华网、北方网、网易、天津日报、今晚报、天津电视台卫视频道和都市频道及天津人民广

播电台等十余家主流媒体，以及全国大运河申遗办公室网站和采访目的地的新闻媒体也对此次活动纷纷予以报道和转载。

2012 年 8 月 17 日《天津日报·聚焦西青》一版

内功深厚，影响方圆数百里
独流镇，记者团探寻理门114岁老人遗迹

李焕丽　田　建　温　权

8月15日上午，“寻根大运河”天津·西青记者采访团到达京杭大运河南运河独流段，与当地史学专家座谈，对老桥等运河古迹进行实地考察，并重点追访了理门独流公所“止静堂”创立者、114岁老人李忠祥的遗迹。

李忠祥原是行伍出身，30多岁时在张家窝镇西琉城村三官庙出家。他虽为道长，但同时也是理门的掌法人。1931年，李忠祥在三官庙后建房，成立众善堂理门公所。据传，他有深厚的内功修养，有长日打坐、不食不泄的气功，走路快如风，年轻人都追不上，而且乐善好施，在百姓中享有崇高的威望，影响方圆数百里，文安、霸州、台头、胜芳等地的百姓提起李忠祥几乎无人不知。独流镇曾经的理门止静堂公所，就是李忠祥创立的。至今，独流镇对理门有所了解的老人提起李忠祥的事迹都津津乐道。1950年农历三月初四，李忠祥坐化，享年114岁。

座谈中，当地文史专家向记者团成员介绍了李忠祥在独流镇理门成员中的影响，独流理门组织有重大活动必请李忠祥出席。此外，还介绍了20世纪80年代末、90年代初中日友好交流团来独流了解李忠祥活动的情况。

追访中，90岁的于文贞老人提供了她所珍藏的关于李忠祥的文字资料，87岁的张恩彩老人将他珍藏多年的一张李忠祥的照片送给记者团。

据了解，理门又称“理教”“在理教”，创立于清康熙中叶，带有宗教色彩，是以禁戒烟、酒、毒品为特色的民间组织，在西青部分地区也有较深的影响。

2012年8月16日 运河娃新浪博客

自把浓情倾社稷 曾凭健笔动津门

——“寻根大运河”记者采访团访运河作家、《血溅津门》作者张孟良

李焕丽　田　建　温　权

蜿蜒流淌的运河水，滋润了两岸千千万万的运河人。他们依运河而生，喝运河水长大，在人杰地灵的运河畔成长、成才、成名。静海县静海镇义渡口村的张孟良，无疑是这些有成就的“运河娃”中的一员。他多年来笔耕不辍，写出多部影响巨大、总计近千万字的划时代作品，是当之无愧的运河作家。

在义渡口村一所普普通通的小宅院里，“寻根大运河” 记者团一行见到了 86 岁高龄的张孟良老人。得知我们前来，老人手拄拐杖迎到院门口，一见面就说：“真是麻烦你们了，这么远还来看我。”亲切一如邻家老人，一下子拉近了我们之间的距离。

20 世纪 80 年代，有一部热播大江南北的电视连续剧——《血溅津门》，就是根据张孟良的同名长篇小说改编的。这部小说自 1981 年由百花文艺出版社出版后，曾几次再版，改编的同名连环画发行量突破百万册。值得一提的是，小说中所写的津南支队，其活动地点主要就是在西青地域内。在张老家中，顺着老人的回忆，我们了解到了一些作品创作前后的故事。

有人总结说，张孟良的人生就像一部共和国的成长史，他的艺术生涯也像革命历史一样，越近晚年越趋成熟。《儿女风尘记》《三辈儿》《血溅津门》等一部部小说在他并不顺畅的人生中陆续出版， 每一部都引起了相当大的轰动。晚年的张孟良，并没有因为视力的严重下降放弃写作，而是采用打腹稿、口述的方式，继续编写着脍炙人口的作品。

自离休后就回家乡定居的张孟良， 始终没有忘记自己是一个地地道道的运河娃，用老人家自己的话说：“我是喝运河水长大的，喝着运河水学习的写字、画画、写书，我的童年、少年、青年都是在运河边儿长大的，是大运河哺育了我！”

在认真了解了我们这次活动的目的、意义后，张孟良老人对活动给予了高度评价，鼓励我们一定要把这个活动坚持到底，挖掘出更多的、有价值的文史资料，给后代留下宝贵的财富，并针对大运河的保护以及开发利用，谈了自己的想法和感受，希望能恢复大运河的自然风貌，让大运河散发出自然美。

记者团副团长王洪海，也是一位运河作家，先后出版过《霍元甲》《赶大营》等多部作品。此次前来拜访张孟良老人，王洪海特意备好自己的作品送给张老。记者团给张老赠送了杨柳青年画和《杨柳青古诗萃》。张老也拿出前几年出版的《张孟良文集》回赠。运河串起两地，文化加强交流。推动运河沿岸各地之间的文化交流与合作，不也是我们此次活动的重要目的之一吗？

与张孟良老人分别前，我们拿出留言簿请老人留言。老人稍加思索，提笔写下他以前写就的描写杨柳青的诗句：九河下梢人杰地，三水环抱文化城。

2012 年 8 月 24 日《天津日报·聚焦西青》一版

同饮运河水 共叙文化情

——“寻根大运河”天津·西青记者采访团进入河北省沧州段采访考察

李焕丽　田　建　温　权

“沧州狮子定州塔，赵州石桥大菩萨。”这首流传广泛的民谣唱出了河北省四大名胜，其中位居首位的沧州铁狮子就位于大运河畔。8 月 17 日，“寻根大运河”天津·西青记者采访团一行沿京杭大运河继续向南，来到了运河畔的历史名城——沧州，开始了对大运河南运河沧州段的采访考察。

千年铁狮——大运河畔的“镇海吼”

沧州多水，水多为患。为镇住水患，公元 953 年(后周广顺三年)，沧州人铸造了一尊体阔近丈、重约 40 吨的巨型雄狮，虔诚的百姓希望这个庞大的“镇水神物”能够镇住水患，保佑他们平安，所以铁狮子又被称为“镇海吼”。

如今，随着沧州段运河水位的下降和运河功能的弱化，大运河畔的沧州铁狮早已不再是什么“镇水神物”，但它已经成为沧州的标志，在所有运河古迹中占有举足轻重的地位，也是“寻根大运河”记者团必须瞻仰的运河古迹之一。

尽管提前查阅资料时已经知道沧州铁狮子非常的宏伟，但亲眼看见后，仍被它的巨大、威风所震撼。身躯高大的铁狮子，面南尾北，昂首挺胸，怒睁双目，巨口大张，四肢叉开，仿佛疾走乍停，又似阔步前行。真是威武雄壮，栩栩如生！

人们总是拥有美好的愿望，在科技不发达的过去，淳朴的劳动人民将人力不能解决的难题寄希望于神化的事物，所以有了北运河万宁桥畔的镇水兽，有了南运河沧州的“镇海吼”，有了许许多多的神物，大运河畔也多了一道道美丽的风景！

隐形的运河文化——运河号子

俗话说“靠山吃山，靠水吃水”，生长在运河畔、舍不得离开她的人们，就寻起了以河为生的职业。拉纤，可以说是运河两岸人们谋生的重要手段之一。纤夫劳作时哼唱的运河号子，作为隐形的运河文化，大多都是通过人们口口相传才保留下来。

沧州捷地闸旁的小村庄里，至今仍生活着几位当年拉纤的老人，84 岁的赵金岭老人，牵着他养的两只羊，在村口的草丛旁与记者团成员唠起了当年的拉纤生活，并为大家哼唱了一段拉纤时鼓劲的“运河号子”。

低沉的嗓音，铿锵的节奏，随着老人浑厚的号子声，我们仿佛看见了光背吃力拉纤的纤夫，正一边呼应哼唱着号子一边卖力向前拉船。

赵金岭老人从十几岁的时候就做纤夫，随着来往船只拉纤谋生，足足做了 40 余年的纤夫，直到大运河水位下降无法行船才转行谋生。

得知我们是从西青来“寻根大运河”的采访团，老人说：“我拉纤的时候可没少去杨柳青。那个时候运河上差不多有 30 多个码头，我去的最北面的码头是天津的汉沽，最南面到过河南新乡。杨柳青码头不知过过多少次，有时还会夜宿杨柳青，将船泊在杨柳青码头，休息一夜再走。”

这么多年过去了，如今我们还能亲耳听到老纤夫唱的运河号子，真是此行的一大收获。

来自沧州的“制油大亨”

西青与沧州，同为大运河重要的两个流经区域，在经济、文化等方方面面都有着千丝万缕的联系。在《西青文史》第六册上，就详细记载着一位沧州居民刘常顺携妻带子来杨柳青创业并取得斐然成绩的历程。

1908 年，刘常顺夫妻带着四个儿子迁居杨柳青镇前桑园村，务农为业，八年后倾全部积蓄建双顺和油作坊，用石碾、石砣榨油。后扩大生产规模，购

进人工手推式榨油机，不但大大增加了油的产量，所产豆饼也正满足农村需要，产销两旺。后来刘家在杨柳青牌坊迤东的北河沿大街建厂，增加了柴油发动机，成为杨柳青镇最大油厂，所产豆油和豆饼销路都很好。后来虽然工厂遭受火灾，但凭借雄厚的积累，很快“双顺和”又引进更先进的设备，建起了更大规模的工厂。直至20世纪50年代初，天津专区工业局以赎买方式，按民族资产阶级企业接收了双顺和油厂，成立了天津专区地方国营杨柳青制油厂。双顺和油厂在新中国成立初期为发展西青，发展杨柳青的生产、繁荣经济做出了积极的贡献。

西青与沧州，与其说一衣带水，不如说同根同源。同饮运河水，共叙文化情。不管是过去、现在，还是未来，因着运河的渊源，两地的联系必然会更加紧密，同步向前。

2012年8月24日《天津日报·聚焦西青》一版

泊头：杨柳青“小炉匠”的家乡

——“寻根大运河”天津·西青记者采访团走进泊头

李焕丽　田　建　温　权

杨柳青的老人们大都还记得早年间走街串巷的“小炉匠”们，给各家各户及一些小商铺修理生活用具，补补漏了的铁锅，做几个箱柜上的拉手，农忙时打几把镰刀……这些当时人们生活中不可或缺的锻造工匠，大都来自南运河畔的城市、素有“中国铸造名城”美誉的泊头。

8月19日，“寻根大运河”记者团走进泊头，了解当地运河文化，促进两地文化交流，寻访当年“小炉匠”们的身影。

泊头这座有近2000年悠久历史的小城市，因运河漕运兴起而得名，京杭大运河在这里静静地流淌了千年。运河漕运兴盛时，这里成为重要的商品流通集散地，南来北往的船只穿梭不息，军用、民用、商用等物资在这里装卸，“小炉匠”也随着运河水的流淌分散向四面八方。

泊头的铸造历史悠久，距今已有1300多年的历史，享有“中国铸造名城”美誉，是中国近代工业的发源地之一。据明史料记载，“交河东，乃九河之交，十有九涝，黎民多有外出谋生者，以冶铁为最，近至州府郡县远到南洋”。

天津著名的三条石铸铁机器业中心，第一个铸造坊秦记铁铺就是泊头人秦玉清创办。到20世纪30年代，泊头人在三条石创办的铸造厂已发展到40多家，为北方民族工业的发展写下浓墨重彩的一笔。新中国成立后，天津、长春、沈阳、北京等地的铸造厂也多由泊头人支撑局面。

经过长期发展，泊头的铸造业秉承悠久的工艺精髓，得到了长足的发展。因其水陆码头的交通优势，尤其是作为南运河段的重要码头之一，泊头铸造技术的发展利用没有禁锢在有限的地域内，而是经过工匠艺人的行走，

传到运河两岸地区，传到杨柳青，为当地人们带去生活上的方便。

2012 年 8 月 21 日《今晚报·今晚西青》一版

运河行，寻访霍公祖先

——“寻根大运河”天津·西青记者采访团实地考察霍元甲原籍

李焕丽　田　建　温　权

众所周知，闻名中外的近代爱国武术家霍元甲是西青区精武镇小南河村人，至今村内仍居住着霍元甲的后代。但鲜少有人知道，霍元甲的祖籍是运河畔的一个小村庄——河北省东光县安乐屯，甚至在前些年，就连安乐屯的霍姓族人都不知道声名显赫的霍元甲与自己有着如此密切的联系。

8 月 21 日，“寻根大运河”天津·西青记者采访团专程来到东光县安乐屯，拜访村内霍氏族人，探寻两地霍姓的关系，并对霍公祠堂进行了实地采访考察。

时隔十代人，霍姓分支终归祖

“霍元甲确实是我们东光安乐屯霍姓族人分支出去的。”在西乐屯村的党支部里，村内一些德高望重的霍氏族人郑重地对记者团成员说道。

20 世纪 80 年代，东光县一位机关干部无意中在报纸上看到一篇文章，说霍元甲祖籍是东光县安乐屯，便兴起了考证的念头。后东光县组织专人前往西青区精武镇的小南河村了解情况，当时还健在的霍元甲之孙霍文亭一见东光县的老乡便说：“老家来人了！”

霍文亭告诉当时东光县派来了解情况的人员，奶奶在生前清楚地告诉过自己，小南河村的霍氏族人是从东光县安乐屯迁出来的，有机会的话一定要续上家谱，认祖归宗。“我们可不是随便认本家的。小南河村霍氏自己所记的分支族谱，到霍元甲这一代是七代人，按照这个年份往前推测七代，安乐屯的霍氏族谱上刚好有一支断档的分支，时间上能吻合。断档的原因之所以认为不是无后而无记载，是因为无后的族人往往会记上‘乏嗣’而非空白。”

时隔十代人，与安乐屯霍姓再度连上后，两地族人往来频繁了起来。后来，为重新修订族谱，安乐屯再次派人前来小南河村了解情况，小南河霍姓后人也前往安乐屯祭拜祖先。

据安乐屯霍氏第十九世后人霍树瑞介绍，东光《霍氏家乘》记载，霍姓一族是明代永乐二年（1404）从山西迁到东光县安乐屯，此族谱至清宣统三年（1911），共修族谱十次，记录了霍氏二十余代族人的信息，且族谱内断档的分支与小南河霍姓族谱刚好吻合。

离开安乐屯时，村内霍氏第十六世后人霍献泰拿出2008年重新修订印刷的《霍氏家乘》赠予记者团成员。

仅留几块石碑的霍家祠堂

离开安乐屯，记者团成员在当地文化部门工作人员的带领下，驱车前往霍家祠堂遗址所在地——油坊口村。

在霍氏祠堂的废墟上，仅剩几块断裂的石碑仰躺着，上面镌刻的字迹也有些模糊不清。在村内霍氏后人的指点和帮助下，记者团成员一行用清水冲刷碑面，仔细察看石碑上的字迹。

据知情的霍氏后人讲，霍氏祠堂是20世纪50年代初被拆毁的，除几块石碑外，祠堂内的东西所剩无几。

在油坊口村，记者团成员还实地考察了村内极具原生态风貌的运河段，并沿运河行至卫河六渡之一的油坊口渡。经过与渡口的摆渡人攀谈，得知他也是霍氏族人，是霍氏第二十代后人，名叫霍灿松。

在油坊口渡，身处原生态的运河畔，记者团一行禁不住登上摆渡，亲自体验了一把乘摆渡过河的感觉。

2012年8月28日《今晚报·今晚西青》四版

“寻根大运河”南运河静海段及沧州段考察结束 探寻理门老人遗迹 拜访运河知名作家 实地考察霍公祖籍

李焕丽　田　建　温　权

8月15日—8月22日,“寻根大运河”天津·西青记者采访团圆满完成对京杭大运河南运河静海段及沧州段考察采访,顺利返回。此次行程,记者团对大运河南运河静海段、河北省沧州地区沧州段、南皮段、泊头段、东光段、吴桥段,以及衡水市景县段进行了考察采访。天津日报集团《城市快报》和天津电视台都市频道《都市报道60分》栏目组加盟记者团。

此次考察采访,在深入总结前段北运河采访经验的基础上,制定了详细采访计划,认真筛选采访节点,深入挖掘与西青相关的史料文献,力求将此次考察采访活动做到深入、深刻。经过记者团全部成员的共同努力,取得了一定的成果。

在大运河南运河独流段,记者团重点追访了理门南公所创立者、活到114岁的李忠祥老人的遗迹。行伍出身的李忠祥,30多岁时在张家窝镇西琉城村三官庙出家。他虽为道长,但同时也是理门的掌法人。1931年,李忠祥在三官庙后建房,成立众善堂理门公所。据传,他有深厚的内功修养,乐善好施,在百姓中享有崇高的威望,影响方圆数百里,文安、霸州、台头、胜芳等地的百姓提起李忠祥几乎无人不知。追访中,知情者90岁的于文贞老人向记者团成员提供了她所珍藏的关于李忠祥的文字资料,87岁的张恩彩老人将他珍藏多年的一张李忠祥的照片送给记者团。

在静海县静海镇义渡口村,记者团成员专程拜访了运河作家、《血溅津门》作者张孟良。根据张孟良所著同名长篇小说改编的电视连续剧《血溅津

门》在20世纪80年代热播大江南北，小说中所写的津南支队，其活动地点主要就是在西青地域内。采访过程中，张孟良向记者团简要介绍了当时小说的创作背景和过程。张孟良对此次活动给予了高度的评价，鼓励团员们一定要把这个活动坚持到底，挖掘出更多的、有价值的文史资料，给后代留下宝贵的财富，并针对大运河的保护以及开发利用，谈了自己的想法和感受，希望能恢复大运河的自然风貌，让大运河散发出自然美。

8月21日，记者团专程来到东光县安乐屯，拜访村内霍氏族人，并对霍公祠堂进行了实地采访考察。安乐屯霍氏第十九世人霍树瑞向记者团介绍了霍元甲后人与村内霍氏族人取得联系的经过。离开安乐屯时，霍氏第十六世人霍献泰拿出2008年重新修订印刷的《霍氏家乘》赠予记者团成员。随后，记者团又驱车前往油坊口村，实地考察霍家祠堂遗址。

据了解，记者团在短暂休整后，将于9月初进行下一阶段的考察采访。

2012年8月31日《天津日报·聚焦西青》一版

“寻根大运河”天津·西青记者采访团开始山东段采访

李焕丽　李　妍　温　权

9月18日下午,“寻根大运河”天津·西青记者采访团开始第三阶段的行程,将对京杭大运河山东段进行为期12天的采访考察。

记者团将考察京杭大运河山东境内的德州、聊城、临清、枣庄、济宁等运河流经区域,深入挖掘其历史上与西青在经济、文化、民俗等方面的联系,搜集交流相关史料和线索,调研这些地区在开发利用大运河、保护文物古迹等方面的成功经验和做法。

此前,记者团已对京杭大运河北运河段以及南运河静海段、沧州段进行了两次采访考察,搜集到了大量有价值的文史资料,挖掘出了众多与西青有关的线索,取得了一定的成果。记者团在认真总结经验做法的基础上,此次行程继续采用召开座谈会、拜访专家学者、搜集史料、实地考察等方式,对山东境内运河老河道、码头、古民居、古街巷等文化古迹与遗存进行深入细致的采访。

2012年9月21日《天津日报·聚焦西青》一版

年画里唱出民歌 民歌里绘出年画

——“寻根大运河”天津·西青记者采访团德州行探寻民歌里的《十美图放风筝》

李焕丽　李　妍　温　权

在南运河畔以年画而闻名的小镇杨柳青，有一幅名为《十美图放风筝》的年画，细腻地描绘了十姐妹在春日里踏青放纸鸢的场景；在另一个运河城市——山东德州，有一首脍炙人口的民歌，也叫《十美图放风筝》，人们用表演唱的形式立体展现了年画里的场景。

同一个题材，因一幅年画、一首民歌而传遍运河沿岸，更将两个运河城市紧紧地联系在一起。9 月 19 日上午，“寻根大运河”记者团一行，与德州文史专家仔细探讨了濒危民歌《十美图放风筝》的历史和传承问题，并专程拜访了演唱传承人李玉兰。

位于德州市西北五华里的索庄，是一个不足百户的小村庄，但由该村兴起的《十美图放风筝》在 20 世纪 40 年代就誉满城乡，俊美的扮相、新奇的道具以及优美的唱腔，每每演出都吸引大量的群众观看。

“春哎三月是哎春明，风和日暖那个放风筝……大姐那个笑盈盈，我把那个九妹领，放个八卦飘天空，万民百姓那个度太平……”就像曲中唱到的那样，《十美图放风筝》讲述的是阳春三月，十个姐妹结伴踏青、游春、放风筝的快乐场景，表现了她们愉悦的心情，嬉笑欢娱间带着娇嫩柔婉的气质，简练纯朴中又有细致曲折。演出时，十名俊俏的演员扮演放风筝的十姐妹，手中擎着自己演唱内容的纸扎模型，模型内点燃蜡烛，边演边唱，通俗风趣，久唱不俗。

相传《十美图放风筝》创作于晚清至民国时期，现已定为濒危民歌，并被列入德州市非物质文化遗产保护行列，同时又被列入德州市非物质文化遗产濒危保护品种。这首曾经兴盛一时的民歌，现在能传承演唱的人却少之又少，李玉兰便是其中一位。为了解更多详细情况，记者团专程拜访了这位传承人。

今天73岁的李玉兰老人，在家中热情地接待了记者团一行，向大家介绍了当年她传承演唱《十美图放风筝》的情况："那是在1957年7月份，当时我只有17岁，这首《十美图放风筝》经过几位老同志的改编，我们学会后就被选拔参加山东省的汇演，并获得了二等奖，然后演出任务不断，到处巡演。这么多年了，这首民歌我唱了无数遍，还是特别喜欢唱，有时做饭的时候还哼唱两句，歌里的唱词和唱腔都非常美，真的是从心里喜欢这首民歌。"说得兴起时，李玉兰老人还为记者团成员哼唱了其中的两小段。

虽然现在已看不到这首民歌的现场演出版，但根据史料记载和传承人的介绍，大家可以推想出当年传遍乡间的盛况，甚至沿运河传向周边城市，并且引起强烈的反响，杨柳青年画《十美图放风筝》就是一个很好的证明。

一个是静止的画面，一个是鲜活的表演，表达的却是完完全全相同的主题：春日暖阳，十姐妹携手放风筝。

采访考察过程中，记者团成员虽然查阅了很多的史料，但仍搞不清楚到底是年画中演绎出民歌，还是民歌声中描绘出年画。

其实，哪一种艺术形式先出现又有什么关系呢？因为运河的挖掘，因为运河的流淌，沿岸这些群众喜闻乐见的文化艺术形式必然会随着运河上船只的往来传到每一个城镇码头，被更多的人所熟知。而沿岸的这些城市，也因为这些流动的运河文化，你中融着我，我中融着你！

2012年9月28日《天津日报·聚焦西青》四版

江北水城寻古迹 运河古都访遗踪

——“寻根大运河”天津·西青记者采访团考察聊城临清段

李焕丽　李　妍　温　权

聊城，这个江北水城，纵贯中国南北的大运河为它的发展繁荣带来勃勃生机；临清、聊城成为沿运九大商埠之一，也成为“寻根大运河”记者团此次考察的重点区域之一。日前，记者团用三天时间，对聊城境内的大运河进行了深入细致的采访考察，收获颇丰。

临清贡砖与杨柳青的芦苇

杨柳青青河水黄，河流两岸苇篱长。
河东女嫁河西郎，河西烧烛河东光；
日日相迎苇篱下，朝朝相送苇篱傍。
河边病叟长回首，送儿北去还南走；
昨日临清卖苇回，今日贩鱼桃花口。
连年水旱更无蚕，丁力夫徭百不堪。
惟有河边守坟墓，数株高树晓相参。

——杨柳青谣·（元）揭傒斯

元代诗人揭傒斯路过杨柳青时所作的《杨柳青谣》，将大运河边的两个城镇紧紧联系在一起。诗中所描绘的场景，如今早已荡然无存，可依然会引起人们的深思：当时的杨柳青人为何会逆流行船将芦苇贩卖到临清？通过此次采访考察，记者团终于把这个问题了解清楚。

在与临清当地文史专家召开的座谈会上，专家就记者团提出的这一问题进行了解答。原来在当年，临清是盛产贡砖的地方，尤其是明永乐年间大修北京城，所用砖料数以千万计，那段时间临清贡砖每年的产量可能高达数百万块。此后，北京陆续修缮与增建，依然需要临清贡砖。这个生产过程一直持续长达500年之久。在贡砖生产过程中，砖坯下面铺的、上面盖的都是用芦苇编织而成的苇席。这样大量的芦苇需求，仅靠临清周边村落无法满足，杨柳青人才会沿运河将芦苇运到临清售卖。

随着时间的推移，临清贡砖失去了“政府采购”这个订单，也渐渐衰落，运河边的1000余座砖窑大部分也熄火封存，不见了踪影，只余数座屹立在岸边，偶尔升起缕缕青烟。

在当地宣传部门工作人员的陪同下，记者团成员一行来到运河岸边，在如今稀落的砖窑间寻找当年繁荣兴盛的踪迹。临清贡砖烧制技艺第四代传承人景永祥老人也为记者团成员解惑了杨柳青芦苇运抵临清的用途：“砖坯制好以后，码放在苇席上，为了防止太阳曝晒使砖坯干裂，还要用苇席盖好。当时那么大的贡砖需求，周围村儿的苇子根本不够用，所以就需要更远处的芦苇，像杨柳青。有时烧砖的柴草不够，也会用芦苇烧砖坯。”据文史专家介绍，当时北京城的主体建筑大都是使用临清贡砖建造而成，为烧制贡砖出力的杨柳青也为建造北京城贡献了自己的一份力量。

临别时，景永祥老人向记者团赠送了一块复窑后所烧制的贡砖留作纪念。记者团也送给老人一幅杨柳青年画，祝老人健康长寿。

临清潭腿与霍元甲

西青是一个崇文尚武之地，霍元甲、韩慕侠，名声传遍神州大地。南运河最南端的城市——临清，同样也有着悠久的尚武历史，“北腿”的代表潭腿，就发源于这里，时至今天仍有不少潭腿弟子在习练。

临清潭腿为五代后周龙潭寺昆仑大师所创，共有十路，潭腿法内外两

功同行，拳腿并用，发展至清代，达到鼎盛时期。

潭腿作为一门实用的武术拳种，不少武术大师都钻研苦练过，爱国武术家霍元甲就是其中一位。

创建杨柳青风云老会的王国立与霍元甲交情甚厚，同时也研习潭腿。据王家后人和高龄弟子回忆，当时霍元甲经常从南乡（小南河）来杨柳青向王国立探讨武艺，王国立还将霍元甲介绍到河北省景县与“赵家五虎”切磋潭腿技艺，使其武功有了很大的飞跃。霍元甲在上海创办精武会时，王国立应邀携弟子赵连和、赵连城前往助威，为霍元甲捐款并传授了潭腿十路拳。

武术是没有界限的。武术大家们在不断的交流中共同进步。

此次到临清寻访潭腿渊源，还发生了一件使西青临清关系更加密切的事情，那就是记者团成员冯立因热爱中国武术文化，拜临清武术协会主席魏庆新为师，成为寄名弟子，为此次临清之行又增添了一个意外的惊喜。

杨柳青印制《武训画传》及同题材年画

享誉中外的贫民教育家、慈善家武训，是山东省堂邑县（今冠县柳林镇）武庄人。他靠行乞积资兴办义学，不图名，不为利，并为这个目标坚持了一生，感动了无数人。

为宣传行乞终生、兴办义学的武训精神，20 世纪 30 年代，中国早期漫画家孙之俊与李士钊合作完成《武训画传》，另外还创作了一张十二幅连续彩色画，在杨柳青印刷了二万五千张。1937 年，漫画家孙之傍又以四条屏幅形式画了《武训画传》连环画，在杨柳青出版达三万份，发行到广大农村，使武训精神被更多的人所熟知。这其中，印制《武训画传》及同题材年画的杨柳青，也为宣扬武训精神尽了自己的绵薄之力。

在临清冠县武训先生纪念馆内的先生墓前，记者团怀着无比崇敬的心情，向这位千古奇丐深深地鞠了一躬。

2012年9月28日《天津日报·聚焦西青》一版

杨柳青年画和《杨柳青古诗萃》收入中国运河博物馆馆藏

李焕丽　李　妍　温　权

在素有“江北水城运河古都”美名的山东聊城，有一座中国运河博物馆。采访期间，“寻根大运河” 天津·西青记者采访团一行专程来到博物馆参观，并向馆方赠送了杨柳青年画《连年有余》以及收录古人吟咏杨柳青诗篇的诗集《杨柳青古诗萃》。

中国运河博物馆整体陈列以“运河推动历史，运河改变生活”为主题，旨在全方位、多角度地收藏、保护和研究运河文化，反映和展示运河的古老历史、自然风貌和民俗风情。自 2009 年 5 月 1 日对外开放以来，博物馆接待了众多参观者，对运河知识的宣传起到了积极的推动作用。

记者团一行认真参观了博物馆内世界运河、中国运河以及聊城运河三个展厅，被展厅巧妙的构思、全面的知识介绍、精致的实物模型以及通俗易懂的解说所深深吸引，纷纷称赞这是一次“解渴”的实地考察。

但在参观运河文化展区时，记者团发现博物馆把杨柳青年画列为了重要的运河文化成就，但只有说明与照片却没有实物。当记者团提出此问题时，馆方也表示布展匆忙，还没来得及把各地的运河文化精品全部搜集齐，很是遗憾。

了解这一情况后，记者团表示，为做文化交流带有杨柳青年画，现在正好送上以丰富“中国运河博物馆”馆藏，尽自己一份绵薄之力。于是，记者团向馆方赠送了杨柳青年画代表作《连年有余》以及《西青报》收录编辑古人吟咏杨柳青诗篇的诗集《杨柳青古诗萃》。

中国运河博物馆相关负责人员表示，非常感谢记者团向博物馆赠送如此珍贵的运河文化精品,使博物馆内有了真正的杨柳青年画,今后能为参观者提供更加完善的展品, 并希望西青与聊城这两个运河流经地域在文化等方面加强联系与合作,实现共同发展。

2012 年 10 月 12 日《天津日报·聚焦西青》一版

帝师柳岸思乡切 孔公诗作绘河风

——“寻根大运河”天津·西青记者采访团寻访于慎行、孔尚任遗踪

李焕丽　李　妍　温　权

三代帝师于慎行与《桃花扇》作者、清代著名诗人、戏曲作家孔尚任都是人们耳熟能详的历史名人。但鲜有人知，这两位在历史上均留下浓重笔墨的山东籍文人都与杨柳青有过交集。“寻根大运河”记者团此次山东段行程中，专程寻访了两位先生遗踪，探究他们与杨柳青的关系。

于慎行作诗《杨柳青道中》

生于明嘉靖年间的于慎行，是历史上较有影响的政治家、学者、诗人和文学家。

他天资极高，学习勤奋，心胸坦荡；待人真诚，20多岁便成为皇帝的老师。

由百花文艺出版社出版的《杨柳青古诗萃》中收录了于慎行所作关于杨柳青的诗作《杨柳青道中诗》：“鸣榔凌海月，捩舵破江烟。杨柳青垂驿，蘼芜绿刺船。笛声邀落日，席影挂长天。望望沧州跑，从兹遂渺然。”

此诗选自明代蒋一葵著《长安诗话》，通过含蓄的描写，透过杨柳、蘼芜、落日、帆影的意象组合和回望沧州的动作细节，隐隐透出淡淡的乡愁，耐人寻味。

此外，于慎行还曾为杨柳青镇张大中丞墓撰写过碑文。

“寻根大运河”记者团成员本想去于慎行墓地拜谒，但据当地人介绍，墓地已毁，遗迹稀少，不得寻踪。值得庆幸的是，在平阴县洪范池镇洪范池公园内尚有四块保存完好的于慎行墓志铭，记者团求得碑拓一套，也算了了团员们的一桩心事。

孔尚任与杨柳青有关的一诗一画

“寻根大运河”记者团此次行程中拜谒的另一位与杨柳青有关的历史文人就是孔尚任。

杨柳青南运河畔的诗碑廊里题有十六首古今文人吟咏杨柳青的诗篇，孔尚任所作的《津门极望》就在其中：“津门极望气蒙蒙，泛地浮天海势东。昏到晓时星有数，水连山处国无穷。柳当驿馆门前翠，花在鱼盐队里红。却教楼台停鼓吹，迎潮落下半帆风。”诗人以细腻的笔法描绘了当时的运河风光。

孔尚任与杨柳青的另一紧密联系，源自明代著名画家陈洪绶所绘的《饮酒读书图》。

《饮酒读书图》是陈洪绶在乘舟夜泊杨柳青时所作，后由孔尚任购得收藏，十分喜爱，并在画上题跋四则记述了孔尚任得到此画的经过。如今，这四则跋已成为研究孔尚任生平、艺术鉴赏活动乃至文学创作的重要文献。

9 月 24 日下午，记者团一行驱车前往曲阜孔林，拜谒了孔子六十四代孙、清初诗人、戏曲作家孔尚任。

2012 年 9 月 28 日 运河娃新浪博客

山东大学终身教授、义和团研究权威路遥教授受邀担任"寻根大运河"活动顾问

李焕丽　田　建　温　权

9月28日下午,"寻根大运河" 天津·西青记者采访团成员一行专程前往济南,拜访山东大学终身教授、义和团研究权威路遥。

路遥教授是学术界内公认的义和团研究领域的权威史学家,在国际上也享有很高的声望。他带领的山东大学义和团与近代中国社会研究中心是海内外义和团研究的重镇,在民间秘密教门研究方面也同样取得了不小成绩,其著作《山东民间秘密教门》引起国内外学术界的高度重视。

在山东大学路遥工作室,记者团一行向路遥教授认真请教了义和团"总首领"王觉一的相关情况。路遥就自己所知的相关王觉一的研究成果向记者团进行了详细解释。记者团成员冯立向路遥先生透露了他在西青地区进行民间调查的一些成果,引起路遥极大的关注,并与冯立约定今后在这一问题上互相交流研究成果。

临别之际,记者团向路遥赠送了杨柳青年画《健康长寿》以及西青文史资料。路遥把自己的著作《山东民间秘密教门》赠送给记者团,并欣然接受记者团的请求担任此次活动的顾问, 最后在留言簿上题词: 发扬京杭运河文化,进一步发掘王觉一与义和拳事迹。

2012年10月12日《天津日报·聚焦西青》一版

年画民歌同“放风筝” 贡砖芦苇渊源颇深
京杭大运河山东段考察结束

李焕丽　田　建　温　权

9月18日—9月29日,“寻根大运河”天津·西青记者采访团圆满完成对京杭大运河山东段的考察采访,顺利回到西青。此次行程,记者团对山东境内的德州、聊城、枣庄、济宁等区域内的运河段进行了采访考察,深入探寻了当地的文化古迹遗存,了解运河开发的经验教训,并专程拜访山东大学终身教授路遥并聘请他为此次活动顾问之一。

通过12天的采访行程，记者团成员在先期充分做好准备的基础上,对行程内设定的采访重点一一实地求证,并根据新发现的线索进行深入探寻,取得了一系列的成果。

在德州,记者团一行重点考察与杨柳青年画《十美图放风筝》同题材的索庄民间音乐的兴起、兴盛与传承等情况,寻找两种艺术形式通过同一题材而存在的联系。《十美图放风筝》既是杨柳青年画重要题材之一,又以民间音乐的形式在20世纪40年代德州西北村落一带风靡一时，不论是先有同题材的年画,还是先有民乐的传唱,都说明两地在文化方面的交流与联系,早在多年前就已密不可分。

在江北水城聊城,记者团对其下辖临清、冠县等运河流经区域进行了考察。元代诗人揭傒斯一首《杨柳青谣》,将杨柳青与临清通过运河紧密联系在一起。通过与专家座谈,记者团成员了解到当年临清需要大量芦苇席苫盖砖坯,因此才有诗中“昨日临清卖苇回,今日贩鱼桃花口”的说法。记者团一行还到运河岸边实地考察了仍在使用中的几座砖窑，向临清贡砖烧制技艺第四代传承人景永祥了解当年贡砖烧制情况，并获赠景永祥烧制的一块贡砖

作为纪念品。

聊城下辖的冠县，出了一个千古奇丐——武训，他靠行乞积资兴办义学。20世纪30年代，为宣传武训兴办义学精神而创作的十二幅连续彩色画，在杨柳青印刷了二万五千张。后以四条屏幅形式的《武训画传》连环画又在杨柳青出版达三万份，发行到广大农村。在宣传武训兴办义学精神方面，杨柳青做出了自己的努力。

此次行程中，记者团一行祭拜了两位与杨柳青有过交集的山东籍历史文人——于慎行和孔尚任。于慎行曾作关于杨柳青的诗作《杨柳青道中诗》，通过含蓄的描写，透过意象组合和回望沧州的动作细节，隐隐透出淡淡的乡愁，耐人寻味。因于慎行墓已损毁无存，记者团在平阴县洪范池镇洪范池公园内发现四块保存完好的于慎行墓志铭，并求得碑拓一套。孔尚任所作《津门极望》镌刻在杨柳青南运河畔的诗碑廊里。明代陈洪绶夜泊杨柳青时所作《饮酒读书图》被孔尚任购得，十分喜爱，在画上题跋四则。

除以上成果外，记者团此次行程取得的最大收获就是山东大学终身教授路遥欣然接受邀请担任“寻根大运河”活动的顾问。在山东大学路遥工作室，路遥就自己所知关于义和团“总首领”王觉一的相关情况向记者团成员做介绍，并欣然应允担任活动顾问。

2012年10月12日《天津日报·聚焦西青》一版

终见运河通航处

李焕丽　李　妍　温　权

呜！随着一声汽笛的长鸣，5 艘载满沙料的货船缓缓驶进台儿庄复线船闸，停靠妥当后，等待水流通过另一端船闸两侧的输水廊道注入闸室，等水平面找齐，开闸行船。

这是“寻根大运河”天津·西青记者采访团在山东省枣庄市台儿庄复线船闸见到的船只通过船闸的景象。记者团一路沿运河南下，这还是首次见到运河继续发挥水运功能，船只保持通航的情景。以济宁为分界点，运河以北因水源缺失船只基本无法通航，而运河以南依旧发挥着其水运功能，船只往来频繁，汽笛鸣响不绝。

在日渐偏西的余幕里，记者团依照行程来到台儿庄复线船闸，刚巧赶上几艘货船驶进闸室等待通过船闸。

船闸主要是依据连通器原理，调节闸室水位的高低，使船舶得以通过较大水位落差的航道，进而继续航行。

京杭大运河由于航线长、地势复杂、水位落差大等原因，为使船舶顺利通航，沿途多采用船闸来调节水位高低。运河全线通航时期，船只通过船闸是再普遍不过的景象，可如今由于北方运河水源严重缺失断航多年，这种当年的场景只能来济宁以南运河段找寻了。

载重 1500 吨的货船，满载着沙料，披着落日的余晖缓缓驶进闸室。和过去一样，每只货船就是养船人的家，只是添了一些现代的物品，比如船舱上矗立着的烟囱、舱口旁的空调外挂机、舱板上的洗衣机……现代科技文明的产物，通过船只融入了这古老的河道。

据台儿庄复线船闸管理处工作人员介绍，复线船闸调节了上、下游水位

之间4米的落差,工程包括船闸主体、人行桥改建、管理区等3部分,两个闸门之间有效尺寸为230米,闸室宽23米,水深5米,设计年通过能力2200万吨。通航时期水源充足,这个船闸24小时运行,繁忙时每40分钟就有一批船舶通过。

在工作人员的讲解声中,闸室水位已与闸板外水位一致,闸门徐徐开启,5艘货船鸣着汽笛又向前方驶去……

2012年10月1日 运河娃新浪博客

站在运河“水脊”之上

——“寻根大运河”天津·西青记者采访团考察南旺运河段

李焕丽　李　妍　温　权

济宁市汶上县的南旺运河段，因其位于京杭大运河全线海拔最高点，被称为“水脊”；又因其分水枢纽是大运河全线科技含量最高的水利工程，被人们称为“运河都江堰”。

9 月 28 日上午，“寻根大运河”天津·西青记者采访团一行来到南旺，站在运河“水脊”之上，穿越历史去感受“汶上老人”白英修筑的分水枢纽工程这一伟大智慧结晶。

引汶济运：巧妙解决运河水源

作为京杭大运河制高点的南旺地段，自开挖后，因水浅始终通航不畅。为此，明朝工部尚书宋礼访得南旺民间水利专家白英，并采纳其方案，“引汶济运”。

南旺运河段水源不足，但汶上县北境的大汶河却水源丰富。宋礼、白英利用大汶河上的坎河口地势高于南旺分水口 300 余尺这一地利优势，在坎河口修筑戴村坝，截住大汶河之水，挖引山泉，又从戴村坝至南旺分水口开挖一道 80 余里长的小汶河，使南旺段运河有了足够的水源，船只得以顺利通航。

“龙王分水”：七分朝天子，三分下江南

民间流传着一句话，说运河水是“七分朝天子，三分下江南”，指的就是南旺“龙王分水”的分流比例。

“引汶济运”有效解决了南旺段运河的水源问题后，为了控制南北水量的分流，白英又建造了一个科学而合理的分水口，被后人称之为“龙王分水”。

他在小汶河与运河合流处建造石坝抵挡汶水冲击，并在河底部建造了一个鱼脊形状的“石拨”。改变“石拨”的形状、方向和位置，即可调整运河南北分流比例，因此才有了民间所传的“七分朝天子，三分下江南”的说法。

站在古运河边，寻着运河古道，我们仍能清晰地看到这一伟大枢纽工程留下的斑驳印迹。古运河畔，是南旺分水龙王庙古建筑群，也是大运河全线最为集中祭祀众多水神的古建筑群，纪念宋礼、白英的宋礼祠、白英祠也建在其中，自明以来接受着百姓的供奉和祭拜。

漕路三千里，惟南旺居其高。但因为有了宋礼、白英，有了南旺枢纽水利工程，运河“水脊”不再是阻挡往来船只的障碍，这条黄金水道得以平稳通航五百多年。

站在运河“水脊”之上，我们惊叹工程的科技含量之高，对宋礼、白英的敬佩之情也油然而生。

2012 年 10 月 8 日 运河娃新浪博客

"寻根大运河"天津·西青记者采访团第四次出发重点采访考察京杭运河江北运河和江南运河镇江段

李焕丽

昨天,"寻根大运河"天津·西青记者采访团第四次出发,将对京杭大运河江北运河和江南运河镇江段进行为期12天的采访考察。

此次采访,记者团将考察京杭大运河江北运河段的徐州、淮安、扬州和江南运河段的镇江等运河流经区域,围绕这些地区历史上与西青在经济、文化、民俗等方面千丝万缕的联系,搜集交流相关史料和线索;借鉴保护文物古迹等方面的经验做法。

此次考察的运河段依旧通航,担负着南北水上快速交通大动脉的功能,因此,采访团此行将重点调研这些地区在开发利用大运河方面的成功经验和做法。

2012年11月20日《今晚报·今晚西青》一版

汉风柳韵年画魂

李焕丽　田　建　温　权

三让徐州、辕门射戟、张良吹箫破楚军，这三个发生在运河名城徐州的历史典故，不仅是人们耳熟能详的汉文化故事，也是杨柳青年画重要的题材内容之一。“寻根大运河”记者团第四次采访考察，首站就是徐州。团员们走进徐州，走进这个因运河而与西青相连的城市，感受汉文化，寻找“活”的杨柳青年画影子。

徐州是两汉文化的发源地，有超过六千年的文明史和四千年的建城史，是著名的千年帝都。在其发展的文明史上，历史典故不计其数，被演绎成各种形式的艺术表现方式，杨柳青年画也是其中一种，其代表作是《辕门射戟》《张良吹箫破楚军》和《三让徐州》等。

辕门射戟，最早出自《三国志·吕布传》，讲的是吕布为了阻止袁术击灭刘备所使的计谋，后来罗贯中将这个典故改编为脍炙人口的“吕奉先射戟辕门”。杨柳青年画《辕门射戟》描绘的就是这个故事。画作以京剧戏出为样本，画中吕布、刘备、纪灵神情生动，实为杨柳青年画中的佳作。

在对徐州的采访考察过程中，记者团成员专程瞻仰了吕布一箭使得“十万雄兵卸征衣”的射戟台。

刘邦和项羽垓下之战时，刘邦的谋士张良深夜吹箫瓦解楚军斗志，最终取得了战争的胜利。在杨柳青年画《张良吹箫破楚军》中，作者以繁杂的笔法，细腻地再现了当时的战争场景，是又一张汉文化题材内容的年画精品。张良吹箫的地方就在徐州城东的子房山。

博大精深的汉文化始终是多种艺术表现形式的重要题材内容，这一点从杨柳青年画的选材内容上也被淋漓尽致地表现了出来。

2012 年 11 月 30 日《天津日报·聚焦西青》四版

《淮安日报》全程跟踪报道“寻根大运河”活动

李焕丽　田　建　温　权

“寻根大运河”天津·西青记者采访团在淮安采访考察期间，淮安日报社资深主任编辑全程跟踪采访报道，并在淮安日报社主办的《淮海晚报》于11月24日刊发文章《天津“寻根大运河”记者团来淮送宝》，叙说在双方交流过程中获得吴承恩留诗杨柳青和周恩来总理学武从师西青人韩慕侠的珍贵史料线索。

《西游记》作者吴承恩，明代淮安府山阳县人，今江苏省淮安市楚州区人。淮安东南马甸乡二堡村有为其修葺一新的墓园，淮安市有吴承恩纪念馆。吴承恩于中年时期，受朋友之邀沿运河北上进京，途中夜宿杨柳青，览古镇美景、尝“莲花酥鱼”、饮“莲花白”美酒，即兴赋诗《泊杨柳青》。诗中写道：“村旗夸酒莲花白，津鼓开帆杨柳青。壮岁惊心频客路，故乡回首几长亭。春深水暖嘉鱼味，海近风多健鹤翎。谁向高楼横玉笛？落梅愁绝醉中听。”此诗后被收录于《射阳先生存稿》。

西青报编辑部于近年编辑《杨柳青古诗萃》一书时，把吴承恩的《泊杨柳青》诗篇收入其中。

记者团一行在与淮安文史专家座谈时，与淮安文史专家交流了这两位生于淮安的名人与西青的关系，引起专家学者浓厚的兴趣，不停追问更加详细的情节。双方均表示，此次考察交流，双方都获得了大量的、有价值的史料线索，希望今后能加强合作，共同探讨与两地有关的史料信息。

淮安日报社资深主任编辑王卫华，对“寻根大运河”天津·西青记者采访团淮安的活动进行了全程跟踪采访，并及时在11月24日的《淮海晚报》上刊发文章，称记者团的淮安之行是为淮安“送宝”，正是因为此次两地文

史专家的互相交流，使他们又了解到了两位淮安名人更多的、珍贵的史料线索。

2012年11月30日《天津日报·聚焦西青》一版

“中国第一库”青睐杨柳青年画《中国木版年画集成·杨柳青卷》被镇江民间文艺资料库收藏

李焕丽　田　建　温　权

“寻根大运河”天津·西青记者采访团在镇江市为期两天的考察期间，在素有“中国第一库”之称的镇江民间文艺资料库内，见到了库藏珍品杨柳青年画手绘册页《白蛇传》，并将记者团随行所带的《中国木版年画集成·杨柳青卷》赠给资料库以丰富库藏。

镇江民间文艺资料库于1987年筹建，1991年经镇江市编委批准正式建立，在当时尚属全国首创。2002年，在资料库的基础上，又增挂“镇江民间文化艺术馆”的牌子，2003年10月20日正式对外开放。艺术馆设有“镇江民间艺术精品展”“镇江市非物质文化遗产展示厅”“白蛇传民间工艺美术展”三个展厅以及“民间文艺资料库”。据了解，馆内现已收藏了全国20多个省、市的民间文艺专集和内部资料卷等5000余册，珍贵的手稿数十万份，以及近200小时原生态珍贵的音响录像资料和数十位民间艺术家手工制作的精湛民间艺术品700余件。

艺术馆内文艺资料库珍藏的杨柳青年画手绘册页《白蛇传》，是该馆于2008年购得。画册由16幅分页组成，通过画面内容形象地描绘了白素贞与许仙曲折的爱情故事。据艺术馆副馆长罗戎平介绍说，该馆不久前在杭州举办了《白蛇传》民间艺术精品展，杨柳青年画手绘册页《白蛇传》在精品展上展出并引起轰动。

为加深两地友谊，丰富镇江民间文化艺术馆馆藏，记者团将随行所带的《中国木版年画集成·杨柳青卷》赠予艺术馆，艺术馆将其珍藏于镇江民间文艺资料库内。

2012年12月7日《天津日报·聚焦西青》一版

“寻根大运河”天津·西青记者采访团第四阶段采访考察结束

李焕丽

前不久,“寻根大运河”记者团完成了对江北运河段徐州、淮安、扬州和江南运河段镇江等运河流经区域的采访考察,顺利返程。

此次采访考察,除深入挖掘运河沿岸城市在历史上与西青的联系、搜集交流相关史料和线索、借鉴保护文物古迹等方面的经验做法外,重点调研了这些地区在开发利用大运河方面的成功经验和做法。

记者团在淮安采访考察期间,淮安日报社资深主任编辑全程跟踪采访报道,并于11月24日在淮安日报社主办的《淮海晚报》上刊发文章《天津“寻根大运河”记者团来淮送宝》,叙说在双方交流过程中获得吴承恩留诗杨柳青和周恩来总理学武从师西青人韩慕侠的珍贵史料线索,称记者团的淮安之行是为淮安“送宝”,通过此次两地文史专家的互相交流,使他们又了解到了两位淮安名人更多的、珍贵的史料线索。

记者团在素有“中国第一库”之称的镇江民间文艺资料库内,见到了库藏珍品杨柳青年画手绘册页《白蛇传》,并将记者团随行所带的《中国木版年画集成·杨柳青卷》赠给资料库以丰富库藏。

2012年12月7日《天津日报·聚焦西青》一版

“寻根大运河”天津·西青记者采访团第五次出征重点采访考察江南运河段《人民日报》《中国摄影》加盟全程跟踪报道

冯　立

日前，“寻根大运河”记者团第五次出发，进行为期半个月的第五阶段即江南运河段的采访考察。

此次活动，记者团将对江苏省常州市、无锡市、苏州市，上海市徐汇区、虹口区，以及浙江省嘉兴市、杭州市等地区进行采访考察，围绕这些地区历史上与西青在经济、文化、民俗等方面的联系，搜集交流相关史料和线索，借鉴保护文物古迹等方面的经验做法。

此前，在对西青本土挖掘调查取得一定成果的基础上，记者团已圆满完成了四次采访考察活动，分别对京杭运河北运河段、南运河段、京杭大运河鲁运河段和江北运河段进行了调查挖掘，挖掘整理出大量与西青和天津市有着深厚渊源和密切联系的运河历史文化民俗史料、文物。

活动自开展以来，在社会上引起了越来越强烈的反响，除天津日报、天津电视台都市报道等市级媒体以及网络媒体多次报道外，《人民日报》《中国摄影》《支部生活》等媒体也派遣编辑、记者全程跟踪报道。

2013年3月22日《天津日报·聚焦西青》一版

运河岸边双奇葩 北柳南桃绘年画

——访国家级非遗项目“桃花坞木刻年画”省级“非遗”传承人王祖德

李焕丽　田　建

在中国版画史上，因其地位和影响，南方的桃花坞年画与北方的杨柳青年画被人们并称为“南桃北柳”，数百年来在大运河畔历经兴衰、传承不绝。

“寻根大运河”天津·西青记者采访团在江苏省采访考察期间，将位于苏州市的桃花坞作为一个重点考察的节点，并在桃花坞年画博物馆内巧遇国家级非遗项目“桃花坞木刻年画”省级“非遗”传承人王祖德，向这个和年画打了半辈子交道的老人请教了桃花坞年画以及两地年画交流的情况。

在桃花坞年画博物馆，看着墙上悬挂的画作和正在低头忙碌刻版的技师，大家均感到无比的亲切。“我去过好几次杨柳青，20 世纪 70 年代，我们两地还和山东潍坊一起联合组织过年画展览。”已退休的工艺美院教授王祖德老先生，十分热情地向记者团成员介绍着桃花坞木版年画及两地年画互相交流的一些情况。

同在运河畔，同为年画人。已从事年画技艺半个世纪之久的王祖德，说起杨柳青年画来滔滔不绝，熟悉的程度不亚于杨柳青年画艺人：“与桃花坞的年画相比，杨柳青年画作品更加精美，这与它曾经作为贡品进献给皇上是密不可分的。据我所知，杨柳青年画最早都是作为神祃用来上供的，后来才慢慢扩展到能够进入皇宫成为贡品。贡品年画制作更加精细，而老百姓张贴的年画稍显粗糙一些，也就是行内所说的‘细活儿’‘粗活儿’。而其他地区的年画，包括桃花坞的年画在内，在精美程度上都不如杨柳青年画。杨柳青年画还有一个优势，就是年画的装裱技艺特别好，装裱宣纸的运用非常讲究。”

树木掩映间的桃花坞年画博物馆一片静谧，几个年画技师在忙碌着手边的工作:灯光下聚精会神地雕刻木版,木架上小心翼翼地印制年画。作为一门工艺,桃花坞木版年画的制作过程历来是有明确分工的,画稿、刻版、印刷流水作业。如今掌握这门技艺的总共大约不到十人,学员要求学习全套制作程序。

因时间紧迫,记者团不得不赶往下一个考察点,所以和王祖德老先生相约晚上再继续交流。

“桃花坞和杨柳青的年画相比,相同的地方在于都是用来表达美好的愿望,年画色彩都非常艳丽,而且根据年画用途都作了分类,比如门神,最明显的还是制作工艺的不同。杨柳青年画制作过程中,手绘部分占了很大比重,而桃花坞年画,是没有手绘这道工序的。这主要是受气候的影响,因为北方气候比较干燥,木版水印上色受到限制,不得不采取手绘的方法。”在王祖德老先生的家中,他与记者团成员继续着未完的话题。

“与杨柳青年画相比,桃花坞年画的传承保护工作还需要大力加强。人才的培养是当前急需解决的问题。像桃花坞年画博物馆,从事年画制作工艺的仅仅有四人,在年画销售方面也无法和杨柳青年画相比。”谈到桃花坞年画的传承和保护,王祖德希望能早日达到杨柳青年画的水平,“值得庆幸的是,当地政府也开始重视桃花坞年画的传承保护问题,苏州工艺美院开设了年画专业,当地的中小学也开设了年画课程,普及年画知识。除了这些,面对社会也开设了年画学习班,学期为三个月,以此让更多的人掌握年画知识。”

针对年画技艺传统内涵,王祖德说:“不管是杨柳青年画,还是桃花坞年画,都是与当地传统文化融合在一起的,在传承保护上,可以结合现代技艺的优势,但不能让它们最传统的内涵被商业化毁掉。那些脱离传统工艺制作出来的年画,唬唬外行还可以,内行一下子就能看出来,而且是经不起时间考验的。”

2013 年 3 月 26 日《今晚报·今晚西青》一版

杨柳青年画里的"海风"

——"海派"画家钱慧安与杨柳青年画

李焕丽　田　建

光绪年间，杨柳青年画题材内容一下子丰富了起来，《南村访友》《钟馗嫁妹》《竹林七贤》《风尘三侠》……一张张民间传说、古人诗句等为内容的年画涌上市面，为当时的年画市场吹来一股清新的"海风"。而带来这股"海风"的，就是当时的"海派"画家代表人物——钱慧安。

3 月 24 日，"寻根大运河" 天津·西青记者采访团来到上海市浦东新区高桥镇的钱慧安纪念馆，带着无比敬仰的心情瞻拜这位与杨柳青年画缘分极深的大师，并期冀能获得一些新的线索。

钱慧安(1833—1911)，字吉生，别号清路渔子，一号清溪樵子、退一老人，因其画室名为双管楼，所以又号双管楼主。钱慧安祖籍浙江湖州，出生于宝山高桥镇(旧属江苏，今为上海市)。

处于晚清社会变革时代的钱慧安，人物画继承了传统绘画的精髓，特别是民间年画的优良传统，同时注意吸收西洋艺术的特点，力求贴近生活，以雅写俗，俗而不媚，因此他的画稿吸引了杨柳青年画商人的目光。光绪中叶，钱慧安受杨柳青齐健隆、爱竹斋诸画铺相邀，乘船沿运河至杨柳青为各画铺绘制年画样稿。在客居杨柳青的十余年间，画技正处于鼎盛时期的钱慧安为杨柳青年画创作了百余种画样，内容多为民间传说、古人诗句等百姓喜闻乐见的题材，如《麻姑献寿》《钟馗嫁妹》等样稿，还有脍炙人口的《刘姥姥醉卧怡红院》等红楼梦故事。

在钱慧安纪念馆内，记者团一行见到了钱慧安为杨柳青年画绘制的粉本《皆大欢喜》《东山丝竹》。展柜内年画粉本下的注释清楚地标明"光绪年间

(1875)钱慧安应天津杨柳青‘齐健隆’‘爱竹斋’二知名年画庄之邀,只身泛舟前赴杨柳青,十余年创作了百余种画样,多为民间传说、古人诗句等百姓喜闻乐见的题材,设色淡雅,构图简洁、清丽,大大地提高了杨柳青年画的艺术品位。钱慧安这一杰出贡献,至今仍为杨柳青人及画坛所称道”。的确,杨柳青年画的发展传承中,钱慧安功不可没。

在绘制杨柳青年画画稿时,钱慧安还尝试着用顿挫转折且富有装饰意味的“铁线描”来表现人物的衣纹以及配景花木等。他在不违背杨柳青年画的基本规律、不破坏其艺术特征的前提下,将文人画的神韵、院体画的精髓成功扩展到杨柳青年画中。在钱慧安的影响下,杨柳青年画打破了长期的对称式构图方式,主要色调风格也由浓艳转向淡雅,突出了文人画的诸多因素,令人耳目一新。

钱慧安绘制的年画样稿印制成年画作品后,许多题材的作品都畅销不衰,《南村访友》即为其中一幅。《南村访友》是一幅中堂画,画中描绘了一位士大夫老者拄着拐杖到友人家拜访的情景。友人率孙辈在门前恭候,屋中可见老妇和抱婴携孩的子媳。门前的棕榈和古柏的描画显示出主人的生活情调。钱慧安在画中题诗道:“槿下犬迎吠,遥识南村友。殷勤乳下孙,先我乱趋走。久别勿言去,恰熟新酿酒。解篱撷园葵,携壶向高柳。前宿君家时,共醉值邻叟。兹翁故矍铄,日来安好否。”画中人物形象俊秀,色彩淡雅,构图别具一格,并融入了大量中国画的元素。

钱慧安在天津杨柳青大获成功后,他在画坛的声望如日中天,画稿曾被编辑为《钱吉生画谱》《清溪画谱》等,成为民间年画画师学习的范本,比如后来的《教子有方》《抚琴图》等,均受钱慧安画风的影响。

2013 年 3 月 29 日《天津日报·聚焦西青》一版

江南段运河采访考察行程圆满结束“寻根大运河”天津·西青记者团到达京杭大运河南端

李焕丽　田　建

3月29日,“寻根大运河” 天津·西青记者采访团到达京杭大运河南端终点——杭州市拱墅区拱宸桥。自去年6月份启动的“寻根大运河”天津·西青记者团异地采访活动历经9个月,先后进行5个阶段的采访考察,至此异地采访部分圆满结束。

拱宸桥东西横跨大运河,是京杭大运河南端的标志性建筑,始建于明崇祯四年(1631),清光绪十一年(1885)重建,中间几经兴废。该桥全长92米,桥身用条石错缝砌筑,上贯穿长锁石,桥面呈柔和弧形,为三孔薄墩石拱桥,纵联分节并列砌筑。桥形巍峨高大,气势雄伟,是杭州古桥中最高、最长的石拱桥,同时也是拱宸桥地区的标志性建筑物。

自去年6月18日异地采访活动启动以来,在9个多月的时间里,记者团一行先后对京杭大运河北运河段、南运河段、山东段、江北运河段和江南运河段沿线城市进行了采访考察。记者团每到一地,通过召开座谈会、走访历史文化民俗专家学者等途径,搜集文物史料、查阅考证相关史实,探寻挖掘新的线索,取得了丰硕的成果。接下来,记者团成员将根据挖掘到的史料,归纳整理,消化吸收,写出各方面的采访文章、调研文章、史料文章,在报纸、电视、网络等媒介宣传的基础上,结集出版史料类、文物图集、民间故事、调研文章等系列丛书,并计划策划举办运河文化研讨会,邀请运河沿线重点城市运河文化专家、民俗学者到西青进行学术交流,交流文章结集出书。

2013年4月2日《今晚报·今晚西青》一版

“寻根大运河”采访团发掘京杭大运河遗产

岳月伟

6月25日,“寻根大运河”天津·西青记者采访团在南运河开始第一天采访活动,由8人组成的记者团将在今年6月下旬至10月之间,对京杭大运河天津以北运河段、大运河天津以南运河段,围绕60多个重要选题,通过召开座谈会、走访专家、搜集史料等方式开展沿京杭大运河的文化挖掘调查工作,为京杭大运河申遗搜集资料。

新华网天津频道2012年6月26日电

西青区寻根大运河调查
发现众多运河文化新线索

解建国

由西青区委、区政府组织的“寻根大运河”天津·西青记者采访团异地采访活动，经过一段时间的紧张行程，已圆满完成对大运河本市南开区段、红桥区段、武清区段以及北京市区段和通州区段的运河文化挖掘调查，发现了众多有价值的新线索，丰富了原有史料。

这些重大发现包括：在大运河南开区段，探寻到妈祖娘娘后代林姓人在明代永乐年间由福建移居到西青，并且每年农历三月二十三妈祖生日前，林姓家族派代表到天后宫为妈祖娘娘拂尘、理佛袍、净面，后来林姓第六代一女童因崇拜妈祖娘娘出家于天后宫，取法名“性宽”；在大运河红桥区段，发现三处与霍元甲有关的遗迹，分别是吕祖堂内霍元甲练功用过的石砝码、西沽公园梁崎纪念馆内霍元甲之孙霍文亭赠送给梁崎的一张霍元甲照片、霍元甲年轻时生活过的竹竿巷内的长条石；在大运河武清区段，挖掘出西青与武清的三大历史渊源，分别是西青部分区域历史上隶属武清界内、杨柳青年画随运河传至武清且经此扩大销售范围；在大运河北京市区段，采访团成员寻访到北海公园内杨柳青人刘紫蘅补写的乾隆御笔的牌匾，采访了戴氏年画第二十代传人戴时贤。戴氏年画是最早溯运河北上进入北京的年画，且成为皇室贡品；在大运河北京通州区段，探寻“神童作家”刘绍棠的足迹，他曾经以大运河为背景创作了小说《瓜棚柳巷》，后改编成电影《瓜棚女杰》，在杨柳青镇卍字会胡同南头、猪市大街拍摄。此外，通州区还曾是杨柳青年画的集散地，杨柳青年画随运河传至通州，且经此扩大销售范围。

2012年8月《今晚报》

“寻根大运河”今再启程

解建国

今天上午,“寻根大运河”天津·西青记者采访团经过一个多月的休整再次踏上征程,将对京杭大运河南运河段的静海县段、沧州段进行采访考察。

此次采访考察,预计行期为8天,将沿京杭大运河向南考察静海县独流镇、静海县城,沧州南皮县、泊头市、景县、东光县和吴桥县等运河流经区域。重点采访考察这些地区与西青区在历史、经济、文化、民俗上的联系,搜集交流相关史料和线索,调研这些地区在开发利用大运河、保护文物古迹等方面的成功经验和做法。

此前,记者团已用9天的时间圆满完成京杭大运河北运河段的采访计划,对大运河本市南开区段、河北区段、红桥区段、北辰区段、武清区段以及北京市区段和通州区段进行了深入的运河文化挖掘调查,发现了众多有价值的新线索,丰富了原有史料,取得了一定的成果。

2012年8月15日《今晚报》

天津现名家刘紫蘅遗作
杨柳青地名碑重见故乡人

张家民　翟钰嘉

作为著名书法家刘紫蘅的最后遗作，杨柳青地名碑碑阳书法曾广为人知。不少外地朋友看到碑阳上面挺拔、遒劲的“杨柳青”三个字后，都啧啧称赞。数年前，在道路改造过程中，杨柳青镇东和镇北的地名碑不知下落。近日，在天津市西青区委、区政府组织的“寻根大运河”活动中，多部门通力合作，终于寻得镇东和镇北地名碑的下落。

老书法家最后遗作

1987 年，杨柳青镇政府设立地名碑，碑阳“杨柳青”三个字无人书写。镇政府派干部王家福携纸赴北京刘紫蘅家求字。

刘紫蘅光绪三十年(1904)生于天津杨柳青镇。他自幼酷爱书法，受业于杨柳青镇名宿王猩酋，后在金石学家、甲骨学家王襄的指点下，临摹魏碑、李邕，书法功力日深。

当时，刘紫蘅已封笔数年，又卧病在床。听明王家福的来意后，他欣然接受请求。数日后病情稍好，他为地名碑书写了“杨柳青”三字。虽然在病中，但其字迹遒劲，功力尽现。老人为家乡题写地名后不到半月即病逝，终年 84 岁，“杨柳青”三字成了他的遗作。2008 年由于道路改造，这块地名碑“下落不明”。

不久前，“寻根大运河”记者团成员冯立在博客上提到此事。区综合执法局同志看到后在其博客上留言，说此碑尚存。记者团立即与李文彩联系。经过努力得知，镇东地名碑于 2008 年西青道拓宽时，被某部门收于仓库保存，镇西和镇南的地名碑仍立于原地。目前，西青区文化部门已介入此事，并已将杨柳青镇东地名碑接手过来，妥善保存，镇西和镇南的地名碑仍立于原地。

2012 年 9 月 14 日《每日新报》

南行徐州淮安扬州镇江　一路观赏“天津渊源”
寻根大运河 诗情画意正史志怪

张家民　冯　立

你知道杨柳青年画和镇江有何关系吗？据说吴承恩为写《西游记》，数次来天津对哪吒传说进行采风；还有近年来最火的《富春山居图》，又勾连起天津和扬州的多少往事……通过一条流淌了两千多年的大运河，天津文化影响着运河沿岸文化。反之，运河沿岸文化也滋养着天津文化。杨柳青年画就是运河文化相互影响的一个典型。继在北京、河北、山东等地的运河沿岸进行寻访后，为了寻找运河沿线文化与天津文化之间更多的血脉联系，由天津市西青区组织的“寻根大运河”记者采访团日前再上征程，对大运河江苏界内的徐州、淮安、扬州和镇江等四个城市进行了考察和寻访，又发现不少与天津有密切联系的文化根脉。

运河故事多 年画留风韵

汉文化源远流长，对中华民族影响深远，对天津民间文化的影响也是非常大的。徐州是大运河上的重镇，汉文化正是徐州的特色文化。

杨柳青走出的著名评书表演艺术家姜存瑞就以说《三国》而闻名。《西汉演义》《三国演义》也都是杨柳青年画的重要题材。前几年，每到正月十五元宵节，杨柳青十六街都会在文昌阁前的几条胡同中挂出绘有全本《三国演义》故事的灯笼，故事精彩，画工精美，既显文化底蕴，又有地方特色。现在，很多以汉文化为内容的杨柳青年画被保存了下来，《三让徐州》《张良吹箫破楚军》《霸王出世》《八门金锁阵》等也都成为杨柳青年画中的精品。《辕门射戟》也是杨柳青年画中的佳作。射戟台位于沛县世界刘氏宗族总会会馆后面，在一座仿汉代四方亭内。现在亭上有“射戟台”匾额，两侧有对联“一弦飞矢鸣画戟，十万雄兵卸征衣”。亭内有清代所立“射戟台”石碑。碑前为一圆形石台。吕布这一箭使得“十万雄兵卸征衣”，这是何等传奇啊！所以，这个故事广为流传，乃至也成为杨柳青年画的重要题材。该画以京剧表演为样本，画中吕布、刘备、纪灵神情生动，实为杨柳青年画中的上品。

在曾经的南北漕运要冲扬州，也能寻得不少杨柳青年画的源头。邵伯镇位于扬州市江都县，是一座尚未开发，在一定程度上保留原貌的古镇。这个镇的名字是因为东晋官封太保太傅的著名政治家、军事家谢安在此治水而得名的。后人追思谢安治水之德，将他比之周代召伯。史称召伯为召公，一作邵公，故亦名邵伯。邵伯辅佐成王，巡行乡邑，曾在甘棠树下休息议政，后人思其德，爱其树而不忍伤。百姓思谢安治水惠民，遂建甘棠庙，植甘棠树，以示纪念。杨柳青年画中有《谢庭咏絮》，这幅画是杨柳青的著名画家高桐轩所作。

在长江与京杭大运河的交汇点镇江，有杨柳青年画素材的重要背景地甘露寺和金山寺。甘露寺位于镇江北固山上。《三国演义》第五十四回写的“吴国太佛寺看新郎，刘皇叔洞房续佳偶”的故事就发生在这里。赤壁大战后，刘备借东吴的荆州不还，周瑜向孙权献计，以其妹孙尚香为饵，设下美人计，诱刘备来京口（镇江古称京口）联姻招亲，趁机扣为人质，以讨还荆州。诸葛亮将计就计，让刘备过江成亲。吴国太和孙权在甘露寺设宴接待刘备。最终，孙刘联姻弄假成真，东吴赔了夫人又折兵。杨柳青年画《东吴招亲》正是描绘的这个故事。

在镇江，还流传着家喻户晓的“白蛇水漫金山”的故事。这个故事就是以镇江的金山寺为背景的。金山寺始建于东晋，《金山志》载：“山有佛寺，始建于晋明帝时。”历史上，金山寺多次发生火灾。现在人们看到的慈寿塔，是光绪二十六年（1900）修建的。水漫金山的故事为杨柳青年画人代代相传，先后

衍生出多个版本。

镇江人对杨柳青年画也怀有一种特殊的感情。镇江民间文化艺术馆是一座专门搜集各地民间艺术品的展馆,有“中国民间艺术品收藏第一馆”之称。在这里，记者看到了镇江丹阳市刻瓷艺术家根据戴廉增版杨柳青年画《水漫金山》创作的刻瓷作品。该馆还收藏了一套花巨资购得的杨柳青年画《白蛇传》册页。因杨柳青年画是著名的民间艺术品,而镇江又是《白蛇传》故事的背景地,所以他们把这套册页收入馆中。今年 10 月,这套册页在杭州举办的“千年等一回——《白蛇传》民间艺术展”上引起了关注。之所以引起关注,既因年画的精美,也因《白蛇传》的美丽传说。这正是文化交流的结果。

射阳吴承恩 游津写“西游”

一部《西游记》名传四海,作者吴承恩出生的地方在淮安郊外的古镇河下。据当地官员介绍,历史上这里曾经出过一百多名进士,是名副其实的进士之乡。明清时还出过状元、榜眼和探花。

虽然有不少新建的仿古建筑,但被磨得十分光滑的石板告诉人们,这里最大程度地保留了原来的面貌。吴承恩的故居就藏在这片片的青砖黛瓦之中。吴承恩出生于一个由下级官吏沦落为小商人的家庭。父亲吴锐为人忠厚,喜谈说史传,好游淮地名胜古寺。之所以为他取名承恩,字汝忠,意思是希望他能读书做官,上承皇恩下泽黎民,做一个青史留名的忠臣。

吴承恩幼年时,父亲常常给他讲述民间神魔故事。他自幼聪慧,喜听淮河水神和僧伽大圣等故事,喜读稗官野史,熟悉古代神话故事和民间传说。他还擅长绘画和书法,是个多才多艺的才子。可是直到 60 岁时,他才到浙江长兴当了县丞。又因与长官不谐,遂拂袖而去。后又由湖北蕲州荆王府纪善之补(正八品),给贵族子弟当老师。吴承恩的晚景凄凉,以卖文为生。

吴承恩故居的射阳簃中摆放着吴承恩的半身铜像，据说这个铜像是根据出土的吴承恩头盖骨复原的。与吴承恩的真实相貌相差不多。在吴承恩故居中收藏着一块从吴氏茔地出土的吴承恩棺材的前挡板，上面刻着“荆府纪善”四个字。

吴承恩与天津渊源匪浅。嘉靖二十三年（1544）吴承恩中岁贡，由府州县选送廪生入京都国子监肄业为岁贡生。嘉靖二十九年（1550）春夏之交入京候选。乘船路过杨柳青时，吴承恩写下了《泊杨柳青》，诗曰：“村旗夸酒莲花白，津鼓开帆杨柳青。壮岁惊心频客路，故乡回首几长亭。春深水暖嘉鱼味，海近风多健鹤翎。谁向高楼横玉笛，落梅愁绝醉中听。”此诗被杨柳青人广为传颂，著名民间美术研究学者王树村在20世纪50年代出版的《高桐轩》一书中就引用过这首诗。

其实，天津与吴承恩的关系远不止这首诗。吴承恩是从中年之后开始创作《西游记》的。他用如花妙笔，将唐僧西游故事，结合唐人传奇、佛道经典、民间故事、淮安地方掌故，创作成了百回本小说《西游记》。

有专家认为，吴承恩曾数次来津采风，而此时也恰逢他正在创作《西游记》之时。他笔下的托塔李天王李靖曾镇守陈塘关，哪吒也是在这里闹的海。专家认为，文学作品的陈塘关就是现在天津河西区的陈塘庄。据天津《地方志》记载，在天津陈塘庄确实曾有一座“哪吒行宫”，供奉着哪吒和托塔天王李靖的神像。而且在哪吒神话里出现过的翠屏山就在天津蓟县。哪吒长得眉清目秀，藕节一般的四肢白白胖胖，原型更像是天津杨柳青年画中怀抱鲤鱼的胖娃娃。

文化需要交流，需要融合，而运河正起到了促进文化交流的作用。因为运河，《西游记》和天津有了这份难解的缘分，而且这种缘分仍然在延续着。在吴承恩的故居“美猴王世家”艺术馆中，陈列着一幅名为《三打白骨精》的年画，据讲解员介绍，此画是六小龄童捐献的，画的是几个可爱的孩子扮作

唐僧、孙悟空、猪八戒和白骨精的娃娃戏场面。其绘画几乎完全是杨柳青年画手法。画的右下角印有“1952年天津人民美术出版社”的字样，画的作者为张鸾。

吴承恩昔日吟诗的杨柳青，现在以年画的方式为他的故居增色，谁敢说这不是缘分的延续。

千金购残卷 扬州沽上藏

扬州的运河史要远远早于人们所熟知的京杭大运河。公元前486年，吴王夫差开邗沟，建邗城，开启了扬州的建城史。隋朝京杭大运河开凿以后，扬州成为江南漕运和淮南盐运中心。盛唐时，扬州富甲天下，有“扬一益二”之誉（成都古称益州）。晚唐之后，扬州是沟通南北交通的咽喉和“海上丝绸之路”的重要口岸，成为富裕和繁荣的象征和历代文人墨客吟咏赞颂的美丽之城，有“淮左名都”的美誉。

到了清代，扬州因河而兴，再度成为中国重要的食盐供应基地和南北漕运要冲，并因此而达到了当时中国城市经济与文化发展的高峰，成为当时世界上的八大都会城市之一，出现了扬州八怪等一批文化名人。扬州经济和文化的繁荣与盐商有着密切联系。学术、书画、园林、戏曲、饮食、收藏等等，无不得益于盐商的滋养。至今在扬州还保留着很多盐商文化遗迹。一些过去的大宅门就散落在南河下、东关街一带的老房子里，其中就包括天津盐商安岐的宅邸。安尚义在当时国内最大的海盐产地扬州和天津从事盐业，并发展成为大盐商。安岐随父经商，致富后在扬州和天津广置地产，扬州的“安家巷”和天津的“沽水草堂”就是当时享誉国内的安家私家园林。安岐是天津历史上著名的收藏家、文物鉴赏家和刊刻家，以刊刻唐代孙过庭《书谱》和撰写《墨缘汇观》而闻名于世，是天津可数的具有全国影响的历史文化名人之一。

据文化学者王惜伟介绍，明以前，私人书画收藏始终集中在江南一带。清定都北京后，清代皇室及官绅对书画文物的偏爱和天津盐商的快速致富，使大量私人收藏品涌向北方，形成了人称“南画北移”的现象。康熙时期，国内几位著名的鉴藏家相继谢世，家资雄厚的安岐便将他们家藏的精品收购过来，充实在扬州的安家巷和天津的沽水草堂。如明末著名收藏家项子京平生的积聚，便大半归入沽水草堂，梁清标、卞永誉等人的收藏也被安岐收藏过来。这些文物字画包括被乾隆皇帝收藏过、现存天津博物馆的“镇馆之宝”范宽《雪景寒林图》、三国魏钟繇《荐季直表》、西晋陆机《平复帖》和隋代展子虔《游春图》、东晋顾恺之《女史箴图》及著名的孙过庭《书谱》，还有今人耳熟能详的《簪花仕女图》和《淳化阁帖》，都在沽水草堂的收藏之列。由元代画家黄公望所绘，当今名声赫赫的《富春山居图》也曾是安家收藏之物。《富春山居图》由于历史原因被分成一大一小两段，前段称《剩山图》，现藏于浙江省博物馆；后段称《无用师卷》，收藏在台北故宫博物院。清初，《无用师卷》被丹阳张范我收藏，又转手被泰兴季寓庸购得。后又历经高士奇和王鸿绪之手，雍正十三年（1735），此画出现在扬州文物市场上。安岐一掷千金购进此卷，先后收藏在安家巷和沽水草堂。到了乾隆年间，安岐家遭变故导致家道中落。友人傅恒劝他：“是物也，饥不可食，寒不可衣，将安用之。”安氏无奈，将此卷并其他古物以两千两银子一并卖给了官府，最终被乾隆收藏于紫禁城。新中国成立前，《无用师卷》被带到台北。2011 年，《剩山图》和《无用师卷》在台北故宫博物院合璧展出，成为两岸传颂的一段佳话。

天津的沽水草堂早已不存，但扬州的安家巷还能让人依稀联想到当年盐商豪宅的奢华。安家巷位于“中国历史文化名街”东关街的旁边，分前安家巷和后安家巷。现在这里还保留了不少老房子，这些房子大多成为市民的住宅，有的则被改造成了杂货店和理发店。可惜的是，安家宅邸的大型建筑已

经被拆除。今年50岁的陆先生对记者说:“我自幼生活在安家巷,小时候住的就是安岐家留下的老房子。我清楚地记得,老房子的房梁有好粗。”陆先生接着说:“老房子是在20多年前拆的,然后在原址盖起好几排五六层的住宅楼。”说到这里,陆先生的脸上满是惋惜之色。

2012年12月8日《每日新报》

文献证实：杨柳青地名出处“提前”至少18年

张家民

作为地名，杨柳青充满了诗情画意。然而，杨柳青之名最早形成于何时呢？据天津社会科学院出版社2005年10月出版的《杨柳青镇志》记载：“元至正三年（1343），文人揭傒斯游历至此，因赋《杨柳青谣》，得名‘杨柳青’，始见今称。”《西青区地名志》也持此说法。长久以来，揭傒斯为杨柳青留名的说法受到广泛认同。然而，西青区民俗学者冯立最近发现了比《杨柳青谣》更早的记有“杨柳青”的文献，这就是元代著名诗人袁桷的《朱窝杨柳青》诗。

冯立在查阅清代乾隆年间关于北京及周边地区历史、地理、名胜等方面的古籍《钦定日下旧闻考》第一百二十卷时，发现有“臣等谨按柳口镇沽寨俱属天津”的条目，并在关于杨柳青的小注中发现有一首《朱窝杨柳青》诗，作者是袁桷。诗曰：朱窝杨柳青，自爱青青好。亦如远行客，相逢不知老。诗的后面注明出处是元代著名才子袁桷的《清容居士文集》。

包括《杨柳青古诗萃》等所有辑录杨柳青古诗的书籍均未收录过此诗。冯立找来《清容居士文集》，并在第十三卷中发现了《朱窝杨柳青》诗，但不只是《钦定日下旧闻考》所载的那一首，而是共有五首！一、朱窝杨柳青，明日是清明。地下不识醉，悲欢总人情。二、朱窝杨柳青，客亭尘漫漫。为你多离别，我生无由完。三、朱窝杨柳青，黄河泻如注。还俟飞絮时，相同入海去。四、朱窝杨柳青，自爱青青好。亦如远行客，相逢不知老。五、朱窝杨柳青，桃杏斗颜色。颜色虽不同，时节各自得。

作者还特别标明“朱窝杨柳青地近沧州，余爱其名雅，作古调五首”。元代时，杨柳青分属武清县和靖海县（即今静海县）。而靖海在元代，长期属于清州（即今河北省青县），归河间路管辖。而沧州也属于河间路，确实两地相

近。至于作者为什么把杨柳青称为朱窝杨柳青,不得而知。朱窝是骰子的别称,也被借指赌场。或许杨柳青在当时运河岸边以赌场闻名,这也未可知。

《朱窝杨柳青》诗是否早于揭傒斯的《杨柳青谣》呢? 冯立查阅了相关文献。此诗作者袁桷 1266 年出生,卒于 1327 年,是元代著名才子,文学家、藏书家、书法家、浙东史学派的代表人物之一。纪晓岚等人在编纂《四库全书》时则称赞袁桷“其诗格俊迈高华,造语亦多工炼,卓然能自成一家。盖桷本旧家文献之遗,又当大德、延祐间为元治极盛之际,故其著作宏富、气象光昌,蔚为承平雅颂之声。文采风流遂为虞、杨、范、揭等先路之导,其承前启后称一代文章之巨公良无愧色矣!”可见在文学上袁桷是早于揭傒斯(1274—1344)等人成名的前辈大家,是他们的“先路之导”。

而《清容居士文集》题跋中《书正肃公惩忿窒欲题扁》一篇,袁桷的落款为“泰定二年上巳日”。由此可以推定《朱窝杨柳青》诗肯定作于泰定二年(1325)之前,是早于至正三年(1343 年)揭傒斯所作的《杨柳青谣》的。而《清容居士文集》也早于收录《杨柳青谣》的揭傒斯文集《文安集》刻印出版。可见,收录《朱窝杨柳青》诗的《清容居士文集》是最早记录杨柳青之名的古代文献。

对传统文化有深入研究的天津师范大学教授辛立洲, 对冯立的发现表示充分肯定。他对记者说,该考据和结论是清楚、确切的,可以给予认定。古代杨柳青作为运河上一个码头重镇, 岸边柳荫商铺中间夹杂些供来往歇息的人群小试“手气”的小赌摊,也属一种“市井风情”。

2013 年 1 月 23 日《每日新报》

乾隆五次驻跸杨柳青多次留诗

张家民　冯　立

如果你到杨柳青旅游，会听到许多关于乾隆的传说，赐名、看画、戏民女。传说归传说，并无确切记载，但你可别以为乾隆与杨柳青没有任何联系。在西青区组织的“寻根大运河”活动中，民间文化研究者遍查史料，走访耆老，得知，乾隆曾五次驻跸杨柳青，并多次留诗。

据介绍，《大清高宗纯皇帝实录》中涉及杨柳青的共有十处。十处中批示奏报、发布圣谕四处，其中涉及河道、水利治理三处，嘉奖一处，记录驻跸杨柳青湖洋庄（即今胡羊庄）五处，记录遣人到湖洋庄向太后问安一处。湖洋庄位于今杨柳青镇政府驻地西南约五里处，东碾砣嘴村以南。传说明永乐末年成村，时有一胡姓老人在此放羊，故名。清乾隆时隶属静海县北路。1951 年时，与东碾砣嘴村合为一行政村。《大清高宗纯皇帝实录》所载湖洋应为胡羊的通假。

《大清高宗纯皇帝实录》记载五次驻跸分别为：乾隆三十六年（1771），乾隆巡幸山东，二月己卯日（初八）御舟驻跸湖洋庄；巡幸山东后，回城途中，三月丁卯日（二十六），御舟再次驻跸湖洋庄；乾隆四十一年（1776），乾隆巡幸山东，二月辛未日（二十九），御舟驻跸湖洋庄水营；回程途中，四月丁巳日（十六），乾隆御舟再次驻跸湖洋庄水营；乾隆五十五年（1790），乾隆巡幸山东，回程途中，四月丙辰日（初六），御舟驻跸湖洋庄。

乾隆四十一年（1776），乾隆路过杨柳青时曾专门作《过杨柳青村作柳枝词》三首，吟咏杨柳青景色以抒怀。这次行程中另一首写杨柳青的诗收于《静海途中杂咏》。

乾隆六十年（1795），85 岁的乾隆帝决定在次年正月将大位传给第十五

子颙琰，并借归政大典之机，再次邀集各方老人来京共享“千叟宴”。

“千叟宴”要求外地来参加者应在70岁以上。嘉庆元年（1796）正月初四日，在宁寿宫的皇极殿开宴，列名参席者3056人，列名邀赏者5000人，“其仪率多由旧，而盛事实视前有加”。据《大清高宗纯皇帝实录》记载：“皇帝奉太上皇帝御宁寿宫皇极殿，举行千叟宴。赐亲王、贝子、蒙古贝勒、贝子、公额驸、台吉、大臣官员年六十以上，兵民年七十以上者三千人，及回部、朝鲜、安南、暹罗、廓尔喀贡使等宴。其一品大臣以及年届九十以上者，太上皇帝召至御座前。亲赐卮酒。并未入座五千人，各赏诗章、如意、寿杖、文绮、银牌等物有差。”“太上皇帝同皇帝御重华宫，召大学士及内廷翰林等茶宴，以举千叟宴于皇极殿礼成，用柏梁体联句。”于是，有了《举千叟宴于皇极殿礼成联句用柏梁体》。该诗见于《御制诗集》余集卷一。全诗较长，诗中综述乾隆一生政绩。其中两句提到乾隆五十九年（1794）巡幸天津时路过杨柳青受百姓欢迎的情形：“八四启銮御辔鞴，石口柳青欢盈廛。”句后小注曰：三月二十日，御舟过琴高祠旁石口村。二十四日，经杨柳青夹河地方。该二处居民踊跃欢迎……特加恩，将该村庄本年应征钱粮普行蠲免。

看来杨柳青在乾隆的心目中已经留下了深深烙印，以至于让位之际，在“千叟宴”的联句中也要把当年他与杨柳青的这一旧事记上。至于他路过和驻跸杨柳青时都发生了哪些故事，《大清高宗纯皇帝实录》并没有记载。这为我们留下了无限的遐想。

2013年3月3日《每日新报》

“寻根大运河”天津·西青记者采访团到武清

郑桂东　杨　岭

6月28至29日,“寻根大运河”天津·西青记者采访团到武清,就运河历史文化及武清开发利用大运河方面的经验、做法及今后规划与设想进行挖掘采访。

据了解,此次记者团“寻根大运河”活动的目的在于寻根溯源:充分挖掘、探讨西青区在历史、文化、经济、政治、民俗、风物、宗教、社会发展等方面与大运河的关系;关照现实,调查运河沿岸城市如何利用大运河扩大知名度、发展经济、文化,做大做强旅游产业,推进园林城市、生态城市建设;推介西青,向大运河沿线城市宣传西青,推动互相交流、取长补短、合作共赢;交流文化,挖掘悠久璀璨的大运河历史文化精彩点。据介绍,此次采访活动为“寻根大运河”第一阶段,将历时七天,重点围绕大运河北运河流域,先后深入红桥、南开、河北、北辰、武清五区和北京市通州、石景山、西城、昌平、海淀五区,围绕大运河,重点考察、探寻这些地区与西青区在历史、经济、文化、民俗上的渊源和联系,搜集交流相关史料和线索,调研这些地区在开发利用大运河、保护文物古迹方面的成功经验和做法。采访过程中,西青记者团通过邀请专家座谈、深入实地参观等形式,详细了解了武清段大运河悠久的历史文化背景和近年来区委、区政府不断加大投入力度,全面提升改造大运河的经验和做法。通过采访,西青记者团成员纷纷表示,近年来武清全力加大大运河提升改造力度,着力推进宜居生态城市建设,取得了一系列可喜成绩。他们希望双方文化界今后能够在更多领域开展合作,推动大运河文化挖掘工作迈上新台阶。

2012年7月《天津日报·武清资讯》

“寻根大运河”天津·西青记者采访团来北辰区交流

吴肖肖

6月27日，“寻根大运河”天津·西青记者采访团一行来到北辰区，就京杭大运河北辰区段进行采访，并探讨运河文化。

采访团一行与北辰区委党史研究室、地方志办公室、文广局相关负责同志先后来到华佗庙等地，进行搜集、交流与大运河文化相关的文物古迹。据了解，此次采访活动计划在今年6月下旬至10月之间，对京杭大运河天津以北运河段、天津以南运河段，围绕60多个重要选题，通过召开座谈会、走访专家、搜集史料等方式开展沿京杭大运河的文化挖掘调查工作。

2012年7月5日《天津日报·北辰之声》

天津西青区采访团取经运河文化

张　丽

在大运河的北起点通州，有一位著名作家曾经以运河为背景写了一部小说，后来这部小说被改编成电影，在大运河天津段西青区杨柳青镇完成拍摄。这个作家就是被誉为中国文坛“神童作家”的刘绍棠，他生在运河边的儒林村，扎根于乡土文学，笔下描绘的尽是大运河边的人和事。1981年，刘绍棠创作了小说《瓜棚柳巷》。1985年，这部小说被改编为电影《瓜棚女杰》，在西青区杨柳青镇翰林院胡同完成拍摄。这就是80年代，一位作家、一部小说、一部电影成就了通州和西青这两个运河沿线城市的一段文化交流佳话。

今天，又缘于大运河，一个来自天津市西青区的记者团为挖掘悠久璀璨的运河历史文化，来到通州寻根溯源。他们遍访通州文物古迹，搜集保护、利用大运河的“金点子”，欲借他山之石，助推城市建设，支持大运河申遗。

“这就是漕运码头吗？怎么好像走进了杨柳青的大院文化区……”7月3日，“寻根大运河”天津·西青记者采访团来到通州的“漕运码头”，当一排排古香古韵的明清建筑突然呈现，团员李焕丽十分诧异，直言仿佛回到了家乡。

这两天，这个由记者、专家和学者等9人组成的“寻根大运河”记者团先后踏访了通州区博物馆、八里桥、御制通州石道碑、燃灯塔、皇木厂以及通济桥等古建筑、遗址和庙宇等人文景观，与专家座谈，搜集区域保护、利用大运河的成功经验和研究大运河的宝贵资料。

来通州寻根溯源赞运河改造值得借鉴

“美不胜收，目不暇接，真是不虚此行。”团长王明清由衷地赞叹，他说，天津西青区域内的运河已经干涸断流多年，正急需治理呢。通州的运河水清

岸绿，蜿蜒两岸的万亩滨河森林公园为大运河的美增色不少。“通州对运河的开发利用给了我们很多启示，尤其是对运河生态环境的保护和改善，在保持原貌的基础上维持了运河的真实性、完整性和延续性。另外，投入巨资治理运河的生态环境，短期内经济效益也许并不明显，但其带来的长久经济效益和社会价值是不可估量的。只有用发展的眼光认识运河的开发和利用，才能做好运河文化的传承和保护。”王明清感慨道。

走访沿线城市搜集运河开发“金点子”

连日来，酷暑难耐，却抵挡不住记者团的脚步，每到一地，他们紧锣密鼓地走访历史文化民俗专家学者、搜集文物史料、查阅考证相关史实、探寻挖掘新的线索，一路走过来，收获颇丰。通州是他们北运河考察采访的最后一站，捧着沉甸甸的笔记本，来自西青报社的记者李焕丽说：“可以说北运河的考察采访是满载而归的，经济是筋和骨，文化是气和神。离开了文化内涵和历史底蕴，钢筋混凝土堆砌出的城市有形而无神。而北运河之行，通州站最让我们感动。一方面感动于通州人的热情，另一方面也感动于这儿厚重的文化底蕴，这些都让我们期望再多走几个地方，带更多有意义的东西回西青，让家乡也充分挖掘、整理、利用运河厚重的历史和丰富的人文资源，加快城市发展的步子。”

据了解，天津市西青区因运河而兴、因运河而盛，运河西青段贯穿西营门、杨柳青等街镇，长约25公里。

此次“寻根大运河”天津·西青记者采访团大运河文化挖掘调查活动将挖掘本土和运河沿线城市悠久璀璨的大运河历史文化精髓，调查运河沿岸城市是如何利用大运河扩大知名度，发展经济，做大做强旅游产业以及推进生态城市建设的，同时也向运河沿线城市宣传西青，互相交流取长补短。

副团长王洪海是西青区的运河文化专家，也是西青报社的编辑。他称，此次活动正式启动前，已经做了长达3年多的准备工作。西青报社从2008年10月开始，就开设“大运河·母亲河”主题专栏，向全国大运河流域省市征集文章。从2008底至2009年7月，他们先后走访了罗哲文、路遥、冯品青等大运河知名专家学者和大运河申遗发起人，召开了多次研讨会，专家们对深入挖掘大运河文化给予了高度评价和大力支持。

走完南北运河将结集交流文章出书

记者团沿运河采访活动自今年6月18日正式启动，引起了新华网、北方网、网易等社会各界媒体的广泛关注。活动分三个阶段进行。第一阶段9天，采访大运河北运河段。第二阶段大约50天，采访大运河南运河段。南北运河走下来之后，进入第三阶段，预计用8个月的时间归纳整理，将各方面的采访、调研和史料结集出版为系列丛书。西青区还计划在2013年下半年，举办运河文化研讨会，邀请运河沿线重点城市运河文化专家、民俗学者进行学术交流，并将交流文章结集出书。

2012年7月10日《通州时讯》

西青记者团到张家湾镇“寻根大运河”

赵　娜

7月3日，由8人组成的“寻根大运河”天津·西青记者采访团来到张家湾镇，参观了皇木厂古运河遗址、古槐树和通云桥、张湾古城遗址。

据了解，记者团此次异地采访活动将利用近4个月时间，围绕60多个重要选题，通过召开座谈会、走访专家、搜集史料等方式对京杭大运河天津以北河段和天津以南河段开展运河文化挖掘调查，抢救大运河历史文化。

大运通州网

“寻根大运河”天津·西青记者采访团到静海

刘洪奇

由本市西青区组织的“寻根大运河天津·西青记者采访团”8月15—16日到静海县进行追根溯源，对京杭大运河南运河段的静海段运河流域历史、经济、文化、民俗等情况展开采访考察，搜集交流相关史料和线索，调研静海地区在开发利用大运河、保护文物古迹等方面的成功经验和做法。

运河文化源远流长，是千百年来沿河两岸政治、经济和文化的发祥地，也是社会发展繁荣的重要纽带，静海文化依河而兴，因水成韵，积淀深厚。此次“寻根大运河”天津·西青记者采访团启程首站在静海县深入独流镇、静海镇、唐官屯镇等沿线采访，与专家、知情者座谈，深入探讨运河文化的起源与发展，涉及经济、政治、文化及民俗。重点采访了南运河静海段历史上重要标记和人文特征。期间，与著名作家张孟良等围绕运河民间史话进行座谈，深入九宣闸等地，对运河文化遗迹进行了实地考察。

2012年8月21日《天津日报·静海文汇》

“寻根大运河”天津·西青记者采访团来冠县采访考察

9月23日，天津市西青区新闻中心副主任、《西青报》社长兼总编杨鸣起带领“寻根大运河”天津·西青记者采访团来冠县采访考察，县委常委、宣传部部长王丽慧陪同。

记者团一行来到冠县柳林镇武训纪念地，通过实地考察、座谈、采访等形式，深入挖掘了与大运河相关的历史资料、历史遗存、历史人物及有关事件、传说等。

采访结束后，记者团还与冠县武训精神研究人员围绕武训事迹、武训精神以及武训与杨柳青木版年画的联系进行了座谈交流。记者团团长杨鸣起对冠县宣传武训事迹、弘扬武训精神等工作给予了充分肯定。并表示此次“寻根大运河”之旅在寻根溯源、挖掘运河文化等方面获得了良好效果，同时，也必将在冠县与西青之间架起了一座友谊的桥梁。

据悉，大运河是世界上里程最长、工程最大、最古老的运河之一，全长约1794公里，开凿到现在已有2500多年的历史，与长城并称为中国古代的两项伟大工程。

冠县新闻网

“寻根大运河”发掘运河遗产

张严新

9月25日，“寻根大运河”天津·西青记者采访团抵达台儿庄区，并参观考察了运河展馆、台儿庄大战纪念馆、台儿庄复线船闸和运河古城。

记者团一行15人，由天津日报、天津电视台的记者及民俗专家等组成，自6月下旬出发，沿京杭大运河采访考察大运河天津市区段和北运河段，围绕60多个选题，通过召开座谈会、走访专家、搜集史料等方式开展沿京杭大运河的文化挖掘调查工作，为京杭大运河申遗搜集资料。

记者团在山东期间，对京杭大运河山东境内的德州、聊城、临清、枣庄、济宁等运河流经区域，深入挖掘其历史上与西青在经济、文化、民俗等方面的联系，搜集交流相关史料和线索，调研这些地区在开发利用大运河、保护文物古迹等方面的成功经验和做法。

《枣庄日报》

“寻根大运河”天津·西青记者采访团发掘京杭大运河遗产

日前，由天津日报、天津电视台联合组成的“寻根大运河”天津·西青记者采访团抵达台儿庄，并考察运河展馆、台儿庄大战纪念馆、台儿庄复线船闸和运河古城。据悉，由8人组成的“寻根大运河”天津·西青记者采访团从今年6月下旬至10月之间，对京杭大运河天津以北运河段、大运河天津以南运河段，围绕60多个重要选题，通过召开座谈会、走访专家、搜集史料等方式开展沿京杭大运河的文化挖掘调查工作，为京杭大运河申遗搜集资料。

2012年10月18日《生活日报》

天津"寻根大运河"记者团来淮送宝

王卫华

8月23日，以天津市西青区文化广播电视局副局长王明清为团长的"寻根大运河"天津·西青记者采访团到淮考察大运河历史文化，在与淮安文史专家的座谈会上，副团长、天津作家王洪海和朱国成分别讲述了吴承恩关于天津杨柳青的古诗和周恩来在天津学武术的佚事。

吴承恩在嘉靖年间科举屡次受挫。嘉靖二十九年(1550)，吴承恩50岁时，终于当上了岁贡生。嘉靖四十三年(1564)春，吴承恩的昔日朋友、当时在北京做官的李春芳派人接父母进京奉养，官船过淮时，李家人拜访了吴承恩，从而让李春芳知道了吴承恩迄今还埋没乡里。李春芳当即写信让吴承恩再次来京谒选。这次吴承恩由大运河北上，进京前泊于天津杨柳青，写下《杨柳青》：

村旗夸酒莲花白，津鼓开帆杨柳青。
壮岁惊心频客路，故乡回首几长亭。
春深水暖嘉鱼味，海近风多健鹤翎。
谁向高楼横玉笛？落梅愁觉醉中听。

韩慕侠是著名武术家，也是电影《武林志》中主角东方旭的原型。天津南开中学由著名教育家严范孙和张伯苓于1904年10月17日创办，周恩来总理曾在该校就读。1915年，严范孙和张伯苓请韩慕侠到校教习武术。在打败日本人东乡平三郎后，韩慕侠开设了武馆。周恩来闻讯后，便到武馆拜韩慕侠为师。周恩来从1915年至1920年赴法勤工俭学前，曾跟随韩慕侠习武三

年多,是韩慕侠的正式弟子。在周恩来赴法前,韩慕侠率众弟子在武术专馆前与之合影留念。

2012 年 11 月 24 日《淮海晚报》A5 版

“寻根大运河”天津·西青记者采访团来镇考察交流

张　蓉

11 月 27—28 日，“寻根大运河”天津·西青记者采访团来镇江进行文化考察交流。28 日上午，“寻根大运河”座谈会在碧榆园举行，由记者团团长、天津西青区文化广播电视局副局长王明清带队的记者团一行，与来自市政协、文广新局、作协、民间文化艺术馆等单位的文史专家就大运河沿线重要文化遗产和历史文化名城镇江进行了交流。

座谈会上，市文广新局副局长赵峰向记者团介绍了近年来镇江市大运河申遗的具体情况，镇江和天津记者团双方互赠了相关史料和书籍等礼物。此次运河行有寻根、考察、探索、交流四大任务，将围绕沿河地区历史上与西青在经济、文化、民俗等方面千丝万缕的渊源，搜集交流相关史料和线索，借鉴保护文物古迹等方面的经验做法。江苏境内运河分为两段考察，此前已考察了江苏省的徐州、淮安、扬州三个城市。

镇江市为此次考察的第四站，记者团不仅对三山风景区、西津渡历史文化街区等进行了实地考察，还了解了水漫金山、白蛇传、瘗鹤铭、梦溪园等许多关于镇江的历史传说和文化遗存。

2012 年 11 月 29 日金山网

寻根大运河 传承民族魂

从2012年6月下旬开始，天津市西青区就启动了沿京杭运河异地调查采访活动，并组成记者团开展对运河文化的调查挖掘。京杭大运河全长1794公里，是世界上最长的一条运河，纵贯南北。在两千多年的历史进程中，大运河留下了丰富的历史文化遗存，孕育了一座座璀璨明珠般的名城古镇，积淀了深厚的文化底蕴。3月25号下午，“寻根大运河”天津·西青记者采访团来到李叔同纪念馆参观考察。

作为世界级历史文化名人的李叔同，出生于天津，祖籍在浙江平湖。有天津人的豪情，也有江南人的细腻，李叔同华枝春满的一生也正是大运河南北贯通后文化发展与交流的产物，为探究西青区在文化、历史、宗教、风俗上与大运河间的关系，李叔同纪念馆自然吸引了这些记者们的目光。

在讲解员的解说下，记者团不少成员都发出感慨，赞叹李叔同博学多才的人生，到最后又大彻大悟返璞归真；随后又非常仔细地观看了介绍李叔同的宣传片《月满天心》。在结束参观时，纪念馆和记者团互赠了相关资料，希望以后彼此合作、相互学习，为弘扬中国文化共同努力。

2013年3月26日平湖李叔同纪念馆网站

“寻根大运河”天津·西青记者采访团考察西塘

陈 康

3月25日，“寻根大运河”天津·西青记者采访团一行十多人到达古镇西塘，通过座谈和实地考察，深入探究西塘历史、文化、经济、民俗、风物、宗教、社会发展等方面与大运河的深厚渊源，学习宣传西塘古镇保护和开发的成功经验。

据了解，记者采访团是第五次出发，进行了为期半个月的第五阶段即江南运河段的采访考察。此次采访考察，记者团将对江苏省常州市、无锡市、苏州市，上海市徐汇区、虹口区，以及浙江省嘉兴市、杭州市等地区进行采访考察，围绕这些地区历史上与西青在经济、文化、民俗等方面的渊源联系，搜集交流相关史料和线索，借鉴保护文物古迹等方面的经验做法。此前，记者团已完成了四次采访考察活动，分别对京杭运河北运河段、南运河段、京杭大运河鲁运河段和江北运河段进行了调查，挖掘整理出大量与天津有着深厚渊源和密切联系的运河历史文化民俗史料、文物。

自活动开展以来，在社会上引起了强烈反响，除天津日报、天津电视台“都市报道”等省（市）级媒体以及网络媒体多次报道外，此次人民日报、中国摄影出版社、天津《支部生活》社也派遣编辑、记者全程跟踪报道。

2012年11月29日《嘉兴日报》

“寻根大运河”天津·西青记者采访团考察拱墅

拱墅区文广新局

2013年3月28日,“寻根大运河” 天津·西青记者采访团一行20余人考察拱墅,通过座谈交流和实地走访等方式,重点对大运河江南段流域进行调研,探寻其与西青区在历史、经济、文化、民俗等方面千丝万缕的渊源和联系,调研杭州及拱墅在开发利用大运河、保护文物古迹方面的成功经验和做法。

当天上午,“寻根大运河”天津·西青记者采访团考察座谈会召开,拱墅区介绍了运河文化建设情况,同时,双方就如何做好大运河开发保护进行深入交流探讨,旨在进一步推动大运河文化挖掘工作迈上新台阶。下午,“寻根大运河”天津·西青记者采访团一行实地走访中国京杭运河博物馆、运河小道、拱宸桥、运河文化广场、富义仓等,考察、搜集、交流相关史料和线索。

据了解,“寻根大运河”天津·西青记者团一行20余人,由《人民日报》海外版、《中国摄影》出版社、《西青报》、西青电视台的记者及民俗专家等组成,此次“寻根大运河”天津·西青记者采访团是第五次出发,作为运河最南端的拱墅区,是“寻根大运河”采访考察收官之地。此前,记者团已完成了京杭运河北运河段、南运河段、京杭大运河鲁运河段和江北运河段等四段的采访考察活动,挖掘整理出大量与天津有着深厚渊源和密切联系的运河历史文化民俗史料及文物。

2013年3月28日“杭州·拱墅”门户网站

·寻根印记·

诗情画意杨柳青

杨鸣起

中国北方，天津卫。沿京杭大运河向西南行进 15 公里，有一座运河上漂来的文化重镇。这里，风光灵秀妩媚、安详宁谧；这里，建筑精美、雕梁画栋；这里，文脉昌盛、斯文一派。所有这些，再加上一个和风轻拂、诗情流转的名字——杨柳青。

“先有杨柳青，后有天津卫。”气魄恢弘、华贵典雅的大院文化，兼收并蓄、博采众长的运河文化，含蓄内敛、精益求精的年画文化，坚韧不拔、敢为人先的赶大营文化，无不彰显着天津文化的个性魅力。

津鼓开帆世人惊

杨柳青已有 1000 多年历史。原为海滩沼泽，后黄河经此入海，挟来了黄土高原万仞厚土，沉淤泥沙渐成陆地。汉代，杨柳青隶属渤海郡的章武县。

宋代之前，杨柳青因西南有三角淀，为子牙河、大清河的入海处，曾名“流口”，意为河流入海之口。是北宋与辽国的边界，杨六郎曾经在这一带屯兵抗辽。金代，因子牙河、大清河两岸广植杨柳，杨柳青由“流口”改称“柳口”。金政权在柳口正式建镇，设巡检，这是杨柳青成为行政建置最早的史籍记载。那时，天津地方称直沽寨，尚未派专职官员管理，是由柳口镇的官员代管。直到元末明初，“柳口”地名逐渐被“杨柳青”所取代。

800 年前，贯通南北的京杭大运河在这里飘然而落。“二水中分云窈窕，几家杨柳木芙蓉。”杨柳青，诞生于大运河、子牙河二水之间，千年古镇以水为乳，以水为路，因水而兴，因水而盛。“杨柳青垂驿，蘼芜绿刺船。笛声邀落

月，席影挂长天。”随着京杭大运河的南北贯通，古镇十里长堤，杨柳依依，碧草茵茵，一派江南水乡景象。西渡口、药王庙、三义庙、准提庵、估衣街、河沿大街、席市大街、菜市大街、猪市大街，见证了这里往昔的漕运鼎盛、商贾云集、舟楫林立，帆樯蔽日。明清时期，杨柳青是运河漕运重要枢纽，中国北方商贸流通和文化交流集散地。

在著名作家冯骥才先生的笔下，杨柳青是一座斯文小镇。“早在元末，杨柳青就开设私塾，至明清两代，塾学兴盛。始建于清光绪四年(1878)的崇文书院，为杨柳青镇造就了三十多位翰林、进士和举人。历史名镇之所以人才辈出，百姓知书明理，书院的文化教育与礼仪熏陶，功不可没。”(引自谭汝为先生《杨柳青古诗粹》序)

这里，有美轮美奂的古代建筑群。石家大院，十八个院落，四合连套，气势宏浩，鸳鸯厅、佛堂、南花厅、戏楼堪称建筑精品，砖、木、石雕精美而独具特色，是华北地区保存较好、规模较大的清代民宅建筑群。安家大院、周家大院、董家大院典雅华贵，气度雍容不凡。走进任何一座院落，你都能依稀辨听人间风雨、兴衰沧桑，感悟世态炎凉。建于明代的文昌阁，飞檐高翅，螭卧架头，檐角各坠铜铃，风吹作响。“崇阁蒙雨”，曾是昔日杨柳青十景之一。

这里，是中国四大木版年画之冠——杨柳青年画的故乡。始于宋、兴于明、盛于清的杨柳青年画，刻工精丽，绘制细腻，色彩鲜艳，线条流畅，人物逼真丰满，雅中有俗，俗中见雅，富有独特的民间艺术风格和浓郁的地方民俗特色，是中国年画中的珍品和瑰宝，当代著名作家冯骥才说过：“今天，世界上凡有珍藏中国画的地方，就有杨柳青年画。”《连年有余》《吉庆如意》《金玉满堂》《福寿三多》寄托了杨柳青人对天下朋友的淳朴情感，表达了对美好生活的祝愿和祈望。

这里，出能工巧匠。戴廉增、齐健隆、高桐轩、闫美人、张祝三、钱慧安、潘忠义、霍秀英、霍庆顺、霍庆有、张克森等一代又一代年画名师灿若星辰;“家家会点染,户户善丹青”,随手勾上几笔墨线,信手抹上几团浓彩,是古镇人的家常便饭。这里世代流传着美丽的传奇和神话:杨柳青年画“一年鼓一张,不知落在哪一方”“天津卫城西杨柳青,有一位美女白俊英”,一段段引人遐思翩翩的故事,依然在古镇的后人中口口相传,耳熟能详。

谭汝为先生在为《杨柳青古诗粹》作序中提道:“元代揭傒斯、明代谢迁、于慎行,清代高广懋、查礼、管干珍、永瑆、英廉、周馥等文人墨客都有感而发,留下了脍炙人口的诗词,或盛赞此地风情,或抒发个人情怀。如清查礼‘万顷桃花千柳树’、沈俊‘杨柳桃花三十里’、永瑆‘杨柳阴阴似画图’、梅宝璐‘杨柳青边杨柳青’等,都为千年胜迹更添风采。”

村旗夸酒莲花白,津鼓开帆杨柳青。
壮岁惊心频客路,故乡回首几长亭?
春深水暖嘉鱼味,海近风多健鹤翎。
谁向高楼横玉笛,落梅愁觉醉中听!

明嘉靖二十九年(1550)春,文学家吴承恩北上求官,从淮安出发,一路乘船,经京杭大运河,进南运河,泊杨柳青。正是春深水暖时候,诗人尝南运河鱼鲜,品杨柳青醇酒,沐渤海雄风,赏一鹤排云,忘情于异乡春色之中。忽闻远处高楼玉笛横吹,“梅花”乱落,不觉乡愁顿生;慨叹客路惊心,故乡渐远,仕途坎坷,前路未卜,不禁悲从中来,颓然醉矣。吴承恩这首《泊杨柳青》虽凄楚动人,但也印证了这里昔日的秀美、富庶与繁华。

如果你到杨柳青游览,会听到许多关于乾隆皇帝的传说:“乾隆爷赐名杨柳青”“乾隆爷微服赏年画”“乾隆爷赞叹杨柳青出美女”……虽然这些都

属戏说，但这位清朝皇帝与杨柳青确实关系密切。在西青区组织的“寻根大运河”活动中，民间文化研究者遍查史料，走访耆老，厘清了乾隆与杨柳青的关系。研究成果表明，乾隆曾五次驻跸杨柳青，并多次留诗。

《大清高宗纯皇帝实录》中，记录乾隆皇帝曾驻跸杨柳青湖洋庄五次。这五次驻跸分别为：乾隆三十六年（1771），乾隆巡幸山东，二月己卯日（初八）御舟驻跸湖洋庄；巡幸山东后，回城途中，三月丁卯日（二十六），御舟再次驻跸湖洋庄；乾隆四十一年（1776），乾隆巡幸山东，二月辛未日（二十九），御舟驻跸湖洋庄水营；回程途中，四月丁巳日（十六），乾隆御舟再次驻跸湖洋庄水营；乾隆五十五年（1790），乾隆巡幸山东，回程途中，四月丙辰日（初六），御舟驻跸湖洋庄。

乾隆四十一年（1776），乾隆路过杨柳青时曾专门作《过杨柳青村作柳枝词》三首，吟咏杨柳青景色以抒怀。这次行程中另一首写杨柳青的诗收于《静海途中杂咏》。乾隆六十年（1795），85 岁的乾隆帝决定在次年正月将大位传给第十五子颙琰，并借归政大典之机，再次邀集各方老人来京共享“千叟宴”。据《大清高宗纯皇帝实录》记载：“太上皇帝同皇帝御重华宫，召大学士及内廷翰林等茶宴，以举千叟宴于皇极殿礼成，用柏梁体联句。”于是，有了《举千叟宴于皇极殿礼成联句用柏梁体》。该诗见于《御制诗集》余集卷一。全诗较长，诗中综述乾隆一生政绩。其中两句提到乾隆五十九年（1790）巡幸天津时路过杨柳青受百姓欢迎的情形：“八四启銮御辔鞴，石口柳青欢盈廛。”句后小注曰：“三月二十日，御舟过琴高祠旁石口村。二十四日，经杨柳青夹河地方。该二处居民踊跃欢迎……特加恩，将该村庄本年应征钱粮普行蠲免。”

龙舟落帆，天子登岸，杨柳青的繁华盛景给了这位盛世天子极深的好感，也为今天的人们留下了无尽的遐想。

作为天津市西青区委、区政府所在地，今天的杨柳青传统文化与现代文明水乳交融，是一座充满现代化的新兴城镇。杨柳青镇以其深厚的文化底蕴、优美的自然生态环境和改革开放40年来的突出成就，一举荣获了“中国魅力文化传承名镇”“国家卫生镇”“中国历史文化名镇”“全国环境优美镇”“国家级生态镇”和“国家特色景观旅游名镇”等荣誉称号，正在努力打造国家级文明城镇和“5A级景区”。

浓描淡抹铸画魂

2017年8月27日20时许，天津“水滴”体育馆。中华人民共和国第十三届运动会隆重开幕！一场惊艳绝伦的大型演出横空出世。当一幅娃娃抱鱼的巨幅杨柳青年画，依靠声光电全息投影技术徐徐展开、缓缓升起的瞬间，全场掌声雷动，经久不息！

“莲年有余，是富贵，是吉祥，是百姓心中最喜悦的盼望；国泰民安，人民幸福，是一个国家所能构筑的最实在的温暖”，随着主持人的解说，《连年有余》这幅堪称中国元素、中国名片的杨柳青年画代表作震撼了在场的所有观众，也深深唤起了人们对往昔的回忆。

今天，大多数50岁以上的中国人，对年画有着挥不去、抹不掉的情结。“无画不年”，几百年来，张贴这些斑斓的色彩和图案，是中国普通百姓辞旧迎新、祈福纳祥的盛大仪式。起于宋、兴于明、盛于清的杨柳青木版年画是中国民间四大木版年画（四川绵竹年画、天津杨柳青年画、山东潍坊年画、江苏桃花坞年画）之一，其制作技法独特，色彩鲜艳，线条流畅，造型细腻，寓意巧妙，种类繁多，被民间推崇为中国木版年画之首、之冠，深刻影响了国内近百种年画。

和其他年画一样，最初的杨柳青年画同样都是发于民间、起于草根。

辽金时，一些工匠被金掠到了北方，其中就有一些画匠最终在。因杨柳

青一带附近村庄盛产杜梨木,适于雕版,人们就逐渐用它刻印门神、灶王、钟馗、天师、月宫图之类神祃,逢年过节出售,以为生计。谢玉明先生提到:

> 明永乐十三年(1415),大运河开通,地方日渐繁荣,南方运来的纸张、颜料比较精细好用,习此艺者渐增,且不断创新……明万历年间(1573—1619),出现套色木刻,改用白纸,用朱、绿、黄、黑等颜色套印,诚为年画的一大进步……经过艺人的不断改进,渐有套印加手绘年画,形成杨柳青年画的雏形,仍是全家人自绘(打墨稿),自雕(雕版),自印,自己加工手绘,自己推销产品,仅以姓氏为记。

清代,京杭大运河的帆舟从苏州的桃花坞载来戴氏家族。乾隆年间(1736—1795),以制作年画为生的戴家在杨柳青的运河边繁衍了九代人之后,首创了以自家姓名为字号的“戴廉增画店”。戴廉增开始雇徒工、请画师,进行出样、雕版,且有了明确分工和工序:勾描,以墨勾图,表现图案,塑造形象;刻版,以刀代笔,在杜梨木上刻出王侯将相、才子佳人、娃娃抱鱼;水印,鬃刷蘸墨,棕耙拓印,墨线精致;彩绘,上粉色,染天地,点脸眼,描白花,一幅幅精美的杨柳青年画就做成了。

大运河,给了杨柳青年画这朵民间艺术的奇葩无穷无尽的滋养。康乾盛世的繁荣,运河通航的发达,南北文化的交融,使得杨柳青年画兼收并蓄、海纳百川。运河沿岸各地的风物人情、时令习俗、民间传说、历史故事,南方沿运河北上到此定居的许多文人画家的加盟,顺河南下的京城宫廷画派西洋透视技法的传播,统统被杨柳青的画师们“拿来所用”,他们用质朴的感悟和不凡的才华,在刻刀与笔端恣意淋漓地演绎和诠释着。《白蛇传》《昭君出塞》《文姬归汉》《打金枝》《木兰从军》《辕门射戟》《三顾茅庐》《东吴招亲》《藕香榭吃螃蟹》《暖香坞雅制春灯谜》《金玉奴棒打薄情郎》《乔太守乱点鸳鸯谱》，杨柳青年画逐渐文气起来、雅致起来。神话、典故、传奇、侍女、娃娃、戏出、山水，杨柳青年画题材琳琅满目；“贡尖”“板屏”“条屏”“三裁”“斗方”“缸鱼”“炕围”“灯画”“历画”，杨柳青年画体裁多姿多彩。

乾隆至嘉庆年间(1736—1820)是杨柳青年画的鼎盛时期。谢玉明先生曾对此有专门介绍：“相继出现了年画作坊一百多家，有十几家较大作坊，每家都有五十多个画案，二百多名工人，每年一家至少能印两千多件活(一件为五百张)，全镇年画业从业人员多达三千人。”“年画作坊鳞次栉比，画牌相招，彩幌遥对，每岁冬至前后，远近各地趸画客商四方云集，直到腊月初，货色交齐，商旅车马才络绎散去……”“由于产销两旺，又把加工手绘扩大到镇南炒米店、古佛寺等三十六村，便有了‘家家会点染，户户擅丹青’的美传，形成了以杨柳青镇为中心的画乡。”

乾隆中期，随着戴氏年画被纳入宫中贡品，大批杨柳青年画店纷纷抢滩登陆京城市场，声名远扬。杨柳青年画沿运河南下冀鲁豫苏皖浙，沿大清河、子牙河、北运河、蓟运河远销内蒙古和关东地区，甚至流传到遥远的俄罗斯。现在，许多年画就被珍藏在俄罗斯大大小小数十座公立博物馆中，仅圣彼得堡的艾尔米塔什博物馆(冬宫)就有三千多幅中国木版年画，其中大部分是一百多年前杨柳青年画的“贡尖”，这些古版年画在我国本土几近绝迹，成为孤品，其艺术价值难以估量。

鸦片战争后，随着国运日渐衰落，兵连祸接，加之西方先进低廉的印刷产品的冲击，杨柳青年画行业渐入困境，逐渐走向衰败。尤其是抗日战争时期，日本帝国主义对中国人和中华文明的严重摧残践踏，导致民不聊生，年画画版被劈毁无计，或被日军用来铺路、堵决口、搭碉堡，或被当作劈柴卖给饮食摊点，焚于炉火，几百年艺术精华濒临灭绝。

新中国成立后，在党和政府的关怀下，在新老艺人的艰辛努力下，杨柳青年画奇迹般获得了新生。至今，杨柳青人还仍在相传着1959年周恩来总理来杨柳青视察画店，同年画艺人们促膝交谈，共商年画复兴大计的情景。

今天，沿运河溯游，两岸绿柳依依，雕梁画栋，千年古镇杨柳青依然画庄林立、字号满街，有人依古法传承技艺，也有人开始创新发展。2005年，杨柳青木版年画被列入中国非物质文化遗产名录。

近年来，当地政府为了杨柳青年画的传承保护和发展，确立了"标准化、系列化、组织化、规模化、市场化"的发展思路，牵头组织有关单位和社会各界，开展了实体企业引入、网络营销、衍生品市场开发、专题文艺作品创作、大型特色宣传交流活动、年画专业人才培训（成立杨柳青年画大专班）等工作，进一步提高了杨柳青年画的知名度和影响力。目前，全区共有年画从业人员2000多人，年画作坊72家，年画衍生品创作研发16个类别182个品种，年销售额5000余万元。

一代名画，涅槃铸魂，画魂永生！

从乾隆御笔到杨柳青界碑

冯 立

“寻根大运河”天津·西青记者采访团在搜集大运河沿岸与西青有关的历史文化遗迹的时候，得知北京北海公园有杨柳青书法家的遗墨。于是,6月30日和7月1日,采访团两赴北海公园探寻,并采写了新闻《补写乾隆御笔的杨柳青人——刘紫蘅》,由此引出一段寻找杨柳青界碑的公案,同时也引出了我们对从杨柳青走出的书法大师刘紫蘅的追访。

乾隆爷禁苑留御笔 刘紫蘅京师补榜书

北海公园位于北京市中心区,城内景山西侧,在故宫的西北面,与中海、南海合称三海。全园以北海为中心,面积约71公顷,水面占583亩,陆地占480亩。这里原是辽、金、元代离宫,明代永乐皇帝迁都后辟为御苑,乾隆时期对北海进行大规模的改建,奠定了此后的规模和格局。它是中国现存最古老、最完整、最具综合性和代表性的皇家园林之一。

众所周知,乾隆能诗会画,尤喜书法,工赵体,留下了大量的书法作品。在北海,乾隆也撰写了大量的碑文,题写了众多匾额。

北海的主体建筑是白塔,塔下有乾隆御笔石碑《塔山四面记》。其中《塔山南面记》写道:“过堆云坊即永安寺,殿曰法轮,殿后石磴拾级而升得稍平,道左右二亭曰引胜、曰涤霭,复因迥迭石中。仍拾级左右各为洞,玲珑窈窕,刻峭摧崣,各极其致,盖即所谓移艮岳者也。穿洞而上适与拾级而上者平,洞之上,左右各有亭覆之,曰云依、曰意远。”

乾隆所说的这四个亭子位于白塔南面,楞伽窟之上的平台有两座,是四方亭;楞伽窟前面的平台有两座是六角亭。四方亭匾额为云依、意远,六角亭匾额为引胜、涤霭。

1962 年北海公园修缮。此时，意远亭上匾额朽坏不存。经北京市书法研究社秘书郑诵先推荐，北海公园请杨柳青人刘紫蘅仿乾隆笔迹补写“意远”二字。

刘紫蘅，祖籍河北沧州于家桥，光绪三十年(1904)生于天津杨柳青镇。其父从沧州到杨柳青谋生，以卖带子为业，人称带子刘。后在估衣街西头、曹家胡同南口斜对面设义顺成百货线店，铺面两间，经营腿带、腰带、绒花、绢花、线袜以及洋广化妆用品。住家居于姜店胡同南头。刘紫蘅自幼酷爱书法，受业于杨柳青镇名宿王猩酋，初学欧柳，后工赵体。王猩酋认为他是可造之才，把他推荐给著名的金石学家、甲骨学家王襄。王襄不仅精于金石、甲骨研究，同时也是书法大家，解放后，天津市书法研究会成立，他任首任会长。在王襄的指点下，刘紫蘅临摹魏碑、李邕碑，书法功力日深。为了取得更大成就，他把家业交给长子刘世增、次子刘世荣打点，自己迁居天津市区，专心书法学习和研究。后来为进一步与书法界交流，刘紫蘅定居北京。1962 年时他在书法上已经有相当造诣，在书法界已经很有名气，因此郑诵先先生才推荐他补写乾隆御笔匾额。

说起匾额其实是很有讲究的。匾额，有人又称为榜书。榜，古代称署，即宫殿匾额、门额或谓告示、张榜，皆用大字所书。因此，凡数寸至径丈之字皆可叫“榜书”。当然随着时间的迁移，后人也不一定将它用于书匾。但最初的榜书，确是用以题匾的。题写榜书与普通书法不同，康有为曾说:“作之与小字不同，自古为难。其难有五:一曰执笔不同;二曰运管不同;三曰立身骤变;四曰临仿难周;五曰笔毫难精。”

另外，写榜书不仅要字大，其气象也要大，故不是随便的书法家就可以写的，需要有碑学的功底。而刘紫蘅恰恰是有深厚的碑学功底的，同时，他工于赵体，与乾隆一致，故是补写乾隆御笔的最佳人选。

刘紫蘅果然不负众望，待写成后，其字神形兼备，与尚存之“云依”匾如出一人，在十几个参选的补字者中脱颖而出。其字遂镌刻为匾。刘紫蘅也自此在书法界名声更盛，求书者络绎不绝。

采访团北海寻遗墨　地名碑杨柳青有珍闻

2012 年 6 月，刘紫蘅的家乡——天津市西青区组织“寻根大运河”采访团，要沿大运河寻觅西青历史文化之根源。6 月 30 日，他们专门到北海，意欲瞻仰杨柳青走出的这位书法大师遗墨。这一天采访团的采访任务非常紧，全天安排了 9 个采访点。为了赶在公园关门前到达，他们连晚饭也顾不得吃了。赶到北海时已近 20:00，虽然北海公园仍然开放，但四方亭所在的永安寺、白塔区域已经关闭，虽然还能遥望看清东面亭子匾额上的“云依”二字，但西面有刘紫蘅遗墨的“意远”亭从远处是看不到的。同时，由于光线的缘故也无法拍摄，采访团只好无功而返。

7 月 1 日一大早，他们再次来到北海，直奔白塔脚下。这次，两个亭子都看清楚了。亭子位于白塔之下，楞伽窟之上。从亭下平台仰望，亭子掩映于苍松翠柏之中，其下怪石拥抱，回栏曲折，极尽清幽之趣。

有团员提出，曾看到有资料说，刘紫蘅所题字不是意远，而是另一块匾。于是团员们对两匾细加研究。首先，有“云依”二字的匾比较旧，有古朴之感，而“意远”匾相对较新，故直观上“意远”应为后补。而刘紫蘅先生当年也曾在《北京晚报》撰文回忆为北海公园补匾之事，他曾明确说过补的是“意远”匾。

北海公园，白塔之下，乾隆爷与大师“云依”“意远”两匾合璧，把小山顶上云霭依依、意境深远之趣道尽。

在瞻仰“意远”匾后的采访路上，采访团成员冯立提及刘紫蘅为杨柳青地名碑书字事。

1987 年，杨柳青镇政府设立地名碑，碑阴由杨柳青镇农民书法家郭丕

丞书写，石碑造型设计和汉语拼音由区政协干部谢玉明承担。唯独碑阳“杨柳青”三个字无人书写。经过杨柳青的掌故老人王鸿逵先生推荐，镇政府派干部王家福携纸赴北京刘紫蘅家求字。其时，刘紫蘅已久未书字，又卧病在床。听到王家福的来意后，欣然接受请求。等数日后病情稍好，为地名碑书写了“杨柳青”三字。虽然病中，其字迹遒劲，功力尽现。

刘先生写字后连连叫好。当时他的两个弟子在场，感到非常奇怪，因为他们追随刘先生多年，从未见过他对自己的字说好。于是问为什么叫好。刘先生说，这个“柳”字写得好啊！并接着连连叫好。此时他颇显激动竟然后仰，幸好两个弟子扶住跌坐在椅中。他吩咐道：“写字的这支笔不要洗了，用手攥干。”他的弟子按照吩咐去攥笔。回来后，刘先生看了看说：“不行，继续攥。”弟子再攥后，刘先生说：“挂上吧。”弟子说：“笔不洗会坏的。”刘先生说：“你们不懂，我这是封笔了！”

不到半月，刘先生病逝，终年 84 岁。他为家乡题写的“杨柳青”三字竟成了他的绝笔。

文化局觅宝搜四处　神秘客留言破难题

刘紫蘅书字后，杨柳青镇共立地名碑四块，镇东南西北各一。东面公路口处石碑规格最高，为主。该碑通高 3.6 米，须弥座高 90 厘米，上刻狮子、花朵；碑身高 2 米，宽 90 厘米，厚 50 厘米；碑顶采用传统民族样式盝顶。碑阳 3 个红色大字“杨柳青”即为刘紫蘅先生所书。其他 3 块石碑通高均为 2 米，普通碑座，无盝顶。

由于采访团写稿需要，冯立便联系朋友到公路口为石碑拍照，以为素材。谁知，朋友告诉他，公路口的这块石碑在几年前公路拓宽时就不知下落了。这让冯立吃了一惊。当年费尽周折建成，如此大师撰写的石碑怎么就这么丢失了？于是，他跟采访团团长、区文化局副局长王明清说，这块石碑是西青的一宝啊！应该尽快找到，即使杨柳青镇不再需要标明地界，它的文化价值也足以在将来为杨柳青增添色彩。如果将来建设运河文化景观带，此石碑完全可以在空白处布点，成为一大文化景观啊！

王明清虽然不是杨柳青本地人，但热心历史文化保护。当他得知石碑下落不明后立即致电下属查问，并责令一定要想办法找到地名碑。文化局的同志急忙四处搜寻，可是，除镇南、镇西的石碑仍在，镇东和镇北的地名碑都不知所踪。时隔几年，让他们到何处去找呢？这石碑的下落成了摆在文化局同志们面前的一道难题。

正当文化局同志苦于不知地名碑下落之时，一位网友在冯立博客中留言说"此碑尚存"。这网友是谁？他怎么知道石碑的下落？这条留言让冯立颇感神秘。

于是，冯立急忙通过博客询问，原来留言者是西青区综合执法局副政委李文彩，他的同事，执法局副局长刘英是刘紫蘅的孙女，她知道公路口地名碑的下落。

真是踏破铁鞋无觅处，得来全不费工夫啊！

冯立急忙向李文彩要来刘英的电话，向她介绍了"寻根大运河"活动的情况，并告知希望找到并保护地名碑的想法。刘英说，地名碑已经寄存在区市容委仓库，她也希望文化部门能把石碑保护起来，让它为西青的文化事业发挥作用。

于是，冯立又与王明清和西青报社联系，告知他们这个好消息。

第二天，在刘英的陪同下，西青报社、电视台的记者与冯立一起来到区市容委仓库，见到了杨柳青人久违的这块地名碑。所幸，石碑完好无损。原来，刘紫蘅共有六子一女，唯有次子刘世荣留居杨柳青，退休于轻机厂。随着年龄的增长，刘世荣越来越怀念自己的父亲。西青道拓宽，地名碑遗失后，他

怅然若失，责令女儿刘英寻找。刘英几经周折终于得知，当时地名碑被废弃路边，区市容委的同志怕石碑污损，于是收入仓库。

公路口的地名碑终于找到了，众多热爱文化的人在其中尽力。西青人的文化保护意识为我们保住了这件文化瑰宝。

寻根发现：正安堂公所古迹犹存！告急！！！正安堂遗迹危矣！

冯　立

理门，又称理教，初以宗教为掩护欲反清复明，后以禁绝烟酒鸦片为主业，成为著名慈善组织。社会影响很大,曾有南洪门，北理门之说。

杨柳青正安堂老公所是理门六方派发源地，建于乾隆三十一年(1766)。据 1989 年至 1990 年中日学者近代华北农村调查团考察，六方派的影响覆盖了杨柳青周边地区，并传播到独流、文安、胜芳乃至南方，甚至海外也有其影响存在。

如今理门另一个支派五方派发源地积善堂公所已经完全没有了遗迹。正安堂老公所也几近湮没，曾被认为只剩胡同口的门楼了。但在“寻根大运河”活动对杨柳青本土调查中，我们发现正安堂老公所古迹尚存。它就在杨柳青镇老公所胡同 6 号。这应该是建立最早的理门公所遗迹了，对研究理门历史和世界禁毒史有着重要的文物价值。

老公所胡同口有青砖拱门一座，高三米多，古朴淡拙，风格素雅，上砌花檐，镶有青方砖匾额，砖上刻隶书“正安堂老公所”六字。

此前曾耳闻有关方面有拆除拱门，将其主体部分迁移的设想。笔者个人认为这种设想不妥。几年前笔者曾与冯骥才先生谈及理门公所遗迹，他说建筑应该原地保护，否则其历史文化价值也就大打折扣了。

今天笔者再次去正安堂公所探访，发现胡同口的青砖拱门右侧居然已严重损坏，部分青砖被掏空。整座拱门有随时倒塌的危险！

这座拱门与胡同内 6 号院是现存最早的理门公所遗迹了！其文物价值不可估量。如果毁损是杨柳青的一大损失！

运河骄子张孟良

晨　曲

“寻根大运河”天津·西青记者采访团走访天津市静海县运河段时，我们得以拜访86岁的著名作家张孟良先生。

张孟良先生是静海县城义渡口村人，义渡口便是指大运河上的一个渡口。少年时代的张孟良，是地地道道的运河娃。用张老自己的话说，他就是喝运河水长大的，小时候整天泡在运河里。老人家谈笑风生，说有一次在运河里游泳，被上游顺流而下的快船压在了船底。很多人担心他有生命危险，结果船过以后，他很快从水里钻出，双手洗面并冲人莞尔一笑。张老还非常怀念小时候大运河上的水上生活，大船来往穿梭不断，小船杂货店总是追赶着大船卖日用百货。老人家总觉得那种生活很有诗意，让人难忘。

张老对家乡对大运河感情无比深厚，爱好写作后，便用手中的笔书写家乡与大运河的故事。张老一生作品很多，处女作是《儿女风尘记》，后来又出版《三辈儿》和代表作《血溅津门》。张老不光有这三部著作，还有其他长篇小说及散文随笔集。

说起“寻根大运河”，白髯飘逸的张老非常兴奋，鹤发童颜的面容满带笑颜。张老说，如今社会发展速度飞快，到处高楼大厦林立。他非常希望不要忘记前辈们的生活方式，那种“苇篱小园春，打水浇菜畦”的田园生活美好恬静。运河沿岸若搞开发，千万不要全盖楼房，要与过去的田园生活方式共存才好。那样既能看到过去，又能看到现在，历史的发展进程一目了然，意义会更加深远。

张孟良老先生的一番话令人深思，大运河有些地方若果能如老先生所说，保留或复原一段已经被人淘汰了的那种田园生活方式，简直就成了“活着的大运河历史博物馆”了。

张孟良老师少年时是运河娃，长大后成了运河骄子。他是静海的骄傲，也是大运河的骄傲。

景州塔与精武会霍元甲

晨 曲

历史上的景州就是现在的河北省衡水地区景县。景县紧靠京杭大运河西岸，县城内有一座已有1500多年历史的古塔。京杭大运河通航后，数百年来，南运河沿岸百姓都知道有这样一句话，“沧州狮子景州塔，东光县的铁菩萨”，人们一直把这三大景观引为南运河段的骄傲。

景州塔与精武会霍元甲产生关系，是源于刘振声。

刘振声生长在景州，17岁时才离开那里，景州塔伴随了他的童年与少年，他也在景州家乡学到了武功。到天津后，刘振声拜霍元甲为师，继续深造，武功大进，被人称作“铁胳膊刘”，终于成为身怀绝技的武林高手。

1910年，刘振声在师傅霍元甲的带领下南下上海，去迎战英国大力士奥皮音。之后又在上海协助师傅霍元甲创办精武会，战败日本柔道队，立下了不朽功勋。霍元甲遇害后，精武会立即处于风雨飘摇中，这也正是日本柔道队希望看到的结果。为救危局，刘振声协助会长农劲荪，赶紧北上天津，到霍元甲家乡小南河去请师叔霍元卿和师兄弟霍东阁出山。霍元卿与霍东阁叔侄到上海精武会任教后，由于学员日渐增多，教练仍然紧缺，刘振声又专程回家乡景州去聘请武术高手。

上海精武会有一部大书叫《精武本纪》，记述了当年创办精武会的历程，上面有教练员名单和照片，除霍元卿、霍东阁、刘振声等人外，还有几位赵姓武师，如赵连和、赵汉杰、赵连成等。那几位赵姓武师就是刘振声从景州请来的，据说都是刘振声姥姥门上的武林高手。

后来，景州不断有武术高手进入精武会任教练，如李健民、李莲村，景州叶庄的叶书田、叶书香、叶书绅等。

刘振声在精武会时间不长,后突然失踪,至今无人能说清他的下落。有一个说法是,农劲荪接到孙中山给他的新任务后,刘振声作为保镖,跟农劲荪去了东北,从此再无音讯。他介绍到精武会的景州赵姓、叶姓武术家们,却在精武会大显神通,有的成为精武会著名教练,有的去了马来西亚和新加坡,为精武会的发展壮大做出很大贡献。

发现霍元甲先祖墓碑

晨　曲

霍元甲先祖墓碑是这样找到的。

记者团一行去沧州市东光县油房口村考察，寻找“霍氏祠堂”遗址。

霍氏祠堂初建于明代末年，是由时任兵部尚书的霍维华一手操办的。霍维华就是油房口村人，从这里考中举人，又中进士，一直官至国家军队的最高职位。油房口村紧靠大运河东岸，霍氏祠堂就建在运河大堤外侧的高台上。霍氏祠堂历经风雨300多年，到1950年后被拆除。祠堂遗址至今闲置，树木荒草布满其间，遗留的石碑在其中隐藏。

油房口村支部书记亲自为我们扒开草丛找石碑，终于找到了那块记载着霍氏家族始祖的石碑。村支书命人提水冲掉石碑上的泥土，字迹豁然清晰。但见上面刻有：始祖讳潭 二世祖鉴钦敬林。

东光县的霍氏始祖名叫霍潭。二世祖有四，即霍鉴、霍钦、霍敬、霍林。到三世祖时，很可惜，石碑断裂，下一截不知在何处。

霍潭是东光县的霍氏始祖。霍潭是明初由山西高平县移民到东光北安乐屯定居的。要想知道霍元甲更早的祖宗，就要看“霍氏家谱”了。

记者团很想得到霍氏家谱，因为只有得到才能仔细看。为这事大家动了不少脑筋，也做了一些准备。《城市快报》记者柴波带着一个高科技物件儿——扫描仪，拿出一看就是一根尺余长的圆棍。大家惊讶，也怀疑，这玩意这么小能行？柴波当场实验，用那物件儿在一张文件纸上过一趟，折腾进电脑一看，嗬，真不错。然而，又有人担心霍家人不让扫描。哪知霍家族人很慷慨，无偿赠送给记者团一套三本的《霍氏家乘》。

山西称家谱为“家乘”（乘音 shèng），河北东光霍氏的家谱称家乘，说明的确是从山西迁来。

《霍氏家乘》中有言,“霍氏乃霍叔之后”。这是霍氏族谱中明确说明的霍氏久远的祖宗。简而概之,霍叔是周武王的八弟,被封在霍国(现在的山西省霍州)为国君,后来在争权中败北,霍国被灭,为纪念霍叔,一国人都姓霍。霍叔便成了霍姓的始祖。霍姓有一支南逃,进入汾水一带,霍去病、霍光都出生在那里,另有一支向东南逃亡,定居在高平县,霍元甲族人便属于高平霍。

至此,记者团为霍元甲找到了祖宗,东光的祖宗和更远的祖宗。前者是从霍氏祠堂遗址中发现的石碑上得到,后者是从《霍氏家乘》中发现。

霍家的油房口摆渡

晨　曲

记者团考察完运河大堤外侧的“霍氏祠堂”遗址，便很想看看运河大堤内侧的风光。是时，大家都不知道百步之外会有另一番惊喜。不知是谁先发现了运河上的摆渡，大喊一声“真好！”才引得大家疾步跑去。

一条小土路沿运河斜坡直通摆渡口，大家欢呼雀跃着冲过去。我发现，在路旁一个陡峭土壁上，出现一个洞穴，一位中年男子正蹲在洞穴里津津有味地吃烧鸡，旁边放一个老式军用水壶，显然，那里面是酒。我一下子看出了门道，这肯定就是摆渡者，因下着毛毛细雨无人过摆渡，他躲进自己挖的洞穴享受清闲时光。我怕这位老弟跳出洞穴，那可要失去一次绝佳的采访时机，赶紧喊摄影记者田健、录像记者温权、文字记者李焕丽过来。我跳进洞穴与洞穴主人攀谈，以稳住他。我要喝他的酒，他高兴地哈哈大笑，十分慷慨地把军用水壶递给我。

交谈中得知，洞穴主人就姓霍，家就住在油房口村。他说明代官至兵部尚书的霍维华是第八代，他是第二十代，名叫霍灿松。他说运河西岸还有个西油房口村，村人基本上也都姓霍，周围有不少村庄的人也都姓霍。他的摆渡收费很低，一人过一次摆渡只收一元钱。

受我们热烈气氛的感染，沧州市委宣传部干部李超、东光电视台记者匡淑玫也饶有兴致地加入我们的摆渡口采访。匡主任说，在历史上，大运河东光段共有六渡，油房口一直是其中的重要一渡。虽然现在大运河水浅了，但仍然需要摆渡以方便运河两岸人民的往来。

可以想象，600多年来，霍元甲的先辈与后辈们在这里的运河两岸生生不息，油房口摆渡不知摆过了多少万次霍家人。想到这里，对摆渡的亲切感更加强烈。

雨开始下大了，但没有一个人想离开。我们盛情邀请霍灿松为我们摆渡,为的是感受一下历史,来一把“穿越”。

摆渡向西岸游动,水在下面流淌,草在水波上荡漾,层层绿树摇头晃脑地在向我们微笑点头。运河弯处,雨淅沥,雾蒙蒙。我们与大运河共同享受着雨的滋润,一河欢声笑语,一河古今交融。

我们在摆渡上尽情欣赏大运河的原生态风光,并且合影留念,留下这一历史瞬间。

我们做完这一切,上岸时,雨奇怪而来又奇怪而走了。

我们给摆渡主人劳务费,霍灿松说什么也不要,说不给钱他也很高兴。我说你别把这看成钱,你把它看成酒,我们给的是你在雨天暖身子的酒。匡主任也打趣说:“你就把酒收下吧。”这事才算了结。

运河号子声渐远

晨　曲

在沧州市捷地分洪闸采访后，记者团又有新收获，接待方为我们找到了能哼唱运河号子的老人。

在运河岸边，小村庄前，我们有幸采访到一位84岁的老人赵金岭。赵老正在河边放羊，虽是高龄，身子板却很硬朗，更兼精神矍铄。听说我们是寻根大运河的记者团，非常希望听他老人家哼唱运河号子，他老更是乐得合不拢嘴，腼腆一会儿后，终于开口唱起来。老人的声音不是太洪亮，但运河号子铿锵有力的气势丝毫未减，那种“哟，嗨！上来喽，嗨！……”的号子声，能把人带入古老的大运河水道上，眼前立刻浮现出一队队拉船的纤夫，在骄阳下躬身赤背，每迈一步都要伴着运河号子，艰难而又吃力地向前，向前，向着遥远的目的地一尺一尺地丈量着。

在泊头市的清真大寺里，我们再一次采访到会哼唱运河号子的李树元老先生。李先生说他家就住在运河边，祖祖辈辈都是养船户，运河号子是必须会唱的。李先生说运河号子分多种，有纤夫号子、摇橹号子，还有起锚号子、撑篙号子、拉桅号子等。号子节拍有快有慢，逆水顶流要使出吃奶的力气，节奏就要快，齐心协力拼命向前拉。要是顺水下行，就省力，号子的节拍就舒缓。

两位老人听说我们是从天津市的杨柳青来，都欣喜地说，他们随船北上，不知多少次路过杨柳青，还经常住在杨柳青呢。他们说：“杨柳青是个好地方，出年画，还出美女，地名也好听，已经有很多年没去过杨柳青，不知现在变成嘛样了。”

接连采访到两位能哼唱运河号子的老人，记者团的所有成员都很高兴。因为，运河号子也是大运河的根脉，那里蕴含着无尽的运河文化精神，开创、拼搏、不屈不挠、勇往直前。正是有了这些精神，运河上英雄的人民才让大船在运河水上漂来漂去，顺水也漂，逆水也漂，漂起了北京城，漂起了运河沿岸无数码头的繁荣与发展。

明清时代，大运河漕船可是有两万艘啊，每年运抵北京的漕粮达四百万担。据杨光祥先生考证，每担粮合今天的分量是60公斤，百担就是6吨，百万担是6万吨，400万担就是24万吨。朝廷不光是要漕粮，还要丝绸、布匹、茶叶、竹木、石料、瓷器等等，再加上民间进行商贸的船只，大运河上每天可是都要漂着数万艘大小船只的。怪不得有人形容说，“十万八千嚎天鬼，运河号子响连天。”那气势排场真是大得很。

我第一次接触运河号子是在8年前，因写长篇小说《赶大营》。开篇第一章就有纤夫拉船在运河岸边为美女柳霞争风吃醋，领号人借用号子泄私愤，与纤夫安文忠打起来的情节。那时因找不到运河号子我很着急，后来听说西青电视台几年前曾经采访过一位杨柳青老船工，有运河号子的音像资料，我喜之若狂，很快设法得到。在音像资料里，杨柳青老船工不但哼唱了十分宝贵的杨柳青船工号子，还说了一些趣事。比如，他们拉纤沿运河向南去，在杨柳青西边的碾砣嘴拐弯处，领号人高唱“哟嗨！拉欢了！哟嗨！”这时，有一群小孩跟着大船呼喊：“拉翻了！拉翻了！”气得领号人直跺脚，用竿子吓唬小孩。这样的小细节太精彩了，在写小说时，我便用了进去。

水上行船有讲究，是不许说不吉利的话的。“拉欢了”可以，“拉翻了”怎么了得！记者团在通州采访时就听说过，通州的运河老人赵庆福从十几岁就在船上混，最初时不懂规矩，说了一句“开帆了”，被父亲打了两个嘴巴。父亲告诉他，记住，那叫“开蓬了！”

万幸，万幸！还有一些会唱运河号子的老人在世。更万幸的是，记者团有幸采访到他们，并为他们录下了音像。

临清卖苇与贡砖

晨 曲

“寻根大运河”记者团成员李焕丽、李妍、温权在采访临清后，曾写过一篇文章，题为《江北水城寻古迹 运河古都访遗踪》。此文在博客上发表后，有热心的读者朋友提出异议，认为元代诗人揭傒斯所作的《杨柳青谣》与临清贡砖毫无关系，理由是，临清贡砖始于明代永乐初年，而揭傒斯诗中所提的杨柳青人“临清卖苇”是在那之前的元代。

非常感谢这位读者朋友。史书上确实记载明永乐初年，永乐皇帝决定移都北京后，从诸多青砖中最终筛选确定临清砖作为贡砖的。那是1403年以后的事。揭傒斯作《杨柳青谣》却是约在1343年，比永乐初要早60年。因此，“临清卖苇”与“临清贡砖”没有直接关系的看法，非常正确。

但是，“没有直接关系”并不等于“杨柳青苇”与“临清砖”没有关系。

此次在临清采访过程中，与临清诸多文化人座谈，并专门采访过文史专家马鲁奎先生。马先生说，临清烧砖的历史十分悠久，在汉代时烧造的质量就不错了。由此可知，临清烧砖工艺优秀，并不是一蹴而就的，而是有漫长的技术积累。马先生说，临清地方土质好，粘沙适宜，细腻无杂质，一层红，一层白，一层黄，当地称“莲花土”，非常适合烧砖。烧出的砖“击之有声，断之无孔”。马先生还说，临清砖早就有名，正因为早已名声在外，明朝的第一个皇帝朱元璋在营建南京皇宫时，就开始征用临清砖。山东省文史馆李士钊先生就在南京中华门城楼上发现了临清砖。

这说明，凭临清砖的质地坚韧精美和质量优秀上乘，早就有了“贡砖”的资格与身份，只是到永乐皇帝才确定而已。而且，还是因为运输方便才确定的。在没确定临清砖为贡砖之前，北京营建新都所用的砖不光是临清的，还有河间的、房山县的，之所以最后确定只用临清的，是因为大运河贯穿临清。朱棣皇帝看中了大运河上漂流的那些船，突发奇想让所有北上的船只义务为皇家捎带临清贡砖。漕船40块，每块25公斤，总共就是1000公斤；商船和民船减半，义务捎带20块，500公斤。这样，皇家不花一文运费，临清贡砖就源源不断地漂到北京了。如果用其他地方的砖，就没有这一实惠的运输条件。

临清砖质量又好，又不用花运费钱，朱棣皇帝何乐而不为！

由此可知，从元代起，杨柳青人临清卖苇还是与临清砖有关系。虽然那时候临清砖尚未冠以“贡”字，但元大都肯定也没少用临清砖，大运河的水运之便元代皇帝也是很看重的。

至于杨柳青的苇子到临清后都干了什么，砖窑场当为一大去处。记者团走访了贡砖窑厂，拜会了贡砖第四代传人景永祥。景永祥师傅说，砖坯子需要阴干，要用苇箔或苇席苫盖。读者朋友说是用草苫子，草苫子当然也不错，但景永祥师傅没说草苫子。我估计，草苫子不如苇箔用的时间长，使用率高。

读者朋友认为，杨柳青苇子卖到临清后，可能是到席厂街编织苇席，用到粮仓和闸坝上去了。这肯定是杨柳青苇子到临清后的另一方面作用。然而，据史书记载，洪武初年，明政府沿运河建立淮安、徐州、临清、德州、天津等粮仓，以储备军粮。临清大粮仓可容漕粮300万石。这是明代的事，杨柳青的苇子是不是又卖早了。也许，元代临清就已经有粮仓，需要苇席了，但数量不会太大。

总之，古人揭傒斯作诗，杨柳青人“昨日临清卖苇回，今日贩鱼桃花口”，说明杨柳青人的确把苇子卖到临清去了，而且一定是成船队规模，因为那时杨柳青水资源实在太丰富。至于苇子到临清后是编织苇箔用在砖窑了还是用在粮仓了，应该是都有可能。

无论如何，要感谢热心的读者朋友，更要感谢历史上的大运河，把临清和杨柳青两地紧密地连接在一起了。

邳州的运河号子

晨　曲

2012年11月22日上午,“寻根大运河”天津·西青记者采访团在邳州市文广新局副局长张言宜的带领下去运河畔榆树街看老榆树。张局长说,老榆树在历史上一直起着航标的作用。大运河上南来北往的航船只要看到老榆树,马上就会兴奋起来,因为他们知道,邳州的榆树街到了。榆树街因为有码头,曾经繁荣过几百年,是当地重要的街道。

说实话,榆树街的老榆树并没引起我们太大的兴趣,我们很想知道的其实是老榆树背后隐藏的历久年深的故事。我们的逗留摄录引来不少看热闹的人,他们非常关注汽车上“寻根大运河”的标志。有热心人便说,你们来到邳州的榆树街,应该听听我们这里的运河号子。我立刻惊喜,又要有奇遇吗?我们马上向张局长表示,非常希望听一听邳州的运河号子。原来,在场的人中就有两位会唱。他们说他们的叔叔唱得最好,只是年纪大了,有些喘。正说时,他们手指不远处的一位老人说,来了。我扭头看去,果然有位老人,手握拐杖,步履蹒跚,颇显虚弱,正朝这边走来。我急忙迎上前去,搀扶住老人,向他介绍我们的意图,并希望他能哼唱两句。老人一听我们是为“寻根大运河”而来,立刻来了精神,说:“没事,我能唱。”

啊,果然又有奇遇了!

老人叫刘城江,今年86岁,与他合唱运河号子的是他的两个侄子刘广运、刘广顺。在杨柳青,在捷地、泊头和德州武城,我们都听过运河号子,但那都是一个人唱,今日听三人唱,真是大不一样。这才听出领号与合号的区别,如舞台上歌唱家的三重唱,不但分出了层次感,而且更显气势恢宏,铿锵豪迈,而且时不时会有种悲壮色彩。听着刘家两代人一起唱的运河号子,眼前立刻浮现出一队队赤身裸背的纤夫,背负着运粮漕船战激流,闯险滩的惊险场面。“十万八千嚎天鬼,运河号子响连天”,这是当年大运河畔纤夫的真实写照。

身后就是大运河,河面上有许多正在航运的船只。那些船现在都是用机器做动力了,但在数十年前,他们都是靠纤夫去拉的,有多少只船,就有多少队纤夫,有多少纤夫,就有多少大嗓门沿运河唱运河号子。

我们怕刘城江老人累着,劝他不要再唱了。老人却兴致高涨,看了我们一眼,却并不停下,回头又看运河一眼,兴致陡来,继续高唱。他的两个侄子紧紧跟上。

非常感谢邳州市榆树街的刘家父子三人，是他们让我们领略到了运河号子领号与合号的非凡气势。运河文化的内容很多很多，要论哪一条最形象,最活态,我觉得,非合唱的运河号子莫属。

西青与淮安的友谊桥梁

晨　曲

“寻根大运河”天津·西青记者采访团在江北运河段采访，淮安是重要节点之一。之所以说重要，是因为淮安与西青的关系有很多线索。

周恩来是淮安人，就在那里出生，12 岁时才离开淮安北上。周恩来在天津南开就读时，曾拜西青区的武术家韩慕侠为师学武艺。在那多灾多难的旧中国，青少年时代的周恩来因为学武锻炼出了强壮体魄，为日后繁重的革命工作打下了很不错的健康基础。到了淮安，我们当然想了解周恩来更多的生平内容。

吴承恩是中国四大名著的作者之一，《西游记》在中国家喻户晓，乃至早就走向世界。这样一位重要历史人物，却在明代就已经与杨柳青建立了密切关系。

吴承恩生于 1510 年，江苏淮安人。其父是一位学官，后来沦落为商人，家境逐渐清贫。吴承恩自幼聪明过人，《淮安府志》记载，他性敏而多慧，博极群书，作诗文下笔立成。虽然如此，吴承恩参加科举考试却屡考不中，心情长期郁闷。到 50 岁左右，他才取得补上“岁贡生”的资格。那一年，吴承恩乘船沿大运河北上，进京去等候分配官职。路过杨柳青时，这位吴大作家在此停船，写下了名篇《泊杨柳青》。从此，古镇杨柳青与这位大文学家结下了不朽之缘。

“村旗夸酒莲花白，津鼓开帆杨柳青。”

看来，杨柳青酒家的旗幌子吸引了这位南来的文人，也许他痛饮过莲花白酒，也许他已经问明白莲花白酒是来自附近莲花淀中的莲藕。

“壮岁惊心频客路，故乡回首几长亭。”

已到中年，也还算“壮岁”，参加科考却屡考不中，怎能不在这频繁的客路上惊心！故乡啊，你离我有多远了？所谓十里一长亭，该有多少长亭了？充满失意惆怅之感。

“春深水暖嘉鱼味，海近风多健鹤翎。”

显然是春天，那时的海潮是能够上溯到天津乃至杨柳青附近的。

“谁向高楼横玉笛，落梅愁觉醉中听。”

心情本来就不好，又有哀婉的笛声传来，不是添愁么？莲花白酒还是很有劲的，设想进京后能不能如愿，还很难说呢。这思绪，这白酒，这笛声。啊，如何消得万古愁，唯有作诗。于是，《泊杨柳青》诞生了，吴大作家也就能安寝了。

吴承恩既然为杨柳青留下了这样一首不朽的诗篇，我们肯定要去拜访他老人家的出生地，瞻仰他老人家的塑像与故居。

意想不到的事又发生了。在吴承恩纪念馆，我们居然发现了一幅很旧的杨柳青年画！

吴承恩纪念馆里，有一个“美猴王艺术展室”，里面挂着一幅杨柳青年画。那画立刻吸引了我们，上前一看，画题是《三打白骨精》，天津人民美术出版社于1952年出版发行，定价：0.14元，作者：张鸾。

看到张鸾的名字，我立即惊喜，因为在20世纪80年代，西青区文化局副局长就叫张鸾，是从静海县文化局调来的文化干部。这张鸾是不是那张鸾？如果是，这该是何等奇巧！西青的文化局局长张鸾创作的杨柳青年画居然挂到了吴承恩纪念馆里，若干年后又被西青的“寻根大运河”记者团发现，这巧得几乎不可思议了！

事后得知，这张鸾并非那张鸾。《三打白骨精》年画作者张鸾是一位女士，而西青区文化局局长张鸾是位先生。

年画家张鸾也是天津人，1924 年生，毕业于燕京大学新闻系，却十分痴迷绘画，且极具天赋。1939 年天津发大水，无数灾民流离失所，张鸾与父亲合作绘画义卖，所得全部用作救灾。少女张鸾从此声名鹊起，被上海三联书店特聘为签约画家。解放后，张鸾喜欢上了杨柳青年画，先后创作了《三打白骨精》《五子爱清洁》《春江花月夜》等年画作品，广受人们喜爱。

吴承恩纪念馆里的这张杨柳青年画，据说是演猴戏的六小龄童捐赠的。纪念馆里有多种艺术形式表现《西游记》故事，杨柳青年画《三打白骨精》为展室增色不少，很有特色。

陪同我们的淮安领导、老师与记者也很欣喜，他们都说淮安与天津西青缘分不浅，没想到在吴承恩纪念馆里也能有新的发现。

参观钱慧安纪念馆

晨 曲

“寻根大运河”天津·西青记者团于 2013 年 3 月 24 日，去上海浦东高桥镇参观钱慧安纪念馆。

那天上午，我们得卫星导航指引，来到高桥镇。刚下车，天空突降骤雨。我们迅速跑着进入挂有“钱慧安纪念馆”牌子的大门。

纪念馆的老师们见闯进一伙不速之客，颇有惊讶之态，当听说我们是因杨柳青年画与钱慧安的关系而来，又异常惊喜。

听介绍方知，钱慧安纪念馆并非政府所为，而是民间有识之士为弘扬地方文化，提升高桥镇的知名度和人文精神自发创办的。

纪念馆是小巧精致的两层小楼，面积不大，却布置得井井有条。一楼是钱慧安生平介绍和部分作品，其中就已提到钱慧安“应天津杨柳青‘齐健隆’‘爱竹斋’年画店之邀，只身泛舟北上杨柳青，十余年创作了百余幅画稿”。二楼与杨柳青年画相关的内容比较重要，是钱慧安创作的《东山丝竹》《皆大欢喜》两幅作品，遗憾的是不是成品，只是杨柳青年画的画坯子，就是未经手工彩绘，只是木版印刷过的半成品。可见，初建成的钱慧安纪念馆还要等待一步步完善，现在仍在杨柳青各年画店印制展销的钱慧安作品，如《南村访友》等，还有待进入纪念馆展出，让后人领略到这位海派画家宗师对杨柳青年画的贡献。

钱慧安 1833 年出生在上海高桥镇，少时喜画，师从民间画师，以画肖像为主。后来求学于诸多名家，逐渐形成自己的风格，成为红极一时的海派画家。

光绪年间，已经成名的钱慧安应天津杨柳青年画齐健隆画店和爱竹斋

画店的邀请,沿大运河北上,到杨柳青做年画题材的创作。

画家王宝铭收藏着一套钱慧安的年画作品册页照。从钱慧安作品的落款查阅可知,钱慧安从光绪元年(1875)就已经在杨柳青齐健隆、爱竹斋年画店作画,而他的著名年画作品《南村访友》《风尘三侠》《东山丝竹》等,落款已经是光绪十七年(1891)了。这说明,钱慧安在杨柳青作画稿先后有 17 个年头的跨度,为杨柳青年画创作了近百幅作品,其中有包括红楼梦系列的很多作品成为传世之作,直到现在还是人们喜爱收藏的珍品。

钱慧安成就了杨柳青年画的再发展, 杨柳青年画也成就了钱慧安艺术生涯的新高峰。由于他的画作被大量印行并广泛传播,他成为大半个中国人人皆知的著名画家。在杨柳青年画火爆走红成为中国年画之首的同时,他在画坛的声望也如日中天,一发而不可收。

走进桃花坞

晨　曲

“寻根大运河”天津·西青记者采访团于2013年3月20日来到苏州桃花坞。

苏州桃花坞是此次采访必去之地，因为桃花坞年画与杨柳青年画有无法分割的密切关系。其一，杨柳青年画代表人物是戴廉增，而戴家就是携画艺从苏州桃花坞迁移到杨柳青的；其二，诸多媒体都称，杨柳青年画是中国四大木版年画之首，却又说不清为什么是之首。桃花坞年画是四大木版年画之一，此次运河行正路过桃花坞，当然有必要进行比对研究，找出杨柳青年画的奥妙，让“之首”之说名正言顺。

这个早就名声显赫而且让我久久仰慕的地方，现在就出现在我的面前。桃花坞街头有醒目题名——桃花坞大街。整条街建筑古朴典雅，黛瓦白墙，旗幌招展，游人却寥寥。我想，可能还没到热闹时间。我还想，这里既然就是著名的桃花坞年画产地，此街又是以桃花坞命名，肯定里面有很多年画作坊，如杨柳青运河畔年画一条街一样，有数十家年画店，旗幌匾额比比皆是，游人顾客摩肩接踵，店内各种年画作品争鲜斗艳。

我们怀着期盼心情走进桃花坞大街，开始注意年画作坊的招牌。令我们遗憾的是，半条街走过了，还没发现年画店。心中不无诧异，打听方知，此街上只有一家展卖桃花坞年画的店面，就在前方。

参观完年画店，我们又去“桃花坞年画博物馆”考察学习。

博物馆设在古城的朴园内，具有风格独特的江南园林风采。我们提前没打招呼，是突然闯进者，因此看到的一切都是真实的工作状态。博物馆馆长凌君武和桃花坞年画非物质文化遗产传人王祖德先生听说我们是来自杨柳

青，立即无比惊喜，说他们是“南桃”，我们是“北柳”，今天在苏州朴园见面了。这是历史对桃花坞年画和杨柳青年画的美誉，可见桃花坞年画曾经与杨柳青年画齐名，但后来，杨柳青年画便成为“之首”了。

带着这个问题，我请教了原工艺美院教授，现在的桃花坞年画传人王祖德先生。王先生直言不讳，说桃花坞年画曾经与杨柳青年画齐名，但后来杨柳青逐渐超越桃花坞。

因为时间有限，我们无法倾听王先生的“说来话长”，只好匆匆进入参观考察工艺流程和传统年画作品环节。但是，需要的重要内容还没得到，我们只好相约晚上去王祖德先生家里去继续采访。

晚上，我们带着两个问题去拜访王先生：其一，两地年画的比较；其二，戴氏家族寻根。

关于第一个问题，王先生说，杨柳青年画超越桃花坞年画是与杨柳青离北京近有关。他说杨柳青年画艺人把画店开到北京城，自然就要考虑销售对象，那可不是面对普通平民百姓了，是面对王公贵族、达官显贵，即便是平民百姓，也是皇城根下见过世面的百姓。面对这样一个群体，杨柳青年画艺人就必须改进提高。从那以后，杨柳青的年画就变得越来越精美了，题材也越来越多。还有装裱，百姓贴画是一贴就完，不用装裱，在北京就不行。贵族豪门讲气派，不贴，要挂，这就需要精美漂亮的装裱技艺，这能大大提升年画审美的高雅程度，也提升了价格。王先生说还有一个重要因素，那就是杨柳青年画增加了手工彩绘，这也是北京市场逼出来的，是其他年画都没有的。

听王先生一席话，我们都如释重负，杨柳青年画之所以被称为中国四大木版年画之首，以上三条便是重要原因，论据充分有力，足能说明问题。

关于第二个问题，王先生说他在20世纪60年代曾经去过天津杨柳青年画社，在那里学习过一段时间。他曾经看见过戴氏家谱，当时也做过笔记，可惜笔记本在多次搬家过程中已经难以找寻。王先生答应以后如果发现，会及时告知。

戴廉增是杨柳青年画最著名的代表人物，又是从桃花坞移民来的，戴家的真实历史应该都记录在他们的家谱中，希望今后能发现。

追梦杨柳青

——访著名评书表演艺术家田连元

冯　立

田连元是当代著名的评书表演艺术家,他表演的《杨家将》《海瑞传奇》《血溅津门》等脍炙人口。他和他的评书表演艺术也早为西青人所熟悉。可是,你知道吗?田连元其实早就与西青结缘了,他不但曾在这块热土上说过评书,还曾在杨柳青拜师习武。此前"寻根大运河"活动挖掘到这一珍闻。后来,几经周折终于通过杨柳青盛兴风云老会的李家胜先生联系上了田连元。日前,西青新闻中心的记者到田先生所在的北京寓所对其进行了专访。

少年时节梦里追

田连元和他的夫人、著名西河大鼓演员刘彩芹热情接待了记者一行。他们二人一点儿大演员的架子都没有。田老不厌其烦地回答记者的各种问题,刘老则备好了茶水,忙前忙后。二位的随和与热情让人觉得他们就像邻家老人,让远道而来的记者没有一点儿拘谨。

田老见面就说,人越是上了年纪就越是爱追忆年少的时光,这是在追梦、寻梦,但有的梦寻得到,有的梦就寻不到了。或许,记者的到来又把他带回了让他难忘的少年时期,带回了在杨柳青度过的那段美好时光吧?

田老说,他 17 岁时到杨柳青说书,其父通过朋友介绍他去拜见了杨柳青的著名武师、风云老会的会头岳家霖。在田连元眼里,岳家霖是一位传奇人物。从相貌到种种传闻,让田连元对这位老师从心底里肃然起敬。据田连元讲,当时岳家霖看上去不到 40 岁,面色黝黑,一只眼睛似乎有点斜,据说这是年轻时练油锤灌顶练的。而一人一枪独挡十几名来犯者的事迹更是让岳家霖声名远扬。

自从结识岳家霖后，田连元便勤奋习武。他每天早晨与本镇评书艺人廉金波的儿子廉万春到公园（编者按：即杨柳青花园，位于镇北今区文化中心处，后定名人民公园，1956 年建劳动人民俱乐部，但杨柳青人一般仍称其为花园）练功。田老当时年轻，功底好，可以摔叉，即凌空跃起劈叉落在地上。而令他至今难忘的是廉万春的绝技——悬梁叉，即两脚搭在凳子上劈叉。如今说到此处，田老仍显得非常兴奋。是啊！在中国，哪个少年没有一个武林高手的梦想呢？何况自己下过苦功啊！

如今提起自己的老师，敬佩之情便写在了田老的脸上。他说，岳家霖内敛，不张扬，有真正的武术大家风范。当年在杨柳青时，他每天晚上到岳家霖处学武，无论刮风下雨从不间断。下雨时不能在院子里练就在屋里听老师讲。岳家霖还专门传授了田连元护手钩的练法。可是，正当田连元学武渐入佳境时，一盆冷水浇到他头上，他们就要“开穴”（换地方演出）去胜芳了。第二天，田连元把这个消息告诉了岳家霖。岳家霖也不胜感叹，说：“从今天起，我给你喂招儿。”原来，武术只学习套路并不能实战，如同广播体操，必须把招式拆开使用，这也叫散打。练散打必须有人喂招。此后连续两天岳家霖给田连元喂招，教他如何防御、进攻。临别时，岳家霖把一本《少林七十二艺练法》送给田连元。这种书当时在市面上是看不到的，应该是解放前所买，是岳家霖的珍贵藏书。至今，田连元仍珍藏着这本书。

这段年少时在杨柳青学武的经历深深印刻在田连元的心里。采访快要结束时，随行记者李家胜接通了已经 78 岁，远在鄂尔多斯的廉万春的电话，让田连元和这位当年的小朋友通了电话。田连元高喊：“是万春师兄吗？！”激动和兴奋溢于言表！

杨柳青——梦开始的地方

每个人都有自己的梦想，但当初田连元的梦想不是说评书，而是读书上大学。上小学时,田连元的学习成绩非常好,还曾被学校评为优秀儿童。但父亲希望他能继承家风,传承评书艺术。后来父亲得病不能登台,田连元不得不辍学走上了演艺之路。

1957 年 9 月,田连元在天津南郊小站镇首次登台说长篇书。但非常不成功,他回忆说,那时台下只有 10 位观众,等书说下来只剩了 6 位。他至今记得,在小站徐记书场,观众最多十五六位,最少的时候三四位。此时的田连元曾尝试改行,但也频频受挫,他甚至有过绝望。但此时,他转换演出场地到了杨柳青,他说书的情况有了起色。

田连元向记者介绍,他是 1958 年 4 月转到杨柳青说书的,说书的地点是三不管金家胡同的金家书场,后来还在杨柳青西头的陶家书场说过。他在杨柳青演出是说"灯花儿"场,也就是正式晚场之前的一个小时的时间,也是人们的晚饭时间。晚饭吃得早的便可以出来听书。可是,没想到这个"灯花儿"场说得很红火。每天能有四五十人听他说书。于是他有了精神,观众席中也有了效果,时有笑声出现。尤其是正式晚场演员一登台而听"灯花儿"场的观众竟有十几位离座而去的时候,田连元开始有了自信。而他的收入也能达到每天七八块钱了。后来,田连元转场去了胜芳、静海、济南,表演状况又回到了从前,观众寥寥,他再度产生了改行的念头,直到 1959 年他加入本溪市曲艺团,在彩屯煤矿火起来。

田连元跟记者分析了他在杨柳青受欢迎的原因。他说,其他地方的书场都相对偏僻,杨柳青的书场处于镇中心区,斜对面是剧场,观众自然多。而观众一多自然就有了他的知音。记者则认为,杨柳青人杰地灵,是有田老的知音,所以在杨柳青才成功。

如今,田老把弘扬评书艺术当作自己的使命。而记者认为,虽然杨柳青不是让他大红大紫的地方,但却可以说是他的评书梦萌芽、开始的地方。

归梦如春水，悠悠绕此乡

改革开放后，特别是20世纪80年代，评书艺术受到热烈欢迎，许多评书名家脱颖而出。他们各有特色。其中，田连元先生尤以“身上”(肢体表演)见长。

田连元对记者说，他从来不认为评书只是说的艺术，评书要通过包括“身上”在内的表演把观众带入一种想象的意境。1985年，他录制的长篇评书《杨家将》在全国各地电视台交替播出反响强烈，首开了长篇电视评书的先河。“刀枪架”成为其表演的一大特色，曾有一位评书演员问田连元：“你在《杨家将》中杨五郎破阵时为董铁锤、宋铁棒报仇时的表演是不是经过设计的。”田连元回答说：“对啊！”并当场表演。那位演员看了表演说：“你的功夫是真的！”

刘老跟记者说，田老年轻时经常练剑，前几年还能把脚踢到额头这么高。记者认为，田连元在评书艺术上的成功与他在杨柳青的学武经历是密不可分的。

田老也对在杨柳青的经历念念不忘。他说，早就知道杨柳青年画，知道“山东九级孟、山西康八沟、河北石万程(杨柳青曾长期属于河北省)”，这些都是旧时中国最富有的人。他在杨柳青说书时曾专门参观过石家的宅子，当时是《渤海日报》的办公地，青砖瓦舍，非常气派。对于自己的武术老师岳家霖，田连元更是难忘。他说，到胜芳和静海后都曾给岳老师写过信，但都没得到回信(岳家霖不识字)，所以后来联系就断了。1989年，有一次他曾跟随中央人民广播电台到静海采访途经杨柳青。他当时估算岳家霖的年纪可能已经不在世了，但仍下车向路人打听是否知道有一位武术大师叫岳家霖，当时人们都说不认识，转眼已经55年了。

田老把自己的人生总结为四个阶段：在长春的幼年时期，在天津的少年

时期，在辽宁的青壮年时期和在北京的晚年。天津解放时，田老一家正从东北逃难到天津，便定居在南郊咸水沽，此后在市区学艺，在杨柳青说书习武。天津有田老的少年记忆，回他曾成长的地方看看，追寻当年那个津门少年的梦是他的心愿。他说，前几年回了一次咸水沽，但那里到处高楼林立，一点以前的影子都没有了。说话间，带着一缕惆怅。刘老也说，不过看看原来那块地方也好啊！

田连元也惦记着杨柳青。他好几次问记者，他当年说书的金家书场还在吗？对面的小剧场还在吗？他曾经练武的杨柳青花园还在吗？记者告诉田老，书场、小剧场已经不在了，花园已改建为西青区文化中心。但西头的陶家书场房屋应该还在，他去过的石家大院还在，风云老会也依然兴旺。李家胜和记者热情地邀请田连元夫妇：今天我们跟田老一起追忆了他在杨柳青的少年时光，希望二老一定要到杨柳青看看，那里有他的艺术知音，参观他曾经习武的风云老会。田连元说，有机会一定得去杨柳青看看。

田老，我们在杨柳青等你来寻梦！

“寻根大运河”域外采访成果丰硕

冯　立

2012年6月，西青区委、区政府组织的“寻根大运河”域外采访活动正式启动。经过一年多的时间，“寻根大运河”天津·西青记者采访团走访了7省市运河沿岸的市、区、县、镇、村，通过座谈、看点、交流资料、实地考察、采访知情人等手段，寻找运河沿岸与西青历史、文化的关系及运河保护、利用、开发的经验，取得了丰硕的成果。

运河文化有了新交流

由于漕运之便利，自古以来运河沿岸各地的交流就非常紧密，很多地方与西青地区，特别是杨柳青这个运河重要码头有着千丝万缕的联系。南来的货物从杨柳青转往京城、天津以及周边各地，杨柳青年画则通过大运河销往沿岸的城市、村镇和家家户户。

如今，“寻根大运河” 域外采访活动又为西青与运河沿岸各地的交流增添了新的一笔。

与沧州有关学者交流挖掘到关于杨柳青的古诗20多首，与淮安有关学者交流初步达成共同拍摄与杨柳青历史相关的电视剧《杨鼎来》的意向，在镇江获得著名作家庐山免费赠送的电视连续剧《风雨西津渡》播放权、广告权等等。

通过域外采访、交流，“寻根大运河”活动在运河沿岸各地产生了很大影响。一些地方的学者和官员对西青区组织此活动的魄力感到敬佩。某地学者曾当面对当地接待我们的领导班子说：“你们办得出西青区这么漂亮的事吗?!”通过活动，在相当范围内树立了西青区重视文化的形象。此后，在“寻根大运河”活动的影响下，诸多地方和组织开始组织类似活动。新华社、人民

日报记者、《城市快报》《每日新报》、天津电视台都市频道等对“寻根大运河”活动进行了跟踪采访。运河沿岸各地以及新华网、香港《大公报》等媒体也对活动进行了采访、报道。通过采访、交流活动，西青的历史文化得到了很好的宣传。

现实工作获得新启示

当前，如何实现经济转型是各地都在探索的现实问题。通过“寻根大运河”域外采访活动，一些新的认识、新的招法映入我们的眼帘，给我们以新的启示。

无锡是运河岸边的名城，改革开放以来它各方面的发展都走在全国前列。近年来，在保护、开发运河文化上，无锡又走在了全国前列。无锡人已经认识到一个地区整体实力的提升不仅仅是招商引资，根本在于地区整体文化的提升，而对于本地历史文化的继承则是最重要的途径。

无锡人的观念让“寻根大运河”采访团对历史文化资源的价值有了新认识。那么，台儿庄的做法则给了西青人直接的借鉴。台儿庄古城已经基本毁于战火，2008 年曾有开发商投资 4 个亿要利用古城遗址搞房地产开发。这对于经济并不很发达的台儿庄是个很大的诱惑。但也有一些人提出要保护古城遗址。面对争议，时任枣庄市领导在台儿庄进行实地调研，认识到古城遗址是不可失去的，力排众议废除了房地产开发协议，赔偿了地产商的损失，按照留古、复古、创古的原则进行古城重建。目前，台儿庄平均每天游客量可达 1 万余人。不算对吃住行等对相关行业的拉动，单门票收入一项，就达年均 3 个多亿，而相关专家对古城估价达 200 多亿，这早已大大超出搞房地产可能带来的效益了。就此，采访团撰写了《台儿庄运河古城恢复重建的经验与启示》《关于推动西青文化旅游产业进一步规模化、集约化的思考》等数篇调研文章以供西青区的文化旅游产业参考。

研究考证取得新成果

当然,发展旅游文化产业只有别人的经验还不行,还要根据本地的具体情况,做出本地的特色。这就需要对本地的历史文化进行深入的研究考证了。"寻根大运河"域外采访活动伊始,就注重的研究和考证工作,取得了很多重要的成果。

通过考证,厘清了乾隆与杨柳青、西青地区的历史关系。乾隆曾5次驻跸湖洋庄(今胡羊庄),多次为杨柳青题诗。

对杨柳青古代与现在城镇建筑格局进行了比较。确认古镇大部分保持了清代以来基本格局,为杨柳青古镇之名,为古镇的进一步保护,进一步发现历史文化资源提供了依据。如管干珍曾经泊船的西渡口,格局完全没变。

普亮宝塔研究取得新突破。通过考证确认普亮宝塔为极为罕见的道士塔,据活动顾问罗哲文先生讲,他所知道的道士塔全国仅有3座。通过研究、考察,我们考证出普亮宝塔与北京市重点文物保护单位顺天保明寺的关系,解开了关于普亮宝塔的性质之谜,主人于五爷的身份之谜、师承之谜、法术之谜、传人之谜。打破了西青人、杨柳青人说不清普亮宝塔的尴尬。

对杨柳青年画历史起源进行了深入研究。论证了杨柳青年画与北宋院体画的渊源,写出了《杨柳青年画管窥》等论文。

对周恩来总理考察杨柳青年画的历史进行了考证。厘清了如具体时间、地点、人物以及部分所谈内容等诸多细节。弄清了当时的历史背景和周总理根据形势对杨柳青年画保护的关系。

历史文化资源取得新发现

"寻根大运河"域外采访活动最大的收获在于取得众多历史文化资源上的新发现。这些新发现将大大丰富西青历史文化的宝库,为建设美丽西青增添自己的文化特色。

在活动中，我们通过与沿途学者交流以及深入发掘文献、史料，发现此前我区现有各种文献未曾收录的，清代以前古人歌咏西青地方或西青地方文人所作诗词共计 880 多首。其中涉及乾隆与西青的 8 首。

据新发现的元代著名诗人袁桷的《朱窝杨柳青》诗五首，证明杨柳青之名最早不是见于揭傒斯的《杨柳青谣》，将文献中见杨柳青之名的时间至少前推了 18 年。《每日新报》以“杨柳青地名出处‘提前’至少 18 年”为题，对此进行了报道。

发现太平天国李秀成部将、义和团总首领李来中的可能线索。该发现受到义和团研究权威、山东大学终身教授路遥的高度重视。如果此发现得到最终确认将对太平天国、义和团研究，乃至中国近代史研究产生重大影响。

津南支队武工队长、《血溅津门》郝明原型冯景泉之子主动找到“寻根大运河”采访团，赠送其父的历史回忆文稿。当年冯景泉领导的津南支队武工队主要战斗在御河两岸的西青地区，其事迹极其传奇，是值得大力挖掘的红色历史文化资源。

见证了杨柳青年画堆金沥粉工艺的重出。堆金沥粉工艺是杨柳青年画的高端工艺，是专供皇宫所用。掌握这一技术的人本来就不多，加之后来清朝灭亡，该技艺几近失传。该技术的重新出现对于促进高端杨柳青年画，乃至整个杨柳青年画业的发展是具有重大意义的。

发现目前保留最完整的，世界最早的民间禁毒组织活动遗迹——杨柳青理门六方派正安堂遗址——仍较完好保存。其胡同口“正安堂老公所”青砖牌坊以及公所所在地老公所胡同 6 号院保持基本完好。该遗迹颇具文物价值、教育意义和统战意义。

“寻根大运河”域外采访的收获还有很多，目前有关人员正在积极地整理资料，做进一步的研究，为出版相关著作做准备。相信随着研究的深入，还能取得更多的研究成果和新发现。

·启发与思考·

历史文化是科学发展的沃土

——小议保护历史文化资源的重要性

冯　立

溯北运河而上，一路上边采访、边因所见所闻引发一些思考，特别是对历史文化资源保护与经济增长（请注意，经济增长不等于经济发展）之间的关系，笔者想说说个人的一些看法：

保护历史文化资源是转变经济发展方式的需要

工业革命四五百年以来，人类的经济发展一直以资源的消耗和环境的污染为代价。转变这种状态，调整经济结构，大力发展第三产业，特别是文化产业现在已经成为国人的共识。而前人为我们留下的历史文化财富是发展文化产业的重要资源，所以保护历史文化资源是发展文化产业的重要基础。只有搞好文化保护才能利用好历史文化资源，发展好文化产业。

这是我们要对历史文化资源保护的一个重要原因，但我们不应把这看作唯一原因，或者仅停留在这个认识层面上，这就未免显得目光短浅。

保护历史文化资源是科学发展的需要

改变现有发展方式单靠发展第三产业是远远不够的，我们还必须改造我们的第二产业。邓小平早就说过，科学技术是第一生产力。近年来，国家也多次指出，转变发展方式、实现可持续发展要依靠科技进步，并多次强调世界正处于新的科技革命的前夜。

我们知道每一次科技革命都在催生新的工业革命。那么这次新科技革命和新工业革命的关键点在何处呢？新一轮科技革命与文化密切相关。如果

我们把经济、科技、文化的关系好比一棵果树，经济成果是果实，科技是枝干，而文化是孕育果树的土壤。我们不能只看到果实，也不能只看到果树而忽略了土壤。忽视历史文化的经济是没有根脉的经济。所以要实现科学发展必须重新审视我们的历史文化资源，必须大力保护祖先留给我们的宝贵遗产，不能做数典忘祖的不肖子孙。

保护历史文化资源，留住人类自身改造的重要载体

人类的生产活动有两种，一是对自然界的改造，一是自身生产及改造。而人的自身改造是对外界（自然界）改造的前提和归属，这一点应是我们每个人必须认识到的，也就是必须以人为本，但这往往也是我们的一些官员在经济工作中所忘记的。必须指出的是，中国历史文化资源承载着人类进行自身改造的重要方法，它不仅能大大提高人的智力素质，让我们的经济活动拥有“必先利其器”的人才乃至天才，更能提升人们的道德水平，促进社会和谐。这是中华传统文化的价值所在。

让我们正确认识中华历史文化资源的价值所在，真正重视起文化吧。

略说西青运河文化及其文武两翼

冯　立

2009年初,《西青报》编辑部组织了对西青域内运河文化的考察。为切实做好这一工作,我们拜访了一些专家学者,请他们给我们进行指点。其中,辛立洲先生提出要突出西青运河文化的“文”字和“武”字的意见给予了我们很好的启发。

辛立洲是著名人文学者、天津师范大学教授、中国人生学学会理事长、多家全国学会的顾问和理事。我们拜访他之前,安阳市人大常委会主任刚刚带队到天津拜访过他,请他为安阳“易”文化旅游圈做了策划。

辛教授听我们说要发掘西青运河文化非常高兴,他说,你们通过这个工作来开发西青文化旅游资源的思路很好, 但你们要注意在开发中要突出自己的特色,安阳可以突出“易”文化。你们西青有着悠久深厚的人文底蕴,同时又有霍元甲、韩慕侠这样著名的武林人物,并且西青是义和团运动的重要策源地,这都是很难得的资源啊!所以,建议你们突出“文”字和“武”字,同时开发文化旅游资源要立足于生态文明建设,并实现资源的规模化和集约化。

辛教授的话让我们茅塞顿开。是啊!开发文化旅游资源必须有自己的特色,而我们资源的特点就在于一个“文”字和一个“武”字啊!“文”是以杨柳青年画为代表的,包括花会、民俗等在内的民间文化体系;“武”则可以突出以韩慕侠、霍元甲为代表的武林人物、义和团抗击外侮的历史以及流传于西青地区的武术文化,如意拳、形意、八极等。

可以说,“文”和“武”形成了西青民间文化的两翼,而大运河则是连接这两翼的中枢脉络,因为这文武两翼的产生和发展是离不开大运河的。“文”中的代表杨柳青年画, 得益于沿运河北上的南方画家们对当地年画艺术的发

展，得益于南来的纸张、墨色，得益于依于运河的文化交流。“武”则更离不开运河的传播功能，义和团运动从运河上传来，韩慕侠、霍元甲从运河上走向外面的世界，而最早的武术爱好者则多是西青那些靠运河吃饭的船工，是他们从外面为西青带来了武术，并使之在西青发扬光大。

说大运河是西青文武两翼的中枢脉络还有一个原因，那就是西青的“文”“武”遗迹散落，很难集约化、规模化。但它们基本都在大运河两岸，大运河则正好像一根带子把这些散落的明珠串联起来。在西青域内基本形成北部的“文”圈和南部的“武”圈，运河及其支流则贯穿了这两个圈子，使这些资源可以形成体系，我们可以总称之为西青运河文化圈。

杨柳青当立林黑儿纪念碑

朱国成

2012 年 6 月 25 日,“寻根大运河”天津·西青记者采访团来到黄莲圣母停船场。

红灯照黄莲圣母停船场，位于天津市区侯家后归贾胡同北口的南运河岸边,是当时义和团抗击帝国主义侵略的红灯照坛口。

1982 年 7 月 9 日,天津市人民政府将“红灯照黄莲圣母停船场”遗址列为市级重点文物保护单位,并于 1994 年 8 月在停船场处设立“红灯照黄莲圣母停船场”纪念碑,碑高 2.40 米,朴素大方、庄严肃穆,是本市爱国主义教育基地。

林黑儿,在中国说不上家喻户晓,但至少广为人知。我读初中时就知此人,只是对其生平语焉不详。

2009 至 2010 年,我编《杨柳青杂俎·杨柳青人物拾萃》时,曾专门搜集过她的生平资料。终因积累太少、学识粗疏而收获甚少,除《西青文史资料》散篇和来新夏先生《天津近代史》的寥寥数语外,几无所得。

北方存史的热情与执着,自古大逊于南方。我辈若觉醒,自当汗颜且奋起。

是为自警,是为同勉。

现将零星资料综述如下:

天津地区义和团的活动开始于 1899 年（清光绪二十五年),1900 年义和团首领刘得胜来杨柳青设坛。不久,曹福田、张德成在张家窝、大南河分别建立了“乾”字团总坛口,在杨柳青建立了“坎”字团总坛口。清政府对义和团查禁很严,但义和团坛口却有增无减。马家庄、李楼、于家台、曹庄子、杨庄

子、周李庄、古佛寺、南赵庄、老君堂、炒米店、王顶堤、李七庄、纪庄子、王兰庄、梨园头等地都建立了坛口。

庚子年农历六月初三日(1900 年 6 月 29 日)红灯照首领林黑儿打算在杨柳青文昌阁设坛,遭保甲局石元仕的反对。石元仕说:“文昌阁崇文书院儒学圣地,向来不准妇女过桥,现在马庄有娘娘庙,大梁庄有九圣庙、河滩寺均可设坛,请圣母斟酌。”

林黑儿,杨柳青船户出身,自幼随父浪迹江湖,以演杂技为生。后嫁与船户李有。据说,她的父亲无故被洋人逮捕入狱,受尽凌辱,她的丈夫亦被官僚迫害而死。1900 年,她年约 30 岁。在张德成的支持下,参加了义和团,在杨柳青设坛受阻后,遂沿运河进入天津,她的大船用大红布围着,船桅上挂着“黄莲圣母”红色大旗,沿岸百姓焚香罗拜。林黑儿在侯家后归贾胡同北口下船,直隶总督裕禄对林黑儿尊崇备至,用他的仪仗、八抬大轿,抬至衙署,身穿官服,顶礼膜拜,索粮索枪,无不立刻答应。

她所领导的红灯照,不仅参加了天津老龙头车站和紫竹林等地抗击八国联军的战斗,还站岗、放哨,查奸细,探军情,传消息,护理义和拳病员,供运粮草,烧水做饭。她们的壮举,在朝野影响巨大。“千里投拜者,不绝于道。”

义和团在帝国主义列强和清政府残酷镇压下失败,曹福田、张德成、林黑儿遇害,但他们的影响是深远的,业绩是不朽的,精神将激励后人。

就目前而言,“林黑儿是杨柳青(或嫁到杨柳青)人”的认知,尚无可信的证据可以推翻,况林黑儿毕竟在杨柳青有过反洋活动,故窃以为杨柳青当立一块碑纪念她。

各地运河开发印象与遐想

晨　曲

“寻根大运河”活动采访数天来，对各地运河开发的形式多样印象非常深刻。

通州的运河，水面辽阔，更有难得的水源补充，形成活流。下游有拦水坝，高出坝基的水继续向下流，拦住的水便能保证上游运河的水位高度。通州人多面积大，土地资源丰富，他们十分有魄力地搞了万亩（实际超过万亩）运河森林公园，一期工程便投资24个亿。十里长河畔，有运河文化公园，有运河影视基地，有大量供人亲水休闲的亭、台、长廊、景观。运河上有游船，适时便开通“夜游船”，有展示当年漕运壮观景象的大漕虎头船和专供皇家乘坐的龙头船。运河上的一景一物，总能把人带进漕运的历史氛围之中。

通州运河的开发利用很独特。然而，土地资源短缺的地方无法做，大城市更不能想。

据说，“大运河非遗组织”有要求，能保持原生态最好，若开发也要适度开发。

沿途不少区县似乎都在“适度开发”范围内，各区县的偏远地方都还保留着原生状态，这对今后的规划很有利。

静海县独流镇的面貌仍是老样子，没有拆迁，没有高楼林立。当地人谦虚地说他们落后了，殊不知这正是他们最大的优势。独流镇如一张白纸，将来最能去画一张可心的画。

86岁的静海作家张孟良，非常向往少年时代“运河娃”的生存状态。张老师没说“适度开发”，张老师表达的意思是运河沿岸的开发要体现出时代层次，在创建现代气息的同时，不要抛弃过去，保留一些田园牧歌韵味，让后

人能了解前辈曾经的生活状态,感受到历史变化的脉搏。

在沧州市政府座谈时,当地文物局局长王玉芳非常庆幸地说,专家对沧州运河段的评价是,“原生态、完整性较好,没过度开发。”说起“原生态、完整性”,王局长眉飞色舞,说沧州有的运河段是纯正的“原生态”,运河弯弯,浅水潋滟,河堤绿草丰美,放牧者赶着羊群放牧其间。向远处望去,运河堤岸古树参天,运河畔庄稼地一片绿野。没有钢筋水泥,也看不见电线杆,毫无现代气息的踪影。

听到这里我拍案叫绝,这是多么好的天然影视城啊!如今,投资影视城者比比皆是、名目繁多,“红楼”“三国”“水浒”“汉城”等动辄投资千万上亿。影视剧需要那些古建筑做外景,影视剧也需要原生态的运河风光做外景。“运河天然影视城”也许是原生态运河段最好的开发利用方式。

武术在新时期的新意义

晨　曲

在沧州市东光县政府为我们举办的座谈会上，文史专家刘关臣先生讲述了很多内容，其中重点描绘了武术对人生保健的重要作用。

刘关臣先生是现身说法，他今年68岁，10年前做过心脏搭桥手术。有病时弱不禁风，只能走100多米，现在他每天步行10公里，10年了，从未得过感冒。他说他是得益于武术，心脏搭桥后开始习武，循序渐进，逐渐琢磨出一套适合自己健身的48式武术动作，坚持10年，受益匪浅。

笔者突然萌生一念，感觉到刘先生提出了一个重要命题，那就是——武术在新时期的新意义。

武术在不同时期有不同的意义。数千年来，中国武术的总体格局其实就是门与派，门派观念是传统武术的全部意义。

到清末，霍元甲于1910年创办了精武会，吸纳天下各门各派武林精英汇聚精武会，为洗雪“东亚病夫耻辱”，为强国强民做贡献。霍元甲彻底打破了传统武术的门派观念，这是历史的巨大进步，在武术界具有划时代的重要意义。

现在，各类武术学校遍布全国，以嵩山少林为最。现在学习拳术的目的，已经不是追求实战以致对手死伤为目的，而是为了：参加比赛争金夺银；求而其次谋一份职业；强身健体。武术学校其实也在承担着一个重要的社会功能，那就是传承武术国粹，让武术后继有人，这需要童年、少年、青年人参加。

其实，武术还隐藏着另一个社会功能，那就是“保健养生”。这个功能的受益者是中老年居多。以刘关臣先生为例，心脏搭桥后他越来越健康，能步行10公里，能10年不感冒，这是自编的48式武术功法在他身上发挥了保

健的作用。

由此可见,“中老年保健养生”武术功法的开发传播,是武术在新时期的意义所在。此举功德无量,能使为数不少的中老年病人康健,能缓解各大医院爆满的压力,能让社会更和谐,能使人民的幸福指数得到提高。

流动的运河 流动的文化

——从连镇糯米堤说起

晨 曲

河北省东光县连镇有糯米堤，那是数千里大运河上一道独特的风景，是独一无二的历史遗存。

东光县文保所所长李天峰说，之所以修筑糯米大堤，是因为谢家坝这个地方是运河急转弯处，每逢上游水大，这里最容易被冲垮决堤。

东光县电视台记者匡淑玫说，糯米汤与石灰黄土和泥筑起来的堤坝的确非常结实，糯米堤修好后，这里从此固若金汤，再也没开过口子。虽然已经有一百多年历史，现在维修时，工人用锤子钉坝体，仍然钉不进去。

李所长说，糯米堤保护住了大运河漕运的畅通无阻，也保护了沿岸百姓的生命财产安全。

糯米堤全长 235 米，宽 3 米，高 5 米。据说，在去年修缮时，钉子钉不进去，只好用电钻打眼。今天，我们走在糯米堤下，依然感觉到它如长城一样坚固。

由此想到杨柳青的石家大院和其他一些大院，讲究的人家门口和墙体都是用磨砖对缝工艺。最初看见时，眼前一亮，只觉得好，很细致美观，却不知如何做成的。后来才清楚，那叫磨砖对缝，砖磨好后，对缝时的粘合工艺是用熬成的糯米浆去完成，最后才造就成巧夺大工般的磨砖对缝工艺，让那些建筑如此讲究、排场。

走访大运河的过程中，在北方的通州，在南方的扬州南下街，都发现了古建筑中的磨砖对缝工艺。

糯米本来是食用的东西，却被发明家灵机一动，用在了建筑工程上。这

位发明家不知是哪个朝代何年何月的人，更不知家住哪里姓甚名谁。但是，他那项发明却改变了中国的建筑工程史，被城市建筑和水利工程所运用，使建筑有了超强的坚韧性和耐久性。如今我们能看到的，除了连镇糯米堤，各地古建筑遗留的磨砖对缝，据说城墙和墓葬只要保存完好的，都是因为用了糯米灰浆。

这显然已经成为传统文化的一部分，它并不局限于某个地区，它早已属于全世界。这一传统文化理当弘扬，因为它必将继续对后人有裨益，传统技术如今仍可以科学利用，古建筑的修复还离不开糯米浆，受先辈的启发，说不定这一技术还会派生出新的高科技发明。

流动的运河，流动的文化，一个糯米浆技术，就流动到南，流动到北，流动到所有需要的地方。

其实，综观运河历史，所有文化现象都在流动，杨柳青年画最为突出。

杨柳青年画从起源到发展，乃至到鼎盛期，都没离开过大运河。就说年画起源吧，不论哪种说法，都是源自外来人，而不是本地人。年画的发展更离不开大运河了，南方的纸张颜料要靠大运河漂来，宫廷画师和海派画家要靠大运河运来，大量的年画产品，要靠运河输出，然后辐射到各地。即便是严冬封冻，运河也甭想闲着，人们会用冰床接南来北往的趸画客商，再用冰床送走一批又一批年画成品。

大运河不光运走了年画和客商，还运走了杨柳青小调《白俊英画扇面》，运走了“杨柳青年画一年鼓一张，不知落在哪一方”的民间传说故事。

大运河漂来更多的是杨柳青年画题材。京杭大运河 3600 里，沿途各地的民间传说和历史故事精华，无不纳入杨柳青年画题材。白蛇传、雷峰塔、三国演义故事、武训传、《红楼梦》系列，很多很多，都被创作成年画，传播到千家万户。

大运河就是一根大动脉，是祖国母体的一条血管，里面流动的不光是营养血液，还有传统文化基因，滋养强壮着每一个人。

镇江打造爱情之都的启示

晨　曲

“寻根大运河”天津·西青记者采访团在镇江采访时，听当地政协领导与专家谈到，他们正在争取把镇江打造成“爱情之都”。中国历史上有不少爱情故事，其中梁山伯与祝英台、白蛇传、天仙配等都与镇江有关联。

镇江人很聪明，他们显然是想把松散的文化软实力凝聚起来，形成拳头，使其能够发挥新作用。

这使人想到，杨柳青年画也应该如此去做。想法有三，简述其下。

拓宽思路 开发市场

杨柳青年画各作坊一直是在各自为战，松散经营。可以说，生产制作与市场销售是两张皮，年画销售的主流根本没进入市场，而仅是作为礼品或收藏品被得到者束之高阁。

杨柳青年画是历史文化精华，在当今时代，受如此待遇理所当然，但是，绝非完全应该如此，它还应有更风流更辉煌的一页。这一页何时到来，如何去做，当然是既要小众的精品化也要大众的市场。市场怎样去开发？这就牵扯到下一个问题……

创新题材 多出佳作

杨柳青年画在历史上有两个飞跃式的发展阶段：第一个是由套版印刷飞跃到增加手工彩绘，第二个飞跃便是邀请海派画家和皇家画院的画师为杨柳青年画创作新题材。笔者认为，后者比前者更重要。试想，如果还是那些民俗味极强的“福禄寿喜”类年画，你采用再多再好的技巧也只能改变画的表面，不能改变画作的内容，而海派画家与皇家画师的介入就大不一样了，他们创作了大量高品位的年画作品，这才提升了年画的档次。

如海派画家钱慧安创作的《红楼梦》系列、《南村访友》《钟馗嫁妹》《东山丝竹》等文化含量很高的作品，皇家画师高桐轩创作的《庆赏元宵》《四美钓鱼》《瑞雪丰年》等大量作品，融合了年画与宫廷画的画技。正是他们的介入，才大大提升了杨柳青年画的文化品位和档次，使杨柳青年画从民间寻常百姓家一步跨入上层社会的富贵之家乃至皇家豪门，成为不同阶层都十分喜爱的年画。

可见，创新题材吸纳新鲜血液是年画走向繁荣复兴的重要途径。

贴近时代 关注现实

不可否认，杨柳青年画中的灯箱画是年画精品，然而，灯箱画所展示的传统“二十四孝”故事太不好让人接受，尤其年轻人不愿意接受，因为迷信色彩过重，太假。这样就起不到宣传中国传统孝道的作用了。中国的传统孝道十分重要，永远不可丢，尤其是现在更显重要，因为它极具人文精神。试想，一个不孝敬父母甚或怨恨父母是包袱的人在社会上会怎样对待他人？

杨柳青年画应该做新二十四孝图，故事来源就从现实社会找，与民政、妇联等相关机构合作，精选人物故事，进行刻版印刷。相关机构会高兴无比，会携带杨柳青年画《新二十四孝图》全国巡展，大力宣传。因是真人真事，贴近百姓，贴近时代，就会与当代人产生共鸣。

大科学家、大学问家能够启迪后人的经典故事，若制作成年画，便可进入学堂、图书馆之类的市场。这样的内容，学子们会永远关注。

以此类推，紧贴时代脉动，及时有效生动活泼地用年画形式去表现大事件，展示时代精神。亲近百姓，关注你我他的感受，就能打开市场。

也可以把传统的杨柳青年画系列化。如年俗系列、民俗系列、传说系列、戏曲系列、红楼梦系列、文人故事系列等，策划它们更多地走出去，配

合各种节日与活动进行宣传展销。

总之，在继承杨柳青年画传统题材的同时，精心策划创作新作品，并向镇江打造“爱情之都”那样凝聚力量形成拳头，杨柳青年画的新繁荣期就会到来。

说说杨柳青的年画市场

冯　立

过去年画尚未有现在之名时，北方称为“画片”或“卫画”，南方称为“画张”“画纸”等，都是指春节期间张贴于大门、灶墙以及室内的装饰绘画和神祃。清道光年间，李光庭在其《乡言解颐》一书中说“扫舍之后，便贴年画”，始有年画之名。顾名思义，这种画主要是春节时的用品，而张贴年画是中国旧时的重要年俗。

杨柳青是年画的重要产地，杨柳青年画是中国四大木版年画之首。据闻，清末时杨柳青年画曾有年产两亿张的记录。其销路则遍布各地，其中东北西北需求尤多。

通州的朋友曾向我们提起旧时年底北京售卖杨柳青年画的情形。一入北京城，一整条街都是搭棚卖年画的。而由于供不应求，一些武清、丰台的当地人也参与杨柳青年画的加工和销售。

那时，杨柳青也有自己的年画市，它位于席市大街的玄帝观至泰山庙(娘娘庙)中间。平时并无集市，每年农历腊月十一日起，贩画者就把南乡炒米店、古佛寺及本镇等年画作坊刊印的木版年画，以及门神、灶王、全神像、春联趸来，把样画挂在墙上，以供人选购。此外剪纸、窗花、吊钱等节日装饰品也都集中在此贩卖，直至除夕晚间画市才收。这热闹的场面需要等到第二年再见了。

当然，这里说的只是一个有形的年画市场。无形的、更大的市场是延伸于各处的。俄国汉学家米·瓦·阿列克谢耶夫对杨柳青年画有专门研究，他说：“这里的年画题材非常丰富……我不知道世界上有哪一个民族能像中国人一样，用如此朴实无华的图画充分地表现自己。”

正是由于杨柳青年画的题材丰富，背后有强大的民间文化支撑，造就了它的市场需求和独特的营销方式。年底岁末，杨柳青的妇女们带着年画走街串巷，按年画讲故事，而故事都寓意着吉祥喜庆，于是讲一个故事就为一幅年画造就了一个小市场。

杨柳青年画的生命力在于它本身的性质，应该说年画的本质就是符咒，它在中国民间文化有着顽强的生命力。我们不能把它简单地看成迷信，它的背后有着很深刻的文化内涵，寓意着吉祥和人们对美好生活的向往。阿列克谢耶夫就曾发表过长篇论文《从年画和护身符看中国符咒形象的若干主要类型》。在“寻根大运河”活动中，我们也发现《连年有余》中抱鱼持莲花娃娃的形象与求子符咒的关系。

看来，旧时杨柳青的老艺人们对民间传统文化的根底摸得相当清楚了。正因为如此，才可能有年产两亿张的纪录，才有广阔的年画市场。

徐州户部山的古民居说明了什么

晨　曲

在徐州采访的过程中，我们不停地思考着“大运河的核心价值”到底是什么。这是在参观户部山古民居时突然萌发的。

明代万历年之前，徐州曾经是京杭大运河上的重要码头。南来的漕船要经过这里，周围数百里需要征集的漕粮要集中到这里进行仓储，然后装船北上。这里既是民船交粮处，又是官船接运处，因此运河上经常帆樯林立，市面上热闹非常。因为徐州在当时位置十分重要，所以朝廷在这里设立有参将府，布有重兵，还设立了按察分司、户部分司、工部分司和漕储广运仓等管理机构。那时的徐州，是大运河为她漂来了历史上最繁荣的发展期。

到万历年间，不幸突然降临徐州，附近的黄河决口，水漫徐州城。同时受害的还有大运河漕运，运河被拦腰截断。户部分司因在低洼处，遭受严重水灾。后来，户部分司不得不选择高地，搬到小南山上。天长日久，小南山的本名逐渐被人淡忘，户部山很快叫响。之后，黄河又有决口，再淹徐州城。虽然户部分司没再受水患之害，但大运河的通航却已经没有了希望。朝廷在万般无奈之下，只得采纳另开河道的建议，从微山湖东南的夏镇附近起，开挖一条新河道，奔东南方的邳州。这样，大运河便避开了徐州，躲避开黄河决口的威胁。徐州此后很长一段时间失去了繁荣的动力，走向衰落。

大运河沿途有一个共同的话语，那就是“因运河而兴，因运河而衰”。杨柳青亦如此，也是因运河航运的兴盛而兴盛，因运河航运的衰落而衰落。徐州不同的是，衰落得早了些，从明代万历年间就开始了，直到津浦铁

路和陇海铁路在徐州交叉贯通，徐州才又开始走向发展之路。虽然大运河南段的航运至今一直没停，但沿途城市也说因运河航运的衰落而衰落了，那是与昔日的漕运相比较而言。

现在的徐州，人们都会说一句口头语，“穷北关，富南关，最富就住户部山。”因户部山地势高，成为寸土寸金的宝地，只好由最富的人家去居住。

户部山有不少古民居，其中最为显赫的是余家大院和翟家大院。两个大院至今保存完好，被徐州市辟为民俗博物馆。余姓是徽商，翟姓是晋商，经营的都是茶叶生意，并肩都进入了徐州当时最富的行列之中。

这里隐藏着一个丰富内涵，非常需要提炼出来，那就是余翟两大院与大运河核心价值到底是什么关系。笔者以为，这里蕴涵着运河之魂，蕴涵着大运河极其宝贵的人文精神。

在采访过程中，大运河沿途各地几乎每个城镇都有山陕会馆或山西会馆、徽商会馆、广东会馆等诸多会馆，杨柳青也有。为什么各地商人离开家乡到外地后就有机会发财成为名商巨贾？显然他们都是怀揣商人胆魄走出家门的，带着开放与进取的精神跳入商海的。遍地是黄金，商人的眼光才能看到，不出家门因循守旧的人，视野无法打开，心胸无法扩展，信息无法灵通，就是把商机放在你面前，你也看不出，看出了也不敢干。走出去就不一样，敢想敢干，敢于拼搏。

“开放进取”这个词虽然已经被人用得很俗，但它的表达作用实在太准确生动，无法抛弃。

杨柳青的石家也是如此，石家先辈若不是有开放与进取精神，如何敢养漕船，如何敢做粮商？还有赶大营的安文忠及上万大营客，不走出去，没有坚忍不拔、不屈不挠的精神，就没有赶大营的最终成功。

大运河的核心价值应该就是“开放进取”精神，最起码是其核心价值的一部分。要说实例实在太多，最典型的是“吴桥杂技”，不走出去谈何发展？当然还要有恒心、毅力、不怕吃苦、勇于拼搏、聪明智慧等等。还有遍布大运河各城镇的竹竿巷，竹竿本是南方产物，因为有了大运河，才流淌到北方，惠及了天下百姓，也成就了做竹竿生意的商人。

武城的"军团"

舒 杨

武城,一个崇文尚武、文武双全的地方。

这个坐落在山东省西北边陲,鲁西北平原,京杭大运河东岸的地方,是德州市下辖的一个县。全县 37 万人口,748 平方公里面积,下辖五镇三乡和一个办事处,2011 年地区生产总值 129.58 亿元, 农民人均纯收入 8335.1 元,境内财政总收入 6.51 亿元,地方财政收入 3.59 亿元。

武城,燕赵文化与齐鲁文化在这里交汇,运河文化与黄河文化在这里重叠,京津文化在这里沉淀,历史文化资源丰厚。

历史上的武城,建置于春秋时期,为历代兵家争战之地,史有"武备之城"之称,西晋太康年间称武城,沿用至今,堪为历史名邑。

历史上的武城,子游、澹台灭明、平原君、窦太后、曹植、崔琰、窦建德、房玄龄、节振国、吉鸿昌,或出生于此,或为官于此,都与此有着深厚的渊源。

历史上的武城,被誉为"状元之乡",中国封建政权自从推行科举制度以来,有名可查的 600 多名状元当中,16 人出自武城,其中,武城的孙伏伽在唐代武德五年(622)的科举考试中一举夺魁,成为中国科举史上有名可考的第一个状元;然而武城更堪称"宰相之乡",从东汉到五代的九百年间,就涌现出 20 多位宰相。

历史上的武城,曾因弦歌之台高筑,孔子的高徒子游出任武城邑宰(县令),提倡以诗书礼乐为教,使境内有弦歌之声的缘故,故有"弦歌古郡"的美称。

武城,一方厚土,厚文厚武,文武交映,灿若星辰。

2012 年 9 月 20 日,我随"寻根大运河"天津·西青记者采访团第一次踏上了武城这片厚土。

刚刚踏进武城，我们迎面感受到的竟是一股威力强大的“冲击波”！好客的武城人，竟是用“武”的方式，排出一个“军团”，列出一座“方阵”，来迎接天津西青的客人！

豪爽、儒雅的德州市文化局副局长（原武城县委常委、宣传部部长）陈建军同志，没有领着我们去著名的四女寺风景区、运河风情和民俗文化体验区，也没有带我们去领略欣赏有着浓郁地方特色的“花杠舞”和“运河号子”，而是引着大家径直来到了县文化馆一楼的陈列大厅。

就在这里，一支文化建设成就的“军团”，一座文化产业成果的“阵列”，肃穆而从容地接受着我们的“检阅”，强烈冲击着我们的视线和心灵。

大厅的四壁，高大的陈列架上，一排排整齐的展览图书琳琅满目，令人叹为观止。这些书籍，是武城人为挖掘整理文化资源，投入40多万元组织学者作家成立专门写作班子编辑出版的大型专著——《贝州文化集锦》。这当中有把武城的历史故事、历史传说、历史景观、历史人物、民风民俗分门别类，汇集数千篇精品文稿、数百条珍贵线索、数十道文化脉络，创作出的历史文化丛书《武城那些事儿》，共3部45册；有当地文化工作者遍寻全国古籍馆和到各大高校广泛查询，编辑出版的自明嘉靖到民国的11部影印《武城县志》，极具收藏、馈赠、文献、研究、文物价值，堪称武城人的历史珍籍、文化精品；有系列丛书《武城地名文化志》，把全县原有393个村庄的渊源出处、来历传说、文化特色以及姓氏构成整理出版，定格了历史风貌，见证了时代变迁。陈列架上，还排满了近年来武城人在60多家国家、省级以上的报纸杂志、出版社发表的100多件艺术作品。据介绍，陈列大厅陈列的还只是文化成果的一部分。

端庄秀丽的武城县文化局副局长陈雪梅同志，指着墙上印有影视海报

和剧照的巨大展板，如数家珍地告诉我们：眼下，在全国热播的电视剧《神圣使命》，就是由武城县与上海良仟公司联合拍摄的；德州市第一部拥有自主知识产权的电影《佛光寺传奇》、20集电视连续剧《民为邦本》，也是武城县与央视等多家单位合作拍摄的，即将在全国公映。除上述作品外，武城县还创作了《神女孝亲》《四女寺传说》《运河情歌》等影视作品，创作完成了《运河长歌——古贝春浓》剧本，由著名作家莫言指导，择机将武城的古贝春酒搬上荧幕，力争打造一部浓缩版的《大染坊》，一部武城人的《红高粱》。

陈雪梅还介绍说，武城县精心挖掘推广历史人物事迹，已经完成了《侠圣——窦建德》《天下第一状元——孙伏迦》以及《四女寺的传说》等文稿创作，推向中央电视台《百家讲坛》，目前正在积极接洽策划；还准备与央视联手拍摄电视专题片《话说武城》，并且将武城民歌《唱秧歌》《武城怀古》等拍摄成音乐电视，在央视《民歌中国》等栏目推广。

陈建军同志告诉我们，近年来，武城县委、县政府推行“文化是第一动力”的工作理念，充分发挥自身优势，努力建设文化强县，全县文化事业呈现出大繁荣大发展的良好态势。一是加强文化队伍建设。几年前，成立了县文联，同时成立了县戏剧协会、作家协会、音乐舞蹈民间文艺协会、摄影协会、楹联协会和书画家协会等6个协会，全县文学艺术界的会员已经达到500余人，其中国家级会员4人，省级会员20人，市级会员83人。二是加强文化基础设施建设。截至目前，全县所有乡镇综合文化站已经全部建设完成并投入使用。村文化大院已建成176个，建筑总面积达10 000多平方米；两馆建设已经完成；民俗展览馆正在筹建之中，已征集民俗物品200余件。三是坚持文化融入品牌建设。围绕打造“历史名城、运河明珠、弦歌古郡、状元之乡”的武城文化品牌，编辑出版了各种书籍，拍摄了融入花杠舞、武城旋饼、第一状元等武城地方文化元素的影视剧；搭建运河文化发展平台，成功举办了运河文化武城论坛。四是坚持文化融入城市建设，围绕城区“三河五湖五十八桥”建设，将武城的历史文化精华融入其中。五是坚持文化融入旅游开发。投资60余万元对全县旅游业进行高标准规划，形成了以运河风情为依托，以民俗文化为主题，以“一心两轴两廊四区”为增长极的旅游开发新格局；投资36亿元的“封神世纪动漫高科技城”项目已经进入规划设计和征地迁占阶段。投资6亿元的中华孝文化传播基地、佛光寺、四女寺风景区项目已经开工建设；结合武城六大主导产业和重点产品，大力发展工业旅游，建成了古贝春酒文化馆、玻璃钢展览馆、中央空调展览馆、地毯艺术博物馆、农产品展览馆等5个展览馆。六是坚持文化融入思想建设。编撰了历史人物、历史传说、历史景观、地名故事、武城民歌、历代名人咏武城等书籍，编写了《武城“四德”三字经》，成为广大中小学生素质教育的乡土教材。创作了《道德歌》，专门请著名歌唱演员谭晶进行了录制演唱，成功举办了全县“四德”工程建设大型歌咏比赛，形成了人人学唱《道德歌》、个个争当“四德”人的生动局面。

聆听武城人的介绍，望着眼前的场面，大家如同看到一支威武雄壮的大军，正列着整齐的军阵，朝着我们铿锵走来……

告别武城，记者团继续南下，奔聊城，赴枣庄，下济宁，一路上，武城给我的印象始终挥之不去，更加刻骨铭心。武城，究竟让我看到了什么？究竟告诉了我什么？我究竟该得到什么？

回到天津，我情不自禁打开电脑，上网搜索那个人口不多、经济实力并不十分雄厚的小县，发现一组数字：2010年，武城全县文化旅游业总产值达到15亿元，占GDP的比重达到12.9%，远远超过全国、全省和全市的平均水平。

2012年10月5日于天津

解读武城

舒　杨

从山东回到天津，武城的影子始终萦绕。这座财政总收入和地方财政收入仅仅是亿元数字的小县，为何对自己的文化迸发出如此炽烈的热情？为何在文化建设上做成了一片火红的事业？他们又是凭靠着什么，干出了别人不敢想、不敢干、干不成的骄人业绩？

带着种种疑问，我开始上网，搜寻武城的所有讯息，努力解读、寻找武城人没有告诉的答案。

武城的情感

在百度上搜到一则信息，是武城人于2010年10月27日向全球发布的征集《武城赋》《武城县歌》的启事，摘录部分文字：

> 武城位于鲁西北，自春秋始历为兵家必争之地，史称"武备之城"而得名。兼之，人文荟萃，名胜古迹蔚为大观，堪为历史名邑。倚河而荣、凭河而兴的武城既铭刻着黄河文化的烙印，又闪烁着运河文化的风采；齐风、鲁韵、燕魂、赵魄在这里交融；京津文化在这里沉淀；千古沧桑，造就了无数风流人物，闪烁着礼仪之邦的古韵今风。这里留下大禹治水的足迹，作为其裔孙武的封地在此建都而名扬天下；这里弹唱着春秋大贤子游任县宰时大兴儒学的千古弦歌；这里沉淀着四女孝亲、尚宫五宋撰写《女论语》的孝悌文化；这里彰显着武城崔氏显赫八百年的士族光辉；这里泼墨着隋唐农民起义首领窦建德、刘黑闼壮烈的英雄色彩；这里独领着16位状元、28位宰相、237位进士的百代风骚；这里飘荡着辛亥革命先驱王金铭、抗日英雄节振国的不朽魂魄。

悠久的历史文化留下了宝贵的文化遗产,形成了淳朴的民风民俗。嫦娥奔月、秋胡戏妻的传说脍炙人口;武城第一贡篦子和与杜康齐名的"东阳好酒"折射出"商道即人道"的精神内涵。层城夕照、泮井泉声、东流钩月、南浦浮烟、花园春色、柳林秋霁、桃园晓露、莲池暮雨等武城历史前八景,大寺晚钟、贝州古塔、桃园春色、回銮行宫、龙湾烟树、运河风帆、弦歌台榭、唐槐宋杜等武城历史后八景和贝野长堤、平沙落雁、漳南夜月、虹桥潭影、槐阴清风构成的恩武五景,就像鲁西北的一幅"清明上河图",让人叹为观止。

字里行间,奔淌着古往今来武城人历史文化一脉相传的浓浓血流,浸透着今天的武城人,对自己祖先创造的文化无限的自豪和深爱。

读着启事中的文字,我能想象得到,武城人的每一天一定是这样过的:每一天,每一个武城人都会用脉脉含情的目光,凝视、盘点着自己的珍藏,都会用一颗温润柔软的心,轻轻擦拭着那一粒又一粒的珠宝,都会带着一股充盈的满足、慰藉和深深的眷恋进入梦乡。

"为什么我的眼里常含泪水?

因为我对这土地爱得深沉……"

艾青的名句,武城人配得上!

武城的眼光

在大力倡导文化大发展、大繁荣的今天,仍有不少地方,仍有一些人,对自己的乡土文化茫然无知,漠视她;还有一些人,视其为敝帚和包袱,蔑视她;更有甚者,将其当成与建设发展、与自己为官政绩势不两立的绊脚石,敌视她。

此三者,或让自家的宝藏继续沉睡在灰尘和蛛网底下,或让几千年来祖

先智慧的精华和连接我们的血脉，在某一天，被一支红蓝铅笔独断地消抹、斩断，被一辆又一辆铲车、推土机无情地碾压、荡灭。

而此时的武城人却在苦苦地思考：没有高山的秀美，没有清澈的泉水，没有丰富的自然资源，该如何发展文化旅游产业？审视自己的历史，盘点自己的文化，武城人高高竖起“文化是第一动力”的大旗，向历史要资源，向文化要发展，做出了“打响地域文化牌，以史为根兴旅游”的科学抉择。“旅游产业的勃兴，仅仅依靠自然资源是不可能实现的。武城的旅游产业要发展，就必须挖掘武城的文化，文化是旅游的灵魂，历史文化就是武城的资源。”面对文化旅游业发展的题目，武城县的决策者目光极高、甚远。

为加强做大文化旅游产业，武城县聘请宁波智典江山旅游景观设计有限公司编制了《武城县文化旅游产业发展总体规划》，构筑起以运河风情为依托、以民俗文化为主题，以“一心两轴两廊四区”为增长极的旅游开发格局。把做大做强四女寺“孝文化”与思想道德建设相结合，建设思想道德建设教育基地；以全国工业旅游示范点古贝春酒文化馆、农业展览馆、地毯博物馆和玻璃钢展览馆为核心，打造工业旅游基地；做大做强四女寺水利枢纽和牛角峪景区，打造北方“都江堰”；以大屯水库为核心，建成以封神世纪动漫高科技城为核心的运河文化风情区，打造“北国水乡”。2008 年 6 月 28 日，他们还成功举办了首届德州市运河文化研讨会武城论坛，引起了全国和海外的广泛关注。

武城的文化和旅游产业既然是“以史为根”，那么，武城人就去“寻根”，不辞千方百计、千辛万苦、千山万水，抢救、挖掘自己的历史文化。为挖掘整理文化资源，武城县文化旅游局成了全县有名的忙单位、累单位和被上级领导看重的好单位，全县文化产业发展、城镇规划到处少不了他们的身影。他们创办了“武城县运河文化研究会”，编辑出版了大型专著《贝州文化集锦》，组织学者作家成立专门写作班子,把武城的历史故事、历史传说、历史景观、历史人物、民风民俗分门别类,汇集数千篇精品文稿、数百条珍贵线索、数十道文化脉络,创作出了《武城那些事儿》历史文化丛书3部共45册;组织当地文化工作者遍寻全国古籍馆和到各大高校广泛查询,编辑出版了自明嘉靖到民国的11部影印版《武城县志》,极具收藏、馈赠、文献、研究、文物价值,堪称武城人的历史珍籍、文化精品;把全县原有393个村庄的渊源出处、来历传说、文化特色以及姓氏构成整理出版了系列丛书《武城地名文化志》,定格了历史风貌,见证了时代变迁。

多年来,为找到文化与产业的连接点,一大批武城人深钻细研,努力探寻关于武城历史的蛛丝马迹,积极搞好当代和历史的有效对接,唤醒沉睡的丰厚历史文化资源,让它们活起来、动起来,将地域文化、历史文化、民俗文化、群众文化融入旅游中,把旅游从“看景点”提升到“品文化”,使文化成为旅游的灵魂,形成了文化兴旅游的喜人局面。

武城的胆魄

实事求是地讲,武城相比较而言还不过是一个小县、穷县。看它的经济发展数字即可明了。可是,就是这个小县、穷县,确实是做出了许多大城市、富庶之地不敢想也不敢做的惊天动地的大事。甚至,他们还敢于向全世界发出自己的声响!

他们投入40多万元,组织学者作家成立专门写作班子,编辑出版的大型专著《贝州文化集锦》;

他们投资60余万元,对全县旅游业进行高标准规划,形成了以运河风情为依托,以民俗文化为主题,以“一心两轴两廊四区”为增长极的旅游开发新格局;

他们投资36亿元,打造“封神世纪动漫高科技城”项目;

他们投资80多亿元,引进四女寺古街、九华温泉文化博览城、水上明珠、十二生肖文化主题公园、中华状元城、弦歌书院等10多个文化旅游项目;

他们结合武城六大主导产业和重点产品,大力发展工业旅游,建成了古贝春酒文化馆、玻璃钢展览馆、中央空调展览馆、地毯艺术博物馆、农产品展览馆等5个展览馆;

他们投入巨资,与央视、上海良仟公司联合拍摄《神圣使命》《佛光寺传奇》《民为邦本》等电视剧,还创作了《神女孝亲》《四女寺传说》《运河情歌》等影视作品;创作完成《运河长歌古贝春浓》剧本,由著名作家莫言指导,力争打造一部浓缩版的《大染坊》,一部武城人的《红高粱》;还准备将自己的历史文化推向中央电视台的《百家讲坛》和《民歌中国》;

他们拿出50万元大奖,向全球征集《武城赋》《武城县歌》,并且,邀请的评委竟然是冯骥才、余秋雨、游国恩、邓友梅、乔羽等当代的泰斗巨星……

对于一个2011年地区生产总值129.58亿元,农民人均纯收入8335.1元,境内财政总收入6.51亿元,地方财政收入3.59亿元的小县,武城的做法说明了什么?

武城的睿智

武城人的睿智突出表现在两点,一是“借鸡生蛋”,二是“无孔不入”。

“借鸡生蛋”,使武城文化旅游产业的财政投入最小化。

据德州新闻网报道:“武城,一个仅有30多万人口的小县,近年来文化产业却异军突起,红火得让人眼热。45本文化丛书《武城那些事儿》、11部影印《武城县志》等相继发行;《佛光寺传奇》《民为邦本》等影视剧陆续杀青,即将全国公映;四女寺景区、九华温泉文化博览城等旅游景区建设如火如荼;古贝春酒文化馆、神龙地毯艺术博物馆特色独具;农村文化大院建设亮点纷呈……这些在一些地方想都不敢想的事情,他们却在财政零投入的情况下做得游刃有余。”

看到这条报道，我对里面提到的“财政零投入”产生了浓厚的兴趣，毕竟文化建设说到底还是钱的问题。钱从哪里来，是文化发展最关键的因素。

德州新闻网有这样一段报道：“‘很多人认为搞文化产业就得财政投资，否则就办不了事。其实，解放思想、创新方法，不找市长找市场才是出路。’武城县县长王胜强认为。”

“（他们）奉行‘找市场不找市长、只需要领导点头不需要领导点钱、只需要领导关心不需要领导操心’的宗旨，在政府没有投入一分钱的情况下，完全靠市场法则和项目运作规律筹集资金，完成了书籍、电影、电视剧等许多文化项目，既有社会效益，又有经济效益。”

“武城清末出了一位学者郭种德，曾著《郭批红楼梦》一书。《联合报》报道：‘郭批红楼梦现世，与脂砚斋批本具有同等学术价值。’目前，他们找到了这部批本，精心整理后印刷5000册以传后人，整套书的编辑出版完全靠市场运作。另外11部如《武城县志》《德州历史地图集》《水说德州》《贝州文化集锦》《武商研究文集》等对全县乃至全市历史文化传播与传承起到重要作用的文化丛书，所有运作过程也都没花财政一分钱。”

“刘建军（武城县文化局局长）说：‘《神圣使命》《民为邦本》所需资金全部靠市场运作。电影《佛光寺传奇》已把首播权卖给中央电视台，通过电影院线、网络及海外发行一系列市场化运作，很快就能收回成本，实现赢利。’”

“2008年，武城县启动了四女寺风景区建设，策划了中华孝文化传播基地项目，复建佛光寺、六合宝光圣塔、孝女祠、四女寺古街等历史景观。他们先后赴京、津等地招商20余次，拜会各界人士200余人次。在全国政协常委、中国佛教协会会长一诚法师和天津市佛教协会副会长、挂甲寺主持演龙法师的引荐下，一大批客商前来投资。截至目前，共引进四女寺古街、九华温

泉文化博览城、水上明珠、十二生肖文化主题公园、中华状元城、弦歌书院等10多个文化旅游项目，总投资80多亿元，目前已投资9亿多元。

武城注重发挥企业的主体作用，大力发展现代文化、企业文化，近年来相继建成了古贝春酒、玻璃钢、农产品、地毯艺术四大展馆，构建起个性鲜明的工业文化体系，成为全市旅游线路上的重要一环。另外，按照政府搭台、企业唱戏的原则，连续多年举办产业、企业节庆活动，目前已经举办玻璃钢节两届、古贝春酒文化节八届、全国辣椒文化艺术节三届，古贝春公司被国家旅游局命名为全国旅游示范点，提升了产业、企业和产品的知名度，扩大了武城的美誉度。”

这篇报道还总结了武城人带给人们的启示：“武城的经验在于机制，那就是群众性文化活动找社区，公益性文化活动找企业，商业性文化产业找市场。无论事业繁荣还是产业发展，他们都不向政府伸手。想办哪件事情，部门先拿规划；一旦规划确定，他们就能按照市场法则和项目运作规律搞到钱、办成事。这一点，是发展文化产业最需要学习的地方。要千方百计找到文化与产业的结合点，发挥市场作用、多方筹集资金。要把项目作为推动文化产业发展的重要载体，认真做好策划创意、无中生有、借题发挥的文章，围绕市场需求、现有基础，策划、引进文化旅游大项目，培植新的增长点。”

“无孔不入”，让武城文化旅游产业的效益最大化。

武城人可谓绞尽脑汁、殚精竭虑，发扬了铁人王进喜“有条件要上，没有条件创造条件也要上”的精神，千方百计地把自己的文化元素融进文化旅游项目，为投资兴建的种种工程深深烙上自己的文化符号！

精明的武城人深知影视作品的威力。一部《闯关东》、一部《大染坊》、一部《乔家大院》，一夜之间就让朱家峪、周村和祁县家喻户晓、妇孺皆知。正是基于这样的认识，他们投资拍摄电影《佛光寺传奇》时，坚持让编剧和导演在片中一定要融入武城的花杠舞、武城旋饼、第一状元等地方文化元素;合作拍摄电视连续剧《神圣使命》《民为邦本》,他们力争让剧中所有外景都要在武城拍摄,群众演员都要来自当地;他们积极创作完成《侠圣窦建德》《天下第一状元孙伏伽》等系列讲稿,将武城民歌《唱秧歌》《武城怀古》等拍摄成MTV,努力打进央视《百家讲坛》和《民歌中国》。

国家税务总局一位领导历时7年创作了近百米长的国画长卷《京杭大运河》,一次到武城调研时得知武城近期要建设运河文化博物馆,欣然将这幅巨作赠予武城。武城人如获至宝,立即组织人员策划创意,准备在北京召开推介会,邀请各界文化名人题词作诗,将长卷延至百米,然后再编辑出版、推向市场。

2010年10月27日,武城人向全世界发出征集《武城赋》《武城县歌》的启事,将近两千字,是我所见过的启事中文字最长的,然而,就在这篇近两千字的启事中,展示武城人自己历史文化和风采的文字就长达近千字!睿智的武城人明白,这则启事,不管能否收到高水平的作品,但,他们宣传武城、推介武城的效果,确是最大化的。

毕竟,世界看到这则启事就知道了武城!

铿锵“三人行”

——文化人才兴武城

舒　杨

问及武城文化旅游产业兴盛繁荣的原因，武城的同志告诉我，原因固然很多，但至关重要的一点就是，武城拥有3支专门人才队伍。正是靠着这3支队伍，武城唤醒了沉睡的宝藏，将丰厚的历史文化资源变成了雄厚的文化旅游资产。

第一支队伍，是文人。

文人出“脑子”。武城没有名山大川，没有峻岭秀水，振兴文化旅游产业，就必须依托祖宗赐予的丰厚历史文化资源，打出“品文化”的牌路。武城的地下到底埋藏着多少文物古迹？武城的村落、城区到底掩藏着多少历史遗址遗存？武城的街头里巷到底弥漫着多少风俗传说？武城和全国乃至世界到底维系着多少渊源联系？这就要靠一大批懂历史、有文化、热爱文化的文人们去洞悉、去寻索、去挖掘、去考证，去重新审视自己的历史、盘点自己的文化，让它们实现跨时空的穿越，一一重见天日，焕发昔日的光芒。大型专著《贝州文化集锦》，3部45册历史文化丛书《武城那些事儿》，遍寻全国古籍馆藏和到各大高校、整理的11部影印《武城县志》，以及整理全县原有393个村庄的渊源出处、来历传说、文化特色以及姓氏构成的系列丛书《武城地名文化志》，都是武城文人队伍勤劳的结晶和杰出的贡献。

正是靠着文人，武城对自己的历史与文化寻到了根、溯到了源；正是靠着文人，武城为自己的文化旅游产业深深奠定下了历史文化的基石。

第二支队伍，是商人。

商人出“银子”。武城玻璃钢、汽车零部件等特色产业发达，目前有3万多人在外经商，足迹遍布全国各地，许多人已成长为资产过亿的企业家，形成具有鲜明地域特色的“武商现象”。这批商业奇才，既是武城经济发展的顶梁柱，也是文化事业发展的活财神，每年的焰火晚会、文艺汇演等活动，都少不了他们的无私捐助。据不完全统计，近5年来，武城企业家承办、捐赠、赞助各种文化节庆活动60多场，资金1亿多元。

2008年，武城县启动了四女寺风景区建设，策划了中华孝文化传播基地项目，复建佛光寺、六合宝光圣塔、孝女祠、四女寺古街等历史景观。他们按照“以史为根、以文为魂、以河为脉、以湖为韵、以树为景、以孝为先”的理念设计编制了景区规划，先后赴京、津等地招商20余次，拜会各界人士200余人次。在全国政协常委、中国佛教协会会长一诚法师和天津市佛教协会副会长、挂甲寺住持演龙法师的引荐下，一大批客商前来投资。截至目前，共引进四女寺古街、九华温泉文化博览城、水上明珠、十二生肖文化主题公园、中华状元城、弦歌书院等10多个文化旅游项目，总投资80多亿元，目前已投资9亿多元。

武城注重发挥企业的主体作用，大力发展现代文化、企业文化，近年来相继建成了古贝春酒、玻璃钢、农产品、地毯艺术四大展馆，构建起个性鲜明的工业文化体系，成为全市旅游线路上的重要一环。另外，按照政府搭台、企业唱戏的原则，连续多年举办产业、企业节庆活动，目前已经举办玻璃钢节两届、古贝春酒文化节八届、全国辣椒文化艺术节三届，古贝春公司被国家旅游局命名为全国旅游示范点，提升了产业、企业和产品的知名度，扩大了武城的美誉度。

正是靠着商人，武城发挥市场作用、多方筹集资金，解决了制约文化旅游事业发展繁荣最关键的钱的因素；正是靠着商人，武城寻到了文化与产业的最佳结合点。

第三支队伍，是官员。

官员出“点子”。当今，文化产业发展最为稀缺的就是既有文化又懂商业运作的政府官员。文化发展离不开文人，也离不开商人。但要把文化做成产业，往往是文人“有想法没办法”，商人“有办法没想法”，还需要一批把“想法”和“办法”连接起来的人。武城文化产业快速发展，关键是有一批文化官员。他们坚信“旅游和文化是一脉相承的，旅游卖的就是文化”。他们推行“文化是第一动力”的工作理念，坚持把文化融入品牌建设、融入城市建设、融入旅游开发，依靠市场法则和项目运作规律，把埋在地下、藏在里巷、写在书里的宝贵文化资源，变成了活生生的雄厚文化资产，让旅游产业伴文化齐飞，实现了文化和产业的有效对接。

2010 年，武城县文化旅游业总产值达到 15 亿元，占全县第三产业的半壁江山，占 GDP 的比重达到 12.9%，远远超过全国、全省和全市的平均水平。

武城，文人、商人、官员手牵手，一批热爱文化、甘于奉献、敢于担当的人才群体，托起了武城文化的繁荣与发展。一支威武雄壮的文化产业军团正铿锵前行！

台儿庄运河古城恢复重建的经验与启示

刘　柳

2012年9月18—29日，我跟随“寻根大运河”天津·西青记者采访团对京杭大运河山东段进行了寻访考察。其间，通过与专家座谈和实地考察，对枣庄市台儿庄段运河的开发利用以及运河古城的恢复重建进行了深入调研，他们的做法为我们保护、开发历史文化遗产，加快发展文化产业提供了有益的启示。

大运河孕育台儿庄古城

京杭大运河枣庄段自西向东横贯枣庄南部，主要由韩庄运河和伊家河两部分组成，全长93.9公里，流经台儿庄、峄城、薛城、滕州4个区（市）、14个乡镇。明万历年间，由于大运河徐州段黄河淤塞，南北交通中断，为“避黄行运”，开凿了泇运河，从微山湖东南段韩庄出口，经流台儿庄，向南直通邳州。枣庄段也因此成为南北走向的大运河中唯一一段东西走向的航道，被称为“京杭大运河第一湾”。自开凿通航400多年来，河道平安通畅，极大地放大了运河的航运功能，是漕运的主航道，对于促进南北方物资商品流通，发挥了重要作用。台儿庄运河古城也由此崛起。

1.历史上崛起最快的古城。由于枣庄段运河位于改道后大运河的中间段，运河落差大，闸坝密集，致使各类货物积压。也因此，通航后的台儿庄古城，商贾云集，短时间内便成为运河沿线的商贸重镇，繁盛一时。清代乾嘉时期的台儿庄古城，汇集了大批来自全国各地的客商，成为漕运枢纽、水旱码头和沟通鲁苏豫皖、江淮浙沪的人流、物流集散地，呈现出“商贾迤逦，一河渔火，歌声十里，夜不罢市”的繁盛景象。乾隆皇帝曾巡游台儿庄，看到繁荣的商贸业，南来北往的舟楫，御笔写下“天下第一庄”。

2.独具特色的运河文化。台儿庄宗教文化发达,明清时期寺庙众多,先后建有泰山行宫、新关帝庙、清真寺、龙王庙等72座庙宇,号称运河“佛城”;建筑风格多样,北方大院、鲁南民居、徽派建筑、岭南建筑、闽南建筑等八种风格建筑杂列其中;民间艺术文化异彩纷呈,有“南北文化的分水岭,东西文化的过渡站”之称。寺庙音乐、船夫号子、唢呐古曲、运河花鼓、渔灯秧歌等,为台儿庄所独有;龙灯、狮子、高跷、旱船、竹马、黑驴、锣鼓、皮影等艺术风格独特,有别于其他地区。其他诸如酒文化、食文化、茶文化、青楼文化、帮会文化等也独具风格。

3.“抗日扬威第一战”。1938年,古城台儿庄又因一场震惊中外的战争而名扬天下。台儿庄大捷是日本建立现代化军队以来遭受到“第一场引人注目的大惨败”,台儿庄被誉为中华民族扬威不屈之地。台儿庄历来为兵家必争之地,某种意义上说,正是因为运河北岸台儿庄重要的地理位置,才爆发了台儿庄大战。但战争也使这座拥有千年运河最完整文化遗产体系的古城化为一片废墟。

台儿庄运河古城的恢复重建

枣庄历史上是一座煤城,煤炭、水泥业收入占财政收入的60%。2006年时枣庄煤炭可采量就已不足6亿吨,不到20年,就将矿竭城衰,大量人员面临失业。城区内原顺河、西关、北园等棚户区人口稠密、通道狭窄,生活环境十分简陋。经济转型、城区改造成为摆在面前的首要任务。

1.因地制宜,果断决策。2006年,台儿庄区为改造古城两平方公里的棚户区,与上海绿房子投资公司谈成了近6亿元的房地产项目,但枣庄市委、市政府主要领导通过亲自走访调研,认定台儿庄拥有独一无二的文化遗产资源,果断叫停了该项目,作出了“舍房产保遗产”的决定,提出了用文化发展引领城市转型发展的发展战略。

2.全民动员,寻根溯源。枣庄市成立了台儿庄古城恢复重建筹委会,聘请国内顶尖学者和本土专家作了大量调查论证,绘出了古城原貌图。同时,全民动员,围绕运河文化、大战文化和旅游资源的调查整理展开文化抢救挖掘工作。一是书籍征集考证。从民政局、水利局、史志办、文化局等部门和居民手中,征集各种书籍200余本,对有价值的材料予以整理研究,形成材料。二是走访老人回忆。通过走访,对古码头、古寺庙、古店铺、古涵洞、古树等有了细致认识,对几大家族的商号、码头、家族兴衰及台儿庄大战前、“文革”前经济社会状况有了初步了解,整理形成了5万余字的综合材料,绘制了1938年的台儿庄地图。三是挖掘整理大战文化。对运河浮桥、中正门、火车站、清真寺等大战遗址遗迹拍照研究,进行系统的文字整理,对大战浮雕进行了设计构想。四是围绕吃、住、行、游、购、娱一条龙服务,挖掘整理旅游资源。

3.科学规划,整体推进。2008年初,在调查研究的基础上,枣庄市委、市政府最终提出了运河古城开发建设建议性规划、设计方案,并于2008年4月8日,台儿庄大战胜利70周年纪念日,正式启动台儿庄古城重建工作。台儿庄古城规划面积2平方公里,包括11个功能分区、8大景区和29个景点,规划设计总建筑面积50万平方米,总投资48亿元。按照“大战故地、运河古城、江北水乡、时尚生活”的定位,遵循“留古、复古、承古、用古”的理念,依托明清运河故道和台儿庄大战遗址两个全国重点文物保护单位,以及国家级湿地公园、国家级水利风景区等丰富的自然人文景观,将保存下来的大战遗址、古城墙、古码头、古民居、古街巷、古商埠、古庙宇、古会馆等历史遗产科学地进行修复。在恢复古城的基础上,规划打造了18平方公里的文化产业园,并积极创建国家级文化产业示范园区。重点打造“一园三大基地”。“一园”,即规划建设的占地1200亩的国家非物质文化遗产博览园;“三大基

地”,即高校人才实训基地、影视制作基地和健康休闲基地。目前博览园内会展中心、演艺中心、培训中心、博览中心等场馆正在建设。9 月 6 日到 10 日，台儿庄成功举办了第二届中国非物质文化遗产博览会。台儿庄古城已经形成全国第一家海峡两岸交流基地、第一家国家文化遗产公园、国家文化产业园、国家生态休闲度假区等十大文化品牌体系。

通过对台儿庄运河古城恢复重建,用文化发展引领城市转型发展,取得了显著成效。2011 年,台儿庄旅游综合收入实现 8.25 亿元,是 2006 年复建古城前的 3.8 倍;文化产业综合收入达到 127 亿元,比 2006 年增长 5.5 倍;三产增加值达到 36.8 亿元，占全区 GDP 比重比 2009 年提高了 3.9 个百分点;新增就业 10 万人中,第三产业带动 8 万人。2012 年初,枣庄成功通过国家转型评估,未来五年将享受新一轮政策资金扶持。同时,围绕打造“古城、水城、绿城、慢城”品牌,台儿庄精心规划、精致建设、精细管理,努力建设适宜人居的生态文明之城,城乡面貌焕然一新。以文化产业为龙头的第三产业已成为枣庄及台儿庄转方式、调结构、扩内需、保增长、惠民生的关键,也是实现资源枯竭型城市转型发展的有力推动。

经验启示

1.科学发展是台儿庄古城恢复重建的思想动力。文化是可持续发展的生命力,台儿庄古城恢复重建是解放思想、科学发展的重要成果。枣庄市委、市政府正是以科学发展的眼光和对文化发展更深刻的认识，正确处理了当前与长远的利益关系,面对投资 6 亿元的房地产项目,果断叫停。恢复重建台儿庄运河古城,看似牺牲了一时的发展速度和 GDP,实则通过大力发展文化旅游产业,换来了长久的发展和繁荣。从文化自觉到文化自信再到文化自强,台儿庄依托古城重建,将文化资源不断转化为竞争优势、发展优势。

2.找准定位是台儿庄古城恢复重建的关键环节。古城的重建过程实际上就是文化的重建过程。台儿庄由于其优越的地理位置和一场战争赋予的重要地位,使运河文化、大战文化、民俗文化等在这里得到有机的统一,形成了独有的不可复制的文化特质。也正因此,台儿庄严格按照"大战故地、运河古城、江北水乡、时尚生活"的文化发展定位,精心规划建设,重建后的台儿庄古城被誉为运河文化活化石、中国民居建筑博物馆、东方古水城、中国唯一的二战纪念城,名扬海内外。

3.科学规划是台儿庄古城恢复重建的基本前提。古城重建,规划先行。针对大战后保留下来的遗存不到10%的状况,枣庄市委、市政府在古城重建之初,就邀请了全国顶尖的古建、文化、旅游专家进行论证和规划。为使规划更"接地气(本地文化)、接水气(运河文化)",通过成立专门的机构,对本土研究运河文化的专家学者和古城每位80岁以上老人3年多细致的走访调研,查阅史籍资料,搜集老照片,绘制老建筑素描图,撰写研究报告,最终绘出了一幅连专家都叹为观止的《台儿庄古城胜迹复原图》。正是由于"土洋结合"的科学规划和充分深入的实地调研,为运河古城恢复重建提供了重要依据和参考。

4.灵活的资本运作和市场运营是台儿庄古城恢复重建的根本保障。应该政府做的事情,政府不缺位;应该市场做的事情,政府不越位。在资本运作方面,根据规划,台儿庄古城重建规划总投资48亿元,而作为一个资源枯竭型城市,枣庄财政收入十分有限,为此,他们采取"政府主导、市场运作"的模式,由5家亟待转型的国有煤炭企业各拿出10万吨煤折合4亿元资本金,作为股份入股,组建投资公司启动古城建设。同时,努力争取台儿庄古城重建列入山东省重点工程和重点支持大项目,得到国家和山东省2亿元的资金支持,主要投资于基础设施、道路、水系等建设。仅一年时间,台儿庄商业用地由每亩20万元升到690万元;到2011年上半年,金融机构评估台儿庄

古城资产已达153亿元。在市场运营方面，坚持边建设，边开发，边经营。为加大宣传力度，2009年起，枣庄在全国大力推介“枣庄二日游”，与对口城市建立起稳固的客源市场渠道，发动各个城市的600多家旅行社参与，其中220家定期向枣庄输入客源。京、沪、杭等5个城市开通到枣庄的旅游专列，连云港、临沂、青岛等30个城市开通二日游直通车。报刊、广播、电视、网络上关于台儿庄古城的旅游信息更是源源不断。台儿庄的影响力、知名度和认可度不断提高。现在，台儿庄每年接待游客约400万人，仅门票收入就近4亿元。在经营管理上，成立国有全资公司确定国有产权，代表政府进行统一经营管理。聘请专业招商公司，在全国范围征集筛选进入古城的经营业态。为确保进入古城的商业业态与古城风貌和文化相配套，对低俗业态一概拒之门外，对高品质、有实力、善经营的商户敞开进入，基本做到一店一品。重视文化业态发展，对来古城的文化创意人才，提供600套3年1元租金的20平方米工作室；对非物质文化遗产博览园内的非遗店铺，全部只象征性征收1元房租。

5.文化遗产保护和创新传承并重是台儿庄古城恢复重建始终坚持的重要原则。台儿庄古城恢复重建始终坚持“留古、复古、承古、用古”的原则和理念。“留古”，是指对历史文化遗存进行最严格的保护，古城保存了53处弹孔墙等战争遗址，6华里的古运河、3华里的古驳岸，13处古码头、古船闸等水工设施和95%的城市肌理。“复古”，是指挖掘历史，原貌复建。依据从海内外收集的380张老照片和数百本史料，以及古城内老人的记忆，原址原样进行恢复重建。设计上遵循“原空间、原尺度、原风貌”，建设上遵循“原材料、原工艺、原地工匠”。“承古”，是指承古传今，推陈出新。在“六个原”的基础上，创新标准，严格按文物和遗产标准来把握，打造新的亮点。建设数字古城、节能古城、生态古城，体现现代工艺水平和功能需要。“用古”，是指古为今用，弘扬繁荣。保留老记忆,展示传统工艺,引进非物质文化遗产;打造文化空间,恢复“百庙”(关帝庙、天后宫等不同建筑风格的庙宇)、“百馆”(以大战文化、运河文化、鲁南民俗文化为主线,规划建设100多个博物馆,打造富有活力的博物馆群落)、“百业”(把传统、民族、手工的工艺,集中进行展示)、“百艺”(规划建设非物质文化遗产博览园,为全国各地的非物质文化遗产搭建展示、交易、传承的平台,现已引入柳琴戏、运河大鼓、鲁南皮影、伏里土陶、曹县面人、泸州油纸伞等30多个非物质文化遗产),老瓶装新酒,传统建筑里展现现代休闲业态。总之,台儿庄运河古城的恢复重建是在保持“原物、原貌、原风貌”原真性的基础上,创新思路和举措,使古城复活繁荣。重建后的台儿庄古城,不仅是一个旅游景区,更重要的是借助市场的力量,实现了文化遗产的活态传承。

发表于中共天津市西青区委研究室、天津市西青区人民政府研究室编辑的《区外动态(专刊)》2012年第6期

以开发促保护 实现可持续发展

刘 柳

2013年3月,“寻根大运河” 天津·西青记者采访团对浙江省嘉兴市下辖的两个运河古镇西塘和乌镇进行了寻访考察。两地挖掘历史文化资源,以开发促保护,实现可持续发展的实践对于我区以大运河申遗为契机,做好文化遗产保护开发工作, 推动文化与旅游深度融合, 打造文化旅游产业新亮点,具有很强的借鉴意义。

古镇概况

西塘和乌镇均属浙江省嘉兴市,同是江南六大古镇之一,地处苏浙沪交界处,地理位置十分优越。

西塘——生活着的千年古镇。西塘位于嘉兴市嘉善县北部,濒临运河与太湖,有9条河道在镇区交汇,把镇区分划成8个板块,众多的桥梁又把水乡连成一体。西塘历史悠久,人文资源丰富,是古代吴越文化的发祥地之一。历史上曾出过进士19人,举人31人。明代以来,有著作留世的有103人。西塘素有“春秋的水,唐宋的镇,明清的建筑,现代的人”的说法。目前,常住人口5.8万,在1.01平方公里的核心保护区内,仍有2600多户原住民,依然延续着上千年的“日出而作、日落而息”的传统生活方式和人文习俗。“生活着的千年古镇”是对西塘最恰当不过的形容。

乌镇——中国最后的枕水人家。乌镇位于嘉兴市下辖的桐乡市北端,西临湖州市,北界江苏吴江县,大运河自东向西穿境而过。由于其地处河流冲积和湖沼淤积平原,河流纵横交织,物产丰富,素有“鱼米之乡、丝绸之府”之称。乌镇完整地保存着原有晚清和民国时期江南水乡古镇的风貌和格局,以河成街、街桥相连、依河筑屋、水镇一体,享有“中国最后的枕水人家”的美誉。乌镇同样是具有深厚历史文化底蕴的千年古镇，曾是两省、三府、七县交界之地，拥有7000多年文明史和1300多年建镇史。沈约、严辰、茅盾等一批历史文化名人曾游学或寓居古镇，有全国重点文物保护单位——茅盾故居及翰林第、修真观戏台、昭明太子读书处等名胜古迹。

古镇保护开发实践

20世纪80年代，西塘和乌镇的水乡古镇风貌已不复存在，经济社会发展较为缓慢。两地政府认为守着古镇这份厚重的文化遗产，古镇保护开发应该可以成为当地发展新的“动力源”和“生长点”，决定把古镇保护开发作为带动当地经济转型发展的突破口，摆上战略位置。

1.规划先行，准备充分。西塘保护开发始于1986年，浙江大学编制了城镇建设总体规划，提出了“保护古镇、开发新城”的思路。1996年，当地政府作出了“利用古镇资源，保护古镇、开发旅游，繁荣第三产业”的决策部署，并邀请上海同济大学对城镇建设总体规划进行了全面修编。1999—2003年，先后制定和编制了《西塘古镇保护管理实施办法》《西塘省级历史文化保护区保护规划》《西塘镇旅游发展规划》《西塘镇环境保护规划》等，推动古镇完整保护及可持续发展。

乌镇开发始于1997年，桐乡市成立“乌镇古镇保护与旅游开发领导小组”，确立了以保护为本，保护与开发共赢的原则。1998年委托上海同济大学编制了《乌镇古镇保护规划》，明确了古镇保护和旅游开发的整体发展方向，将古镇划分为绝对保护区、重点保护区、一般保护区和区域控制区，提出不同等级的保护措施。1999年，制定了《乌镇古镇首期整治保护总体规划》，实施保护开发一期工程。2001年，委托杭州市城市规划设计院编制《桐乡市乌镇历史文化保护区保护规划》，并通过省人民政府批准。

2.政府主导，市场运作。1996年，西塘镇政府协调镇村开发公司、西塘住

房合作社和镇文化站共同出资，成立了西塘文化旅游发展有限公司，具体实施西塘保护开发工作。2000年，嘉善县人民政府成立嘉善县西塘古镇保护与旅游开发管理委员会，统筹西塘的规划、保护、管理及相应的执法工作，形成了政府主导、市场化运作的经营管理模式。

桐乡市政府一开始便确立了“政府推动，市场运作”的机制，于1999年组建了乌镇古镇保护与旅游开发管理委员会，同时组织财政局、建设局、国土局等13家单位共同出资1300万元，成立了乌镇旅游开发有限公司，具体实施乌镇的保护整治与合理开发。一期保护开发取得阶段性成功后，又适时调整管理运作模式，所有权、管理权与经营权分离，政府只对古镇保护开发进行宏观管理。2007年初，与“中青旅”实施战略合作，由“中青旅”注资3.5亿元，持有60%的股份；2009年，引进国际战略投资公司IDG，完成了股份制改造，并以“乌镇旅游”名义提交了上市申请。现在乌镇旅游开发有限公司是“中青旅”、桐乡市政府、IDG三方共同持股的大型旅游集团，注册资本2.94亿元，固定资产逾10亿元，在编员工1600多人。通过整合“中青旅”的旅游资源、IDG的资金实力和政府的政策实力，共同推动古镇保护开发。

3.分步实施，效果凸显。西塘在1997年到2004年间，以基础设施建设为主，投入资金1.65亿元，用于古镇核心区1.01平方公里的改造，随后启动了西园、薛宅、倪宅、千米古廊棚等文保单位(点)的修缮保护工作。2007年，西塘西线景区建设完成，正式对外开放。乌镇一期保护工程(东栅—中市)于1999年全面启动，保护范围0.9平方公里，投入资金1.25亿元，于2001年初全面完成并对外开放。2003年开始进行二期保护工程——西栅大街的保护开发，面积3.4平方公里，项目总投资约10亿元，于2007年初正式对外开放。

保护开发使昔日的水乡古镇风貌重新焕发光彩。两地同时入选首批中国十大历史文化名镇，同被列入联合国教科文组织世界文化遗产的预备清单和《中国世界文化遗产预备名单》重设目录。2003年，西塘获联合国教科文组织颁发的“世界遗产保护杰出成就奖”，乌镇获联合国颁发的“亚太地区遗产保护杰出成就奖”。2005年，西塘被评为国家4A级旅游风景区；2010年，乌镇被授予“国家5A级景区”，并荣获“浙江省非物质文化遗产经典景区”称号。2012年，西塘门票收入达7550万元，接待游客472万人次。同年，乌镇国内外游客达到601万人次，仅门票收入就达3.43亿元。

经验启示

两地把古镇保护开发作为关乎民生和可持续发展的重点工作谋划定位，以科学规划为先导，坚持政府主导、市场化的经营运作模式，以开发促保护，为我们提供了许多有益的启示。

1.立足实际，突出特色是古镇保护开发的题中之义。在保护开发实践中，两地立足实际，彰显自身特色，避免了同质化竞争。乌镇一期保护开发中，在修旧如旧、管线地埋、地方传统文化挖掘、过度商业化控制、管理运作模式选择等方面，都是在全国古镇保护开发中首创或成功运作的典范，被联合国教科文组织专家誉为“乌镇模式”。一期取得成功后，二期面积更大，保护开发更复杂，乌镇确立了区别于一期的特色取向和功能定位，着力打造融合观光与度假功能的“观光加休闲体验型”综合性古镇。西塘在保护开发中，以“生活西塘”为定位，紧紧围绕生活这个核心理念，开创了“景区、社区共建”的管理模式。其开发不只重视商业利益，更重视营造乡邻的和谐氛围。居民依旧在古镇区内生活，保护区内可见炊烟，可闻鸡鸣，可以真实地体验古镇原生态的生活场景。同时，在政府引导和控制古镇传统风貌的前提下，动员全民参与，根据市场规律良性循环发展，是西塘模式中“景区与社区同步发展”的重要核心。

2.积极探索，不断创新是古镇保护开发的不竭动力。古镇保护开发要想保持持久的生机和活力，必须不断探索创新。“乌镇模式”的创新主要体现在管理体制、运作机制的选择和政策的不断完善上。先期政府主导成立股份公司，相关部门注资作为抵押向银行贷款，推进保护工程和项目开发。阶段性成功后调整管理运作模式，与“中青旅”合作，双方合作三年不分红的协议，在保障了保护开发资金的同时，导入更前沿的管理理念和营销方式，迈上现代股份制公司的经营轨道，进一步推进了保护开发转型升级。2010 年，桐乡市出台《关于加快乌镇旅游开发建设，积极打造国际旅游区的实施意见》，建立“桐乡市乌镇国际旅游区建设管理委员会”，确定了乌镇旅游发展新的目标定位及相关措施，古镇保护开发进入新的发展阶段。而 2013 年初，国务院批准《浙江嘉善县域科学发展示范点建设方案》列入国家战略，也为西塘古镇的进一步保护开发带来了新的机遇。西塘目前正着力打造“古镇旅游示范区”，以古镇保护开发为核心，加快构建以旅游业为龙头，生活性服务业和生产性服务业并重的现代服务业新体系。以申报“世界文化遗产”和创建国家 5A 级旅游风景区为目标，继续实施景区精细化处理工程，进一步提升整体品位；以旅游产业拓展增效为方向，充分挖掘旅游资源，丰富旅游商品种类和旅游项目，实现假日游向平日游、白天游向全天游、观光游向休闲游转变，努力把西塘打造成 “专家们研究江南水乡文化的基地”“艺术家们描绘江南水乡的净地”和“游客领略江南水乡风貌的圣地”。

3.保护为主，开发促保护是古镇保护开发需始终坚持的原则。近些年，古镇开发热度持续上升，但是在开发过程中，有些地方一味追求经济价值，导致对文化遗产的破坏。因此在古镇保护开发实践中，处理好保护与开发的关系，是必须认真思考和正确对待的问题。西塘和乌镇在保护开发过程中始终坚持尊重历史、尊重文化的理念，把“保护”放在第一位。乌镇按照“修旧如旧，以存其真”的原则，确定了“四个最”——保护最彻底、环境最优美、功能最齐全、管理最科学的目标，实施了三大保护工程——遗迹保护工程、文化保护工程、环境保护工程，首创了“乌镇模式”，使古镇的历史性与现代化有机地融合在一起。而西塘的保护不仅是对古建筑、古文物的保护，更追求对文化价值和人居环境的保护。景区、社区共建，传统的江南水乡渗透在西塘居民每天的生活里，延续并保存了古镇的历史文化脉络。同时在古镇区内严格限制商业性活动，保持了古镇的原真性、风貌的完整性和生活的延续性。西塘还定期向古镇居民、企事业单位编发《古镇保护与开发简报》，帮助居民和游客增加对古镇历史文化价值的了解，提高居民和游客热爱西塘、保护西塘的自觉性。

4.注重宣传，塑造品牌是古镇保护开发的重要环节。以市场为主体，注重宣传营销和品牌塑造，也是古镇开发不可或缺的环节。2001 年乌镇东栅景区开放后，在宣传上，首先把注意力放在周边上海、杭州、苏州三地，在电视、平面及网络等各种媒介上频频推出“原汁原味”及“深厚文化底蕴”的乌镇。与上海东方电视台合作营销、接待 APEC 嘉宾，吸引了大批游客，使乌镇在长三角乃至全国、国际市场，快速扬名。2003 年，电视剧《似水年华》在乌镇拍摄，之后，乌镇请电视剧中知名女演员拍摄宣传片，电视剧的播出和唯美的宣传片大幅提高了乌镇的知名度，也成功塑造了“乌镇——来过，未曾离开”的品牌理念。与“中青旅”合作后，乌镇永久买断了每年国家旅游局承办的国内旅交会、国际旅交会入场券的广告权，并参与国家旅游局有关对内外宣传画册的广告。西塘也以各种活动、各类媒体推介为载体，积极参加各类旅游交易会，连续举办了八届“中国古镇西塘国际文化旅游节”与四届“国际旅游小姐中国总决赛”。2010 年以上海世博会推荐名录为契机，大力实施“西塘旅游接轨上海”工程，充分发挥上海市场的辐射作用，以此推动华东

游、国内游和入境游。同时，加大市场营销力度，增加沪杭高速、地铁通道、上海星级酒店和主流媒体的广告投放数量，打响了“生活着的千年古镇”这一品牌。

5.尊重历史，保护传承区域文化是古镇保护开发的核心内容。乌镇一期保护开发中，深度挖掘古镇的文化底蕴和人文内涵，做好文化保护工程。一是做足名人文化。乌镇是茅盾的故乡，现有茅盾故居、立志书院、林家铺子等体现茅盾早期生活的重要历史建筑，把这些历史建筑加以恢复并发扬推广是展现茅盾笔下江南风情的重要视点。乌镇还将中国最高文学奖之一的茅盾文学奖引回故乡颁奖，组织了许多与茅盾相关的研究活动。二是弘扬传统文化。将沿袭了几百年的传统——“香市”重新加以挖掘，赋予新的内容，举办了四届“江南水乡狂欢节”；请年久失传的皮影戏老艺人重新出山，开办了皮影戏馆；将早已停唱的乡土花鼓戏加以发扬；将三跳、拳船表演、高杆船表演进行重新恢复；对蓝印花布、酒作坊、糕点作坊等有机结合，组成传统作坊区。三是培育群众文化。乌镇管委会与当地文化部门联手，以当地的古戏台等为载体，恢复了乌镇越剧队、老年京剧队和桐乡地方折子戏等群众性业余文化组织，同时组织了竹刻、风筝协会、集邮协会及各种书画展，打响古镇群众文化牌子。西塘打出的是“生活着的千年古镇”品牌。在保护开发实践中，尊重百姓生活，弘扬人文精神，以挖掘整理展示为核心，通过对古镇文化价值与自然资源的有机整合，原真性地保存了西塘人的生活脉络。编制了《西塘镇文化名镇建设规划》，通过政府、社团、民间艺人等各种传播手段和方法，使古镇独特文化得以传承，历史文脉得以延续。西塘对自然和人文环境的保护，对区域文化的传承发扬，营造了一个自然生态和谐共存、人文气息浓厚、传统田园牧歌和现代时尚生活相融合的“生活着的千年古镇”。2002年，主题为“把千年古镇的文脉留住”的中国历史文化名镇保护论坛在西塘召开。与会专家学者对西塘古镇保护模式予以了充分肯定，认为把千年的文脉留住，是古镇保护的最高意境。

6.民生为本，可持续发展是古镇保护开发的根本落脚点。注重民生的改善，让百姓真正得到实惠，实现可持续发展是古镇保护开发的落脚点。古镇保护开发使百姓的人居环境得到根本改善。在保护开发实践中，乌镇和西塘都投入了大量资金进行河道清淤、建筑维修、管线地埋等基础设施建设，乌镇西栅景区还给所有老房子都装上了电信宽带、管道煤气和直饮水，老街还有菜市场、现代设施的图书馆、星级厕所等社区设施，使百姓的生活居住既方便又惬意。古镇保护开发，鼓励居民参与共同致富。乌镇西栅景区整治工程完成后，有选择地让已外迁的居民回租原旧居。旅游开发公司招收老街群众到公司各个岗位工作，公司出钱对老街低收入者发放生活补贴，对开发形成的部分商铺及游船等配套设施以低价定向分配给老街上有劳动能力的居民经营。古镇保护开发，劳动旅游相关产业共同发展，促进增收。乌镇在不影响古镇风貌的前提下新建旅游商品交易区，无偿提供给老街居民设摊，解决其再就业的问题。西塘采取古镇景区、社区共同建设，和谐发展的管理模式，通过引导居民参与到古镇保护开发中来，使古镇百姓从中不断得到实惠。古镇区内外，以餐饮、客栈、酒吧为特色的第三产业蓬勃发展，带动了当地百姓就业，增加了百姓收入。而当地百姓通过积极参与古镇保护开发，不仅提高了生活水平，也使古镇得以合理地保护利用，实现了可持续发展。

发表于中共天津市西青区委研究室、天津市西青区人民政府研究室编辑的《区外动态（专刊）》2013 年第 6 期

下篇　美的溯游

·电视纪录片《美的溯游》解说词·

第一集《贡尖巨擘》

杨柳青年画的故事　第一集

王煜铭

水墨、石青、朱砂、藤黄、洋红……色彩浓艳的矿物和植物颜料被用来彩绘闻名世界的中国杨柳青年画。几百年来,张贴这些斑斓的色彩和图案,是中国普通百姓辞旧迎新的盛大仪式。如果颜料里加入金粉和银沙,这样的年画则不适合普通小民的茅屋陋室,它是帝王之家的专属。堆金沥粉,杨柳青年画制作工艺的最高技法,历史倏忽而过,帝王早已不在,但手艺却流传至今。

家住北京的戴时贤是杨柳青年画第一字号“戴廉增”家的第二十代传人,他正采用家传的堆金沥粉工艺,制作御贡年画《双龙献福》。

戴时贤(杨柳青年画“戴廉增”画店第二十代传人)同期声:堆金沥粉是戴氏综合了雕塑、壁画、塑像还有沥粉工艺,汲取了几家的长处,形成了自己的独门技法。

金色代表着皇权,其他物料也都是按古法调配。

戴时贤同期声:真正的堆金沥粉是用绢本,所有的颜料都是矿物质颜料。因为只有在这种浓厚的色彩下,才能够展示中国画的魅力,上面所有的金线,包括金箔,都是真金的。

当年,戴家给皇帝定制的贡品年画都是丝绢彩绘、辉煌富丽。

戴时贤同期声:纯金粉,名为佛赤,就是用作颜料。沥粉是建筑工艺,最早出现在汉代,出现在宫廷的建筑物当中。

冯立(西青文史学者)同期声:在“靖康之难”之后,大量的画师被掠到了北方,其中一些削金工匠也被带到了北方,慢慢的我们的杨柳青年画形成之后,是不是削金画的工艺就落在了杨柳青,还是有所发展,我们应该可以从堆金沥粉年画上看到它的影子。

艺术的借鉴与融合,衍变成一种独有的彩绘技术,《双龙献福》仍然不是我们能够见到的最好的贡品年画。

戴时贤同期声:堆金沥粉的门神是乾隆皇帝钦点的御贡年画,也代表了戴氏关于杨柳青年画的最高制作工艺。在没有正式展出之前,很多人都说已经失传了。这对儿门神是2012年制作的,把它做出来也让大家看一看,这个技艺一直都在。在2011年的6月份,在北京民俗博物馆也搞了一个御贡年画展览,也是戴氏年画展览吧,当时是堆金沥粉的第一次面世。在展出当中很多人感觉很震撼,俄罗斯科学院的院士李福清先生进门看到这个堆金沥粉的门神直接说了一句话:金的,贡品!

顶盔掼甲,佩剑悬弧,用黄金勾画的门神守望着一个盛世王朝的欢笑,为天子平添欢乐的作品不是出自宫廷画师之手,而是来自京城往南百里之外、京杭大运河岸边的千年古镇——杨柳青。

御河蜿蜒,杨柳依依,街市依旧古朴,故事不断更新,一场大型的电视采访活动正在启动,沿着这条文化大河去探寻杨柳青年画那些不为人知的故事。天津广播电视台国际频道与天津市西青区新闻中心组成联合摄制组,开启这次文化溯游之旅。

罗澍伟(天津市著名历史学家)同期声:杨柳青古镇是天津乃至中国北方唯一的一个历史文化名镇,到现在有近千年的历史,可以说我们杨柳青的美,现在不仅仅影响了北部的中国,而且也影响了南部的中国,这个美代表了大运河的美,它就是我们的杨柳青年画。这次“美的溯游”大型采访活动,是把我们杨柳青古镇的美做了一个延伸。

沿京杭大运河南下，寻访那些曾经流传在杨柳青画师们笔下的才子佳人、历史民俗与帝王传奇。品读顺流而下光阴里的过往，这座千年古镇里的每一张年画，都能讲出一个动人的故事。

孙磊（出镜记者）同期声：最开始，杨柳青年画和其他年画一样，都是从乡间的泥土中生发出来的，描绘的也都是农耕时代万民最朴素的对生活喜悦的歌颂，但是一场运河上的相遇，却让在乡间传承数百年的杨柳青年画开出了繁华盛景。

杨柳青，一个运河上漂来的文化重镇，功名主宰，文笔兴衰，慈悲大德，香火连绵，还有祖辈因漕运发家后在乾隆年间定居杨柳青的石家，深宅大院里的灰墙瓦当、精美的砖雕门楼，所有这些，再加上一个和风轻拂、诗情流转的名字——杨柳青。

自古这里就是运河边上的心仪之地，而它之所以闻名南北，则源于这里一个年画世家的兴衰。

戴敬勋（杨柳青年画“戴廉增”画店第十九代传人）同期声：我们来到杨柳青已经是二十三代了。原来的祖籍在桃花坞，“戴廉增”这个字号，它最辉煌的就是在家谱上有个记录，那上头写的“廉公”已是第九代了，乾隆年间他已经能够刻能够写能够画，那是个能人！

以制作年画为生的戴家在运河边繁衍了几代人之后，一场相遇讲述了一段古镇的传奇：有一天，路过此地回京的乾隆皇帝微服私访，走进了戴廉增画店，除了喝水，天子还看遍了店里所有的年画，主人戴廉增不怕折腾，把几百个品种的年画都拿出来给这位贵客过目。

冯立同期声：所以乾隆对他印象特别好，临走的时候给他留了一句话：“你是真正的买卖人！”在这之后呢，乾隆的仪仗就开始打这过，把他接走，他们这才知道这可能就是乾隆皇帝。

戴敬勋同期声：回话儿就说了那么一句：你们甭上税啦，进贡吧！这个意思就是免了你的税，让你进贡，宫里头要你的画！所以在这个事上呢，这位爷（戴廉增）就安排在北京搁了一个摊儿（年画店），北京单令我们戴家去一门儿的人。

其实有些年画即便是宫里用也要付钱，只不过皇上交到子民手上的不是银子，而是龙票。龙票是清朝皇帝出具的用龙玺盖章的债权票证，它代表了到期一定可以兑现的承诺，信用级别最高。戴家拿到龙票就可以免去赋税。

戴敬勋同期声：进贡了多少钱，末了儿拨给杨柳青钱也得花龙票。

戴家的年画从此进了宫廷，恰逢盛世，生意兴隆，整个古镇也因河因画而兴盛起来。

霍庆顺同期声：乾隆年间杨柳青年画光作坊三百多家，从事的人员三千多人，三趟大街做年画，河沿大街、估衣街和东大街。你想一想，那是一种什么状况？几乎杨柳青镇内就都做年画，杨柳青是个商贾之地，因为它有运河嘛，所以就形成了一句话："家家会点染，户户擅丹青。"

据《杨柳青镇志》记载，戴氏先人自明朝永乐年间携画艺从江南随漕船北上，至杨柳青经营木版年画，清乾隆至嘉庆年间达到鼎盛。戴家的年画远销京华、西北和东北等地。乾隆后期戴家在北京建立分店，从此成为我国北方画业巨擘。

今天这些戴家的年画已经成为珍品，古朴的着色和版线让这些戏出画和娃娃有别于其他字号，画风自成一统。但在杨柳青，也有着可与戴家比肩的字号——"齐健隆"画庄。

戴敬勋同期声：他们这哥儿几个是老戴家的姑爷，手艺比戴廉增还高一块呢，高到什么程度呢，能画二十色的画，戴廉增印出来的都是不超过六七色。

齐健隆以画侍女著称，笔法细腻、秀丽明艳、顾盼含羞、风情万种。一张张年画代表着年画世家后人的努力和传承。到了近代，戴家的后人们在年画创作上则更注重紧跟时代。

今天的杨柳青古镇，古风古韵的明清街上，杨柳青年画馆吸引着八方来客，在这里依然能够听到关于戴家的年画艺术，流传后世的传承故事。

霍庆顺同期声：我的爷爷叫霍福森，就在运河南面十五街草坝那儿给戴家刷画，我爷爷没有了以后，我父亲又开始继续给戴家做年画。

霍庆顺的父亲霍玉棠 16 岁入戴家学艺，到 23 岁自己另立字号，恰逢清末民初战乱不断、民生凋敝，杨柳青年画生产日渐衰落。而另一场浩劫更是几乎把杨柳青年画的根脉斩断。

霍庆顺同期声：杨柳青年画最惨的时候就是抗日战争时期。日本人当时到杨柳青的时候正好下大雨，坦克车到咱泥泞道上就陷这了，就把老百姓家的画版拿过来垫，所以那个时候好多的年画作坊都倒闭了，没人买画了，都改到别的行业了。我父亲为什么坚持下来了呢，因为他就指着这画业了，他没有这画业就生存不了。另外，他做了大半辈子年画了，他必须得把年画做下去，这儿做不了，他就到张家口去做。

为养家糊口，为了保住杨柳青年画的文脉，画师霍玉棠躲避战乱，到河北张家口继续从事杨柳青年画的制作，直到抗战胜利，他又回到了自己的家乡。

霍庆顺同期声：到了 1948 年的时候，杨柳青年画可以说是一家都没有了，就剩我父亲经营的这个年画了。

不光是年画，还有运河边的古镇，为后人讲述了一个个传奇。

孙磊同期声：美不只是技术，还是历史中漫长的心灵传递。杨柳青年画从明朝永乐年间，甚至是更早的北宋时期兴起到清代中叶“家家会点染，户户擅丹青”，尽管后来时代变迁、朝代更迭、战乱不断，但是杨柳青人一直用丹青坚守着他们对于美和喜悦的歌颂。身体可以受苦役，精神可以被屈辱，但是藏在内里对于生命真挚的爱，却依然使娃娃的脸上保持笑容，让我们相信不管什么阻难，生活依然会向着美好、善良、光明的世界前进，所以这样的年画一张张地被贴在了中国大地之上，仿佛万民的发愿。

霍玉棠和他的年画作坊终于挨过了一个寒冷的冬季。春暖花开，杨柳依依，运河边又多了一些为年画忙碌的身影。

霍庆顺同期声：到了1953年的时候，咱们国家基本稳定了，要发展咱们的民间文化。文化部的一位女同志叫李敬深到处寻访杨柳青年画。她就讲：咱们国家对年画、对民间艺术是很重视的，以后国家会对年画有扶持，你们一定要把咱们这个年画坚持住。艺人们一听，好家伙，国家要发展（年画），国家还重视，这在过去都是想象不到的！她说：你们现在还有什么困难？当时艺人们说，艺术上没困难，技术上也没困难，就是一个字，钱，没钱！她说那好办，回去以后我们研究完了就给你们寄钱过来，你们要多搜集年画的样子和画版。回去以后，她寄来了500块钱，500块钱在当时来讲可不是小数字啊，大家非常高兴！在我的印象当中，那时候杨柳青的年画艺人们发挥了积极性，他们看到党和政府对年画如此重视，很高兴。大家又把过去倒闭的年画作坊景记画店的一个艺人叫尹青山、敬记画店的一个艺人叫王顺安、新记画店的一个艺人叫陆恩荣找出来，当地杨柳青政府对年画也很重视，1953年成立了年画互助组。

从家庭小作坊到集体的互助组，再到合作社，对于老艺人们来说，手艺还在，但能用的刻板却数量有限，霍玉棠又想到了戴家。

霍庆顺同期声：我父亲认得戴家，跟戴家一说，我们把版印完了再还给你们。戴家说,没问题,你们印去吧!于是,这几个艺人就到戴家,把那些老版挑出来,一样儿印十张。还有一个人,现在好多人已经都不知道了,叫毛再生,这个人是河北正定县的人。因为当时咱杨柳青属河北省,他是正定县文化馆的,对年画很感兴趣,喜欢年画。他有一天早晨遛弯的时候,看到做点心的伙计劈劈柴,点火烧炉做点心,用的居然是画版。他看到后就说这么好的东西你们怎么拿来烧火呀?他就说,要不咱们这样吧,我想买你们这些版,横竖你是烧火,我给你们买劈柴也行,给你们钱也行。最后谈成了。

戴敬勋同期声:那么珍贵的画版当作三分钱一斤的劈柴烧火,这杨柳青年画就要绝啦!因为这些东西都烧了。

年画刻版即将被毁,也让时任杨柳青文化馆馆长的戴敬勋心急如焚,他给远在北京的周恩来总理写了封信,紧急报告了杨柳青年画面临的困难与危机,总理第一时间做出了批示。

戴敬勋同期声:就这样没三两天,四千块钱就到了杨柳青文化馆的账上了。所以,大秤一提溜,一百斤,一百斤,二百斤,弄吧弄吧弄了一火车,版都运到了(河北省)正定大佛寺,那是河北省的文物库。

霍庆顺同期声:等刷画的时候,一样儿要十张。我父亲就跟他(毛再生)谈,能不能把样子刷下来?(毛再生就说)行,没问题!到了那里热情招待,我二大大在正定刷了一段时间,我父亲刷了三个月。

1960年,一直关注年画命运的周恩来总理,亲自来到杨柳青考察指导工作,在总理的关注下,这些珍贵的刻版都被保存在了天津杨柳青年画博物馆。

刻版在,杨柳青年画的根就在。世世代代的年画师们把心血都凝结在了这精美的墨线纹理中间。

按照著名的年画专家王树村"北宗画传杨柳青"的说法,杨柳青年画源自北宋靖康之难后，一批被金国掳掠的画家流落到杨柳青。杨柳青年画画风遥接北宗画，也就是院体画的风格。明永乐年间，苏州桃花坞印书商戴家携艺落户杨柳青，开启了杨柳青年画新篇章。今天，霍家后人，国家级非遗传承人霍庆有老师依然沿用着传统的技术制作杨柳青年画：勾描，以墨勾图，表现图案，塑造形象；刻版，以刀代笔，在杜梨木上刻出王侯将相、才子佳人、娃娃抱鱼；水印，鬃刷蘸墨，棕耙拓印，墨线精致；彩绘，上粉色，染天地，点脸眼，描白花，一幅幅精美的杨柳青年画就做成了。

今天，沿运河溯游，两岸绿柳依依、雕梁画栋，千年古镇杨柳青依然画庄林立、字号满街，有人依古法传承技艺，也有人开始创新发展。

在北京，第十个“文化遗产日”，来自京津冀的非遗传承人和艺术家们聚在一起，为观众表演精湛的中国技艺。来自天津杨柳青的国家级非遗传承人霍庆顺老师正在做年画技艺展示。文化部雒树刚部长也专门来到霍庆顺的展示台前，亲自感受杨柳青年画制作的古老技艺。

杨柳青年画不仅代表天津，更代表着美丽的中国。

戴家第二十代传人戴时贤也来到展会的现场，两位杨柳青年画世家的后人在此相遇，技艺代代相传，改变的是容颜，不变的是娃娃抱鱼的美好寓意。

因河而生，因河而兴，从杨柳青古镇启航，“美的溯游”下一站，我们前往山东德州。

第二集《美艺流芳》

王　京

杨柳青年画的故事　第二集

德州自古就有“九达天衢、神京门户”之称，是重要的交通枢纽。京杭大运河全长1797公里，其中有140多公里流经德州境内。京杭大运河德州段自隋唐时期兴起，明清时期达到鼎盛。回想起德州运河的历史，唤起了多少人的遐想，丹霞白帆、炊烟缭绕，然残阳与夜泊还能否重现当年的辉煌？

王京（出镜记者）同期声：因漕运而发展起来的天津，它的文化也顺着这大运河流向了德州，这其中就包括杨柳青年画。

京杭大运河是世界上最长的人工运河，是中国古代重要的“漕运通道”和经济命脉。作为中华民族南北文化交流的桥梁，大运河可谓是一条历史之河、文化之河，凝结着中国政治、文化诸多领域的庞大信息，作为大运河山东段的第一站，德州在历史上是南北水运的咽喉要地。诗人朱德润在诗中曾描绘德州漕运：

日中贸易群物聚，红氍碧碗堆成山。
商人嗜利暮不散，酒楼歌馆相喧阗。

由此可见德州的漕运在当时是何其的繁华。同样这个城市也依傍着发达的漕运而逐渐兴起。

这里是山东省德州市以北239公里的天津市西青区的杨柳青镇。作为一个历经了百年风雨的文化符号，杨柳青的年画被公推为中国民间木版年画之首，以其历史积淀厚重和文化连续性的特征而扬名海内外，也被称为历史时代风貌的百科全书。作为与德州一河相承的杨柳青镇，它所创造出的杨柳青年画也随着大运河的流淌，深深地刻印在运河两岸，而在众多的杨柳青年画中，有一幅名为《十美图放风筝》的年画，它的出现让天津和德州似乎又多了一层除了地理位置之外的亲密联系。

李玉兰（德州民歌表演唱传承人）同期声：《十美图放风筝》表现的是十个姐妹一块儿去踏青放风筝，自个儿带自个儿的风筝，大姐放什么风筝，代表什么意思，二姐放的是什么风筝是什么意思，好像有众姐妹比美的意思。

在德州，有一首与杨柳青年画《十美图放风筝》同名的民歌，而我们面前已经76岁的李玉兰就是这德州民歌《十美图放风筝》的演唱传承人。

李玉兰同期声：我那个时候在工厂里，当时山东省搞全省民歌汇演，咱们德州市就开始搜集民歌。当时作曲、作词的人们就提前凑到一块儿搞这个事，把这首民歌创作出来后，就把我们从各个基层单位抽调上来。排练表演时，我放的是“牛郎织女”风筝。

一个是静止的画面，一个是鲜活的表演，表达的却是完完全全相同的主题：春日暖阳，十姐妹携手放风筝。

李玉兰唱同期声：

春来三月是呀是清明，
风和日暖那个放风筝。
桃李开花草青青，
蝴蝶飞舞百鸟鸣。
河边吹着那个飞双燕，
鸳鸯交颈绿水中。
大姐那个笑盈盈
…… ……

同一个题材因一幅年画、一首民歌而传遍运河沿岸，年画与民歌两种不同文化形式的交织,形成了大运河上特有的一种微妙的文化关系。那么,让人好奇的是:究竟是先有了年画才有了民歌呢,还是先有了民歌然后再将民歌改变成年画呢?

王洪海(西青历史文化学者)、李玉兰、刘金忠(德州历史文化学者)出镜同期声: 这首民歌之所以被传唱离不开解放前德州地方一个叫崔喜的文化爱好者,他沿运河来到杨柳青,发现了杨柳青年画的《十美图放风筝》,带到德州后,根据画面和画上的题字,改变成唱词,谱上曲,最初由一个外号“小鸽子”的民间艺人演唱。

对于《十美图放风筝》画、曲谁先谁后的真实性我们无从考证,但是我们可以推想当时这首歌传遍在乡间的盛况, 朗朗上口的曲调甚至沿运河传向周边城市,引起了强烈的反响。

王洪海同期声:大运河沟通了五大水系,海河水系、黄河水系、淮河水系、长江水系和钱塘江水系,这样就盘活了整个南北方的经济、商贸、文化和人员的往来。

刘金忠同期声:杨柳青年画作为华北老百姓的一种智慧和创造,它顺着运河向南流传是一种必然性。

歌中画,画中歌;一种产生了听觉上的涟漪,一种则冲击着视觉上的惊艳,两者完美地结合起来,丰富了京杭大运河的文化颜色,同时也延续着德州和天津两座城市的经济和社会之命脉。

张克强(杨柳青年画协会秘书长)同期声:杨柳青年画是一部历史的百科全书,几千个品种,其中不乏优秀作品,而且是门类众多的传统融合了现代的艺术宝库。

张克强是杨柳青一家年画馆的主人,自幼就受到绘画艺术的熏陶,耳濡目染了杨柳青年画这门艺术。在忠于传统和发展传统之间,张克强有着自己独到的见解,因此在当地有“年画张”的美誉,使年画这一民间艺术品升华为工艺精湛、极富收藏价值的艺术珍品。

张克强同期声:《十美图放风筝》这幅年画是杨柳青年画当中遗留下来的珍贵的历史名稿,但是,这幅画的原创作品,因一百多年的历史,我们能见到的只是它支离破碎的墨图。今天的画师在修复这幅画稿时,只能参考当时(清代)相同时代侍女的发饰、服饰,包括头饰、道具、鬓花、残破的领子等,把它们移植过来修复画稿。还有侍女放风筝牵线的手,原先的墨稿(手)都没了,怎么办,我们就找来小女孩,让她牵线做样子,把真实的姿势再用墨线勾勒描绘出来。

在过去美人图里,美人的嘴很少有张着大嘴哈哈乐的,都是“樱桃小口一点点”。美人的腮红,那个红是晕在眼泡和颧骨间的,眉毛都是比较细比较淡,眼睛有杏核眼、丹凤眼,鼻如悬胆,鼻子像苦胆一样光洁。

在杨柳青年画里,十美图可以说是一个系列,十位美人可以出现在不同寓意着吉祥美好的环境里,年画里的美人迎合了中国人对美人粉妆玉琢的审美定义,她们可以是传统的佳人、是古典的才女、是诗里的美女、是小说里的丽人,同时也是温柔似水的大家闺秀。当然,杨柳青年画对于美人的刻画,也并不是凭空臆造的,美人们的惊艳离不开杨柳青这片创作的沃土。

于淑珍演唱《画扇面》:

天津卫城西杨柳青
有一位美女叫白俊英
…… ……

这首由天津籍艺术家于淑珍演唱的民歌《画扇面》在当时可以说是广泛地流传于中国各地,歌词里的主人公白俊英是明末清初人,以精通文史、善工书画、又善刺绣、通晓音律而闻名。一首民歌《画扇面》更让她名扬全国,也让“杨柳青出美女”的说法不胫而走。

旧时，杨柳青有“小江南”之称，柳绿堤红与青堂瓦舍隐映，自然美与人文美交错，所以这里的人是在自然与人文的灵气中生长的，骨子里有一种内在的美。过去有杨柳青“家家会点染，户户擅丹青”的说法，杨柳青的女子们从小就受到艺术的熏陶，这也是其他地方不可比的，所以“杨柳青出美女”的说法没有错。

王京同期声：美女、盛世、惊艳，这些元素体现在杨柳青年画里。当然，杨柳青年画的兴盛也离不开一些人，他们或许是有心或者是无意，将杨柳青年画带离出这个历史悠久的小镇，沿着大运河一路南下。

70 岁的顾宝地从 15 岁开始就在京杭大运河上跑船，跑了一辈子船的他，对于这河水有着特殊的感情，可以说是大运河的一位特殊的见证者，见证着河岸两边的变迁，同时也传递着来自杨柳青的味道。

顾宝地（天津运河老船工）同期声：那时候，我们跑船从天津往南运东西，从杨柳青这边运年画，从山东临清往这边运染料、粮食……

当顾大爷再次来到杨柳青镇的运河边，他用一种特殊的方式——船工号子致敬往昔，一曲当年和船伙计们喊过的船工号子再现了当年船上船下的过往。

顾宝地唱运河号子同期声：

呦……嘿呀，
呦呦……嘿呀，
嗨嗨……嘿呀，
都张嘴儿呀……嘿呀，
嗨嗨……嘿呀，
哗啦啦……嘿呀，

啪拉拉……嘿呀。

呦……嘿呀，
呦呦……嘿呀，
摇起来啦嘿，
摇起橹来嘿……

山东 德州

王京同期声：我现在所处的位置就是大运河德州段一个最古老的码头。德州是当时进入到天津以及北京一个非常重要的门户，同时也是中国几大粮仓之一。当时通往天津或是北京的货船都会经停于此，而船上的船工号子也在方圆几里都能够听到，数以千计的船工上岸来歇脚、听戏、吃饭。您看我手里的这块瓷片，就是当地人在这个河边捡到的，据专家考证，它的年代可以追溯到民国以前。如今虽然码头的繁华已经不在了，留给我们的只是像这样的瓷片以及野草来让我们感怀，希望通过我们的寻访，再次找到当年的老船工，让他们开嗓为我们唱一曲运河上的繁华。

德州是京杭大运河山东段的第一站，当年这里曾是樯桅船影、满河船桅、纤夫盈堤，沿岸纤夫启航的号子声声动十里，小船划向大船，大船靠向码头，小火轮鸣笛而过，漫河舟如穿梭。就是因为大运河自北向南的贯通，才让杨柳青年画这个极具民间文化传统和习俗的天津符号被世人所知。所以说，大运河的繁荣为杨柳青年画的传播提供了优越的社会背景，而运河上来来回回跑船的船工们，可以说是那个年代的亲历者、见证者。找到他们，还原当年杨柳青年画来到德州那种兴盛场面，对于我们摄制组来说至关重要。

山东省 德州市

武城县南小李庄

李俊民老人今年已经83岁了,我们摄制组的到来,让李大爷的这个原本安静的小院瞬间热闹了起来。没有与媒体打过交道的李大爷面对镜头似乎还是不太适应。

李俊民(德州运河老船工)同期声:那时候我跑船上天津八一面粉厂(解放前叫民丰面粉厂)送小麦,路过杨柳青,杨柳青年画挺有名,“小孩抱着个大鱼,挺乐呵”。

李俊民演唱运河号子同期声:

哎……拉住了……嘿……

拉住了吧……嘿……

老弟兄们……嘿……

都拉起了……嘿……

陈仲魁(德州历史文化学者)同期声:他唱的这个内容就是船从升帆、起锚到行船,一直到行船的中途,在会船的时候,要发警戒号……

用镜头再现的手法拍摄让更多的人知道,从天津杨柳青到德州乃至更远的地方,船工们在路途中所付出的辛劳。我们不愿意再过多打扰老人,在临走前,为老人送上一幅寓意着健康长寿的杨柳青年画,希望这幅年画不再是当年让老人吃苦的简单货物,而是我们对他和像他一样的老船工们的祝福以及感谢。

在天津博物馆的地下库房里,珍藏着一幅从原始刻版上重新印制的《十美图放风筝》。由于画作珍贵,这幅画平时是不对外展出的。可能和其他馆藏相比,这幅《十美图放风筝》在年龄上略显稚嫩,但是其背后所蕴含的文化价值,丝毫不亚于这里任何珍贵的馆藏。年画与德州,通过电视记录的手法立体呈现,它丰富了年画的历史颜色,更延续着年画的历史脉络。

王京同期声:一幅《十美图放风筝》的年画引出的同名的德州民歌,以及让我们知道在运送杨柳青年画的过程中,运河上船工们所付出的艰辛,我觉得这是一种年画背后的文化力量,那种不经意或者是又非常自然的联系,是我做这期节目最大的收获。

第三集《美的历程》

杨柳青年画的故事　第三集

孙　磊

孙磊(出镜记者)同期声:“汴水流,泗水流,流到瓜洲古渡头。”这是一千多年前白居易留下的千古名篇《长相思》。通过它,我们可以清楚地知道汴水和泗水是流经徐州并在这里与黄河相遇的,同时,徐州也是黄河与京杭大运河的交汇处。由于地处京杭大运河的中间段,自古这里舟车云集、贸易兴盛,因此徐州也就成为了京杭大运河上最重要的一个大码头。

徐州既是航运枢纽,也是商业枢纽和军事枢纽。正因为如此,明朝政府在徐州设立了户部分司、工部分司等重要的管理机关,并在徐州建立了天下四大粮仓之一的徐州广运仓来存储漕粮,至明代中期,徐州得运河之利,已是物阜民丰,可比江南。

孙磊同期声:户部山虽说是山,但它其实就是古代徐州城南的一个小山头,原名叫作南山。古代的时候黄河穿徐州城而过,由于水患频繁,但是南山因为地势较高,所以这里就成为了当地人避水逃难的好去处。1624年,明代设置在徐州的户部分司就迁往了南山,南山于是改名叫作户部山,随后很多官宦人家和富贾豪门也纷纷来到户部山上建房修院,这里一时成为了富贵和身份的象征。所以,当地有一句民谣说:“穷北关、富南关,有钱人都住户部山。”

几百年下来,这里修建了大大小小各种风格、各种结构的大院,都是房廊相连、庭院相通。这些建筑有着少则百余年、多则六七百年的历史,它们就像一座座中国古文化的雕刻一样,手挽着手、肩并着肩树立在户部山上。

孙磊同期声:我走进徐州的户部山的时候,有一种似曾相识之感,感觉像是走进了杨柳青大院。因为这里的房子与杨柳青的一样,有着同样的瓦当结构,它们都有花檐、瓦脸和滴水,虽相隔千里,这是不是大运河的杰作呢?

王洪海(西青历史文化学者)同期声:大运河也是流动的文化,它的重要价值就在于联系南北方的交流。这里的瓦当有花檐、瓦脸和滴水,杨柳青保存完好的石家大院跟户部山这里的翟家大院、余家大院是完全一样的。

旧时,杨柳青大家主的房屋是很讲究的。其瓦当结构与周边地区乃至华北地区建筑都不相同。而相隔千里的杨柳青与徐州有着相同的瓦当结构,让人不得不感叹大运河的伟大。因为正是它,沟通了南北,交流了物资,也交流了文化。

在户部山上,我们还发现了邳州年画。邳州年画起源于邳州地区,它吸取了传统雕刻画的精华,不断创新和提高,构图大胆、泼辣、简练、夸张,色彩艳丽,对比强烈,风格多样,具有浓郁的乡土气息和强烈的时代感。这一点,与杨柳青年画当中的粗活儿非常类似,因为它们都继承了汉代美学。

而徐州正是汉文化的故乡。汉高祖刘邦出生于此,项羽称西楚霸王之后,也曾建都于此,构筑高台,以观戏马。而后刘邦大败项羽,这位军事冒险家就这样坐上了皇帝的宝座,他的子孙将这个帝国维持了 400 年。

至今,徐州依然保留着非常多的汉文化遗存。徐州是中国汉画像石集中出土地之一,漫步在一块块汉画像石之间,犹如置身于瑰丽的历史画廊之中,400 多年安固稳定的农耕生活使得汉朝民间盛行厚葬。汉人取石为材,图画天地、装饰墓室和祠堂。

杨孝军(徐州汉画像石艺术馆副馆长)同期声:汉画像石反映了整个汉代的财力,有这个财力才能建造墓室,所以汉画像石反映了整个汉代的社会生活、民俗、历史故事、神话传说。考古出土的文物当中,没有皇亲国戚出现在画像石上,反映的是整个老百姓的社会生活。

鲁迅曾说:“唯汉人石刻气魄深沉雄大,质朴无华,气韵生动。”历史故事、神话幻想和原始图腾并陈共处,但是汉画像石上更多的是图画现世生活:男耕女织、打猎捕鱼、庖厨做饭等。汉画像石的图案所用的线条都是很简练的,只是讲究其大致的形状,而不求具体,颇为朴拙可爱,有一种原始之美的趣味,就像一个孩童把刚刚采集到的鲜花散乱地举起来递给我们,而后代艺术却逐渐板起严肃的面孔,像成年人用尖利的草编织成的持久不变的花束。

杨孝军同期声:汉画像石反映平民生活的比较多,这是反映男耕女织的纺织图,画面上有织布、纺纱的,这个场景是对当时生活的反映。下面这块画像石就是乐舞、抚琴、长袖舞,再下面就是车马出行,很完整的一个民间生活的样态,像史书一样刻在了石头上。正如翦伯赞先生所说"它是一部绣像的历史",石上的史书。

这块画像石反映的就是一个铺首衔环,有伏羲、女娲,人类的始祖神,一个是男的,一个是女的,是对偶。这条鱼在汉画像石当中出现的频率比较多,尤其和我们刚看到的杨柳青年画的"连年有余",它们的寓意是一样的,年年有余,代表生命,代表繁殖。

天津大学冯骥才文学艺术研究院

蓝绿的底子上,80 岁的王学勤画了一条肥头大尾的大红鲤鱼游弋其中,尽得汉画像石的神韵,而左右衬以绿叶粉莲,果断,痛快。他使用的全是极鲜顶艳的品色,强烈而刺激,那色彩像是能冲入你的眼睛——这就是"缸鱼"。每到过年时,贴在水缸上面,画中鱼倒映在水中,意为"连年有余"。

王学勤老人本是天津市西青区张家窝镇宫庄子村的一位农民,看似普通的他,却是目前中国唯一以粗活儿形式绘制杨柳青年画的民间艺人,被当代著名作家、文化学者冯骥才视为津味文化的活化石。为了挽救即将失传的手艺,冯骥才还特地将王学勤的画室原貌复制到天津大学的年画博物馆中。冯骥才之所以对王学勤如此特殊保护,就是因为他珍视"缸鱼"中的那一份朴拙的原始之美。

农耕社会里具有与大自然同期性的循环，汉代400多年安定稳固的农耕文明,使得农耕本身变成了一种美学。农民把种子埋到地里,等待它发芽、开花、结果,天生有一种长久的耐心,即使对生活的欲望与向往也是如此,追求的是安分守己、生活富足、人丁兴旺、风调雨顺。在田野中诞生、在乡土中成长起来的杨柳青年画,继承了汉代美学,强调民间的情感与希冀,表现着平凡的庶民世界。

那么为何汉代会如此强调民间之美呢？这或许还要从农民皇帝刘邦说起。

孙磊同期声:刘邦虽然当了皇帝,享有九五至尊,但是他却永远没有忘记自己的出身,只有置身于家乡的百姓当中,他才能感到真正的快乐。所以,公元前195年,汉高祖刘邦回到了家乡沛县,宴请父老,酒酣之时他击筑而歌,吟唱出了千古流传的《大风歌》。

马培封(沛县汉文化研究学者)同期声:皇帝回来啦,他筑台宴请父老,在歌风台上喝酒,谈小时候的事情,谈出去以后带着沛县三千子弟打天下的事情,谈着、笑着、哭着,非常激动,激动的时候他就自己创作出《大风歌》来了,就是:“大风起兮云飞扬,威加海内兮归故乡,安得猛士兮守四方！”唱了以后他泪就下来了,另外,他又选了120个能歌善舞的年轻人,他亲自教,教会以后,他唱,大家和,有唱有和非常热闹,一共宴请、唱和了十多天。

大风歌之后,刘邦回到了长安,也把乡愁带到了长安。为了缓解刘邦的思乡之情,他的子孙在沛县一带广泛地搜集楚地民歌,于是有了最初的汉乐府。汉代恢复了民间活泼的创造力,也肯定了民间的自由。

马培封同期声:民歌反映了民间老百姓的心声,是他们心底的声音。所以刘邦当了皇帝以后,就告诫官员重视收集民歌。到了汉武帝刘彻的时候,西汉就建立了乐府,汉朝的民歌就称为汉乐府,汉乐府的第一声就是

《大风歌》!

孙磊同期声:汉代的皇帝一直保持着很强的民间性格,所以这就使得汉代的文化一直没有丧失民间的野性和朴拙,没有丧失生命力。我们在汉画像石当中经常会看到男耕女织、切肉烧饭的生产生活场景,而我们在读汉代乐府诗的时候,也经常会看到"上言加餐饭,下言长相忆"。汉代的美学就是美在人之常情,在平凡到不能再平凡的一粥一饭中,表达着对生活的爱。汉代的文化当中,没有特殊,没有伟大,是每一天、每一月、每一年不断地生活,是必须肯定的、满足的而又自得其乐的世界,所以汉代文化当中朴拙平实的个性成为永世不移的典范。而诞生之初的杨柳青年画,也正是继承了汉代美学朴素、安分的风格,这正是农业美学所产生的作品。

法国历史学家、汉学家勒内·格鲁塞曾在《中国的文明》一书中指出:"从精神层面看,在蒙古统治时期,就好像把中国人灵魂中的一股清泉阻断了一样,在经历了如此剧烈的惨痛之后,明朝试图以最大的忠诚对待自己的过去,希望让历史回到曾经延续的那一点上,复制出汉代的所有东西。"

诞生之初的杨柳青年画,正值明朝初期"一洗元朝胡风,兴汉唐,复旧制"的时期,自然,杨柳青年画也就继承了汉代美学,使如此深刻的农民心灵外在化了。

王健(中国秦汉史研究会副会长)同期声:汉代文化实际上是影响和规范了以后中国各朝代文化发展的经典时期,所以汉文化的艺术样式、艺术风格、文化精神、价值观念的方方面面对咱们整个国家的文化艺术都有深远影响。

徐州地处南北方交界,为北国锁钥,南国门户,向来为兵家必争之地。秦末,刘邦与项羽在徐州争夺霸业;东汉末年群雄并起,徐州又成了主战场。

王健同期声:当初群雄并起之时,徐州就成为了一个争夺的焦点,这个地方战略地位很重要。另外经过两汉 400 多年的发展，到东汉末年这个地方已成为一个大粮仓。

发生在徐州的“辕门射戟”的故事，因为极具戏剧张力，而成为杨柳青画工们笔下的常客。

王洪海同期声：袁术想拿徐州，必须先拿下刘备，才能再取徐州。但是，他要同时面对两个敌人就必然力不从心。这样，他就想先收买吕布，一起攻刘备，把刘备拿下再打吕布。吕布也看出了袁术的心思，所以就撮合袁术和刘备讲和。当时，吕布用了一个办法，他使用的兵器是方天画戟，戟的中间有孔，他面对袁术和刘备说，我用箭射画戟的孔，如果射进去，你们就要罢兵讲和。

王健同期声：结果他（吕布）这一箭很厉害，一箭就射中了戟的套环，射完之后因为有约在先，袁术也就放弃了硬打的准备，然后三方就谈和了。这个故事非常有意思，既有传奇色彩，也寄托了我们讲故事的人希望和平、反对战争的追求。

吕布这一箭，使得十万雄兵卸征衣，这是何等传奇。所以，这个故事被广为流传，乃至也成为杨柳青年画的重要题材。杨柳青的几大知名画庄，几乎都绘制过《辕门射戟》。在天津博物馆，我们就发现了一幅清代绘制的杨柳青年画《辕门射戟》。画中吕布英俊潇洒，一箭中戟，气势威猛逼人。而天津杨柳青画社也藏有一幅清末民初的《辕门射戟》，这幅画同样是以京剧戏出为样本。不光《辕门射戟》，其实很多《三国演义》里的故事都曾以戏出画的形式在杨柳青画工的笔下得以展现，像出自《三国演义》里第三十六回的《八门金锁阵》、第五十五回的《回荆州》以及出自京剧《哭刘表》中的《汉阳院徐庶归曹营》等年画，都被珍藏在全世界大大小小的博物馆当中，由杨柳青的画师们将生旦净末丑移植于宣纸之上，道尽人间悲欢离合。

王洪海同期声：杨柳青年画吸纳了戏曲的艺术形式进入年画，这样就让平时不能到戏园子看戏的人，通过年画，也能够知道戏曲是什么样的。

杨柳青地处天津，邻近北京，年画画师具有看戏的便利条件，随时可以走进戏曲演出场所捕捉画作素材。他们认真观察戏曲舞台上场面细节，名角的面貌形容，再现戏曲风貌的笔下功力不断提升，创作出来的戏画夸张而不失真，细节实在却不琐碎，令人既赏戏又品画，很快就在全国占了鳌头。同时，从这些年画中我们可以看出，受到工商业的影响，人们对土地里深厚的经验，那种悠远、朴素的情感在慢慢消失。另外，天津杨柳青畿近京都，为了顺应都市大户人家的审美要求，年画创作慢慢开始崇尚精雅与华美。当然，这种变化与大运河也不无关系。

孙磊同期声：随着大运河的南北沟通，天津的艺术家们用他们细致的情思以及上好的纸张、颜料，慢慢地把杨柳青年画从乡间的平凡之美带到了精致唯美的高度，而北方辽阔狂放的生命激情与南方的纤细、精致、瑰丽、婉约的情思，也得以在杨柳青年画当中合流。于是，诞生于乡间的杨柳青年画得益于大运河开始慢慢变成了一个全新的、灿烂夺目的艺术精品。

清代中晚期，一些都市的职业画家、丹青高手参与到年画制作中，同时，从构图和技法上又吸收了从南方随大运河北上的营养，所以，手工彩绘日渐奇妙，妆金饰银，华丽富贵，达到了另一种极致。从此，杨柳青年画在乡间美术中独树一帜、历久弥新。

金山古寺回荡着白蛇的呐喊，笔墨丹青描绘着民间的爱恨。运河水千年不息，沟通南北，一个是中国最美的民间爱情传说，一个是中国最美的民间艺术，它们相遇后交融共汇，把爱推向了一个美的高峰。下集《爱的颜色》讲述杨柳青年画与爱情之都镇江的瑰丽情缘。

第四集《爱的颜色》

杨柳青年画的故事 第四集

孙 磊

孙磊（出镜记者）同期声：镇江，运河和长江在此相汇，所以有了“衔远山、吞长江、浩浩汤汤”的壮阔气象。

镇江，这里是国内最大的黄金十字水道，也是中国“江河立交桥”的坐标。

孙磊同期声：在陆路交通并不发达的年代，运河和长江就像沟通四方的桥梁，人员、货物和文化通过这些河流走向了四方，尤其是京杭大运河，通过这条黄金水道，吴越文化、齐鲁文化、燕赵文化等在此交融共汇。

早在西汉初年，镇江已是万户以上的人口大县。宋元以后，镇江更是成为南北要冲，承担着全国68%的漕粮中转重任。物阜民丰的镇江也是座爱情之城，白蛇传的传说就发生在这里，故事中，白娘子用法力催动长江水围漫的就是镇江的金山寺。

孙磊同期声：时间是一条不可停留、不可割断的长河。大浪淘尽千古英雄，却让爱的传说永久流传。比如说起源于唐朝的《白蛇传》的故事，历经千年已经成为一种“文化原型”，有着旺盛的生命力，被不断地解说与颠覆。

《白蛇传》描述的是一个修炼成人形的白蛇与凡人许仙的爱情故事，在明清时期成熟盛行。2006年，该传说被列为“第一批国家级非物质文化遗产”。

其实，早在明清时期，《白蛇传》的故事就沿着运河口耳相传，不断生长，来到天津，抵达杨柳青人的心中。某种感动沉淀下来，就会被呼唤成为一个作品，于是，杨柳青的画工们拿起画笔用各自的天性与才华，一笔一笔地为爱情点染颜色。

此次活动，我们沿运河一路南下，回到《白蛇传》故事的发源地，来探寻杨柳青年画中那永恒不息的爱的颜色。

来到镇江，我们首先探访的就是金山寺。金山是屹立于长江中的一座孤岛，被称为“江心的一朵芙蓉”。金山寺就坐落在这朵江心芙蓉之上，依山就势，直到清代末年，金山才开始与陆地相连。

站在金山之上，正对江流，我们似乎仍能听到白蛇留下的回声。

孙磊同期声：水漫金山是白蛇的哭泣，她用尽所有疼痛的力气，也用尽所有爱的勇气。因为她知道，这是她最后一次说，爱你！所以水漫金山是一场告别，是愤怒之后的释然，也是释然之后的白蛇恣肆地发出情感的呐喊，而呐喊出的是她华美、激越的生命力量，所以这让我们为之动情。但是，这也让故事中的法海被世人怨恨了千年，但这真的是一个千年冤案，因为在历史当中，法海大和尚是唐代一位非常有德行的高僧，也是金山寺的开山祖师。

法海本姓裴，人称裴陀头，他父亲裴休是唐朝宣宗皇帝的宰相。出家后法海路过镇江金山，只见这里寺宇荒废、荆棘丛生，还有蟒蛇为害，他就找到这个岩洞，住在洞里参禅打坐。后来传说法海在岛上发现黄金，便上报朝廷，皇帝下令将黄金留给法海作修复庙宇之用，并赐名为“金山寺”。

最初的传说中，法海应该是正义、道德的化身，只是在千年的口耳相传中，时间把爱情打磨得至情至性，感动了世人，而法海则被人们一直怨恨至今。民间的评判虽敦厚温和却也爱憎分明，民间也总是把故事当真，在故事中埋下了对权威与礼教的反抗，所以，白蛇水漫金山之时，杨柳青人让所有的水妖、虾兵蟹将们都出来了，和面容威严的法海对决。

冯景元（天津著名作家、诗人）同期声：《白蛇传》本身是爱情故事，同时也是善和恶斗争的故事。从文学到绘画，它是我们的一个母题，杨柳青年画之所以到今天仍然美，仍然被人们所记住，就是因为它始终没离开我们人世和民间最基本的东西。

霍庆有，杨柳青年画世家的第六代传人，杨柳青年画的制作，在他看来如同一场仪式：勾、刻、印、绘、裱。每道工序都要求画师能得心应手而又有耐心。在天津，熟练掌握五道工序的"全能艺人"，霍庆有是独一份。霍庆有的父亲霍玉棠老先生在1926年创办了"玉成号画庄"，这是民国时期杨柳青镇内规模较大的年画作坊。霍庆有的哥哥霍庆顺、姐姐霍秀英也都继承了父业，研习杨柳青年画的技艺几十年，算得上行业内的工艺大师。

"白蛇传"一直是杨柳青年画的重要题材，历代艺人都曾以单幅、多幅、成套的册页等形式为这段动人的爱情点染过颜色。20世纪60年代，杨柳青画社重新组织优秀画工绘制年画册页《白蛇传》，当时霍秀英就参与其中，并被委以重任。

霍秀英（杨柳青年画"玉成号"画店第六代传承人）同期声：我当时主要是画脸部，最难画的就是脸部，师父比较器重我，让我画脸部，所有的脸都让我画。

霍秀英参与绘制的《白蛇传》年画册页由16幅分页组成，《下凡》《取伞》《施药》《庆节》《惊变》《盗仙草》《水漫金山》《塔倒》……同为国家级非物质文化遗产，一个是中国美丽的民间爱情传说，一个是中国美丽的民间艺术，它们就这样在此相遇！杨柳青的画工们又一次用刻刀和画笔，讲述白素贞和许仙曲折的爱情故事，而这其中也反映着杨柳青人自己的爱憎、趣味和生活态度。所以，不管谁在什么时间观看这些册页，都会和画中人一起，经历着喜悦、哀伤和愤怒，如同观看我们自己的生命和爱情。正是因为这份直达人心的力量，《白蛇传》年画册页一面世，就被时任法国驻华大使的佩耶视为中国艺术珍品购买，送给戴高乐和当时的法国总理。

罗澍伟（天津著名历史学家）同期声：因为历史和文化如同一条流动的河。这条河水无论流到哪里都会受到文化的浸润。比如说，镇江有丰富的民间爱情传说，这些传说就通过运河慢慢流传到天津，流传到杨柳青，形成了杨柳青年画内容里不可分割的部分,它又借助杨柳青年画传播到全国各地。

何止是传播到全国各地,目前日本、俄罗斯等国的博物馆当中,都藏有杨柳青木版年画所描绘的《白蛇传》。

孙磊同期声:镇江的西津渡古街是一条有着上千年历史的街道,这条街道长约一千米,始建于六朝时期,历经唐、宋、元、明、清五个朝代的建设,才留下了如今的规模。现在的街道两旁随处可以看到历史的遗存,我们漫步在这条古朴典雅的街道上,就如同走进了历史博物馆当中,可以一眼看尽千年。

原先这里紧邻长江,滚滚的长江水就从脚下流过,当年像李白、孟浩然、张祜、王安石、苏轼、米芾、陆游,甚至是意大利的旅行家马可·波罗,都曾经在此登岸前往江南。

清代以后,由于江滩淤张,江岸北移,曾经的西津古渡如今已经离长江江岸有了 300 多米的距离,但是大家看到青石板上深深的车辙,以及街道两边错落有致的雕花木楼,似乎都在回荡着历史的脚步声。这里的居民悠闲地生活在历史当中,那他们品味历史,是不是就如同品味香醋的滋味呢?

镇江民间文化艺术馆就坐落在这条千年古街上,是我国首家专门以收藏、保存和研究民间文艺为主的资料中心。馆内藏有近千件和《白蛇传》相关的民间艺术品,被当作镇馆之宝的正是霍秀英曾参与绘制的杨柳青年画册页《白蛇传》。

周明磊(镇江民间文化艺术馆副馆长)同期声:杨柳青年画《白蛇传》以全版的白蛇传故事进行叙述,画面非常清晰、人物非常完美,同时还配以文字说明,把故事情节更加完美地呈现出来,应该说在我们馆里是一件不可多得的藏品,同时在我们所有征集的年画作品中也是最好的一件。

这套杨柳青年画册页《白蛇传》,是该馆于 2008 年通过文物机构专程到天津重金购买而来，周明磊说当时感觉是“如获至宝”。2012年，她还曾把册页带到杭州去展出。

周明磊同期声：同时被国家公认的《白蛇传》传说有两个保护地，一个是我们镇江，另一个是杭州。我们当时组织了一批《白蛇传》的民间艺术精品，到杭州西湖博物馆进行展出，为期半个月。当时这套杨柳青年画册页也在其中，布展时就得到了很多的赞叹。当时大家都很惊喜，问我们：你们怎么会有这么好的珍品。

爱情从镇江出发，沿运河北上到达天津，被杨柳青人细心描绘得至善至美。然后跨越了星辰日月，不同季候，它又回到故乡，站在故乡的光影、温度和氛围之中，我们再一次观看《白蛇传》，再一次观看《水漫金山》，纸上的颜色承载的已经不仅仅是爱情……

庐山（镇江历史文化学者）同期声：我们这块土地上的人是依靠长江和运河休养生息的，因此水的滋润应该产生爱情。中国古代有四大经典的爱情传说，即《梁山伯与祝英台》《白蛇传》《天仙配》《孟姜女哭长城》。其中前三个都是发生在镇江，当然各地都在争就是了，但是我们可以考证出来。比如说，我们这里南乡有一个槐荫村就是天仙配的发源地，到现在那棵老槐树还在那里。

“君既为侬死，独生为谁施。欢若见怜时，棺木为侬开。”这是南北朝时期《乐府诗集》中的一首《华山畿》。据专家考证，这就是“梁祝”故事的雏形。

镇江人多情也痴情，他们把爱看得比生命更重，把朴质、天真、一任天然的爱恨都释放在自己的生命里，也编织进故事传说中。

孙磊同期声：我一直在想，为什么镇江会诞生如此众多的爱情故事，而且故事中的很多神仙都愿意下界来到镇江做凡人，让人间成为了神仙所向往的地方，这在全世界的神话故事当中都是非常少见的。来到了镇江后我才终于明白，是因为这里的人们纯真、善良，所以这里诞生的爱情传说能够流传千年、感动至今，甚至进入到了天津的杨柳青年画当中。这里边的每一个生命都让我们感觉到亲切，每次相遇都能感受到他们的喜悦、哀伤、孤独和希望。

爱，是人间永恒不变的主题。通过运河的沟通和传播，这些爱情故事不断丰盈完善，抵达杨柳青人心中。一代代才情并茂的杨柳青艺人，时而简率、时而稚拙地用一种理想的色彩把爱具象地描绘成美好的、可以触摸的年画。他们把爱推向了一个美的高峰，峰顶之上，几近云天，灿烂迷人。

运河水川流不息，千年时光逝者如斯，然而美的记忆长存。

孙磊同期声：京杭大运河装满了多少王者的雄心，又淹没了多少英雄的霸业。如果没有京杭大运河，就不会有宋的“开宝气象”、明的“永乐太平”、清的“康乾盛世”。整个中国历史的骨骼、历史的血液、历史的体温、历史咚咚的心跳、历史的坑洼深浅、历史的悲欢离合，都在它的一河清水之中了。当然，运河给我们整个民族的不只是富饶的物产，还有中华文化万古不息的情思、艺术和美。

罗澍伟同期声：中华文化有5000年以上的历史，它是世界上唯一一个传承不断的文化体系，也是一个文化系统。运河文化也是如此，虽然运河文化面临着现代化的挑战，但是运河文化已经深深扎根在运河两岸老百姓的心里，无论到何年何月，运河文化总会在人们的心里扎下深深的根，同时，在流淌不息的过程中，还会重新开出新鲜的花朵。

镇江大型水景秀《白蛇传》演出现场

在金山寺，导演对《白蛇传》进行着又一次全新的解读。他将用高科技的声、光、电技术，在水景上作画，而作画之前，水景秀的艺术总监还特地向杨柳青年画讨来了几分颜色。

黄雪梅(大型水景秀《白蛇传》艺术总监)同期声:杨柳青年画描绘的《白蛇传》人物,包括他们的头饰、服装、颜色我觉得特别美,我们也是很认真地借鉴了杨柳青年画中的头饰、服饰、整体形象造型等宝贵元素。

夜幕作纸,光芒为笔。在运河的沟通下,镇江人和杨柳青人共同浇灌出的新花朵绽放了。它是爱和美的又一次相遇,是爱和美的交响。随着现代交通的发展,无论未来京杭大运河还剩多少里航程,还剩多少里清波,它所形成的文化和美,已经流动在东方文明的血脉里,承载无数过去,同时开拓无尽未来。

第五集《源远流长》

杨柳青年画的故事　第五集

王煜铭

孙磊（出镜记者）同期声：这里是俄罗斯，是普希金、托尔斯泰、柴可夫斯基等巨匠的故乡，这里的艺术天空群星璀璨。中俄之间的文化交流源远流长，很多俄国学者都醉心于对中国传统文化的研究。就拿年画来说，俄罗斯是世界上最早对于年画进行系统研究的国家，其对于年画的关注与收藏更是可以上溯到晚清时期。目前的俄罗斯是除了中国本土之外，收藏中国木版年画最多的国家，大约有6000多幅，几乎全部都是晚清时期的作品，其中绝大多数是杨柳青年画。这些古版年画在我国本土几近绝迹，成为孤品，其艺术价值难以估量。现在，这些年画就被珍藏在俄罗斯大大小小数十座公立博物馆和一些私人藏家手中，成为一批难得的艺术瑰宝。此次，我们追随年画的脚步来到俄罗斯，继续为您探索杨柳青年画当中的美的故事和光华。

俄罗斯 莫斯科国立普希金造型艺术博物馆

国立普希金造型艺术博物馆初创于1912年，其前身是莫斯科大学艺术品与文物收藏室。这里藏有从古埃及木乃伊和古巴比伦楔形文字泥版到包括法国印象派画家名画在内的众多珍品。但不为中国观众所熟知的是，这里馆藏的还有203幅中国木版年画，其中103幅是20世纪初杨柳青年画的贡尖。

莫斯科国立普希金造型艺术博物馆东方绘画艺术馆馆长尤苏波娃，毕业于莫斯科国立大学艺术史系，研究远东艺术，范围涵盖中国与日本。最近，她正在着手整理这些馆藏的中国年画，为即将举办的展览做准备。这些年画对我们来说虽然题材熟悉，但不论纸张、墨线还是颜料，都与我们在国内看到的同一题材的年画有所不同。因为它们大多是中国晚清时期的作品，从齐家的《天然富贵》到戴家的《大逛花灯》,还有我们少见的荣昌画社的戏出画《白蛇传》、万秦号画庄的《空城计》,用色简单、画风古朴。

这里的馆藏杨柳青年画反映着古代中国百姓的信仰与日常生活，但在很长时间,这里的人们对画面里的内容知之甚少。

尤苏波娃(莫斯科国立普希金造型艺术博物馆东方绘画艺术馆馆长)同期声:在李福清先生到来之前,我们并不清楚哪些属于杨柳青年画。他来到之后对我们的年画进行了标记和分类,结果令我们惊讶:原来我们有如此之多的特别的藏品。

从生活的场景到舞台上的戏剧,李福清都详细标注。

在《姜太公钓鱼》里,他这样标注:一个国王专门到河边请一位钓鱼的神仙老者。

对于杨柳青年画,李福清的工作远不止这些,他收藏、整理、出画册,更多的人不知道李福清只是他的中文名字。

鲍利斯·李沃维奇·里弗京 1932 年出生在圣彼得堡,俄罗斯著名的汉学家,中文名字叫李福清,1955 年毕业于列宁格勒大学东方系中国语文科。生前曾在南开大学任客座教授，与中国著名学者冯骥才和南开大学教授闫国栋一起进行过多年的中国年画的搜集、研究和整理。

国立普希金造型艺术博物馆收藏的这些杨柳青年画，涉及中国文化的内涵丰富,对这些年画解读和分类在很多年以前就已经开始。除了李福清,还有另一位中国年画专家。

王进(杨柳青年画专家)同期声:1986 年,苏联的艺术馆里收藏了一大批中国的版画,当时他们国家请求咱们文化部派人帮他们去整理分类,咱们文化部就派我爷爷王树村去了。1986 年、1987 年,连续两年。当时是李福清协助他工作,他们在苏联的几大博物馆拍照、整理了许多资料,当时他们整理了200多幅，整理完后专门出版了一本集子，叫《苏联藏中国年画珍品集》。

王树村，1923年出生于中国年画之乡天津杨柳青。少年时代，收藏家乡的年画是他最喜欢做的事情。他关于中国年画的著作很多，也代表着他在中国年画方面的研究成就和高度。

王进同期声：他（王树村）说是从14岁开始搜集整理，也就是在抗日战争时期吧。我们统计了一下，有一万多件，年画类有八九千件。现在的中国美术馆里有一个民间艺术馆，那里的大批东西都是他专门捐赠的。

新中国成立以后，王树村的足迹遍布数十个传统年画产地和北京的各个古文化街、旧货市场。在73年的岁月中，他倾尽所有薪水和稿费，购买、收集的年画粉本和版画共计17 000余件。

王进同期声：这块儿版就是杨柳青年画《海棠诗社》的版，《红楼梦》的故事，是廉增戴记的，构图特别饱满，人物众多。

生前，王树村将很多珍贵的年画都捐献给了国家，今天，有些年画珍品仍然被王树村的后人珍藏。

其实，早在王树村开始收藏年画之前，中国的年画就吸引了一批来自俄罗斯的画贩和汉学家们的关注。1896年和1897年，俄国植物学家科马罗夫院士在中国东北考察期间，购得约300幅年画带回圣彼得堡，拉开了俄国有意识收集中国年画的序幕，这也吸引了更多俄罗斯学者的注意。

王进同期声：当时在清末很多的俄罗斯人都来中国，有考察植物的，有考察中国民俗的，有考察中国民间文化的。他们就在市场上购买了大量的杨柳青年画回去。

俄国汉学奠基人阿里克院士于20世纪初多次来华学习和考察，其熟练掌握了中国语言，对中国民俗文化兴趣浓厚，四处购买、搜集中国民间年画。他邀请在圣彼得堡大学工作的中国老师帮他解读中国年画寓意，并留下了大量的学术笔记。中国老师说,中国年画乃粗俗之人所为。所以,先生们将笔记手稿装订成集,命名为《粗画解说》。

1907年,阿里克来到杨柳青。他在日记中这样写道:“我们走进一家作坊,主人脸上显出迷惑不解的神情:真是不可思议,一些外国人讲着中国话,不仅知道有年画这种东西,而且还能用行话说出每一张的类型。”

阿里克从杨柳青买了很多幅年画带回了圣彼得堡。

圣彼得堡,开放的、融合的、多情的艺术之都。早在100多年前,中国的杨柳青年画就已经来到了这里,今天,我们“美的溯游”摄制组不远万里追随阿里克的脚步,寻找那些来自中国的绘画艺术之美。

孙磊同期声:1703年,彼得大帝在一片沼泽之上建造了他心中的理想城市圣彼得堡。这座城市也被称为俄罗斯最西方化的城市,从自然景观到建筑风格,无一不彰显着彼得大帝的野心。1712年,彼得大帝迁都于此,此后的300年间,圣彼得堡的名字几经变更,从列宁格勒、彼得格勒,到目前的圣彼得堡,它的命运也是几经起伏,但是它的光芒从来没有被炮火和鲜血所掩盖。目前圣彼得堡仍然是俄罗斯的第二大城市,也是经济和文化的中心,被称为北方的首都。我身后的冬宫就是沙皇俄国时期的皇宫,而此时已经变身为艾尔米塔什博物馆。作为世界四大博物馆之一,这里的展品浩如烟海,一共有270万件的艺术珍品。这里的400间展厅如果要全部走完,总行程有22公里之长,就算在每幅画作之前只停留5分钟的话,全部参观完也需要27年的时间。在这浩如烟海的展品中,就有3000多幅中国的年画。

2015年7月10日,我们“美的溯游”摄制组终于获得拍摄许可,前往国立艾尔米塔什博物馆进行拍摄。在圣彼得堡,人们习惯把国立艾尔米塔什博物馆叫作冬宫,这里是世界上历史最久、藏品最多的博物馆之一。

盖尔耶维奇(俄罗斯圣彼得堡国立艾尔米塔什博物馆专家):杨柳青年

画的颜料是最好的,但是都是水性颜料,难以保存。我们就把这些杨柳青年画放在一个专门的房间里,而且还要做到恒湿恒温,这是保护文物的严格标准。

现场记者:您知道《白蛇传》吗?

盖尔耶维奇:知道!

现场记者:你们这里有《白蛇传》的年画吗?

盖尔耶维奇:是呀,有! 这是阿里克收藏的关于白蛇的年画。

现场记者指着藏品目录:我们想要这一幅,这一幅,还有这、这,这些,能帮我们拿出来吗?

盖尔耶维奇:可以! 我看看编号。

现场记者:哇,《水漫金山》《东吴招亲》……齐健隆的,没错。足以说明冬宫收藏的杨柳青年画之多。

孙磊同期声:我们有幸获得特许,从藏库里取出了一批杨柳青年画,而在这些杨柳青年画当中,最为珍贵的就是我手中这幅《白蛇传》了。这幅《白蛇传》是清末的贡尖,出自杨柳青的庆德厚画店,是1907年阿里克院士在杨柳青购买的。

《篷船借伞》《断桥相会》《水漫金山》……一幅幅精美的杨柳青年画的保护相当复杂。

盖尔耶维奇:修复这些年画需要用三到四年的时间,需要投入很大的人力物力,而且修复用的纸张和颜料都要按中国的标准选取,这才能保证它自己的文化内涵。

清末的门画《富贵延年》里的侍女顾盼回眸,《过新年》的构图采用焦点透视技法。阿里克认为,中国民间年画是中国文化的重要组成部分,反映了中国文化中质朴的一面,从中可以领略中国文化的真谛。当年,圣彼得堡大学的中国老师们帮阿里克一幅一幅地解读，而王树村和李福清则做了更详细的分类。今天,我们追寻着美的光华和前人的脚步来到这里。

盖尔耶维奇:你们是第一个来这里拍摄中国年画纪录片的电视媒体,这对宣传杨柳青年画的美和学术价值非常重要，可以让世界上更多的人知道这里的杨柳青年画。你们的工作是传播艺术的美,我们的工作是保护好这些珍贵的文物。

中国·天津

在中国,同样有一个收藏杨柳青年画的博物馆,它位于天津市河西区佟楼三合里111号的杨柳青木版年画博物馆,是以收藏、研究、展示具有浓郁特色的杨柳青木版年画为主题的公益性展馆。在这里,观众可以找到最为中国人熟悉的过年民俗和文化。

王京(出镜记者)同期声:咱们中国人过年的时候不仅放鞭炮,更重要的是一家人围坐在一起一边话着家常，一边包着饺子，全家老少还一起贴年画,这是过年的时候最温馨的场景了。其实,在老辈的天津人的心中,过年是一定要贴年画的,因为它预示着来年日子风调雨顺、红红火火。当然这每一幅年画背后都是有故事的,而且这年画怎么贴、贴在哪儿,也都是有讲究的。

《立式门神》,威武镇宅;《春风得意》,清新淡雅,积雪还没来得及融化,绿意便悄悄地爬上了枝头;《十二像》,娃娃在十二生肖上表演;精美的朱子家训《朱伯庐治家格言》和手绘大画《六国封相》《福寿绵长》,冠带传流,表现了人们想要的福寿常在的生活;还有通过大运河传播到山东德州、被改编成同名民歌的《十美图放风筝》。这些精美的杨柳青年画也吸引了年画专家李福清,2011年11月,他来到这座位于市区的博物馆参观调研。今天,这里同样会吸引那些从俄罗斯慕名而来的年轻人到这个年画的故乡寻珍探宝。

笔墨丹青绘制了中国的四大名著和近代的天津城，城里的新时尚都通过年画留了下来。博物馆复原了年画产地杨柳青镇历史悠久的两家老作坊——戴廉增、齐健隆。在这里，我们邀请老师们再现杨柳青年画制作的四个主要工艺：勾描，画师起稿和定稿后，用白描将原稿的线条勾画在毛边纸或薄棉纸上；木刻，刻工先将勾好的画稿反贴在刨平的杜梨木或梨木板上，用刻刀剔去空白处，留出画稿墨线，完成墨线版；水印，刷工用棕刷将颜料均匀地刷在画版上，蒙上纸后，在宣纸的背面用棕耙拓摩按压，印出墨线；彩绘，将画幅矾于画门子上，用特制的扁笔依次进行彩绘，通过转脸、上色、沟道、助线、漆黑、醒粉等 20 余道工序，即完成了一幅杨柳青木版年画。

除了两家老作坊，展厅和库房里的古版也向人们讲述着很多传说和现实世界里的故事。

王京同期声：杨柳青年画是结合了刻版拓印以及手工彩绘的民间艺术珍品，但是由于它是纸质的，极其脆弱不易保存，正是因为如此，这种刻版套印其实是最能反映出当时年画题材的。但是历经了年代动荡和各种战乱，像这样的木版有的已经遭到损坏，有的已经散落在民间，还有的流失到了海外。但是近些年，我们对这些古刻版进行了抢救性的发掘和保护，至今一共有 6400 多块木版得以收藏，而这其中有 1300 多种木版还是能够完整地印制出整张的杨柳青年画的。

44 个大型展架，依照贡尖、三裁等不同的规格、体例依次排放，6400 多块古版成套系整齐摆放，珍藏于此，构成了杨柳青年画藏版保护最为完整、最为厚重的实物成果。而经过这些刻版套印，杨柳青年画风格多种多样：乾隆皇帝驾崩后流行的缴蓝年画、太平天国时期不许人物入画的《英雄会》、杨柳青人赶大营根据新疆当地风格要求创绘的没有人物和动物入画的年画，都留存至今。

新中国成立后，中国掀起了一个改造旧年画、创立新年画的运动，迎来了中国年画史上的一个重要发展阶段和新的辉煌。为了歌颂日新月异的国家发展和群众的文化需求、民族习惯,新年画在传统的基础上推陈出新。天津杨柳青木版年画博物馆，珍藏的大量新年画精品再现了杨柳青年画在新中国建设过程中,人民群众的生活写照和画家们在特定时代的创作激情,也开启了一个年画繁荣的新时代。

在莫斯科国立普希金造型艺术博物馆，尤苏波娃馆长为我们展示了即将举办的中国年画展的部分作品。在异国他乡的艺术殿堂,中国的杨柳青年画将再次吸引人们的目光。

在圣彼得堡国立艾尔米塔什博物馆，盖尔耶维奇教授把阿里克和中国老师们评画的《粗画解说》手稿拿出来供我们拍摄,这上面记载了很多中国杨柳青年画的精彩故事。

而在中国天津,杨柳青年画的艺术品开发也正在进行传承融合创新。

台湾TVBS电视台《中国进行式·杨柳青年年新》解说词

第一集 年画经济

庄开文(台湾TVBS电视台主持人):位于天津的杨柳青是历史文化古镇,那里出的年画相传源于北宋,到清朝中叶达到鼎盛,被誉为民间木版年画之首。年画之美,随着一旁的大运河传递出去,让杨柳青声名远播,甚至连俄罗斯都悉心收藏。

夜幕作纸,光芒为笔,绘上白娘子与许仙的千年爱恋,从造型到服饰,其实取材有道。

黄雪梅(镇江大型水景秀《白蛇传》艺术总监)同期声:杨柳青年画描绘了《白蛇传》里的人物,包括他们的头饰、服装、颜色,我觉得特别美。

缘起唐朝的白蛇传故事激发了杨柳青画工们的创作灵感, 一笔一笔替爱情抹上颜色。

白蛇催动长江水围漫镇江的金山寺, 源起镇江的白蛇传是年画永不乏味的主题。

冯景元(天津著名作家、诗人)同期声:《白蛇传》本身是爱情故事,同时也是善和恶斗争的故事。杨柳青年画之所以到今天仍然美,仍然被人们所记住就是因为它始终没离开我们人世和民间最基本的东西。

在上千年历史的西津渡古街,坐落着有“中国第一库”美称的“镇江民间文化艺术馆”,镇馆之宝正是杨柳青年画册页《白蛇传》。它是在20世纪60年代由杨柳青画社组织的一批优秀画工绘制而成,画工当中也包括年画世家第六代的传人霍秀英。

霍秀英(杨柳青年画“玉成号”第六代传人)同期声:我当时主要是画脸

部，最难画的就是脸部，师父比较器重我，让我画脸部，所有的脸都让我画。

《下凡》《游湖》《盗仙草》《水漫金山》，粉妆玉琢容颜、华美艳丽服饰与精致磅礴场景，给了后世演绎《白蛇传》灵感，这幅年画册记载着最美爱情传说与最美民间艺术的一次完美相遇。

罗澍伟（天津著名历史学家）同期声：比如说，镇江有丰富的民间爱情传说，这些传说就通过运河慢慢流传到天津，流传到杨柳青，形成了杨柳青年画内容里不可分割的部分。

天津的杨柳青是历史古镇，这里所出的年画被公推为民间木版年画之首，相传年画兴起于北宋，靖康之难后，一批被金国掳掠的画家流落到杨柳青，到清朝中叶达于鼎盛，有“家家会点染、户户擅丹青”的说法。而且这个极具民间传统的天津符号随着运河之水传播出去、广为周知。

流经天津的京杭大运河全长 1797 公里，是古代重要的运输通道。位于杨柳青以南 239 公里的山东德州，是进入天津的重要门户。当年河上船只穿梭，杨柳青年画的兴盛跟船夫不无关系。昔日跑船的少年早已白发，只剩启航所喊的船夫号子为这段历史留下见证。

顾宝地（天津运河老船工）唱运河号子同期声：

呦……嘿呀，
呦呦……嘿呀，
摇起来啦嘿，
摇起橹来嘿……

顾宝地同期声：那时候，我们跑船从天津往南面运东西，从杨柳青这边运年画呀......

在众多杨柳青年画中，这幅《十美图放风筝》让一河相承的天津与德州除了地理位置上，又多了一份亲密关联。

刘金忠(德州历史文化学者)同期声：杨柳青年画作为华北老百姓的一种智慧和创造,它顺着运河向南流传是一种必然性。

位于大运河中间段的徐州地处南北方交界,向来是兵家必争之地。东汉末年,吕布、刘备、袁术相持不下,为了让三方讲和,吕布心生一计。

王洪海(西青历史文化学者)同期声：吕布用了一个办法,他使用的兵器是方天画戟,戟的中间有孔。

王健(中国秦汉史学会副会长)同期声：结果他(吕布)这一箭很厉害,一箭就射中了戟的套环。

吕布这一箭,使得十万雄兵卸征衣,这段极具戏剧张力的故事也成了画工笔下的常客。从帝王传奇、才子佳人到历史民俗都一一跃然纸上,反映出不同年代的社会背景,也让杨柳青年画被誉为“有历史时代风貌的百科全书”。

年画的美还跨出了国界。

王进(杨柳青年画专家)同期声：在清末,很多俄罗斯人都来中国,有考察植物的,有考察中国民俗的,有考察中国民间文化的。他们就在市场上购买了大量的杨柳青年画回去。

多彩流转,让俄罗斯人深深迷恋。1896 年到东北考察的植物学家科马罗夫购得 300 幅年画,拉开了俄国有意识收集中国年画的序幕。20 世纪初,著名汉学家阿里克更亲自造访杨柳青,一般百姓就能购买的年画,在他眼中成了绝世珍品,经他带回了圣彼得堡。

俄罗斯已经成为中国本土以外收藏木版年画最多的国家,作品超过 6000 幅,有一半就收藏在当地人称“冬宫”、如今的艾尔米塔什博物馆。由于杨柳青年画都是水性颜料,馆方特意把画作放在恒温恒湿的专属房间。

离杨柳青 6000 多公里外的圣彼得堡见到清朝画工刻画白蛇与许仙

的绝美爱恋，这是一场相隔百年的重逢，印证美的感染力，足以跨越种族、肤色。

杨柳青年画因为大运河更加丰富，浪花淘去多少英雄人物，但年画却不会随时光流转而暗淡，就宛如点缀夜幕的珠宝盒，依旧璀璨动人。

TVBS 新闻综合报道。

第二集 宫廷年画

庄开文（台湾 TVBS 电视台主持人）：上周开始我们推出杨柳青年画系列专辑，知道了杨柳青年画最高的技艺就属“堆金沥粉”。也就是使用真金白银来绘制年画，以前是专门用来进贡天子的，而且还有一段故事很有意思：原本是在运河旁边作画的年画世家获得了乾隆皇帝的青睐，也让杨柳青年画从民间得以走入紫禁城。

水墨、石青、朱砂、藤黄、洋红……彩绘出的年画色彩斑斓，承载着寻常百姓辞旧迎新时祈盼来年红火的衷心祝愿。但如果颜料内加入金粉和银沙，则只能够是帝王之家专属色。金色，皇权的象征，专用于贡品年画的“堆金沥粉”，是制作杨柳青年画的最精湛工艺。

戴时贤（杨柳青年画“戴廉增”画店第二十代传人）同期声：上面所有的金线，包括金箔，都是真金的。

戴时贤，杨柳青年画第一字号戴廉增的第二十代传人，他笔下的《双龙献福》鎏金夺目，用的“堆金沥粉”技法是戴氏家传。

戴时贤同期声：堆金沥粉是戴氏综合了雕塑、壁画、塑像还有沥粉工艺，汲取了几家的长处，制作了自己独门的一种技法。

矿物质颜料可保作品百余年不褪色，而“堆金沥粉”更讲究，得在绢本作画方能更显色调浓烈，特殊之处在于线条会高于纸面，在上面贴金、银箔，上色，金箔所描绘之处用手摸会有凸起感，具有厚度、硬度与华贵大气，又称“金贡笺”。戴氏所创的“堆金沥粉”来自建筑。

戴时贤同期声：纯金金粉，名为佛赤，就是用作颜料；“沥粉”是建筑工艺，最早出现在汉代，出现在宫廷的建筑物当中。

在一百多年前，只有紫禁城才能使用“堆金沥粉”年画，真金白银所勾勒出的门神足显皇家气派，是当年清朝乾隆皇帝御用，门神守望的王朝正值盛世。能博得天子欢颜之画并非出自宫廷画师之手，而是来自京城往南百里之外、京杭大运河岸边的千年古镇——杨柳青。

河水蜿蜒，杨柳依依，运河边的千年古镇有个极尽诗情画意的名字。杨柳青之所以闻名南北，缘起一段京畿天子与民间画匠的相遇。

戴敬勋（杨柳青年画“戴廉增”画店第十九代传人）同期声：“戴廉增”这个字号，它最辉煌的就是在家谱上有个记录，那上头写的就是说“廉公”那是第九代了，就是乾隆年间他已经能够刻能够写能够画！

在运河边制作年画的戴家因一位贵客的偶然造访，命运彻底扭转，有一天，路过此地的乾隆微服私访，走进了戴廉增画店，一张张看下来，越看越爱，两个库房，几百个品种，戴廉增不怕折腾，一一拿给他过目。

冯立（西青历史文化学者）同期声：所以乾隆对他印象特别好，临走的时候给他留了一句话：“你是真正的买卖人！”在这之后呢，乾隆的仪仗就开始打这过，把他接走。

戴家历经九代传承的“堆金沥粉”至此一朝闻名天下知。

戴敬勋同期声：回话儿就说了那么一句：你们甭上税啦，进贡吧！这个意思就是免了你的税，让你进贡，宫里头要你的画！

把年画进贡皇家，回报的不是银子，而是皇帝出具的“龙票”，也就是用龙玺盖章的债权票证作为免去赋税的象征。

戴敬勋同期声:进贡了多少钱,末了儿拨给杨柳青钱他也得花龙票。

发源自民间的戴家年画就此进了宫廷。作坊生意兴隆,整个古镇也因为年画跟运河迎来繁华盛景。

霍庆顺(杨柳青年画"玉成号"画店第六代传人)同期声:乾隆年间杨柳青年画光作坊300多家,从事的人员3000多人,三趟大街做年画,河沿大街、估衣街和东大街。几乎杨柳青镇内就都做年画。

时光流转,历史倏忽而过,帝王早已不在,但手艺却流传至今。杨柳青年画坚持传统手工彩绘,勾、刻、印、绘一道道工序按部就班,也让百年后的人们得以目睹画师们用丹青诉说对美的悸动。

勾描,画师起稿后以墨勾图,用白描一笔笔绘出原稿图案;刻板,把画稿反贴在杜梨木上,接着以刀代笔刻出画稿墨线;水印,用棕刷蘸颜料刷在画版上,盖上宣纸,背面再用棕耙拓印;彩绘,通过转脸、上色等二十多道工序,一幅木版年画方大功告成。

王进(杨柳青年画专家)同期声:这块儿版就是杨柳青年画《海棠诗社》的版,《红楼梦》的故事,是廉增戴记的,构图特别饱满,人物众多。

杨柳青年画结合手工彩绘与刻板拓印,但毕竟纸质脆弱、不易保存,因此,刻版在,杨柳青年画的根就在,精美的墨线纹理是世世代代画师们的心血凝结。

TVBS新闻综合报道。

·电视新闻报道·

电视纪录片《美的溯游——探寻杨柳青年画的故事》启动仪式在古镇杨柳青举行

曲美娜

演播室导语:源的探寻,美的溯游。由西青区新闻中心与天津广播电视台国际频道联合举办的《美的溯游——探寻杨柳青年画的故事》大型电视采访活动启动仪式，于 2015 年 5 月 18 日上午在千年古镇杨柳青的御河之畔举行，以此开启了两家媒体联手追寻世界文化瑰宝——杨柳青木版年画的前世今生以及国内外影响力的溯源之旅，揭开西青悠久深厚的历史文化进一步面向海内外深度宣传报道的崭新篇章。

配音:在欢快的乐曲声中,《美的溯游——探寻杨柳青年画的故事》大型电视采访活动启动仪式在万众期待下隆重开幕，标志着此次由西青区新闻中心和天津广播电视台国际频道联合摄制的以杨柳青年画题材为主题的系列报道正式开拍。2015 年以来西青区新闻中心和天津广播电视台国际频道深度合作,拟定了多方面的文化选题,对西青区特有的,尤其是能代表天津城市文化高度的选题加以整理,面向海内外进行深度宣传报道。其中,这次《美的溯游——探寻杨柳青年画的故事》大型电视采访活动,就是根据区委、区政府的决策部署,以三年前西青区“寻根大运河”活动采访挖掘整理出的大量宝贵的发现研究成果，以及当年采访团留下的许多运河周边城市与杨柳青年画的诸多渊源的珍贵资料为线索，由西青区新闻中心与天津广播电视台国际频道强强联合,成立专门的团队,将在西青本地深度调研采访的基础上,从天津杨柳青御河出发,对山东德州、江苏徐州、江苏镇江等和杨柳青年画密切相关的运河城市进行深度寻访和拍摄，以电视纪录片、套拍电视专题片和电视新闻报道等形式，探寻杨柳青年画文化的传播与影响，串起西青与沿河城市的文化渊源和历史文脉。

配音：为了更好地挖掘西青年画文化的历史厚度，以国际视角重新审视杨柳青年画的影响力，摄制组还专门邀请本市著名文史专家罗澍伟、冯景元、李治邦等组成了专家顾问团队，在片中，他们将与其他三个城市的城市史专家共同解读运河城市的文脉相通与共同成长。

天津市著名历史学家罗澍伟：把我们的年画寻根溯源，把杨柳青年画的影响，把杨柳青年画反映的种种内容展现出来。现在我们要到沿河的城市去寻访，这对提升天津（西青）的运河文化的内涵，提升天津杨柳青知名度会起到一个非常关键、重要的作用。

天津市著名诗人、作家冯景元：这次活动选取了一种和整个（河流）方向不太一样的，由北向南的方向，沿着运河找它的根。我觉得这本身就是很智慧、很值得推崇的。

配音：此次《美的溯游——探寻杨柳青年画的故事》纪录片共五集：第一集《贡尖巨擘》拍摄点在杨柳青，将详细介绍杨柳青年画的起源和发展；第二集《美艺流芳》将取景德州，重点采访杨柳青年画《十美图放风筝》与同名德州民歌的关联；第三集《汉风画韵》将在汉文化的发源地江苏徐州，讲述汉高祖刘邦的歌风台是杨柳青汉文化系列年画的故事之源；第四集《爱的颜色》，摄制组将奔赴江苏镇江，解析民间艺术博物馆把杨柳青年画册页《白蛇传》当作镇馆之宝收藏的缘由；第五集《源远流长》将以走出西青说西青，沿河回望的视角来重新审视天津西青的文化魅力，展现杨柳青年画独特而隽永的艺术魅力。

天津市非遗保护中心主任李治邦：杨柳青年画不只是在天津，在中国、

在国外都有很大的影响。这次采访能够借用我们潺潺而流的运河，诉说我们杨柳青年画的故事，让更多人知道。这样可以让文化遗存代代相传。

配音：此次摄制活动是展现天津特色文化，丰富天津文化内涵，推动天津文化发展的重要机遇，更是挖掘西青文化，宣传推介西青，展示西青良好形象和精神风貌的重大契机。西青区委宣传部、天津广播电视台对此次摄制活动高度重视，并给予极大的支持，不仅为启动仪式调派了古船、直播车、摇臂、航拍器等道具装备，还专门向摄制组成员授旗，为摄制组沿运河南下采访壮行。

西青区新闻中心主任杨鸣起：杨柳青木版年画不仅是西青人的瑰宝，也是天津人的名片，更是世界的财富。正是由于杨柳青年画之缘，使我们西青区新闻中心和天津广播电视台国际频道两只手紧紧握在一起，两家紧密合作。我们感觉这次联合应该说开启了新篇章，能够把西青深厚的历史文化底蕴传递到世界，推介给全球，使这一世界财富更加得到传承和发扬光大。

配音：《美的溯游——探寻杨柳青年画的故事》制作完成后，将在天津广播电视台卫视频道和国际频道播出，覆盖欧美、东南亚、澳大利亚、非洲及中国大陆、港澳台等地。5 月 20 日摄制组一行将正式踏上文化探寻之旅，奔赴异地拍摄第一站——文化重镇山东德州。

采访原天津广播电视台国际频道总监李家森：我们届时将奉献给大家一个崭新的，一种既熟悉又陌生的杨柳青年画。

配音：启动仪式现场受到了群众的普遍关注和热烈欢迎，系列报道什么时候拍完，什么时候播放成为现场观众最为关注的问题。

采访杨柳青镇居民郭袭明：我也衷心祝福我们节目组可以尽早完成拍摄，让我也可以在荧屏里尽早看见这部优秀的片子播出。

配音：年画情，运河行，相约古镇，情满西青。相信这部系列报道的开机，将向广大观众献上一道道精美的精神文化大餐，开启天津广播电视台与西青区新闻中心两家媒体联手追寻世界文化瑰宝——杨柳青木版年画的前世今生以及国内外影响力的溯源之旅，揭开西青悠久深厚的历史文化进一步面向海内外深度宣传报道的崭新篇章。

电视记录片《美的溯源——探寻杨柳青年画的故事》启动仪式

《美的溯游——探寻杨柳青年画的故事》异地采访活动正式启程

曲美娜

演播室导语:2015年5月19日,由西青区新闻中心与天津广播电视台国际频道组成的《美的溯游——探寻杨柳青年画的故事》采访团一行,在西青区新闻中心集结完毕,正式踏上了南下探寻杨柳青年画与大运河之间前世与今生、传播与影响的文化旅程。

配音:天刚微亮,采访团一行就在为即将开启的旅程做最后的准备工作,收拾行李、清点设备,一切工作忙碌而有序,大家脸上充满了对此次外出采访活动的兴奋和期待。此次《美的溯游——探寻杨柳青年画的故事》采访团由天津广播电视台和西青区新闻中心的编导、记者和多名本市著名文史专家组成,通过多方共同合作,来增加报道的广度和历史厚度,增强社会影响力。

配音:强强联合的采访团将历时半个月的时间,行程3000多公里,以电视纪录片、套拍电视专题片和电视新闻报道等形式,先后前往山东德州、江苏徐州、江苏镇江等和杨柳青年画密切相关的城市进行深度寻访和拍摄。因此,在摄像设备选择上,摄制组共携带了在当今纪录片拍摄领域处于领先水平的高端单反数码相机、广播级摄像机、蓝光摄像机在内的6台摄像机、2台广播记录音器、4台德国进口柔光灯、两台先进的LED灯,以及特拍设备无人航拍器,如影稳定器和移动编辑回传系统等30余件纪录片拍摄的前沿摄录编装备。

配音:《美的溯游——探寻杨柳青年画的故事》全部制作完成后,将在天津广播电视台卫视频道和国际频道播出,覆盖欧美、东南亚、澳洲、非洲。杨柳青木版年画独特的艺术魅力、西青区悠久深厚的文化魅力将再一次在国际舞台上发光发亮。

西青区新闻中心副主任戴维薇：我们摄制组全体成员一定不会辜负广大观众朋友的期望和重托，用崭新的眼光与视角去重新审视杨柳青年画的影响力，用我们的镜头和笔去深度挖掘西青年画文化和运河文化的历史厚度，为海内外的电视观众奉献一系列集思想性、观赏性、艺术性于一体的精品力作，为进一步扩大咱们西青在国内外的知名度和影响力做出我们西青新闻工作者应有的贡献。

《美的溯源——探寻杨柳青年画的故事》异地采访活动正式启程

《美的溯游——探寻杨柳青年画的故事》走进德州(一)采访团在山东德州取得重大发现

曲美娜

演播室导语:连日来,由西青区新闻中心与天津广播电视台国际频道联合组成的《美的溯游——探寻杨柳青年画的故事》采访团一路驱车南下,对运河沿岸城市进行深度寻访和拍摄。那么现在的拍摄情况和进展如何?采访团又挖掘出了哪些有价值的文化线索和素材呢?下面请看本台记者从山东省德州市发回的报道。

现场导语(记者曲美娜出镜):现在是晚上的十点,我们刚刚回到驻地,通过这几天在德州短暂而又紧张的拍摄活动,我们"美的溯游"采访团有了很多重大发现,其中之一就是我们发现德州国家级申遗项目民歌表演唱《十美图放风筝》居然是根据同名杨柳青年画改编而成,那么我们是如何发现的呢?请跟随我们的镜头去回顾一下。

同期声李玉兰老人演唱:

春哎三月是哎春明,风和日暖那个放风筝,桃李花开草青青,蝴蝶双飞百鸟鸣,河边垂柳那个舞双燕,鸳鸯交颈绿水中,大姐那个笑盈盈,我把那个九妹领,放个八卦飘天空,万民百姓那个度太平哎咳,清明那个佳节来踏青,俺姐妹十人放风筝,咳咳咳哎咳呦,吆又升起了花蝴蝶,迎风飘摆迎风飘摆在那天空。

现场导语(记者曲美娜出镜):我现在是在德州市非遗传承人李玉兰老人的家中,刚才您看到的这段表演唱就是李玉兰老人现场为我们演唱的德州濒危民歌《十美图放风筝》片段。大家可以看到,在我手中这本《杨柳青木版年画集成》中,也有一幅名为《十美图放风筝》的杨柳青年画的代表作。同一个题材,因一幅年画和一首民歌而传遍运河沿岸,更将两个运河城市紧紧地联系在一起,那么究竟这两种艺术形式有着怎么样的关联呢?带着这个疑问,我们采访了李玉兰老人。

德州市国家级申遗项目民歌表演唱《十美图放风筝》传承人李玉兰:《十美图放风筝》,描绘的是十个姐妹一起去踏青放风筝,自己带自己的风筝,好像有个比美的意思,就看咱们十个姐妹,谁的风筝美。

配音:今年76岁高龄的李玉兰老人,是德州国家级申遗项目民歌表演唱《十美图放风筝》的传承人。她和她的表演同伴们一起演唱的民歌《十美图放风筝》是1954年德州市文化馆组织专门人员对原民歌的词和曲进行了挖掘和改编的版本。当年的巡回演出曾在德州红极一时,所到之处万人空巷。当我们拿出和民歌同名的杨柳青年画《十美图放风筝》展示给老人看时,老人既惊讶又欣喜。

德州市国家级申遗项目民歌表演唱《十美图放风筝》传承人李玉兰:这幅画我是第一次看,我觉得挺感动的。如果说当时作者到杨柳青去过一趟,看到这个画,他会有新的启发,就不单单是我们现在唱的这首歌了,估计表演起来会更好,我觉得是先有这个画的。

配音:杨柳青有一幅年画,德州有一首民歌,名字都叫《十美图放风筝》。一个是静止的画面,一个是鲜活的表演,表现形式不同,内容却极为相似,这绝非偶然。据记载,杨柳青年画代表作之一《十美图放风筝》创作于清朝末年。年画表现的是当时杨柳青本地一户富贵人家的十位姑嫂妯娌,阳春三月,结伴踏青、游春、放风筝的欢乐场景。而同名德州民歌《十美图放风筝》流传于20世纪30年代的民国年间,演出时,十名俊俏的演员扮演放风筝的十姐妹,手中擎着不同造型的风筝,边演边唱,通俗风趣。

配音:李玉兰老人家的发现让采访团一行人收获颇丰,也为我们继续深入挖掘这段年画与民歌的历史渊源增添了不少动力。在当地媒体德州广播电视台的帮助下,我们“美的溯游”采访团找到了对于德州民歌很有研究的德州市文化研究者王宪贞老师,力求从王宪贞老师那里找到一些有关《十美图放风筝》民歌创作起源方面的文史资料。

王宪贞:《十美图放风筝》原本是起源于德州的索庄,最初的创作者崔玺是个教书先生。他从杨柳青捎回的年画里有《十美图放风筝》,他把年画编成舞蹈,边唱边演。

配音:王宪贞老师的话让我们“美的溯源”采访团一行人既兴奋又激动,这不仅肯定了关于德州民歌《十美图放风筝》是根据同名杨柳青年画创作而来的说法,还向我们讲述了《十美图放风筝》民歌创作的过往。

配音:在采访中记者了解到,现如今这首《十美图放风筝》民歌已被列为德州市非物质文化遗产濒危保护品种, 当年和李玉兰老人一起表演的姐妹大多已经离开了人世,能演唱的人已很少,十个演员共同出场来表演《十美图放风筝》情景更是不复存在。所幸的是,人们还能通过同名杨柳青年画《十美图放风筝》领略到清朝末年古镇杨柳青十位美丽的女子踏春放风筝的民俗活动,记住这首濒临失传的德州民歌。

西青区历史文化学者王洪海:到后来,大运河航运功能衰弱了,有些文化现象也开始濒临失传,比如说德州民歌《十美图放风筝》也要濒临失传。但因为有咱们杨柳青年画《十美图放风筝》在那里托着,它就会有生命力,它就印在了那里永远不会消失,所以德州的民歌《十美图放风筝》也会永远流传下去。

德州市文化学者刘金忠: 杨柳青年画是华北地区老百姓的一种智慧创作,它随着运河向南流传,是一种必然性。我小的时候咱们农村几乎家家户户都贴灶神，这种刻版印刷显然就是受到了杨柳青年画的巨大影响。

配音：颓败的古运河航道，现存的古运河自然风光，濒临失传的民歌，源远流长的杨柳青年画，我们"美的溯游"采访团在收集历史碎片中拼接记忆，在找寻和探索中一路南行，而运河沿岸会有更多封存的久远记忆、历久弥新的历史文化，等待着我们去挖掘、去探寻。

《美的溯源——探寻杨柳青年画的故事》走进德州(一)采访团在山东德州取得重大发现

《美的溯游——探寻杨柳青年画的故事》走进德州(二)
杨柳青年画文化在山东德州的传播与教化作用

马晓熹

演播室导语:近日,采访团在山东省德州市采访时发现了杨柳青年画文化在山东德州的传播与教化作用。请看本台记者发自山东省德州市的报道。

配音:“德”者蕴含丰富,旨远义深,因水得名,被上善之教化,居州名德,彰中华之传统。德州城的兴起实要从京杭大运河的开通说起,是京杭大运河给了德州当年的繁花似锦。

德州文化学者刘金忠:德州是一个和中华民族文明史同步的城市,其中“德”字发源于春秋战国时期,秦文公把黄河改为德水,大运河中的南运河部分指的是从天津到德州这个河段。

配音:在德州,贴年画曾经是过年时老百姓家家户户都要做的事情。而这里贴的年画有很大一部分都来自天津杨柳青经大运河运输而至,这些流动的运河文化曾经深深地走进这里百姓的生活。

采访德州市武城区南小李庄村民李玉宾:杨柳青年画每年都不一样,有的是说人,有的是说动物。(记者问:您这边过年贴年画吗?)有的贴,它属于一种文化遗产,是民族性的。(记者问:您觉得好看吗?)它有它一定的特点,它的特点与西洋画等都不相同。它有它自己的特色,这也是当地的民间特色。(记者问:那您喜欢杨柳青年画吗?)我虽然喜欢,但我对它还只是一知半解。(记者问:我们今天以这种形式过来交流,您觉得如何?)我很喜欢你们讲的杨柳青年画的艺术。

采访德州市民徐静茹:(记者问:以前有没有见过杨柳青年画?)见过,小时候家里过年经常贴。(记者问:现在呢?)现在好像是不怎么贴了。(记者问:您觉得您以后还想贴吗?)我还是想贴的,因为挺有庆祝意义的。我觉得做一个衍生品最好。

采访德州市民崔嘉蕾:(记者问:有没有见过大头娃娃抱着鲤鱼那幅画?)见过。(记者:知道那是什么意思吗?)连年有余。(记者:那你喜不喜欢!)喜欢。

配音:其实这里还有一样东西曾经与咱们杨柳青年画有过很深的缘分。在德州市中心广场上,我们遇到了这样一位年过七十的方玉锁老人。老人家从年轻时就喜欢放风筝,更是位做风筝的好手。老人告诉我们,在他小的时候,杨柳青年画风筝在德州可是非常流行的。

采访德州市民方玉锁:杨柳青的年画很有名,过去在农村一到过年家家户户都贴年画,门神、财神、大头娃娃比较多。(记者:您见过风筝上画着杨柳青年画的吗?)见过,原先是比较结实的棉纸。(记者:都是从咱们杨柳青运过来的是吧?)运来的都是棉纸,然后一张张糊在上面,糊在骨架上。杨柳青年画风筝特别好看。

配音:随着时代变迁,如今棉纸材质的风筝已经很少运用到年画的创作,但老人对杨柳青年画风筝那份独特的美感却一直念念不忘。

采访德州市文化研究者王宪贞:有一本叫《清宫琐记》的书,这本书明确记载了杨柳青年画与德州人放风筝两者的关系。原来运河边上每到三月三风和日丽、惠风和畅的时候,人们就到运河旁边来放风筝,所以说杨柳青年画的制作和德州风筝图案的制作是分不开的。

配音:看来,不管是德州市里还是德州周边的村镇,受京杭大运河影响,杨柳青年画、杨柳青风筝等古镇杨柳青的文化特产,都曾在这里广泛流传,并为杨柳青与德州之间的文化交流做出了贡献。然而随着京杭大运河北方

段航运功能的衰落，杨柳青年画如今在这里就失去踪迹了吗？

现场导语：在山东德州短短几天的采访过程中，我们遇到过老人、年轻人、孩子。从大家的口中，我们不难得到这样的结论，过去人们为了表达对美好生活的向往，会将杨柳青年画贴在家中，虽然现如今过年贴年画的民俗已经渐渐淡化。就在我身后，这样一块德州市创建文明城市的宣传牌上，我们却意外发现了咱们杨柳青年画的元素。正是它的祈福纳祥、教化作用，满足了人们的艺术需求，更满足了老百姓渴望仁义礼智信发扬光大的意愿。我想这正是杨柳青年画600年来生生不息、源远流长的原因所在，更是杨柳青年画不朽的生命力与精髓所在！

天津市著名历史学家罗澍伟：杨柳青年画传到德州以后，我想它受欢迎的原因之一就是善于表现老百姓的生活。我们现在提倡社会主义核心价值观，要想用通俗的语言，用有冲击力的画面让现代人乐于接受，我们很多的宣传题材都可以采用杨柳青年画的形式。

配音：正如采访中专家所说的那样，杨柳青年画，是一个文化传承及传播的重要载体，是个体体会、感悟社会理念的一个重要方式，是个人与社会发生联系的一个重要媒介。杨柳青年画不再仅仅是一幅幅静止的图画，它已经成为一种符号，将社会的秩序和规范以一种图像的形式再现，是对人们心目中美好的生活理想的展现，在新时期发挥着传播与教化的功能，成为指导人民群众践行社会主义核心价值观的行动宝典。

《美的溯源——探寻杨柳青年画的故事》走进德州（二）杨柳青年画文化在山东德州的传播与教化

《美的溯游——探寻杨柳青年画的故事》走进德州(三)
运河情 年画行 津鲁媒体一家亲

曲美娜

演播室导语:新闻背后,故事如书。“美的溯游”采访团从天津杨柳青镇出发,一路南下,不仅拍摄到了珍贵的新闻线索,更与运河沿岸地方媒体,以同是运河儿女的身份相聚,在相识、互助合作中建立起了深厚的情谊。这其中,德州电视台媒体同仁提前为拍摄踩点、搜罗新闻线索,为“美的溯游”采访团的高效率采访提供了及时有效的帮助,也让从天津远道而来的采访团成员感受到了来自齐鲁大地的暖意和亲情。对“美的溯游”采访团来说,这不仅是一次采访活动,一次探寻之旅,更是媒体人合力挖掘运河文化、年画文化的接力之举。

现场导语(记者曲美娜现场出镜):观众朋友,我们“美的溯游”采访团现在已经到达了德州广播电视台,接下来我们将和德州电视台《风尚》栏目组一起对这次拍摄活动进行安排策划,也力求通过这次探寻杨柳青年画故事的采访活动探寻出更多有价值的线索和素材。下面呢,请跟随我们一起去看一看。

配音:热情、温暖是德州市电视台媒体同仁们给“美的溯游”采访团一行人的普遍感受,两地的媒体人一见如故,简单的寒暄过后,大家立即投入到紧张的工作状态之中。为了让我们在德州的拍摄工作能够顺利、高效开展,《风尚》栏目组提前为采访团约请到了德州当地知名的城市史研究专家和对运河文化颇有研究的学者,并通过前期寻访沟通,为我们找寻到了此次德州拍摄的多位重要采访对象。

德州电视台《风尚》栏目制片人何应武:我知道你们来德州拍摄大运河

这个消息后非常开心，我们一直想做这件事情，但是没有这么大的人力和物力来做，现在我们终于找到组织了。德州电视台很愿意为咱们天津西青摄制组提供各种方便，特别是在踩点这方面，有很多的民间艺人散落在民间不太好找，我们通过种种线索、各方面的关系在最短的时间里找到他们。

配音：为了深度探寻运河沿岸城市德州与天津，与杨柳青年画存在的千丝万缕关系，最大限度地展示多元历史背景下三者之间相互影响，以及随着时代变迁衍生变化的不同形态与发展现状，"美的溯游" 采访团应德州电视台《风尚》栏目组邀请，专程走进该栏目演播室，录制了一期以"运河情 年画行"为主题的访谈节目。"美的溯游"采访团的领队、编导、主持人和专家以嘉宾的身份接受访谈，并现场与《风尚》栏目主持人一起就杨柳青年画《十美图放风筝》与同名德州民歌《十美图放风筝》之间的关系等问题进行了深度的交流与热烈的讨论。

德州电视台《风尚》栏目制片人何应武同期声：其实咱们德州文化和天津文化相同的文化基因就是因为大运河。

"美的溯游"采访团团长戴维薇同期声：我们这次来的目的也是探寻一下运河沿岸城市互相之间的文化交流。杨柳青是木版年画的故乡，我们也带了一本册子，咱可以翻阅一下。看看杨柳青年画的代表作，这个是《侍女游春图》，这是《双美人》，因为杨柳青也是出美女的地方，下面这个是《十美图放风筝》，这是我们杨柳青年画一个非常典型的代表作。

德州电视台《风尚》栏目制片人何应武同期声：我们有个民歌就是《十美图放风筝》。

德州电视台《风尚》节目组主持人李昂同期声：是不是因为我们这边的民歌，然后才有的这幅年画。

"美的溯游"采访团团长戴维薇同期声：据我们了解，这个年画是清朝创作的。三年前我们在“寻根大运河”活动中，路过德州，当时偶然发现了《十美图放风筝》既是杨柳青年画，同时也是德州地方民歌。在民国的时候，德州有一位老先生叫崔玺，特别爱好文艺。他为了创作到处选题材，结果到天津采风时发现了杨柳青年画的《十美图放风筝》，并根据《十美图放风筝》写了这首民歌。

德州电视台《风尚》栏目制片人何应武：这次摄制组来，特别是在杨柳青年画《十美图放风筝》这个点上，德州的运河文化和天津的运河文化紧紧地连在了一起，成为不可分割的一个整体。这次探寻，尤其是在杨柳青年画《十美图放风筝》上可以看出运河边德州与天津文化的交融。

配音：运河行，年画情，津鲁媒体一家亲。在与德州电视台《风尚》栏目媒体同仁的交谈中，我们惊喜发现，他们还曾邀请德州多名当地学者一起寻访过大运河德州段的遗址，并拍摄成了以大运河为主题的专题片。这样一个好消息让我们激动不已，正是因为媒体人共有的默契与责任感，这些珍贵的画面被记录下来，得以留存到今天。

德州电视台《风尚》栏目制片人何应武：天津文化和德州文化都有运河的影子，我们德州以前也拍过相关的运河文化的片子，我们拍摄的目的是想让德州人了解自己的文化，这点我觉得我们是在做共同想做的事情，通过拍摄让群众自己去探究运河文化。

“美的溯游”采访团团长戴维微：运河沿岸的一座座城镇犹如一颗颗璀璨的明珠，各自间的历史文化交相辉映，融会贯通。作为运河沿岸的新闻媒体，我们有义务、有责任与兄弟媒体深度合作，去探寻那些散落已久却又弥足珍贵的历史文脉，去挖掘更多与咱们西青运河文化、年画文化一脉相承的文化资源。

配音：一脉水波牵动着运河儿女，一担责任让媒体人并肩同行。由于德

州电视台《风尚》栏目组媒体同仁的提前筹划与联系，我们在德州的拍摄十分顺利。在接下来为期四天的拍摄中，有德州电视台媒体同仁为我们做向导，我们先后发现了德州段大运河的古码头，曾经因大运河漕运而兴盛的北厂街，现如今仍在使用的大运河九龙湾段。遵循着大运河脉络，我们还采访到了现如今依旧能演唱运河号子的老船工，找到了杨柳青年画《十美图放风筝》与同名德州民歌《十美图放风筝》的历史关系，找到了众多重要的新闻线索以及珍贵的史料证据。这些珍贵的发现使我们在德州的拍摄一路惊喜，让我们不惜风雨兼程，去探寻更多的杨柳青年画故事。

《美的溯源——探寻杨柳青年画的故事》走进德州（三）运河情 年画行 津鲁媒体一家亲

《美的溯游——探寻杨柳青年画的故事》走进德州（四）运河遗珠 那些杨柳青年画落脚的地方

曲美娜

演播室导语：京杭大运河流淌千年，千年的碧波激荡，不仅孕育出沿岸城市独一无二的历史文化，更留下来灿若星辰的运河遗珠。这其中，有的悄然陨落，有的光鲜依旧。在这集的新闻中，"美的溯游"摄制组将走访德州北厂漕仓遗址、古码头旧址，通过寻访这些散落在德州境内的运河遗珠，找寻那些杨柳青年画曾在此落脚的蛛丝马迹。下面请看本台记者采自山东省德州市的新闻报道。

配音：京杭大运河自南而北，深情怀抱着德州古城，日夜流淌的运河水，不仅让德州成为古时南北水运、漕粮中转的咽喉要地，更造就了它南接齐鲁、北引燕赵的经济大格局。无数南北客商、文人骚客在此摩肩接踵，熙攘往来。据史料记载，当年杨柳青的船户往来于运河多是北到通州，南到德州。

德州市文化学者刘金中：天津与德州联系十分紧密，人文地理同属一块土，大家同属九河流域。在我小的时候，咱们农村几乎家家户户都贴灶神，刻版印刷（技术）显然就是受了天津杨柳青年画的影响。

配音：运河上每一舟桨声划过，都犹如年轮般在沟通着南北文化，留下了丰厚的遗存。透过这些历史的遗存，我们也许能找到更多关于杨柳青年画的线索与痕迹。运河遗珠的第一站，我们就来到了坐落在德州城西北方向的古村落——北厂街。

现场导语：在这里我们发现了北厂漕仓遗址，这个碑也向我们说明了当时德州段的运河航运一度达到的鼎盛状况，为我们研究运河的航运发展历史提供了丰富的史料。

配音:石碑背后,北厂街颓败的景象远超我们的想象,难道这就是当年号称小苏州的北厂街?杨柳青船户曾经将杨柳青年画等货物运送到这里交易,眼前的一片荒芜并没有给我们答案。通过观看碑文和向学者求知我们了解到,北厂街的兴盛与大运河息息相关。

西青区历史文化学者王洪海:北厂这个地方,紧靠运河岸边,这里既有大量的漕粮储存,又有军队驻守。这个地方就成为一个很大的市场,它的繁荣带动了再向北的运河码头,像杨柳青的码头和天津的码头。

配音:约 900 年前,完颜阿骨打的儿子完颜胜在这里设立了一个大粮仓。京杭运河全程贯通之后,到明清时期,这里一度成为大运河四大粮仓之一、南北货物的集散地,各地出产的粮食、瓜果、工艺品等竞相在这里周转交易,这其中就有天津的杨柳青年画和德州的地方特产。

德州市德城区北厂村村民李志宏:那时候这个河里面黑白走船,一波一波的,叫着号子嗷嗷的。向天津运的西瓜和菜,都从运河这边走。乐陵小枣、德州瓜那时候都从这里装船,以前德州市就吃运河的水,20 世纪五六十年代这条河就断流了。

德州市德城区北厂村村民穆新合:我记得我叔叔说他们做船工时就看过大批的杨柳青年画被运到德州,听老人们说,古时候漕仓这里还有专门卖年画的铺子。

配音:络绎不绝的商贾,人头攒动的街道,码头上往来的船只,一切过往在眼前掠过,又都不见痕迹。天津、德州,年画、码头,这些只字片语被运河串在一起,相互见证着彼此存在过、辉煌过的时光。

现场导语(记者曲美娜现场出镜):在国家文物局公布的第七批全国重点文物保护名录中,德州码头榜上有名。当地史学家告诉我们,曾经的码头航运繁盛,当德州码头工人忙不过来的时候,还要从江苏连云港等地调运工人过来，不需要装船作业的时候，这里依旧是货物满堆。

配音：从北厂漕仓遗址旁，流淌的运河水已经接近干涸，宽阔的河道已经淤积。这段运河已经失去航运功能，曾经的古码头也已经消逝。

德州电视台《风尚》栏目制片人何应武：这是一个大的C字形的弯道，这个弯道在空中俯拍特别美。你看我们伸手这么高，其实离河岸还有一段距离，当年我听老人说，这边的运河水和河岸是平着的。

德州电视台《风尚》栏目组主持人李昂：当时在运河沿岸，我就发现了有这种类似很碎的瓷片散落在地上，这块瓷片我特意找专家看了一下。他们说，从纹饰、质地上，到整个工艺上看，应该是在明中期，所以说运河文化，它留下的痕迹是非常的多。

配音：1992年在运河边的杨柳青席市大街的基建工程中也发现了包括金、元、明三个不同历史阶段的陶器、瓷器残片等物件。据当时进行考古挖掘的天津市考古专家推断，此遗址就是当时漕运的中转站，这说明杨柳青自金代就是大运河上的重要节点。这与北厂街开始繁荣的金代可以说是同时期。与此同时，同类瓷器碎片的发现也让杨柳青的席市大街与北厂街同为漕运中转站的历史功用得到了比较一致的认证。在翻阅文史资料中我们还惊喜发现，旧时杨柳青镇的席市大街不仅是寺庙的聚集地，还是人们买卖杨柳青年画的集市所在地。每年农历腊月十一日起，贩画者就把南乡炒米店、古佛寺及本镇等年画作坊刊印的木版年画以及门神、灶王、全神像、春联趸来，把样画挂在墙上，以供人选购，直至除夕晚间，画市才收。如此说来，席市大街与北厂街同为运河上的商贸集散地，也许从金代起或者更早之前，两地就开始互通有无，进行年画等商品的贸易往来了。

《美的溯源——探寻杨柳青年画的故事》走进德州（四）运河遗珠 那些杨柳青年画落脚的地方

《美的溯游——探寻杨柳青年画的故事》走进德州(五)运河号子——运河边的有声记忆

曲美娜

演播室导语:京杭大运河纵贯南北,繁忙的漕运遗留给今天的除了码头和大量传说故事外,还留下了具有浓郁文化气息的歌谣——运河船工号子。随着交通的日益发达,运河漕运已经成为历史,运河上让人荡气回肠的运河号子也随之湮灭。“美的溯游”采访团沿大运河一路寻访,对这一将要消逝的运河号子进行了抢救性的挖掘与整理,通过对老船工的寻访,及时用声像、文字的方式记录下了这几乎已经成为绝唱的运河记忆。

配音:距离德州市区不到15公里的张官寺乡小李庄村是老船工李俊民的住所。经过半个小时的颠簸车程,我们顺利到达小李庄村,见到了早已在家等候多时的李俊民老人。除了岁月的刻刀在老人脸上留下的痕迹外,我们几乎不能从这位精神矍铄的老人那里推断他已经82岁。思路清晰、很有主见是老人给我们留下的第一印象。

船工李俊民:我出去打拼时,父亲说:“小子,挣碗饭吃不容易。你在外面能混上饭吃,就是好样的,能站住脚。”我家穷的是就一间房,什么也没有。

配音:航运的繁忙推动了各地经济与文化的发展,更让当船工成为不少民众谋生的主要出路。在南运河的两个节点天津与德州间,来往于这两地的船工不计其数,他们喊着各地乡音的运河号子,为自己奏响了运河边最具辨识度的劳动赞歌。

配音:元明清三代,每年运粮漕船两万余艘,伴随浩浩荡荡的船队,是此起彼伏、气势磅礴的号子声。在德州运河边居住的人们,一听到那错落有致、韵味悠长的船工号子，就知道即将有大批的年画、布匹、粮食从天津远道而来，靠岸售卖。

船工李俊民：我年轻时给天津八一面粉厂送小麦时路过杨柳青，上岸去看了，杨柳青年画特别有名，胖娃娃抱着鱼挺乐呵，是木刻的版画。

配音：大运河犹如水上的高速公路，不仅运输着南北的物资，更将运河沿途中极具经济与文化特色的地域符号深深烙印在那些途经者的心上，成为他们人生记忆中关键的索引。德州的老船工李俊民记得天津的杨柳青年画，而天津的老船工顾宝地也还能想起印象中德州码头的扒鸡。

采访船工顾宝地：我小时候跟着船来回跑，到过德州有个叫胜利桥的码头。那里有饭馆、酒馆，还有车站扒鸡、又一村包子铺，一九五几年时还很繁荣。从杨柳青运年画到其他一些地方，各地特色的东西也运过来了。

配音：一边唱着号子，一边和同伴们行船前进，这河中有多少个弯道，这号子就要唱上多少遍。战胜自然的勇气让船工们充满力气，喊着运河号子，他们无所畏惧。就这样，伴着一声声号子，各地的物资就这样被他们运输到全国各地，开始声名远扬。

船工顾宝地：船工们各有分工，他们里面有拦头的，有推舵的，有摇船的。过去河里面有大水流，一拉纤、一冲船船工们就玩命，水往下流，船往上走，逆行。所以说这号工特别吃功夫。要是长的话得走半个月，从天津到德州480公里，逆水走就慢，要是顺风顺流地走，用不了一个星期就到天津了。

配音：运河号子最突出的艺术特点就是它强烈的节奏感。两位老人唱的运河号子铿锵有力，将我们一下子拉回到了那个航运繁忙的时代，将尘封了多年的运河号子连同那份生活的苍凉厚重和已经搁浅的历史一并呈现在了我们面前。

船工顾宝地： 这号工是专门吃这行饭的， 二十几个人跟着号工在旁边

走、背着手、歪着身、蹦着脚喊,“哎嗨嗨啊”,就是这个样玩命啊。拉纤的船工,噌噌噌都猫着腰,似挨地不挨地低着腰,船就走得快。

配音:然而到了 20 世纪 50 年代,随着大运河航运功能的衰退,船工越来越少,像这两位老人一样会唱运河号子的老船工大多离开人世,运河号子也慢慢淡出了人们的视线。

天津市著名历史学家罗澍伟:运河号子本身是纤夫在这种笨重又非常消耗体力的劳动中在精神上和心理上的调节。它会使人在身体上得到放松,使这种繁重的、很艰苦的劳动辛苦感得到化解和减轻。运河号子和运河文化紧密相连,它贯穿着整个运河地区,运河号子的地方文化色彩非常浓厚。

配音:一声声船工号子,唱出的是纤夫的心声,也唱出一段难忘的历史。自从有了古运河,就有了纤夫,也就有了船工号子。在漫长的岁月里,伴着那粗犷、雄浑的船工号子,大运河上的船工用他们的不屈和坚强打通了运河沿岸对外交流、经济繁荣的大通道。

《美的溯源——探寻杨柳青年画的故事》走进德州(五)运河号子 运河边的有声记忆

《美的溯游——探寻杨柳青年画的故事》走进台儿庄
杨柳青年画在台儿庄的传承

马晓熹

演播室导语：由西青区新闻中心与天津广播电视台国际频道联合组成的《美的溯游——探寻杨柳青年画的故事》采访团沿大运河南下，途经山东省枣庄市台儿庄时，无意间发现了杨柳青年画在这座古城的传播与弘扬，下面请看本台记者发自山东台儿庄的报道。

现场导语：在一天的采访过程中，我们无意中听说了这里的台儿庄古城有一家杨柳青年画店，并且京杭大运河就在古城之畔，于是我们现在已经赶到了这里，那现在就一起去看看这家店吧。

配音：像古城里的许多购物小店一样，这里的一楼除了挂着杨柳青年画的介绍外，似乎并没有什么特别之处，然而当我们随店家移步到二楼时，我们这才惊讶地发现，这里竟然真的有一个小而精巧的年画博物馆。

台儿庄年画馆经理崔丙谦：我开办这个年画馆是以茶会友，让人们来感受以前的文化，以年画作为交流的平台。我心里喜欢年画，喜欢这种感觉，通过朋友介绍，听说哪里有，就去慢慢收集。

配音：据说台儿庄当地也有自己的年画创作，而这里的年画从技法、构图等方面都与咱们杨柳青年画有所不同。

西青区历史文化学者王洪海：最明显的对比，从年画人物的脸蛋就可以看出来。台儿庄年画人物的脸蛋上，红嘴巴儿(脸颊)很明显就是用红色，这么用笔一点，就结束了。没有一点过渡色，所以显得不圆润，没有肉感。咱们杨柳青年画在画人物脸蛋的时候就不是这样，功夫、手法、程序一道一道非常多，区

别就在这里。(记者:这里年画的细节比较粗犷一些,杨柳青年画更细腻。)

配音:别看台儿庄古镇年画馆占地面积不大,但这里却保存着包括中国四大木版年画在内的众多年画作品。店家告诉我们,三年前年画馆从古城南街迁到如今被称为非物质文化遗产精品街的古城北街，咱们西青的杨柳青年画传承人霍庆有老先生给他的这家店进行了授权。他又将收集的许多国内各地的年画一起陈列,办起了公益性质的年画大观展供人参观。对比之中不少客人都表示更加喜欢杨柳青的木版年画。以至于崔老板手里的杨柳青年画如今已被人买光,最近他又要去杨柳青重新采购一大批年画了。

采访台儿庄年画馆经理崔丙谦:买画的人过来看到杨柳青年画,他说:“呦!有杨柳青年画,这不对呀!我看看是真的吗。”上来一看,结果拍照走了。回去感觉睡不着觉,第二天又过了,回来看看,还真是杨柳青年画,就把它收集走了。(记者:我看您这有中国有名的四大木版年画,您最喜欢哪个?)还是杨柳青年画。(记者:为什么?)实话实说,它的构思好,描绘逼真,打心里喜欢。

采访游客王先生:旅游来看年画,经常过来看。(记者:经常过来看吗?)对!很喜欢。(记者:您最喜欢哪个地区的年画?)天津杨柳青年画。(记者:为什么?)因为画的风格,各方面都挺好的。(记者:您觉得年画能给咱们的生活带来些什么呢?)带来很多的乐趣,能陶冶人的情操。

配音:年画曾是老百姓家中的寻常物件,更是中华民族的文化瑰宝。古运河边上的古镇,古镇里的年画,让来往穿梭的游人沉醉其中,也让传统文化在这里发扬光大。

西青区历史文化学者王洪海:台儿庄古城的这位老板把运河文化现象中的年画在这里展示,集中了中国四大木版年画,既有文字又有画面,排列起来让人一目了然,可以看出来桃花坞年画是那样的,杨柳青年画是这样,杨家埠年画是这样,还有朱仙镇年画。中国年画品种很多,但是排在前面的就是这四大木版年画，其中杨柳青年画一直被称为四大木版年画之首。年画大观，这样一做出来是对运河文化中年画文化的一个展示，也充分说明了流动的运河、流动的文化中流动所起的作用。

配音：几百年前，杨柳青年画随着大运河扬名千里传承至此，如今还是在运河之畔，文化的纽带已经形成，并仍将继续传承下去。

《美的溯源——探寻杨柳青年画的故事》走进台儿庄 杨柳青年画在台儿庄的传承

《美的溯游——探寻杨柳青年画的故事》走进徐州(一)从一片瓦当看运河文化对沿岸城市建筑风格的影响

马晓熹

演播室导语:京杭大运河的开凿与贯通,不仅促进了运河两岸城市经济的繁荣与发展,也成为了南北方文化、艺术交流的重要渠道。“美的溯游”采访团在徐州户部山的采访中,发现了这里的建筑风格与杨柳青大院建筑群的某些设计有着惊人的相似。小小的一片瓦当究竟见证了多少历史的沧桑,南北两地相似的建筑风格又映射出运河文化怎样的传播范围与作用,请看记者团发回的报道。

现场导语:我现在是在京杭大运河之畔的江苏省徐州市,这里是我们此次采访的第三站。在我身后就是户部山,这里有被当地人称为民俗博物馆的余家大院和翟家大院,在这两个离杨柳青 600 多公里之外的古民居院里,我们竟然发现了杨柳青大院建筑群中也拥有的历史文化遗存。

配音:一走进这里的古民居院,似曾相识的感觉扑面而来,虽然苏北民居因其地理位置和气候特点,建筑风格并不同于北方民居。但依山而建的户部山古建筑群却因为处于京杭大运河之畔而有了南北交融的建筑风格和文化底蕴。

徐州民俗博物馆副馆长庄云霞:余家大院和翟家大院是明清时代的建筑,最早叫南山,不叫户部山。因为后来徐州发大水,四年不退,户部司搬到这里来办公,等他们搬走以后,商贾贵人就花重金在这里建房子,然后就形成了户部山。这里有南北兼容的建筑风格,既有北方的雄厚大气,又有南方的俊美灵巧，在全国来讲，依山而建的这种古民居群还是很少见的。

现场导语：我身边这样的建筑结构称为瓦当，这里是花檐、瓦脸和滴水，可以起到对房屋的美化保护和防雨保暖作用，让房间冬暖夏凉。在这里可以找到这样的历史文化遗迹并不稀奇，但让我们感到惊讶的却是这种建筑结构的样式竟然和杨柳青大院建筑群的某些设计高度相似。

配音：瓦当又称为“瓦头”，是中国古建筑的重要构件。瓦当式样大都承袭汉制，其上的图文一般都有特定的寓意，比如预示吉祥、富贵等。千年以来，中国建筑的瓦当经过时间的洗礼，折射出了古人朴实的大美精神。而这样一片小小的瓦当竟然会出现在两处相隔千里的不同建筑群落中，虽然经过多年的风雨剥蚀却依然显现着无尽的美感。

天津市杨柳青博物馆副研究馆员宫桂桐：中国的建筑很多都是因地制宜，像秦砖汉瓦，各个地区都有各个地区自己的特点。但是京杭大运河的通航，可以让南北文化相互交融，比如石家大院戏楼是集南北风格于一体。另外，当时的一些砖瓦，很多就是从运河运过来的，来自江苏或者是山东临清，所以说有很多砖瓦的图案应该是相似的。

配音：除了瓦当，户部山建筑群落中的戏楼、绣楼、垂花门等建筑设计在杨柳青大院里同样也能看到。只是户部山依山而建，而杨柳青大院却是平地起楼，这才让相同的建筑，幻化出了规制、形式上的不同。但无论是户部山古建筑群还是杨柳青大院，行走于其间，无疑都能带给人们浓浓的历史文化气息与鲜明庄重的传统美感。

西青区历史文化学者王洪海：徐州户部山的大院，依山而建有高有低，有参差之美。咱们看这个大院就要总上台阶，上台阶之后有一个新的大院，它的这一点和杨柳青的大院不同，用料也不大相同。杨柳青大院的用料基本上是青砖青瓦，户部山这个地方，因为石料很多，可以就地取材。

配音:文化是连接历史与现实的纽带,大运河流淌了上千年,并影响着运河两岸的每一座城市,它们之间这些千丝万缕的联系,让我们对历史的真相愈加好奇。

西青区历史文化学者王洪海:流动的大运河也是流动的文化,大运河重要的价值就在于沟通南方北方的交流,其中就有建筑文化方面的交流,比如说瓦当,有花檐、瓦脸和滴水。杨柳青的石家大院和户部山的翟家大院、余家大院瓦当的这种建筑风格是完全一样的。

现场导语: 古代帝王修建京杭大运河最初更多是为了巩固其政治和军事方面的统治,可这些作用却随着时代的更迭、历史的变迁而逐渐消失。我们一路走来,发现大运河最终留下来的是对运河两岸经济、文化交流的巨大推动作用,它孕育了一座座璨若明珠的名城古镇,积淀了深厚悠久的文化底蕴。不论是运河沿岸的古建筑风格,还是运河之畔广大百姓的精神文化追求都有着千丝万缕的联系, 如今京杭大运河作为当之无愧的世界文化遗产仍在发挥着巨大的作用,延续着悠久的中华文明,促进着沿岸城镇经济和文化的进一步交融与合作。

《美的溯源——探寻杨柳青年画的故事》走进徐州(一)
从一片瓦当看运河文化对沿岸城市建筑风格的影响

《美的溯游——探寻杨柳青年画的故事》走进徐州(二) 当杨柳青年画邂逅邳州年画

曲美娜

演播室导语:“美的溯游”采访团在江苏省徐州的户部山不仅发现了与杨柳青大院群建筑风格相似的余家大院和翟家大院，在户部山的大院群里还发现了邳州年画。那么同在运河畔的邳州年画与杨柳青年画到底存在着哪些关联呢？请看本台记者采自江苏省徐州市的报道。

徐州民俗博物馆副馆长庄云霞:邳州年画继承了徐州汉画像石、石雕的精髓,画风大胆泼辣。它最大特点就是吸收了民间生活中的精髓,比如说我在工作、在劳动,都可以融进去,从生活中来,到生活中去。

配音:邳州年画与杨柳青年画中的“粗活儿”类似,虽不是年画中的大门派,却独树一帜。它构图大胆、夸张,色彩艳丽,对比强烈,是粗犷中见真性情的年画作品。

徐州民俗博物馆副馆长庄云霞:古时徐州年年发大水,后来黄河改道之后,邳州大运河段形成了历史的文脉,包括茶马古道、丝绸之路也经过徐州,源远流长。

配音:徐州是汉文化的发源地,千年的汉文化影响着大运河沿岸城市。这其中邳州年画与杨柳青年画同受恩惠与福泽，在运河一脉上有着根本意义上的汉文化相通性,例如对门神题材的偏爱,借用画中莲花、鲤鱼的隐含寓意等等。这些吉祥的符号都或多或少地蕴含着人类远古时期的自然崇拜观念和神灵信仰观念,都与驱凶避邪、祈福迎祥这两个主题有着密切关系。即使早年间,普通百姓多是文盲,也丝毫不影响这种大信息量年画深入人心。

作为根植于民众的艺术形式，它们是民众心灵的慰藉与精神的信仰。在采访中，徐州当地学者告诉我们，在清末民初，杨柳青年画最风行之期，不少邳州画师竞相学习模仿杨柳青年画的独门秘籍——勾脸、上色、勾道等彩绘工艺，将其融入到邳州年画的创作中。

西青区历史文化学者王洪海：杨柳青年画和徐州地区的邳州年画都体现了农耕文化的精华，创作出了丰富的文化作品。

配音：邳州年画的绘画形式和技法多种多样，有手绘、半印半绘、木版手工印刷、机器印刷、刻纸彩绘等，制作方法灵活多变，主要销售于农村。而杨柳青年画却最钟情于刀功的严谨和深沉，追求刻绘结合，因此多出笔法细腻的贡尖之作。同样是画面的花红柳绿，却是不一样的表达方式，或者婉约或者率真，却都体现了数代人的欢乐和憧憬，当杨柳青年画邂逅邳州年画，它们在运河畔暗生情愫，相互通达。

《美的溯源——探寻杨柳青年画的故事》走进徐州(二)当杨柳青年画邂逅邳州年画

《美的溯游——探寻杨柳青年画的故事》走进徐州（三）杨柳青年画中的汉风画韵

曲美娜

演播室导语：徐州是京杭大运河的重要枢纽，更是汉文化的发源地。汉文化不仅影响着中国历史的进程，更是对中华文明的根基、中国美术的文化内涵和艺术形态产生了深远影响，这其中也包括杨柳青年画的影响。“美的溯游”采访团走进徐州，在不断挖掘汉文化元素的同时，进一步为观众解读了杨柳青年画所具有的汉风气质。下面请看本台记者采自江苏省徐州市的新闻报道。

配音：俗话说，两汉看徐州，秦唐看西安，明清看北京。徐州不仅是大运河上最重要的码头，古时南国的门户和商贾云集的中心，更是两汉文化的发源地。汉高祖刘邦在这里建立了大一统的汉王朝，奠定了丰富而灿烂的汉文化根基。以“汉代三绝”著称的汉墓、汉兵马俑、汉画像石是迄今为止最具汉文化代表性的历史遗存。这其中与杨柳青年画的汉风画韵气质最为相通的就是汉画像石。

现场导语（记者曲美娜现场出镜）：汉画像石以现实主义与浪漫主义相结合的手法，以石为材，以刀为笔，将现实生活与历史故事、神话幻想、儒家教义等思想并成共列，生动再现了汉代生活的各个全像，是一部镌刻在石碑上的史诗。

中国秦汉史研究会副会长王健：秦代对汉代的文化有一个提醒作用，汉代的思想家也好，帝王也好，是注意走民本路线的。汉画像石很有意思，在汉代诸侯的墓葬看不到，在汉代皇帝的陪葬坑里也看不到。它实际上是社会一般的贵族乃至有经济能力的老百姓追求热爱的一种艺术样式。所以从背景来看,它实际上是社会一般民众的意识体现。

配音:汉初推行无为而治的国策直接体现在了汉画像石上,这也让汉画像石处处彰显的民本思想成为汉文化的主旋律,教化着华夏的子孙,影响着后代子孙汉文化意识下的文学创作与美术表达。元末明初时,杨柳青年画出现,带着汉文化的风尘仆仆,将民间的朴实与厚重一脉相承。

徐州汉画像石艺术馆副馆长杨孝军:汉画像石在中国美术史上有一个承前启后的作用,以石为纸,以刀代笔,在石头上作画。

中国秦汉史研究会副会长王健:汉文化的艺术样式、艺术风格、文化精神包括价值观念都对以后产生了深远影响,特别是运河兴建以后,沿着这个黄金水道,汉文化不胫而走。

配音:汉画像石是汉代人雕刻在墓室、祠堂四壁的装饰石刻壁画。它在内容上包括神话传说、典章制度、风土人情等各个方面。在艺术形式上,它上承战国绘画古朴之风,下开魏晋风度艺术之先河,奠定了中国画的基本法规和规范,潜移默化地影响着后世众多的美术作品。这其中,杨柳青年画的题材与内容就深受其影响。杨柳青年画在继承汉代美学的古朴与深刻的基础上,多用汉画像石中孩童、鱼、莲花等造型,将民众对原始生命的敬仰,祈福纳祥的愿望,和对多子多孙的期盼都画进了杨柳青年画里。

徐州汉画像石艺术馆副馆长杨孝军:汉画像石中不光有捕鱼图,还有游鱼,表现鱼的场景很多。鱼多籽象征一种繁殖,鱼也是连年有余。杨柳青年画也是一种民俗生活的反映,画像石的根基在民间,杨柳青年画的根基也是在民间。

配音:在汉画像石中,祈福是主旨,驱邪是民众的愿望。汉代民众将自己信奉的门神神荼郁垒刻在石头上,祈求消灾免祸、趋吉避凶。然而朝代变了又变，神荼郁垒却以永远的保护神形象，在以后的门画、杨柳青年画等作品中占据着不可替代的重要位置。

中国秦汉史研究会副会长王健：杨柳青年画出现于元末明初，寓意应该是一脉相承的。

配音：汉文化的绚丽之美在于最近民心、最质朴的表达。它渗透在宗教、伦理、生活之中，不夸张，不叫嚣，是一种平民的愿望，更是民间信仰观念的集中体现，杨柳青年画用自己的雕版彩绘方式，将汉代留给我们中华民族的文化元素画进了年画里，谱写着古老的文明，诠释着民间的美丽。

《美的溯源——探寻杨柳青年画的故事》走进徐州（三）杨柳青年画中的汉风画韵

《美的溯游——探寻杨柳青年画的故事》走进徐州(四)
杨柳青年画中见战火风云

曲美娜

演播室导语:张良吹箫破楚军、辕门射戟这些发生在徐州的历史典故,不仅是人们耳熟能详的汉文化故事,也是杨柳青年画重要的题材内容之一。“美的溯游”采访团走进徐州,走进这个昔日金戈铁马的沙场,重温那些被画进杨柳青年画里的战火风云。

配音:徐州古称彭城,相传帝尧时彭祖建大彭氏国,徐州称彭城自始起,是江苏境内最早出现的城邑。据说彭字来源于征战时战鼓发出的声音,也许是一字成谶,这片土地几乎没有停息过战鼓之声。

中国秦汉史研究会副会长王健: 我们都知道徐州是汉代开国君臣集团的故乡,通俗讲就是帝王之乡,所以汉高祖和他的丰沛功臣集团共同开创了帝业,这些元素后来成了中国后代各种文化艺术重要的组成部分。

配音:“大风起兮云飞扬,威加海内兮归故乡。”汉高祖刘邦高唱着雄壮的《大风歌》,是中国历史上第一个布衣皇帝,西楚霸王乌江自刎结束了戎马一生。数百年风云浮过,三国群雄又开始策马奔腾逐鹿中原,历史在岁月的流转中洗尽铅华,徐州的古迹戏马台、歌风台、射戟台等地,还能让后人找到楚汉风云、三国争霸的影子。

现场导语(记者曲美娜现场出镜):公元前206年,盖世英雄项羽灭秦后,自立为西楚霸王,定都彭城,在这里构筑崇台,以观戏马,故名戏马台。

配音: 昔日具有极高军事防御功能的戏马台已然在流水般的光阴中洗净硝烟,无边的杀伐,铮鸣的战鼓早已沉淀在历史深处,只有在民间存在的各类艺术形式依然在演绎着跌宕起伏的战争故事,将史官笔下那些闪光的名字深深根植在人们心中。

沛县汉文化研究学者马培封：公元前196年，淮南王英布造反，刘邦亲自去征讨，取得重大胜利之后，刘邦回到家乡沛县。沛县的父老已经准备好接待他，他筑台宴请父老，在歌风台上喝酒，谈小时候的事情，谈出去以后带领沛县三千子弟打天下的事情。

配音：杨柳青年画正如一部历史放映机，向世人还原着曾在徐州发生着的一切。不论是记录楚霸王项羽神秘身世的《虎乳霸王》，还是记录吕布为平息纷争果敢作为的《辕门射戟》，杨柳青年画将远古时代的图腾崇拜糅进年画的布景中，把历史长河中最难忘、最具教育意义的精彩瞬间定格在画纸上，即使民众目不识丁，也能通过画面情节接触历史、感悟人生。众多运河沿岸的历史佳话、民俗典故被杨柳青年画所接纳，这也许正是杨柳青年画不局限于一处，广受南北民众喜爱的一个重要原因。在不断接纳包容运河沿岸文化的基础上，杨柳青年画以其宏大的历史普及与教化功用，成为后人审美和教育的重要工具。

西青区文史专家王洪海：辕门射戟这个故事出自东汉末期，属于三国群雄争霸的时候，袁术想拿下徐州，中间隔着沛县的刘备，袁术想先拿下刘备，所以他想收买吕布，然后攻打刘备，吕布也明白袁术的心思，撮合刘备和袁术，让他们讲和，这个故事化解了一场血战，百姓喜欢这个故事，杨柳青年画就吸纳了这些内容。

配音：一座城市历经了千年的战事和沧桑，一幅年画浓缩了千年历史与智慧。杨柳青年画穿越千年的岁月硝烟，把昔日的铁马金戈带回民众的眼前，让世人在领略历史荡气回肠的同时，看懂前车之鉴。自此，杨柳青年画不再单单是一幅画作，它更像是民众可以信手拈来的花灯，可以一边欣赏，一边照明。

《美的溯源——探寻杨柳青年画的故事》走进徐州（四）杨柳青年画中见战火风云

《美的溯游——探寻杨柳青年画的故事》走进镇江(一)见证杨柳青年画的深远影响

曲美娜

演播室导语:在北纬32°12′东经119°27′,京杭大运河和长江的交汇处有座江南小城,它的名字叫作镇江。这里不仅有着江南风景的秀丽与浪漫,更是中国古代四大民间传说之一的白蛇传的发源地之一。“美的溯游”采访团沿运河南下,也来到了这座江南小城,在驻足和寻访中,透过爱情神话白蛇传,再一次见证了杨柳青年画深厚的文化影响力和不竭的生命力。

配音:湿润的空气,葱郁的林地,“想要浪漫请来镇江”这张城市新名片,让镇江这个江南水乡到处弥漫着浪漫的气息。无论你是初访者还是久居者,镇江民间文化艺术馆总是大多数当地人首先要推荐的拜访地。因为在镇江,爱情传说白蛇传家喻户晓,没有进馆去了解一下这个爱情传说的前世今生,就如同没有到过镇江一般。我们“美的溯游”采访团到达镇江,也将首站拜访地安排在了镇江民间文化艺术馆。除了对白蛇传文化原型好奇外,在我们心里还有更多的期待,因为杨柳青年画是与剪纸、刺绣、雕刻、玩具并列,最具代表性的民间艺术之一,而镇江民间文化艺术馆又是民间文艺的汇集地,我们期待能在这里找寻到一些有关杨柳青年画的宝贵线索。

现场导语(记者曲美娜现场出镜):镇江民间文化艺术馆是我国首家专门以收藏、保存和研究民间文艺为主的资料中心。这里集中展示了镇江近百位民间艺术家手工制作的近千件精湛的民间艺术品以及在全国范围内搜集的20多个省市的民间文艺专著、资料数万册和珍贵的手稿80余万份。在馆长的带领下,我们也找到了该馆的镇馆之宝,没错,它就是我手中的杨柳青年画手绘册页《白蛇传》。

配音:在白蛇传民间工艺美术展厅陈列着镇江正则绣、竹编、邮票拼贴画、石雕等白蛇传题材的各类民间工艺品,然而就在展厅的中心区域,正是摆放杨柳青年画手绘册页《白蛇传》的地方。整整齐齐 16 幅分页组成的画册,包含了"篷船借伞""盗仙草""水漫金山""断桥"等多个故事情节,形象地描绘了白素贞与许仙曲折的爱情故事。据镇江民艺馆的周馆长介绍,这本杨柳青年画手绘册页《白蛇传》可是他们这里的镇馆之宝!

江苏省镇江市民间文化艺术馆馆长周明磊:杨柳青年画是半印半画,既有刀刻的手法,同时又把绘画的美丽感觉呈现出来。就像我们这次征集的杨柳青年画《白蛇传》一样,它以一种全版的白蛇传故事进行叙述,画面非常清晰,人物非常完美。同时还配了图文的说明,把故事情节更加完美地呈现出来,应该说在我们馆里是一个不可多得的藏品。同时在我们所有征集的年画作品当中这是最好的一件

配音:千百年来,镇江已经形成了一个以白蛇传传说口头传承的文化空间,在民间有着各种形式的文化遗存。例如,每逢端午佳节,镇江有游览金山的习俗,而在镇江各个剧场也都会轮番演出有关白蛇传的戏曲、曲艺。但由于受现代文化时尚和传媒变革的冲击,口头讲述的白蛇传逐步走向衰落,民间能够完整讲述这个故事的传承人寥寥无几。如何更好地保护与传承白蛇传这一古老的传统文化,成了必须要面对的问题。而与白蛇传同时空存在的杨柳青年画则通过绘画艺术的方式成功地解决了这一难题。相传在明末清初时期,也就是白蛇传文化被演绎成故事、年画等文艺题材,并逐渐被民众所接受、熟知时,杨柳青年画画师们积极顺应时代潮流,敏锐地捕捉住这一文化现象,用他们手中的画笔,通过木版刻印的方式,把这一精髓文化吸收、提炼,将白蛇传文化演绎于笔端,用线条刻画人物,用色彩抒写感情,将神话

人物形象化,通过16张年画的组合让白蛇传文化以一种连贯的叙事、完整的姿态走进了寻常百姓家,将白蛇传文化永远镌刻在了画纸上。

江苏省镇江市民间文化艺术馆馆长周明磊:2006年我们想去征集一套天津的杨柳青年画,杨柳青年画与我们白蛇传一样也是国家非物质文化遗产。经过努力我们终于在天津市场上征集了这套珍贵的《白蛇传》,它是以人物画形式展示出的杨柳青年画。当时拿到以后我们就非常满意,也非常高兴。

天津市著名诗人、作家冯景元:杨柳青年画海纳百川,它用百姓最易接受的一种寓意表现出一种画面。

配音:杨柳青年画是一种扎根民间的造型艺术,它所涉及的大量题材为平民百姓喜爱,大多是故事戏剧、历史人物,以及人们所熟知的情节和形象,表现的内容因为能反映广大民众的心理所以能受到民众的普遍喜爱。杨柳青年画沿着大运河来到镇江,不仅在这里扎根发芽,成为镇江人喜欢的民间艺术,更将镇江人引以为傲的白蛇传文化变成了动人的永恒。

配音:今年75岁高龄仍在坚持创作的霍秀英老人,正是这套杨柳青年画手绘册页《白蛇传》的作者之一。作为新中国成立后的第一代杨柳青年画画师,出身于杨柳青年画世家的霍秀英投身年画创作60年,潜心钻研年画技艺,并继承传统,博采众长,形成了独特的艺术风格。作为杨柳青木版彩绘年画的传承人之一,她创作的白蛇传系列年画人物精细透亮,惟妙惟肖,神采飞扬,深得业内人士好评及广大群众喜爱,被誉为具有收藏价值的年画珍品。

杨柳青木版彩绘年画的传承人、著名年画艺术家霍秀英:创作杨柳青年画册页《白蛇传》的时候,原来有那么一个年画稿子,但是已经老旧了。画社重新又组织一部分人,大家一起创作《白蛇传》,重新改版才得以把《白蛇传》画完整了。

配音：古老的京杭大运河孕育了一南一北两座古城，杨柳青和镇江都拥有着千年的历史文化积淀。艺术没有区域界线之分，文化更是相互交融的。杨柳青年画用其强大的文化承载力和感染力对《白蛇传》文化进行重新塑造和解读，以一种封存的历史技艺手法让白蛇传文化历久弥新，让白蛇传文化在画笔中绽放光芒，并得到了一种极致的美的表达，这是极符合镇江这座城市的气质的。因为在我们看来，温婉、浪漫、细腻、永恒是镇江通过白蛇传文化想要表达给世人的城市主张，是这座城的灵魂，而这也是杨柳青年画所特有的品格和气质，正是这不朽的古老画魂晕染了运河两岸的一座座城市和乡村。

天津市著名历史学家罗澍伟：镇江地区有深厚的历史文化底蕴，有着全域性影响的就是白娘子的故事白蛇传。这些民间传说借助于运河传到了杨柳青，然后杨柳青把它变成了群众喜闻乐见的版画形式又返回到运河各地，这就促进了中国民间文学的发展和繁荣，同时也给杨柳青年画带来了自身的繁荣。

镇江市著名文化学者、作家庐山：整个运河流域虽然有不同的板块，但是有一点是统一的，就是跟中原文化的统一与融合。杨柳青年画给人首先是感官上的感受，然后是一种心理上的感受，这些以更容易被老百姓接受的形式而展现。

《美的溯源——探寻杨柳青年画的故事》走进镇江（一）见证杨柳青年画的深远影响

《美的溯游——探寻杨柳青年画的故事》走进镇江(二)年画做媒 结缘镇江

曲美娜

演播室导语:镇江之行让“美的溯游”采访团见识到杨柳青年画深远的影响力,也让采访团与镇江民间文化艺术馆结下了深厚的情缘。此次远赴镇江的溯源之旅,采访团特别将从千里之外的古镇杨柳青带到镇江、由非遗传承人用新抢救挖掘木版印刷的杨柳青年画册页《白蛇传》墨线版珍品作为礼物,捐赠给了镇江民间文化艺术馆。这一真诚友善的举动不仅拉近了镇江与杨柳青两地的情感距离,更得到了镇江当地主流媒体,以及镇江当地众多年画爱好者的广泛关注和赞许。请看本台记者采自江苏镇江的报道。

配音:捐赠活动当天,正处于梅雨时节的江南古城镇江正下着蒙蒙细雨,杨柳青年画册页《白蛇传》墨线版画册的赠送仪式在众人的瞩目下举行。天津市著名的历史学家罗澍伟先生和诗人冯景元先生也专程赶来,应邀参加了这个过程简单而却具有非凡意义的捐赠活动。作为一个极具纪念意义的时刻,由非遗传承人霍庆顺、霍秀英等著名年画艺术家经过多年不遗余力的抢救挖掘,并亲手雕版印刷的杨柳青年画册页《白蛇传》墨线版珍品一套共 16 页分装成 3 个锦盒,被郑重递交到了镇江民间文化艺术馆负责同志的手中。而这些珍贵的画面被摄像机和相机永远地记录和定格了下来,成为了西青与镇江两地“以画为媒,缔结友谊;以河相连,交流文化”的历史见证。

视频连线镇江民间文化艺术馆人士:很多人看了报道之后知道了有这个墨线版的年画,所以有不少人过来询问。我们现在也在积极地进行装裱,以备跟我们以前馆藏的彩绘的年画同时进行展出,让大家知道天津的杨柳青年画的制作方法。因为墨线版年画更能说明杨柳青年画彩绘的过程,可以让大家对杨柳青年画有更多的了解.

配音:捐赠活动受到了当地各主流媒体的关注。镇江电视台、镇江电台、镇江网络广播电视台、镇江日报、京江晚报、镇江市政府门户网站金山网等多家当地主流媒体,都聚焦此次“美的溯游”采访活动,关注西青和镇江两地的文化交流、白蛇传文化和杨柳青年画,采制播发了多篇深度新闻报道。其中,镇江电视台当天晚上就在《新闻镇江》节目中,对此次“美的溯游”采访团在镇江的捐赠和采访活动进行了宣传报道。

配音:根据镇江电视台编导的电话反馈,我们得知《“美的溯游”采访团来镇江探寻杨柳青年画的故事》这条新闻在当地播出后,在镇江这座江南小城也引起了强烈反响。

“美的溯游”采访团团长戴维薇:天津和镇江这两座城市都是具有深厚文化底蕴的城市,现在通过这个木版年画、通过白蛇传的题材把这两座城市紧密地联系在了一起。

镇江文广集团新闻频道记者张静:此次摄制组代非物质文化遗产国家级传承人霍庆顺先生，向镇江民间文化艺术馆赠送了珍贵的杨柳青木版年画册页《白蛇传》的墨线版。镇江文广集团新闻频道在第一时间就采访并播出了题为《天津摄制团队来镇江寻访杨柳青年画故事》的新闻。众所周知,在天津众多的民间艺术中,最具代表性的就是杨柳青木版年画这一民间艺术瑰宝。而“白蛇传传说”是我国首批国家级非物质文化遗产名录项目,咱们镇江既是该传说主要发源地之一,也是其保护地。此次“美的溯游”寻访活动不仅有利于非物质文化遗产的传承和保护,也让镇江和天津,这一南一北具有深厚文化底蕴的城市紧密联系在了一起。我们也希望以后像这样的文化交流和互动能够越来越多。

配音:在镇江,采访团从历史和美学的角度,全方位探寻了杨柳青年画与

镇江的故事。在现场采访过程中记者发现，不少镇江当地的杨柳青年画爱好者也闻讯来到镇江民间文化艺术馆，一睹杨柳青年画册页《白蛇传》墨线版珍品的真容。李延亭就是众多镇江本地杨柳青年画爱好者中的一位。自幼喜欢美术的他一直对杨柳青年画情有独钟，听闻我们要来，特地把自己根据杨柳青年画《盗仙草》描摹的一幅画作带到了现场。

年画爱好者李延亭：我特别喜欢杨柳青年画，也特别喜欢描摹杨柳青年画的画作。但是想要描摹得很好难度就很大了，但是我就是喜欢，就一遍遍地描摹，特别希望能到杨柳青跟画师好好学一学。

配音：正是依托着京杭大运河这一文化纽带，杨柳青年画这一古老而又魅力无穷的文化艺术瑰宝串起了西青与运河沿岸城市深厚的文化渊源和历史文脉。

天津著名历史学家罗澍伟：历史和文化不是一摊水，而是一条始终流动的河。这条河水无论流到哪里都会受到文化的浸润。比如镇江有丰富的传说，这些传说就是通过运河慢慢流传到了天津，流传到了杨柳青，形成杨柳青年画内容不可分割的部分，借助杨柳青年画又传播到全国各地。天津的杨柳青年画已经完美地保存在了镇江民间文化艺术馆，镇江人对于杨柳青年画的热爱也可以说是几百年来流传不衰。

配音：白蛇传是镇江人的骄傲，也是镇江人最看重的文化财富。杨柳青年画对白蛇传的青睐让镇江人对杨柳青年画产生了一种特殊的亲切感，更让镇江与杨柳青打破了地域界线，产生了强大的情感共鸣，这是两地因年画结下的情缘，更是两地文化相互接纳与包容的最好例证。古往今来，融合与渗透一直就是中华文化最优质的秉性，而杨柳青年画恰恰被时代赋予这一媒介功能，在文化传承与融合上功不可没。

《美的溯源——探寻杨柳青年画的故事》走进镇江（二）年画做媒 结缘镇江

《美的溯游——探寻杨柳青年画的故事》走进镇江(三)
我用画笔为你点染

曲美娜

演播室导语:用色彩表达寓意是杨柳青年画以情入画的作画方式,对爱情故事进行点染上色更是杨柳青年画画师们最擅长的彩绘技艺。他们把色彩作为一种象征符号,将喜怒哀乐和爱恨情仇细腻地展现在了画纸上。而浪漫之城镇江的一系列爱情传说也成为杨柳青年画画师们为爱情点染颜色的重要素材,"美的溯游"采访团也试图通过在镇江的发现进一步解读杨柳青年画有关颜色和爱情的神秘面纱。那么,记者有了什么新发现呢?下面请看本台记者采自镇江的新闻。

现场导语:背靠着金山寺,我所站的地方就是金山湖,这里每天都会上演一场大型水幕剧《白蛇传》。它以一种现代人的审美,再现了白蛇传这个动人的传说故事。而大家所不知的是,早在100多年前,杨柳青年画的画师就已经开始用年画记录白蛇传了。

配音:在杨柳青木版年画《白蛇传》中,我们看到的正是白娘子与许仙动人的爱情故事,然而现代人也用现代科技的声光电,营造出了千变万化的多维立体水幕秀来打造他们心中的白蛇传。为了能将传说故事还原,把水幕剧《白蛇传》演绎得尽善尽美,艺术总监黄雪梅还特意研习了杨柳青年画,从年画里找到了不少创作灵感。

大型水景秀《白蛇传》艺术总监黄雪梅:杨柳青年画《白蛇传》里的人物包括头饰、服饰、颜色特别美,然后我很认真地把年画来回地看了很多次,想去借鉴一下画上衣服的款式、颜色包括整体形象。

配音:从演员眼部的妆容颜色到演员的服装造型,黄雪梅翻阅了众多白蛇传题材的杨柳青年画,借用画中色彩的构成,撷取人物的神韵,将白娘子、许仙等人物形象通过人物造型、背景颜色、舞蹈设计展现出来,让整场水景秀更富年代感,更加细腻动人。

配音:在杨柳青年画的创作中,有世代传承的配色口诀,这往往是画师们对内容和形式上综合考虑的结果。经过世代沿袭传承,他们通过色彩构成表现情感,将那些深层心理隐秘微妙的活动、含蕴多义的寓意通过色彩表现出来,几乎达到自由表现的程度。如"粉青绿,人品细",是指性格温柔的妇女形象的衣饰配色;"红配黄,喜煞娘",是指新娘形象的衣饰配色。而通过杨柳青年画《白蛇传》,我们也从中发现了画师们用色的技巧和画师们通过颜色想要表达的寓意。

杨柳青年画传承人霍庆顺:在年画《白蛇传》里面怎么去着色得符合大众的心理。白蛇在人物服饰上画白的颜色以浅为主,能突出白蛇的纯真柔美,给人善良的感觉;许仙是儒雅的性格,他穿的是粉蓝色的衣服,如果画黄色的这个人就飘了;法海大家都知道是一个佛家人,胡须这方面和平常的不一样,一般来说住持都是向下的胡子,看起来很慈祥,再看年画《白蛇传》里面法海的胡子是扎起来的,说明他的性格是奸诈的。

配音: 杨柳青年画的历代画师们给色彩赋予了特殊的情感和象征意味,而这也许正是年画的生命和灵魂。从杨柳青年画色彩的特征上,我们看出的是中国民间艺术色彩的民族精神。这种精神虽然说是原始的,但也是最现代的。

现场导语:在杨柳青年画中有很多爱情题材的作品,其中最具代表性,也最让人震撼的就是水漫金山。纵然白蛇用力反抗,却无力回天,人们在惋惜这段恋情的同时,也怨恨了法海大和尚近千年。然而这却是一个千古冤案，因为法海大和尚不仅是唐代一位很有德行的高僧，更是金山寺的开山祖师。

配音：水漫金山是白蛇传故事中最牵动人心、决定白蛇与许仙命运的重要章节，也是杨柳青年画中的代表作。白娘子用水围漫的也正是镇江的金山寺。杨柳青年画的画师们更是在这一章节上创新发挥，在创作上融入了人性化的感情。

杨柳青年画传承人霍庆顺：通过颜色能更突出画面的情感，比如说水漫金山寺，水涨多高寺院就有多高，这是在斗法。所以画师们把鱼兵虾将都画出来，他们也同情白蛇，所以通过添加这些鱼兵虾将说明画师们也在支持青蛇白蛇。作者在创作过程中又增加了艺术感染力。

配音：不懂爱，拆散爱，世人心中的法海不近人情。杨柳青年画更是随着世人所寄予的这种价值观的演变，将“传说故事中的法海”形象注入情感元素，将法海形象刻画得更加接近戏说形象。然而随着采访的深入，我们心中那份感知爱的痛却依旧在，因为这是几百年来传说故事在我们心中碾压出来的印迹，也是杨柳青年画所投射在我们眼中最直观的意象。杨柳青年画最炙热地展示了老百姓的心灵神往，它不是一般意义上的年画，是一种创造，更是一种表达。虽然千年的时间恍然而过，白蛇传文化却一直与世人、与镇江同在，与年画相连。

天津著名历史学家罗澍伟：杨柳青年画作为农耕时代的艺术品，是和当时的社会欣赏水平、社会文化水平以及全民对美的判断相适应的。

天津著名诗人、作家冯景元：杨柳青年画是海纳百川的，在汇纳的过程当中就收纳了很多东西。白蛇传属于传说，直到今天仍在传，仍在说。

配音：在照相机尚不普及的年代，杨柳青年画紧跟时代的脚步，用色彩、线条详实地记录着漫长历史时期社会生活的全相。它所承载的厚重民俗风

情，也为后人提供了珍贵的史料研究价值。然而无论是将瞬间记录永恒，或者是用画笔记录时代记忆，杨柳青年画给世人留下了的不仅是凄美，还有历史遗存。对于民众而言，杨柳青年画是中华民族心心念念的精神向往，是寄托，更是传承。

《美的溯源——探寻杨柳青年画的故事》走进镇江（三）我用画笔为你点染

《美的溯游——探寻杨柳青年画的故事》走进镇江(四)寻访西津渡 解读运河畔杨柳青年画的渡口情

曲美娜

演播室导语:京杭大运河作为贯穿中国南北水运的大动脉,促进了南北经济的发展和文化的繁荣,而作为运河重要运输节点的渡口码头更是为南北文化交融发挥了重要的纽带作用。源源不断的纸张、染料、人才通过码头渡口辗转来到杨柳青,潜移默化地影响着杨柳青年画品格与风韵的形成。“美的溯游”采访团走进江苏镇江系列报道将带您走进我国南北水上重要交通枢纽的镇江西津渡,通过记者亲身寻访,为观众解读柳青年画与西津渡的运河情缘。下面请看本台记者采自江苏镇江的报道。

西津渡讲解员赵云:欢迎大家来到西津渡参观,我是讲解员赵云。这块大家看到的都是陆地,其实在三国时期这里都是滚滚的江水。镇江地处长江与京杭大运河的交汇处,这里都是低山丘陵,非常急的江水冲下来,导致大量的泥沙淤积,所以现在这里都是泥沙淤积而成的陆地。

配音:古代镇江是沟通大江南北的军事重地,更是交通要津,经这里中转的两浙漕米占全国漕运量的1/4以上。而坐落在镇江市西边的西津渡正得益于这一地理优势,成为我国南北水上重要的码头渡口。

镇江市著名文化学者、作家庐山:镇江是漕运的咽喉、长江和运河的交汇,它是黄金交汇口、黄金十字水道。从隋唐开始一直到清末为止这1200多年镇江一直是漕运的集散地。

配音:原先紧临长江的西津渡口,自清代以后,由于江滩泥沙淤积,导致江岸北移。这条创建于六朝的古渡口虽然变成了陆地,却依旧保存着旧时的

古码头遗址和千年古街的原貌。从小码头上街，脚下是印刻着千年车辙印的石板，身旁是唐宋的青石街道、晚清时期的楼阁。

现场导语：您看到这个墙壁和咱普通的墙壁是不一样的，它的下面进行了打磨，为什么会这么做呢，因为当时这里漕运十分的繁忙，为了避免剐蹭船上行人的衣服，所以有了这样的设计。

配音：史载西津渡形成于三国时代，至唐代就具有完备的渡口功能。千帆入津、商贾云集的浩大场景是西津渡曾有过的辉煌。曾有众多从杨柳青而来的客商乘船来到这里，在这个被称为南方货运港口、贸易中心的西津古渡运输采购制作杨柳青年画的纸张和染料。

西青区文史学者冯立：北方地区盛产适用于雕版的枣木和杜梨木，但并不盛产纸张和染料。很多精美的纸张和染料，通过大运河从南方经过一个个像西津渡这样的渡口来到杨柳青，这些纸张和染料的到来让杨柳青年画更加精美，更加受人喜爱。

采访天津著名诗人、作家冯景元：镇江叫津口，它对面是瓜洲。我们杨柳青有个柳口，从柳口到津口它们两个有天然的关系。它们实际上就是大运河的两个上岸，过去就是水路，就像现在的高速公路。

配音：走在西津渡这条千年古街之上，极具年代感的青砖绿瓦让人不禁恍若隔世，透过一道道券门，我们仿佛看到无数从南方而来身怀绝技的画师途经这里。他们怀揣着自己的抱负，在这里短暂修整后，在天津杨柳青落脚，在运河畔用丹青笔墨为杨柳青年画倾注自己的一生心血。

现场导语：在镇江的西津渡，有这样一个叫作待渡亭的地方，这里曾是古人迎来送往、休闲小憩的场所，无数从杨柳青出发的客商在这里停驻，准备下一次的起航。

西青区文史学者冯立：据史料记载，很多南方的画师、雕版家通过大运河来到杨柳青，比如说杨柳青年画的巨擘戴廉增戴家，他们就是从南方通过大运河把祖上的雕版印刷技艺带到了杨柳青。

配音：水路运输的繁荣让杨柳青年画声名远扬、远销各地，更给杨柳青年画的大发展带来了无限的生机。从南方而来的纸张、染料、人才和众多故事题材随着运河水波抵达杨柳青，让杨柳青年画在博采众长的基础上，在内容与形式上更加饱满充盈。

天津著名历史学家罗澍伟：由于杨柳青地处在南运河的要路口，所以它善于吸收运河沿岸各地具有特色的年画题材，因此杨柳青年画的题材是中国众多年画产地当中最丰富的。

杨柳青年画史研究员、画家王宝铭：从明朝以后我们杨柳青成为到首都的中转站，南方应考的举人去京都都得路过杨柳青。从记载上我们知道从元末到明初，南方人在杨柳青建南纸局，当时是货栈。后来到了明末清初的时候，改成松竹斋运输、堆放南北材料，成为集中的货栈。南方的一些文化艺术也渐渐地跟杨柳青当地的民间艺术发生交流，这就促进了杨柳青年画的造型技术极具包容性。

配音：富集的水域之地是人类的栖息场所，更是催动文化生生不息的不竭源泉，流动的运河水让多元文化融会贯通。在这个曾经水系发达的千年古渡之上，与杨柳青年画有关的一切都随着江风被糅进历史的长空，并随同土壤和青石被深埋在西津渡口，接受着千年的洗礼与沉淀，等待着后人的追溯与到访。

《美的溯源——探寻杨柳青年画的故事》走进镇江（四）寻访西津渡 解读运河畔杨柳青年画的渡口情

《美的溯游——探寻杨柳青年画的故事》走进镇江(五)甘露寺——杨柳青戏曲故事类年画的一抹剪影

曲美娜

演播室导语:甘露寺位于江苏省镇江北固山上。以它为背景的三国故事东吴招亲、孙夫人祭江不仅家喻户晓,更是杨柳青戏曲故事类年画的重要题材。为此,“美的溯游”采访团也奔赴镇江甘露寺进行取景拍摄,因为这里不仅是杨柳青年画三国题材的来源地,更为这次采访团探寻杨柳青戏曲故事类年画的前世今生埋下伏笔。下面请看本台记者采自江苏镇江的报道。

现场导语:我现在是在京杭大运河之上,一会儿我们就会到达京杭大运河与长江的交汇处,不断往来的船只不仅带动了镇江经济的发展,更将文化的种子播撒在了这片土地上。

配音:作为极具符号象征而又兼具图画传情的文化种子——杨柳青年画——一路船载,在京杭大运河与长江的交汇口镇江落地生根,并将自己融于镇江的风土人情。它将镇江的一山一水放在心上,记录下这里曾有过的历史沧桑。这其中,以镇江北固山上的甘露寺为故事背景的东吴招亲、孙夫人祭江就是我们现如今能在杨柳青年画中看到的故事。

现场导语(记者曲美娜现场出镜):我现在就是在镇江的北固山上。这里远眺北固,横枕大江,山势险固。当年,刘备和孙尚香的爱情故事就是从这里开始。

天津著名历史学家罗澍伟:镇江作为历史文化名城有很多的文化古迹,比如北固山和甘露寺就在其中。甘露寺始建于公元256年,也就是吴国甘露二年,所以叫甘露寺。之所以出名主要还是因为元明清以来广泛传播流行的三国演义的故事。

配音:据《三国演义》描述,赤壁大战后,刘备借东吴的荆州不还,周瑜向孙权献计,以其妹孙尚香为饵,设下美人计,诱刘备来镇江联姻招亲,趁机扣为人质,以讨还荆州。诸葛亮将计就计,让刘备过江成亲。吴国太和孙权在甘露寺设宴接待刘备。最终,孙刘联姻弄假成真,东吴赔了夫人又折兵,这便是东吴招亲的故事。孙夫人祭江则是讲孙夫人闻刘备兵败,死于军中,悲痛不已,投江殉情的故事。这些经典的三国故事被演成戏曲,被杨柳青人画进了戏出年画里。

原杨柳青年画社创作组组长张克森:50代末60年代初,我的师傅经常看戏,他把戏剧服装的色彩都记下来,运用到绘画上。

天津市著名历史学家罗澍伟:杨柳青年画有一个很大的特点,它的画面非常简洁,但是通俗易懂,同时又是色彩鲜艳,对于看者的视觉冲击力特别强,所以有很多年画往往让人看过一眼之后即有一个终生难忘的印象。广为流传的这些三国故事,通过杨柳青年画传播,不但牢牢地扎根在群众心里,而且更使我们国家的文学巨著得到广泛传播。

配音:三国故事家喻户晓,三国人物妇孺皆知。在杨柳青,每逢正月十五,在杨柳青多地都会挂起独具杨柳青年画特色的三国题材的灯箱画。杨柳青画师毫不吝啬地将这些群众喜闻乐见的人物故事,参照当时名伶演出的戏曲桥段,画出底稿,作成画作。这样的戏曲故事类年画,不但精要地叙述了戏曲故事的情节,还把戏曲舞台上色彩缤纷的人物形象、衣装扮相、场面道具一一描绘,将戏曲艺术的菁华转化为年画的肌理,将戏曲的科、白、曲均凝铸为年画的色彩与线条,使得杨柳青年画画面有简有繁,题材有文有武,让观者觉得画中有戏,百看不腻。

原杨柳青年画社创作组组长张克森:杨柳青年画适合戏剧的内容,像东

吴招亲、赵子龙截江救阿斗也都是戏剧里面大家伙都知道的。戏剧本身服装、道具就很漂亮,本身就是一种艺术。

杨柳青年画协会秘书长张克强:杨柳青戏出画就好像现在演出当中用照相机拍出来的照片,咔的一声,最精彩的场景就定格了。像这幅《程咬金搬兵》,它从人物的颜色、服装基本上是按照戏出模式设计,比如说程咬金的脸、红胡子,这只是传说当中的,实际生活当中程咬金不可能是这种形象。这就是按照戏剧舞台中的脸谱,他的服装、戴的头盔,还有帽子上的装饰都是戏剧形式化的。

配音:据记载,戏曲题材进入杨柳青年画,大约始于清乾隆年间。当时戏曲文化空前繁荣发展,并逐渐渗透至民间美术领域,出现了以戏曲故事内容为题材的木版年画。它凭借着角色、情节和绘画将传统文化传承不绝,可以说是最有学问的年画。

天津著名历史学家罗澍伟:戏曲故事类年画通过人物戏装和造型以及脸谱,使杨柳青年画画面更加丰富,所以戏曲故事类年画应当说也是杨柳青年画一个非常有特色的选材。

配音:各种形式的戏出年画贴在家中,成为家居装饰的一部分。大人们闲来无事,举目欣赏,思考古往今来人物的成败得失,抒发一下"戏如人生,人生如戏"的感慨;或给孩子们讲述画中的戏文,使他们认识民族的历史、文化,从中学习做人的道理、伦理的教训。由此便可说,杨柳青戏出年画不但装饰人生,还引起人们对人生的反省。

《美的溯源——探寻杨柳青年画的故事》走进镇江(五)甘露寺 杨柳青戏曲故事类年画的一抹剪影

《美的溯游——探寻杨柳青年画的故事》走进镇江(六)
它山之石可以攻玉——杨柳青年画在镇江"创城"宣传中起到的大作用

马晓熹

演播室导语:2015年2月份,经过中央文明办综合评估,我区获得了全国文明城区提名资格。"创城"工作在今后三年乃至更长一段时间内,都将是区委、区政府的一项重点工作。"它山之石,可以攻玉。"此次"美的溯游"采访团在古城镇江采访时,同样发现了以杨柳青年画《连年有余》为主题的创城宣传画。带着问题,记者拜访了镇江市人民政府文明办副主任,并与对方进行了友好交流,收获了镇江"创城"成功的宝贵经验。

配音:行走在镇江市的大街小巷,与此次采访活动的上一站德州相同,这里同样随处可见创建全国文明城市的标语。全国文明城市的称号是反映一个城市整体文明水平的最高荣誉称号,也是创建难度中最大的一个。而"创城"十二载,如今的镇江已经正式拥有全国文明城市的光荣称号。

现场导语:我现在是在镇江市人民政府,镇江市"创城"十二年终于成为全国文明城镇,相信这其中必然有许多经验教训可以为我们西青的"创城"工作来借鉴。现在我就去采访一下。

配音:在中共镇江市委宣传部文明办,我们见到了现阶段负责镇江创城宣传工作的凌继堂主任,他刚刚向上级汇报完相关工作。在得知我们的来意之后,凌主任拿出了镇江市委在"创城"方面最新颁布的一系列文件,一一为我们详细介绍,并且非常热情地接受了我们的采访。

江苏省镇江市委宣传部文明办副主任凌继堂:我们镇江荣获了"第五届

全国文明城市”的称号，我们在“创城”过程当中最主要的做法就是把提升公民道德素养和社会文明程度作为我们的一条主线。

配音：虽然如今镇江市已经“创城”成功，但这一过程却历经十二年之久，曾三次落选的教训让镇江市委、市政府在“创城”过程中也曾不断调整过思路。

中共镇江市委宣传部文明办主任凌继堂：在前几轮的（“创城”）过程当中我们把精力放在了市容环境、公共秩序等方面，对公民的道德素养和文化建设有些疏忽。所以我们在总结教训的基础之上，新的一轮“创城”工作中把重点放在城市的道德文明、城市的根和魂的建设上面，特别是把培育和践行社会主义核心价值观做到老百姓身边去。

配音：不仅要提升城市的生态环境，更要加强市民们的精神文明建设。镇江市委在意识到要转变工作思路后，采取了多种多样的宣传方式，市民们的精神文明素质得以不断提升，而这其中就有咱们杨柳青年画的作用。

中共镇江市委宣传部文明办主任凌继堂：比方说我们制作了大批的杨柳青木版年画《连年有余》，送到每家每户，送到社区，送到企事业单位。通过这样的活动既给老百姓送去了喜庆和吉祥，也通过这种方式宣传了我们节俭的传统美德。

配音：勤俭节约是中华民族的传统美德，提倡节约才能“连年有余”。这一美德正是作为全国文明城市中的居民们所应该拥有的。杨柳青传统年画《连年有余》以其生动鲜明的表现风格成为了镇江市“创城”宣传画的不二选择，而我们也确实在镇江市内找到了这幅杨柳青年画。

江苏省镇江市市民张路刚：这画看过。（记者：您知道这幅画是什么吗？）应该是连年有余。以前好像是过年的时候用的。（记者：咱们镇江创建文明城区，您觉得作为市民来说应该做什么？）应该从一些小事做起，比如说垃圾分类,出门的时候尽量选择一些环保的交通工具。

江苏省镇江市市民徐峰:这幅画是《连年有余》,画上还有莲子。(记者:您知道这幅画来自哪里吗?)好像是天津一个叫杨柳青的地方。(记者:您知道这是一幅什么画吗?)这是宣传文明城市的。整体比较和谐,给人一种祥和吉祥的感觉。文明城区从小地方来说是这个城市的环境卫生方面应该比较好。现在倡导生态文明,对节能减排等各个方面都比较注重。

天津著名历史学家罗澍伟: 可以说杨柳青年画的文化冲击力和艺术冲击力一样,也是非常强大的。我们提倡社会主义核心价值观,要用通俗的语言,用有冲击力的画面让现代人乐于接受。我们很多的宣传题材就采取了杨柳青年画的形式,为什么呢?就是因为杨柳青年画的题材最贴近老百姓的生活,实际上就是用一种美的语言来宣传和普及一种社会价值。

现场导语:岁月长河奔流不息,古老的京杭大运河孕育了一南一北两座古城。镇江和杨柳青都拥有着深厚的历史文化积淀,2015 年 4 月,我们西青区委、区政府吹响了创建全国文明城区的号角,而地处大运河和长江交汇处的镇江,从 2003 年首次创建起,三次与全国文明城市失之交臂后,终于在第四次赢得席位。创建之路,也是一个地区的成长之路。相信镇江十二年"创城"历程中所积累的经验和教训一定会对咱们西青未来三年的"创城"之旅有所借鉴。当文明成为一个地区的梦想和追求时,人民群众中蕴藏的巨大热情,就一定能成为点燃精神文明建设的燎原之火,文明之花也必将在西青大地竞相绽放。

配音:全国文明城市是目前国内城市综合类评比中的最高荣誉,也是国内所有城市品牌建设中含金量最高的一个, 而如此多的城市选择杨柳青年画作为"创城"宣传中的一个重要元素,正是看中了杨柳青年画长于教化作用的功能。作为杨柳青年画的故乡,西青区在"创城"工作中又将如何利用年

画文化这样的宝贵财富呢?

西青区文明办副主任庞丽丽: 镇江市把传统文化元素融入到文明城区创建工作中的经验做法很值得我们学习。历史文化是一座城市的历史积淀,是能够激发群众产生共鸣的精神支柱。我区有着丰富的历史文化资源,杨柳青年画正是其中一张最亮丽的名片。因此,在创建全国文明城区的过程中,我们要充分运用这些文化资源,将群众易于接受的杨柳青年画文化与社会主义核心价值观、文明城区创建等教育引导内容相融合。

《美的溯源——探寻杨柳青年画的故事》走进镇江(六)
它山之玉可以攻石 杨柳青年画在镇江"创城"宣传中起到的大作用

西青区新闻中心与天津广播电视台国际频道联合召开“美的溯游”大型采访活动专题研讨会

曲美娜

演播室导语：日前，西青区新闻中心与天津广播电视台国际频道联合举办了“美的溯游”大型联合采访活动专题研讨会。会上，节目主创人员踊跃发言，积极研讨，为今后更好地开展大型历史文化采访活动积累了宝贵的经验，奠定了坚实的基础。

配音：西青区委常委、区委宣传部部长刘红出席研讨会并讲话。她说：文化的传承与发展是一个地区发展的根基与灵魂。这次“美的溯游”采访活动是文化力量的集结，更是年画情结的释放。杨柳青年画作为西青、天津乃至中国的文化符号在这次“美的溯游”系列采访活动中被深度挖掘和展示，得以更好地传承和发扬，而这也正是西青媒体人的责任所在。每一位采访团成员的发言都让人振奋与感动，接下来大家要再接再厉，争取采制更多高质量、有价值的电视节目精品，让西青的年画文化乃至精武文化、赶大营等品牌文化走向国际舞台。

配音：为了深入挖掘杨柳青木版年画的历史和文化内涵，为西青区八大文化提供一个更加广阔的展示平台，今年年初西青区新闻中心与天津广播电视台国际频道强强联合，组成大型采访团队，以三年前西青区“寻根大运河”活动采访挖掘整理出的大量宝贵的发现研究成果，以及当年采访团留下的许多运河周边城市与杨柳青年画的诸多渊源的珍贵资料为线索，经过精心调研策划，5 月中旬从古镇杨柳青出发，奔波数万里，对山东省德州市、台儿庄市，江苏省徐州市、镇江市等与杨柳青年画有关的运河沿岸城市以及俄罗斯的莫斯科、圣彼得堡等地，进行深度寻访和拍摄，以多元视角来重新审视西青的年画文化，

展现杨柳青年画这一闻名世界的艺术瑰宝独特而隽永的魅力。采访团还开了国内电视媒体进入冬宫拍摄杨柳青年画的先河。“美的溯游”采访团历时6个多月紧张忙碌的前期调研、采访拍摄和后期制作,历尽千辛万苦,克服重重困难,每日早出晚归,废寝忘食,顶风冒雨,昼夜奋战,采制了5集电视纪录片《美的溯游》,6期《游说西青》特别节目,以及近30条电视新闻系列报道,用新视野、全视角、多角度挖掘了众多杨柳青木版年画的背后故事,探寻了西青年画文化的深远传播与广泛影响,串起了西青与沿河城市的文化渊源和历史文脉。该系列节目的播出引起了广大海内外观众和社会各界人士的广泛关注和强烈反响,也为“美的溯游——探寻杨柳青年画的故事”大型采访活动画上了圆满的句号。

天津广播电视台国际频道总监李家森:我们是在春天和西青区新闻中心共同策划的这个选题,经过了几个月的努力,终于在近期播放,而且取得了很不错的收视率,得到了各界的好评。今天请来了专家、领导,还有我们参加的记者从各自的角度都提出了自己的看法。这次研讨会是实实在在的,非常成功。

配音:作为节目的全程参与者和制作者,大家围绕历史文化、采编业务、采访花絮、感想收获等开展了热烈的研讨,并就杨柳青木版年画的文化魅力以及西青区新闻中心与天津广播电视台国际频道双方的合作经验进行了总结交流。

天津市著名诗人、作家冯景元同期声:大家发言之后,包括看片子之后,我想说的一个字就是“寻”。为什么这么说呢?大家都在寻找一个内容,寻找杨柳青年画在当代的作用。杨柳青年画的价值,不止在于画,它的社会价值、它的历史价值、人文价值都高于画,画是载体,通过它看到的是活生生的历史。

西青区史学者王洪海同期声:通过对运河的这次溯游,去展示杨柳青年画之美,这个片子最后完成了。这么一看,做到位了。这次又有新的发现,知道了

《十美图放风筝》的来龙去脉，是先有的杨柳青年画，德州的民间小调是根据杨柳青年画创作的。

配音：研讨会上，“美的溯游”采访团的主创人员还相互分享了此次采访的经历和感悟，并纷纷表示切实感受到了杨柳青年画的博大精深与深远影响力，以及新闻采访活动对挖掘杨柳青年画文化的重要意义。大家一致认为，这次的跨台合作、强强联合是一次创新之举，充分发挥了各媒体的资源优势和高效的整合能力，形成了很多成果，也产生了深远的影响，真正集众人之力让杨柳青年画以一种崭新的姿态、深刻的意象留在了海内外观众的心里，为杨柳青年画今后的发展创造了更为良好的氛围，实现了多赢的效果。

天津市著名历史学家罗澍伟： 这次研讨会可以说把我们的文化内涵又做了一个深度的挖掘。通过拍这个片子，我深深感到杨柳青年画不仅仅是西青的，不仅仅是天津市的，也甚至不仅仅是中国的，它是世界的。杨柳青年画有几个全国的唯一：全国年画基地里面唯一一处走向世界的年画，全国唯一一处走向宫廷的年画，也是全国唯一一个在外地建有杨柳青画社的年画。这些唯一性在全国的所有这些年画里都是非常少见的，作为中国民间工艺美术的品牌，杨柳青年画在中国来讲是有影响力的。

天津市著名诗人、作家冯景元：这次研讨会实际上也是对西青文化向前和往新的方向的思考，每个人都把自己的亲身感受说了出来，把自己所取得的进步和想法都说了出来，很鼓舞人心。我们西青还有很多地方，像精武文化、大院文化等，还需要往下走，西青台也会变成一个很有创造力和文化力的电视台。

西青区新闻中心与天津广播电视台国际频道联合召开“美的溯源”大型采访活动专题研讨会

· "美的溯游"采访札记 ·

国内采访札记

马晓熹

"美的溯游"采访团的采访活动，于 2015 年 5 月 18 日在杨柳青运河畔的石家大院前正式启动。采访团成员包括天津广播电视台国际频道编导记者及西青区新闻中心编导记者共 18 人。这次异地采访队伍庞大，技术力量雄厚，配备了当前最先进的采编设备，可谓是"海陆空"齐备。相信这次采访一定会有重大收获，制作出的节目一定会十分精彩。

德州篇

5 月 20 日　采访团从杨柳青出发去山东德州

上午十点，采访团共 18 名媒体人踏上了这次"美的溯游"之路。

大家分乘两辆中巴车，300 多公里高速，需要 4 个多小时车程。在车上，记者们就已经开始着手准备，有的看资料，有的在进行现场出镜的最后梳理。

下午两点半，采访团一行顺利抵达本次采访的第一站——山东省德州市。

由于德州市外宣办已经提前委托当地电视台与我们进行对接，因而在德州市电视台里，《风尚》栏目制片人何应武主任与该节目主持人李昂已经在等待我们的到来。记者团成员顾不上休息，决定先去德州电视台进行沟通对接，然后再去宾馆进行休整。

在关于德州采访的座谈研讨会上，双方进行了认真的讨论，并对采访将要涉及的人物、地点等具体事宜进行了梳理与确认。我们的摄像记者全程开机录像，拍摄工作就此全面展开。

5月21日　在德州

上午九点，采访团全员再次来到德州市电视台。这次除了何主任与李昂之外，德州城市史专家、学者刘金忠也与我们一同进行座谈。

刘金忠与我们探讨了有关运河的文化现象。在说起天津比较出名的小吃煎饼果子时，这位文化学者与我们聊起了运河当年通航时的一个有趣现象：一旦德州出现灾荒，就有灾民沿着运河北上到达天津，只要会做煎饼果子就一定能维持生计。民以食为天，食物作为老百姓最重要的必需品，也是通过大运河进行文化交流融合的一个表现。

傍晚，采访团来到德州的董子文化街进行外景与航拍。"董子"是对西汉大儒董仲舒的尊称。他在《举贤良对策》中建议"罢黜百家，独尊儒术"，并为汉武帝所采纳，由此开启二千年中国统治阶级尊儒的局面。这位哲学家与政治家的故乡正是德州。德州尊董子，遂在此处设董子文化街。文化街古色古香，在这里拍摄让采访团觉得别有一番味道。

5月22日　在德州

今天是"美的溯游"采访活动德州运河段采访的第三天。德州市电视台的何主任继续陪同我们进行采访。

三年前，也是在德州，西青区"寻根大运河"采访团曾为探寻大运河故事采访过一位民歌艺术家李玉兰，时年73岁高龄的老人当时刚刚做完手术。今天再次来到老人家里，一别三年，老人家的状态让所有人都吃惊不已，虽然经过这么大的病痛，老人的笑容依旧明媚，歌声也依然清亮。

老人唱的依然还是那首《十美图放风筝》，只是这次小孙女在侧，老人的

歌声明显更多了几分柔情。

《十美图放风筝》既是一首民歌，也是杨柳青的一幅年画。一直以来，关于《十美图放风筝》总有争议，那便是：究竟画从歌来，还是歌从画出？以前的采访对这一问题并没有探寻清楚。这次寻访，通过老人的回忆以及之后专家的印证，我们的采访终于有了一个重大发现：

原来，早在民国初年，在德州索庄有一位教书先生崔玺，他非常喜爱德州的地方民歌文化。在去天津采风的时候，他无意中见到杨柳青年画《十美图放风筝》，喜爱异常，回来便就此创作了民歌《十美图放风筝》。歌创作好，老先生找来自己的徒弟——演唱艺人索延成（艺名大鸽子），将这首民歌传给了徒弟。这之后，大鸽子将《十美图放风筝》这首民歌发扬光大，传与多人。新中国成立初期，国家在文化方面提倡百花齐放的政策，德州地区文化馆派几位专家对《十美图放风筝》进行了改编，继续进行表演传唱。李玉兰也正因为演唱了这首《十美图放风筝》，成为德州地区家喻户晓的人物。

这次对老人的再次探访，我们带来了最初版杨柳青年画的《十美图放风筝》画册，老人看到这幅年画非常动情。说起当年她的表演，老人告诉我们，她的老师在教她们表演时，没有样本，只能是用语言告诉她们去模拟和感受放风筝时的样子和感觉。如果当年她的老师在改编这首民歌时能亲眼看一看这幅杨柳青年画，那她们的演出肯定会更加生动和精彩。

"您有没有教小孙女学一些这样的民歌啊？"在采访最后，我们的记者问了老人这样一句，老人有些遗憾地笑了："民歌年轻人可不容易学啊。赶不上潮流了，说起来这民歌不比年画好传承啊。"

其实老人这话可没说错，李玉兰今年已经76岁高龄，《十美图放风筝》如今被列入德州市非物质文化遗产濒危保护品种。能传承演唱的人已很少。如果将来还没有合适的人选将这首老民歌传唱下去，这将不可避免地成为老人的遗憾。而反观杨柳青年画《十美图放风筝》，其传承至今，画上的每一笔每一画依然生动优美，总能给观赏年画的人带来不一样的新感受。而这样的生动优美依然会通过年画这样一个具体的实物继续流传下去，从而发扬光大。

如果有一天歌已逝，年画还在，总是美人依旧，美好依旧的。

结束了在李玉兰老人家中的采访，中午匆匆吃过午餐，下午采访团又马不停蹄赶往下一个采访点——德州古码头。

去往古码头的道路在离开柏油路面之后变得异常颠簸，又因天气干燥，所过之处尘土飞扬。两辆采访车依次行驶，前一辆带起的黄土瞬间将后一辆车子淹没，于是一路走一路停。而这样的环境中，我们的摄像记者还要不时下车在路上进行拍摄，困难可想而知。可就是这样的道路，我们跟着导航行驶了半个小时之后，却无奈遇到了限高架，只得原路返回，另辟蹊径。等到古码头出现在我们眼前之时，已经是近两个小时之后了。虽然筋疲力尽，但此处的拍摄工作才刚刚开始。

午后的阳光下，几只小羊欢腾着在古运河边啃草吃。这里曾经是京杭大运河德州段的古码头。令我们没有想到的是，曾号称小苏州的德州古码头竟至于破败如斯，几块可以明确位置的碑文后是这样一片萧条的景象。我们的记者在这里做出镜导语，路面脏乱以至于无法下脚。据说，这里是山东、河北的交界处，属于类似“三不管”的地方，因此环境才这样差。

历史上的德州段京杭大运河是从德州市区及武城、夏津境内穿过。1272年忽必烈定都大都（北京）后，京杭大运河全线贯通，德州是运河山东段的第一站，被列为四大漕运码头之一，每年从这里运抵京城的粮食达 300 万担。当年这里曾樯桅毗连，纤夫盈堤，沿岸纤夫启航的号子声动十里。桥口街、码头旁商铺、酒肆林立，游客如织。停泊的船只炊烟缭绕，丹霞映白帆，残阳与

夜泊甚至成为一大景观，无尽的繁华实在令人神往。

采访团记者在这里采访到一位运河老人。老人祖上世代居于运河边上。他告诉记者，在20世纪60年代，这里依然有商船经过，运河号子也依然有人在传唱，并且繁忙程度不减当年。后来却因为国家一系列大型水利工程的兴建，以及高速路、机场等新兴交通设施的开发，这里的运河功能逐渐被替代，加之运河水越来越少，水位越来越低，终有一天商船无法通行，古码头就此没落，变成荒地，只有他们这些少数运河边上的住户还在这里种地。

德州电视台何主任说，这一带在历史上有很多皇家粮仓，粮仓多到什么程度不清楚，只知道守护粮仓的军队就有“十二连城”的说法。看着眼前干涸的大运河古河道，让人不禁思考，朝廷在这里设那么多粮仓究竟是为什么呢？

西青区文史学者、作家王洪海为我们讲述了这样一段有趣的皇家恩怨：600多年前，明朝的首都尚在南京，当时的建文皇帝朱允炆为了提防叔叔燕王朱棣，在德州古码头处设立了卫所与粮仓，用来储粮屯军防范燕王。后来燕王借口清君侧，双方在北方打得很激烈，尤其在德州，建文帝在这里聚集了50万大军准备迎战燕王。德州因为有粮仓和军需物资，更成为交战的重心。朱棣成为永乐大帝后，继续使用德州粮仓储存南方运来的粮食和物资，以备京师调用。正所谓：因河设卫，河兴城兴。这也从当地出土的大量碎瓷片中可窥见一斑。而这之后，随着朝代更迭，到清代咸丰年间，因太平天国运动兴起，朝廷失去了对大运河的控制权，漕粮运输突然中断。德州古码头的军事漕运作用戛然而止，因此繁华渐退。相比较而言，杨柳青的古码头从建立之初一直主要为民间商贸服务，是沿大清河、白沟河辐射到河北腹地，虽也受到影响但不至于突然衰落，因此才有更长时间的使用价值。

说到底，原来秘诀竟是为人民服务才能历久弥新啊。

在这里的采访接近尾声，何主任指着不远处的一块平地告诉我们：“这里曾经是码头上那些最富有人家的院落，不少船主在这附近住宿、喝茶、听戏，是个非常热闹的地方。”

初夏黄昏的风吹过，竟然有了丝丝凉意，鸟儿低鸣着归家，窝就在那些院落里的老树上。此时此刻，眼前的一切静谧又安详。

傍晚时分，采访团匆匆赶赴下一处拍摄地——九龙湾。

残阳如血，当真正的大运河美景扑面而来时，只能用震撼来描述身临其境的感受。九龙湾是京杭大运河德州区的一段天然河道，古人修运河，聪明智慧令人惊叹，为了连接南北，一般都采用有水道借水道，无水道再开挖的方式。这样可以省时省力省钱。所以只要有急流险弯的运河河道，一般就是天然而成的运河河道。人工河道连接着自然河道，蜿蜒上千公里，连接祖国大江南北，这是世界上最长的古运河，也是中华民族的宝贵财富。船行在九龙湾河道水面上，真是让我们所有人都无比的惬意与自豪。

在九龙湾，我们采访了德州文化学者王宪贞，他对京杭大运河德州段的历史情况进行了介绍，也对《十美图放风筝》的由来再一次进行了确认，印证了我们这次采访的重大发现。

5 月 23 日　在德州

今天上午的德州，天格外蓝，碧空如洗。为了找到当年京杭大运河边拉纤的船夫，早上八点半我们便驱车赶往德州市武城县郝王庄镇南小李村。这里有一位年过八旬的老人，名叫李俊民，据说他所唱的船工号子非常具有代表性。三年前，我们西青区的“寻根大运河”采访团队曾经采访过他。然而，在老人的家中，因为一曲船工号子的拍摄，我们的采访却一度遇到了麻烦。

号子是男人下苦力时唱的，内容有时难免粗俗，老人会唱号子，面对我们的摄像机老人却不愿意唱。据说，以前老人也接受过采访，但就是从来没

有真正在摄像机前放开嗓子唱一曲。如今老人 80 多岁了,再不唱一曲,岂不是成遗憾?为了这段珍贵的视音频资料记录,烈日炎炎下,多少个小时也罢,采访团的记者们谁都没有怨言,所有人都在等。

可我们十几个记者围着老人,老人不害羞都难,怎么办呢?

我们的记者、加上村里老人的同辈轮番上阵,苦口婆心地劝说,几个小时过去了,老人始终就只是摇头。采访可以,但要我唱歌,门也没有。

就在大家有些泄气,快要打退堂鼓的时候,天津电视台一名河南籍的记者突然用家乡话唱了两句类似船工号子的小调。老人的眉眼抬了抬,说他随船拉纤到过河南,对河南话很熟悉。老人似乎被我们的诚意打动了,说:"让我唱可以,但是你们要把我带到水边去,再带上我这几个老伙计,有个环境,我才能唱。"

有戏啊! 赶紧先拉着所有人上车再说。按着老人的意思,我们找到了一处水塘。刚好水塘边有一艘小船,虽然不是当年老人拉纤拉过的那种大船,但好歹船儿配上麻绳,又有人当纤夫,这演唱船工号子的道具就算是齐备了。

老人很守信用,我们的记者也很给力,不管记者还是司机,统统上前帮忙,大家齐心协力一起将船儿拖到水上。当纤绳套上几个老哥们的脊背时,李俊民老人的灵感来了:

"兄弟们加把劲儿啊 往上拽啊……都拉住了呀……"

真响亮啊! 空旷的田野上,安静的水塘旁,一嗓子船工号子让我们仿佛一瞬间穿梭回到半个多世纪前的那条京杭大运河畔,纤夫在岸上亦步亦趋,滴滴汗水落地,声声号子回响。当然,这样的场景我们的记者做了全方位的记录,并在这一幕前做了非常精彩的一次出镜导语。

而在老人唱船工号子之前, 我们的另一路记者抽空对杨柳青年画在这里的影响力进行了采访。几位老村民都说,当年一到过年,家家户户都会贴杨柳青年画，是非常流行的民俗。虽然如今时代变迁，贴年画的少了，但他们依然非常喜欢杨柳青的年画，也祝福我们此次关于探寻杨柳青年画故事的采访圆满成功。

结束了这里的采访，记者们再次火速赶往九龙湾。这次九龙湾的拍摄涉及夕阳下的航拍，因此，一定要赶在夕阳西下之前到达目的地。

夕阳中的行船上，采访团记者对另一位运河号子传承人陈仲魁老先生进行了采访。上午的李俊民老人只是会唱，陈老更知道许多运河号子的唱法和讲究。他告诉我们，运河号子在不同的河段遇到不同的地形都会有不同的唱法。迎着九龙湾如此美景，合着运河号子的曲调，陈老为我们现编现唱，表演了一段精彩非常、歌颂杨柳青的《新时代运河号子》。

在这里，我们还采访了德州扒鸡文化馆的馆长吴鹏。在他们的馆藏物品中有一套杨柳青年画，这套年画描绘了京杭大运河当年的相关场景。运河使德州经济文化繁荣，年画更是在两地文化交流方面起到了不小的推动作用。

同一时间，另一路记者深入到德州市里，对杨柳青年画及京杭大运河对德州市的影响与交流进行了大量街采。市民们普遍表示，早年在德州，杨柳青年画确实非常流行，如今也依然希望像杨柳青年画这样让人喜闻乐见的衍生品能走进他们的生活。无巧不成书，就在德州市政府广场上的德州市创建全国文明城市宣传牌上，记者也发现了杨柳青年画的元素。看来，年画的教化作用在全国范围内依然有其现实意义，而我们的记者也对这一发现进行了整理报道。

5 月 24 日　从德州出发至台儿庄

上午九点，采访团全体成员在德州市政府广场前合影，这也为我们在德州的采访画上了一个圆满的句号。合影之后，采访团将从德州出发，一路高

速前往又一座运河边的古城——台儿庄。

三年前,"寻根大运河"采访团曾在台儿庄古镇上发现过一个年画店。但当时由于路程原因,并没有进行视频资料的留存。如今,三年过去了,这家年画店是否还在经营?会不会有什么变化?为了弥补这样的遗憾,我们的采访团决定在台儿庄留宿一晚。一组人马编辑整理在德州的素材,回传新闻;另一组人马再次探访这家年画店。

一路舟车劳顿,傍晚时分,采访团到达台儿庄古城。部分记者顾不得休息,在王洪海老师的带领下,开始在古城内找寻年画店。天色已晚,在偌大的古城内找一家店面不亚于大海捞针。按照记忆,王洪海与记者郑亚东进入古城后就向右手的南街走,因为他们知道杨柳青玉成号年画店委托经营的那一家店铺就在前方。然而,他们找来找去却怎么都找不到。打听一下,有的店家说搬走了,有的店家说关门不干了。他们不死心,继续在古城里转。终于,在台儿庄古城的北街,这条被称为"非物质文化精品街"上,他们找到了这家年画店。

令我们惊喜的是,这家年画店有了新的发展,已经成为一家具有公益性质的年画馆。闲言少叙,我们马上开机进行采访。年画馆经理告诉我们,年画店挪到这条街上后,因为有杨柳青年画传人霍庆有的授权,他和多位喜爱年画的朋友又多方筹措,在这里创办了新的年画大观馆。馆里将中国四大木版年画齐聚,并进行了实物陈列与说明。年画馆以茶会友,免费向喜爱年画的游客开放,进行文化交流,同时售卖精品年画作品。而年画馆经理也告诉记者,通过展示,他可以感受到杨柳青年画作为中国年画之首的地位。王洪海老师也说,古运河边上能有这样的年画文化宣传与交流之地,并在这里搞"年画大观",经营者可谓是独具匠心,功德无量。年画店崔老板说,年画大观上,多种年画对比强烈,很多友人看了后都要杨柳青年画。他说他的杨柳青年画已经全部出手,最近要去天津杨柳青采购呢!

采访团的这组人马在年画馆的拍摄非常成功，但却苦了有低血糖问题的王老师,郑亚东赶紧买了酥糖救急。结束采访天已很晚,大家赶紧寻找地方填补早已饥肠辘辘的肚子。

与此同时,另一路记者也非常辛苦。晚上并不能休息,因为在德州拍摄的素材必须剪辑完成并回传,以保证在明天的新闻中及时播出。但是,由于这次采访拍摄的素材质量高,体量大。因此,虽然剪辑的是一条 7 分钟时长的新闻片，但在海量素材中选取与这条新闻相关的镜头，困难也是非常大的——看来今夜注定是一个不眠之夜。

镇江篇

5 月 25 日　台儿庄出发至镇江

上午九点,采访团从台儿庄出发,前方目的地是镇江。

王洪海老师说,台儿庄大运河上有现今唯一的船闸,船闸是古人让大运河南北顺利通行的智慧结晶,是留给后世的有极大价值的一笔财富。大运河有落差,最高处是海拔 54 米,最低处仅 2 米。古人正是用船闸控制水量升降,使漕船能上高坡能下洼地的。古人的智慧结晶就在眼前,岂能让它擦肩而过。于是,采访团决定去拍船闸。

从地理位置上看,这里是京杭大运河中段的最高点,北高南低,水位落差明显。在盛水期,上游要高出下游 4 米多,枯水期最少也有 2 米的落差。船只从这里经过,就必须通过船闸才能达到北上南下的目的。

王老师说:船闸最多处是山东济宁的南旺,因为那里是大运河的屋脊,是制高点。台儿庄这里从明代始设闸口装置,聪明的古人在这里设计的闸口将运河截流成三段,利用连通器原理调节水位平衡。比如南来的船要北上,船进闸口,后面闸死,前面开闸放水,等水位放到与前面平行,再将船开出闸口,船就算爬坡成功,进入上游河道了。几百年过去了,如今全世界许多地方也都还在用这个法子,包括三峡水利工程。看来咱们老祖宗的办法确实好用,智慧也确实高明。京杭大运河不但留下了丰富的实物财富,同样将古人的智慧财富保留了下来。

船闸的铁栅栏门紧锁着,无法进入。王洪海和天津广播电视台王煜铭老师只好去船闸管理处联系,恰遇管理处周一上午开会,两位老师只好在那里耐心等待。

上午十点多,采访团终于如愿以偿,能够进入船闸进行拍摄了。我们的记者向等候通船的船员进行了采访。一位王姓船长告诉我们,他跑船三十多年,天天与京杭大运河打交道,都是使用这个法子走船。漕运成本低,运量大,现在仍然是不少客户的第一选择。他们这一趟是从济宁出发至高邮,而他最远甚至可以通过大运河跑船至钱塘江。对他如今的工作,王姓船长表示满意:“刨去所有开销,一年能落下三万多。”看来京杭大运河古为今用,依然能带给民众生活保障。从船闸内蓄水,到船闸开启通航,我们的摄像机一直在进行拍摄记录,这里更用上了最新的飞行器航拍技术,效果颇好。

一个小时过去,船儿顺利通过闸口,京杭大运河水从闸口奔涌而出,古老的中华文明依然在这里流淌。

下午一点,从台儿庄船闸口出来,我们继续一路向南奔赴江苏镇江。有些记者熬了整整一夜,天亮时,在德州拍摄的新闻片才终于正式回传。上午又在船闸紧张工作了一阵子,现在记者们都坐在车上打盹睡觉了,没人有精神观赏窗外景观,都在昏睡中一路向南,奔赴远在四百公里之外的江苏镇江。

5月26日:在镇江

上午九点,我们在江苏省镇江市采访的第一天,赶上浓云密布,好像时刻都会大雨倾盆。

镇江这座城的繁荣与京杭大运河不无关系,这座城里流传的故事似乎也多多少少与爱情有关。杨柳青年画的取材就有很多与之相关,我们的采访正是为了溯源这些年画故事。

采访的第一站是曾经与运河有关的西津渡——清代小码头遗址。镇江市外宣办主任杨玲接待了我们,导游赵云为我们进行了现场解说。

"蒹葭苍苍,白露为霜,所谓伊人,在水一方。"美丽的导游小姐脱口而出如此优美的诗句,我们的眼前也仿佛已经能看见那位美丽的运河边上的"伊人"。

西津渡小码头始筑于清代康熙年间。同治至光绪前期,随着江淤上涨,码头改道发展。1900年前后,码头被淤填成陆地,至此不再使用而成为历史。小码头最初的名字并没有如今好听,宋以前因为码头后身的蒜山称为蒜山渡,后又一度称为瓜洲渡,直至宋朝官方确定渡口名称为西津渡。码头因运河而繁华,最后却是因长江的洪水导致淤泥沉积而没落。

在西津渡后身有一条古街,古街上曾经住过一位唐代诗人张祜。他在渡口夜宿而题成《金陵渡》。这首《金陵渡》与《枫桥夜泊》齐名,同样道尽了孤独落寞的羁旅情怀:

金陵津渡小山楼,一宿行人自可愁。
潮落夜江斜月里,两三星火是瓜洲。

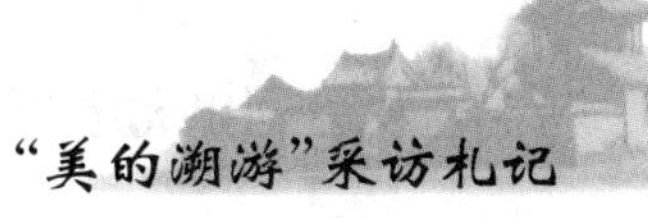

这里的古渡口曾让多少名人墨客尝尽乡愁，我们不得而知，只是如今这里已经成为游客游赏镇江的必到之处。而让我们采访团牵肠挂肚的是这里的镇江市民间文化艺术馆所藏的那套珍贵非常的杨柳青年画册页——《白蛇传》。

馆员带着洁白的手套从内室小心翼翼地取出《白蛇传》年画。周明磊馆长告诉我们，这套年画是他们的镇馆之宝，由杨柳青年画传人霍秀英等创作。由于杨柳青年画《白蛇传》古版已经失传，是霍秀英老师根据神话故事结合年画艺术的创作形式，经过长时间的创作让这套年画得以重新问世。年画描绘了《白蛇传》的所有故事场景，一共16幅，属于戏出年画类别，每幅配有毛笔书法形式的故事文字说明。用笔优美流畅，用色如梦如幻，人物线条清晰，画面绚丽多姿。当记者将摄像光源投射到年画之上时，如此沉静的美如清泉般流淌，令人惊叹！

由于镇江市已经成功创建全国文明城市。而采访团出外采访，既是记录，也是交流，更是传播。因此，当采访团大部分人马在西津渡进行采访时，另一路记者正在镇江市内对镇江创建全国文明城市的相关情况进行街采。令我们欣然的是，无独有偶，这里也采用了杨柳青年画的元素进行“创城”的宣传工作，为此我们的记者决定联系镇江市文明办，深入镇江市人民政府对镇江市“创城”成功的经验与招法进行采访。

5月27日　镇江

早上八点，采访团赶往镇江市人民政府。镇江历经12年终在创建全国文明城市的工作中修得正果。12年的时间，这里究竟有何经验教训可以为我们西青区的创建工作引以为鉴呢？

在镇江市人民政府新楼内，中共镇江市委宣传部文明办副主任凌继堂向我们娓娓道来："镇江市的'创城'工作早在2003年起开始，最初政府非常重视城市的硬件设施配备，重视环境建设，在这些方面不断加大资金与力度。然而经过几年时间反复不断的'创城'尝试，政府渐渐发现提升人民文化素质也是创建全国文明城市不可或缺的一部分，是必由之路。因此，在后期'创城'工作中，政府加大了力度对这方面进行提升。"而有意思的是，镇江在进行"创城"工作时，因为看重咱们杨柳青年画的教化作用，并且也深知杨柳青年画是老百姓喜闻乐见的艺术形式，故也选择用杨柳青年画——《连年有余》作为节俭美德的载体，做成了大量的宣传品贴在大街小巷，送入市民家中。杨柳青年画在天津市西青区的"创城"工作中无疑已经成为一张响亮的名片，我们的"创城"工作更应该利用这点好好做文章。

在市政府的采访进行得很顺利，记者也在镇江政府门前做了出镜导语。十点半我们结束这一阶段的采访直奔金山寺，彼时下起了蒙蒙细雨。微雨中的寺庙更显苍穆，古树更见青翠，风铃阵阵，游人如织，一切都是那样的平和与安宁，再不复当年这里传说中白娘子因爱而生的愤怒所带来的波涛汹涌。

因为一段神话让一条传说中的白蛇为世人怀念了千年，也让现实中的法海让世人怨恨了千年。其实这真的是一段大冤案啊，真实的法海禅师曾是唐代的一位高僧，德行兼备，一生都在致力于佛法研究与普度众生，且是镇江金山寺的开山祖师。顺便说一句，镇江金山寺如今也确实在致力于为法海正名的工作之中。但世人却好像并不买账，美好纯洁的爱情总是让人千思百念，因此白蛇传能进入杨柳青年画，成为经典形象也就不足为奇了。金山寺正是杨柳青年画《白蛇传》故事的重要取材地，本次溯源之旅，记者在这里的拍摄从年画与金山寺之间的关系入手，探寻还原《白蛇传》年画的创作历程，收获颇丰。

其实金山寺除了是法海的居所，白蛇带着青蛇据传说也居于此。金山寺

的后山有一处天然形成的洞穴为证,据传这里曾有大蟒蛇出入其中,伤及过往行人,唐高僧灵妲入洞禅修,蛇从洞内入江而去。由此世人竟然认为此洞通往西湖,当然这并无法考证,但却依然是我们拍摄过程中的一个重要环节。

为了全方位展现金山寺的美景,采访团用当前国内最先进的拍摄器材进行这里的拍摄。大疆精灵3飞行器、手持三轴陀螺仪增稳云台、gopro等轮番上阵。金山寺的许多游客都被我们的工作所吸引,跟在采访团左右久久不愿离开。当不少人得知我们来自天津杨柳青,为京杭大运河与杨柳青年画做文化采访与交流时,都竖起了大拇指,愿意配合我们进行拍摄,并接受我们的相关采访。

一上午的采访,竟然时断时续地下了四场雨,难道是白娘子在此寻夫的眼泪还未干吗?

下午,采访团赶往金山湖大舞台对这里的大型实景水幕表演进行全程拍摄,拍摄包括演员的化妆准备,包括舞台的布景调试。

金山湖上的表演只有白蛇传这一个主题,共分五幕将白娘子的爱恨情仇表现得淋漓尽致,内中包含不少禅意,演出非常精彩。而在演员的表演中,我们不由得被演员们的服饰所吸引,这些设计似乎与杨柳青木版年画《白蛇传》中的描绘有所相似。私下询问演出导演,果然她们曾经专门去镇江民间文化艺术馆参考过杨柳青年画《白蛇传》,包括服饰扮相、故事情节等等都从中有所借鉴。

其实,现代化的高科技演出确实能让一段爱情传说活灵活现地出现在世人眼前,而咱们杨柳青木版年画又何尝不是呢?

5月28日　镇江

早上九点出发去北固山，这里曾经是三国时期兵家必争之地，历史遗迹颇多，并且又多与杨柳青年画有所渊源。年画之所以能成为老百姓喜闻乐见的艺术形式，与年画有许多是描绘爱情题材分不开关系，《刘备招亲》正是其中之一。北固山上的甘露寺与祭江亭都与这个故事有关，也都是来镇江旅游游客们的必到之处。

北固山并不算高，也不过三百米，山上林木蓊郁，枇杷树、银杏树随处可见，空气很好。站在北固山上不但可以远眺长江，镇江城的景色更是一览无遗。在此临风而立，一边是现代化的林立高楼，一边是滚滚逝去的长江流水，非常有画面感，当然也是记者们出镜做导语的绝佳之地。

三国女英雄孙尚香的爱情便始于此，悲情的是，她的爱情也结于此。北固山的地势险峻，据传孙权本欲以嫁妹诱引刘备至此，之后就将之囚禁以换取荆州。于是招亲之时，孙权在山上的甘露寺设了重兵埋伏，可千算万算却没有算到母亲吴国太的心思。也难怪孙权会大意，妹妹孙尚香尚在妙龄，而刘备此时已年过四十，谁知吴国太却着实喜爱刘备这个准女婿，执意坚持这门婚事。孙权几次欲行事都没有成功，无奈妹妹孙尚香真的嫁了过去，还带走了不少士兵陪嫁，这就是那句著名的“赔了夫人又折兵”的典故了。故事讲起来还略显苍白，杨柳青年画《刘备招亲》里对此的描绘那才叫生动。我们的记者将年画里的内容比对着故事的发生场景进行拍摄，运用了一系列的尖端拍摄器材，眼前的景致定格在画面中，年画里的情致如此幻化在记者们的作品之中，被又一次赋予了新的生命。

可惜孙尚香没有那么好命，她与刘备的爱情一直因为政治原因而聚少离多，直到刘备被误传在白帝城病逝，孙尚香竟然悲痛欲绝在此地跳江而亡。这就是北固山上还有个祭江亭的由来。而杨柳青年画对这样纯洁有冲击

力的爱情故事又怎会错过，因此祭江的故事同样也曾出现在杨柳青年画中并广为流传,成为广受老百姓喜爱的艺术品。

其实,与其说孙尚香与刘备之间是爱情,我觉得倒不如说这是一种英雄惜英雄的大爱之情。孙尚香虽为女儿身却一生戎马,随侍女婢皆着戎装时刻佩剑,连与刘备入洞房都不曾改变。想来这样一个女英雄,又能将哪个男人真正放到眼中呢？此时,刘备这个大英雄的出现,能让孙尚香产生爱情的感觉似乎也就不难理解了吧。

下午采访团记者来到西津渡古码头，因为之前联系好的庐山先生今天可以接受我们的采访了。老先生是镇江文史专家、国家一级作家。在古朴典雅的工作室里，老先生向我们娓娓道来:“历史上的镇江发展与京杭大运河流经于此有很大的关系，运河带来的物资也给这个码头小城带来了经济文化的飞速发展。”而说起杨柳青年画,老先生更是赞不绝口:杨柳青年画能够在这里广泛流传,一是与运河的传播作用分不开关系;二是因为年画对镇江当地的文化发展起到了一定的推动作用,有生命力,这才能广为流传。甚至在当代,作为镇江创建全国文明城市的宣传品,杨柳青年画也能走进众多老百姓的家中。

就在我们下午采访的过程之中，天津广播电视台国际频道的李家森老师与西青区新闻中心的杨鸣起老师陪同罗澍伟、冯景元两位文史专家专程赶来镇江，探班采访团并指导相关工作，领导的慰问让采访团全员深受鼓舞,大家士气高涨。

晚间,大家与镇江当地专家学者们一起座谈,对明日的赠画仪式与拍摄计划进行了讨论。

5 月 29 日 镇江

连日来,镇江多雨,但一直都是时断时续的状态,雨并没有下得很大。经过反复试验,不管是领导还是专家,大家一致决定为了拍摄效果,今天这个非常重要的赠画仪式就在西津渡露天小广场举行。冒着微雨,天津广播电视台国际频道领导与西青区新闻中心领导将一套珍贵的勾线版杨柳青年画《白蛇传》赠与了镇江民间文化艺术馆。双方领导还对天津杨柳青与镇江两地之间的文化经济交流进行了发言。最终,大家一起合影留念,包括镇江当地的各大媒体代表与艺术馆的周馆长、罗馆长在内,几十人参加了赠画仪式。

结束了赠画仪式, 采访团在西津渡与各位专家学者边冒雨参观边进行了采访拍摄。两地专家对京杭大运河流经于此所产生的深远意义谈了各自的见解。

在去金山寺的路上,雨突然下起来了,并且越下越大,直至成了暴雨。到达目的地,大家只好举伞下车。就连在金山寺的采访,两位老专家都是打着伞进行的。摄录器材没因雨水停歇,是因为雨披和多把雨伞齐上阵,为设备遮挡风雨,使采访能够顺利进行。但雨具毕竟有限,记者们个个都因雨遭了殃。

大家登上金山,探寻感受白蛇传与杨柳青年画之间的艺术魅力。似乎是白娘子显灵,故意让雨中的金山寺云蒸雾绕,氛围更显神秘。

金山寺的采访结束时,两位老专家和大家一样,裤子从膝盖以下与鞋全湿透了。一线男女记者因为护设备,早已是全身湿透,在转场去北固山时,有记者不得不先回住处换衣服。

中午,镇江民间文化艺术馆周馆长和罗馆长热情招待了采访团,大家的感情走得越来越近,相信今后两地将会有更多更新的文化项目合作。

下午,采访团再次去"庐山电视剧工作室"拜访作家庐山先生。三年前,采访团成员王洪海老师曾在"寻根大运河"活动中与庐山相识,因此这次相见更加亲切。专家老师们与庐山先生深入探讨了如何使大运河文化遗产发扬光大,如何进一步推动天津杨柳青与镇江文化对接共同发展的问题,谈得很深入。

而此时,另一路记者赶往镇江电视台进行素材拷贝。镇江电视台新闻频道李强主任还给我们提供了镇江市创建全国文明城市成功后所拍摄的城市形象纪录片。

徐州篇

5 月 30 日 镇江至徐州

一大早,罗澍伟、冯景元、李家森、杨鸣起四位老师坐动车赶回天津了。两夜一天,老师们行色匆匆,风雨兼程,一直和大家奋战在拍摄点位。送走了他们,上午十点,我们在镇江市焦山脚下,跟约好的渔船在此汇合,然后分两路去长江与江南运河交汇口,一路登船拍摄,一路负责在江口边进行航拍。

我们的拍摄路线从焦山脚下的长江叉子出发,将船行至长江与运河交汇口的鸭子坝处,总共需要近一个小时的时间,如果再往南走渔船便进入运河苏南段航道。交汇口江水和运河的水色一样,流速却不同,长江水流急,运河水较平缓,因为向南不远处有船闸控制。坐在船上,江风阵阵,波涛滚滚。船行至江河交汇口的鸭子坝,竟然遇到中国海事警船一路跟随我们。

而另一路行车记者要同时赶至交汇处的谏壁渔业新村与走水路的记者汇合。这样完成一路水里一路岸上的拍摄。

江面宽阔,水上的拍摄尚算顺利。然而在走陆路的采访车上,路面导航却一路让我们掉头，无奈有拍摄任务，只能硬着头皮往江边渔村开，直到采访车再无法前进，我们只能下车步行进村拍摄。刚下过雨，此处地势起伏不定，我们背着摄像器材深一脚浅一脚地在泥路上行进，艰难异常。好不容易将航拍地点选定，油菜花地前方是杂草，看不清前面的路。天津广播电视台国际频道的王煜铭老师是在拍摄完成后才看清，再向前一步就是二十多米深的临江悬崖，想想也是后怕。更有村民看见我们来采访，害怕我们踩了地里的菜，非常不配合。为了拍摄，我们将杨柳青年画扇子拿出两把，没想到这里的村民非常喜爱，年画文化再一次打动了人心，我们的拍摄也顺利完成。

十分钟后走水路的记者们乘坐的渔船来了，航拍飞行器一路跟拍，大家欢欣鼓舞。江水滚滚东逝，我们在镇江的拍摄任务顺利完成，下一站将赶赴三百多公里之外的徐州。

夜里到达徐州，采访团进行休整。

5 月 31 日 徐州

今天上午，采访团对徐州市户部山进行深入采访。

户部山原本叫小南山，之所以更名，正是与大运河有关。明代中期，徐州是大运河上的重要码头，重要到朝廷的户部必须在这里设立户部分司。可谁知道黄河改道，直冲徐州，运河也遭到破坏，户部分司为避水灾，搬到高处的小南山，小南山因此改名叫户部山。

现在的户部山保留下了余家和翟家两座大院，据说一个是徽商，一个是晋商，都是在徐州做茶叶生意而发家的。他们发家后建院，从而为徐州留下了一笔珍贵遗产。

采访团在户部山发现，这里的大院与杨柳青的大院相比，有很多相同的地方。比如瓦当的形式，两地没有任何区别，造型规制更是如出一辙。杨柳青

的大院是四合院组成,有戏楼、垂花门和绣楼,户部山的大院也有这些设置。这样的相同与相似都出现在运河流域,不能不让人产生遐想,可能是因为都源于运河文化的流动,南北地域的交融。

采访团在户部山上的古建筑群展厅里还看见了徐州市的邳州年画,木版很旧,显出沧桑感。也有几幅门神与灶王年画,四色套版印刷,画面略显拙朴,但能让人感觉到都是农耕文化大背景下的民俗文化产物。

一上午的采访很紧张,徐州民俗博物馆的副馆长庄云霞陪着我们进行拍摄,这期间也进行了采访交流。她也对运河影响户部山与杨柳青两边大院的说法表示了赞同。镇江阴雨连绵,十分凉爽,到了徐州,气温却陡增到31摄氏度。大家在高温下拍摄采访,一路爬坡,反反复复不知几回,一直持续到下午一点半,累得几个摄像记者连话都不愿意多说。

下午采访团又赶赴徐州博物馆,馆长袁丰接待了我们。江苏师范大学历史学教授、中国秦汉史研究会副会长王健接受了我们的采访,并对徐州与京杭大运河之间的不解之缘进行了讲述。这之后,所有人马又回到户部山,因为这里的最高处有一座戏马台,原是徐州最负盛名的古迹之一。公元前206年,盖世英雄项羽灭秦后自立为西楚霸王,定都彭城也就是今天的徐州,于城南的南山上,因山为台,以观戏马、演武和阅兵等,故这里被称为戏马台。记者们在这里也进行了拍摄与采访。

夜里,一路记者赶往云龙山为明天早起拍延时日出进行踩点。

6月1日 徐州

凌晨四点,一路记者赶往昨晚踩好点的云龙山对日出进行延时拍摄。云龙山位于徐州市南郊,因山有云气,蜿蜒似龙而得名。整个山体由东北西南走向的九个相连的山峰组成,长约三公里。早在北宋时期,云龙山就成了著名的游览胜地。大文豪苏轼在徐州任知州时,就曾与宾客登临此地。

延时拍摄是以一种较低的帧率拍下图像或者视频，然后用正常或者较快的速率播放画面的摄影技术,非常耗时间。从凌晨四点开始,直到太阳完全出现在我们的眼前,光芒万丈的阳光已经闪耀了经年,古人与我们都曾欣赏过这样的辉煌景象。

这里的拍摄将整个徐州城美景尽收眼底,之后采访团没有休息,又马不停蹄地前往汉画像石博物馆进行采访,博物馆副馆长杨孝军接待了我们。杨馆长告诉我们,汉画像石几乎反映了汉代人全部的生活场景,另外还有对《山海经》中就有的奇珍异兽进行的描绘。

这里的画像石分为两种:一种是为墓室所用,一种是为祠堂所用。汉代人相信轮回,他们相信人死后生活依然在继续。这些画像里有宴饮、杂技、跳舞等生活场景,反映了汉代老百姓的民俗生活,非常古朴、古拙,对大量反映民俗生活的杨柳青年画也是影响至深。

结束上午的采访,下午采访团赶赴京杭大运河徐州段进行航拍。

6 月 2 日 徐州沛县

上午八点半,采访团出发去沛县。

沛县是汉高祖刘邦的故乡,是大汉文化的发源地。上午,采访团来到沛县歌风台进行拍摄。沛县宣传部耿主任、宣传科李辉、沛县电视台外宣王浩很热情地接待了我们。

李辉告诉我们,明代黄河改道将这里冲毁,在附近形成了堰塞湖——微山湖,这也让京杭大运河在黄河改道后不再从这里经过,留下废弃的河道。如今通过政府的修复，利用过去的老运河河道连接微山湖再次进入京杭大运河河道,现在这里还可以运输煤炭等物资。

歌风台的建筑风格非常大气，汉朝风韵扑面而来。在这里我们还认识了国礼"沛筑"的恢复研制人郝敬春先生和他的家人。沛筑有多出名呢？党和国家领导人出访欧洲时，曾把沛筑作为国礼赠送给外国友人。在歌风台，当地领导为我们的到来准备了沛筑表演。沛筑是一种弹拨乐器，当年刘邦平黥布还乡，过沛县，邀集故人饮酒。酒酣时刘邦击筑，同时唱了一首歌，这就是著名的《大风歌》。遗憾的是，沛筑这一乐器已失传，今天我们看到的沛筑表演，是郝先生依据历史资料复制而成的。沛县的郝先生有弘扬汉文化的大志，而且多才多艺。他不仅制作成功了沛筑，而且自己写出了演奏沛筑的汉曲，并为《大风歌》谱曲。表演时，一男二女身穿华丽汉服，表演起来自然和谐统一。歌风台上有他们的表演，感觉非常不一样，凝固的历史有了活生生的再现，歌风台顿时有了生气，有了灵气。这之后，《大风歌》爱好者、当地一名交警卢磊同志又为我们现场演唱了这首《大风歌》，将观众的热情推向了高潮。

下午，采访团在沛县射戟台采访，三国辕门射戟的故事就发生在这里。之所以这个故事能够深入人心，是因为吕布在这里通过射戟化解了一场血战，争得了一时的和平。辕门射戟的故事能够进入杨柳青年画并广受人们喜爱，也说明了人民向往和平的朴素愿望。

此次采访活动在射戟台杀青，自此杨柳青以外的采访工作取得了阶段性成功。

当天下午，采访团成员、西青区新闻中心的副主任戴老师因为之前在镇江时下雨着凉，再加上连日来的辛苦拍摄与舟车劳顿，感冒发烧起来，可让人没想到的是，戴老师输完液回到住处后，竟然又审了一遍当天需要回传的新闻片后才去休息，如此敬业实在令人佩服。

6 月 3 日 返津

采访团上午又进行了一些拍摄的扫尾工作，下午启程返津，谁知团中又一名记者遭遇变故，85 岁的奶奶去世。此时采访团虽然已经在回津的路上，但一时半会儿还无法到津。我们的记者非常坚强，并没有因为一己之私向采访团提任何特殊要求，而是按照老人生前的愿望，好好完成工作后，再回家奔丧。

2015 年 6 月 4 日采访团全体人员平安抵津。

俄罗斯采访札记

俄罗斯采访札记

马晓熹

7 月 5 日

刚过子夜,即将赴俄罗斯采访的七个人已经整装待发。夜里行动于记者们来说并不陌生,但此次采访任务艰巨,据说连中央电视台都曾为此碰壁。我们于海外拍摄杨柳青年画的目标究竟能不能完成呢？拭目以待吧。

从天津出发至北京,一路无话……

夜里两点半左右的北京机场 T3 航站楼里,人并不多。因为彪悍的民族喜欢烈酒,作为来自中国的礼物,我们带了一些老白干、二锅头这样的中国烈酒。打包完毕之后,换好登机牌,依然有大把的时间。在仅有的几家餐饮店里,昏昏欲睡的人们等待着最早的那一趟航班。只有我们七人在最后一次核对俄罗斯方面的消息,人生地不熟的异国他乡,采访实际是一件非常繁琐的事情,短短几个小时的采访背后,大到和领事馆的对接,小到一辆出租车的预定,都是需要克服的困难。

按部就班地过安检、登机,早上五点半准时起飞。一路向西北飞行。采访工作从上飞机就已经开始了：飞机上的电子显示屏一直在记录飞机的运行轨迹,为了资料保留完整,记者们也对此进行了拍摄。

近九个小时的飞行,北京时间下午两点、圣彼得堡时间上午九点飞机安全着陆。有经验的人都清楚,在飞机上休息其实并不舒服,似睡非睡的感觉更加煎熬。一路过来其实非常疲惫,还好有当地清早新鲜清冽的空气唤醒了每个人的身体,大家都很兴奋。采访计划在明天开始,今天需要把住宿、翻译、对接等问题全部搞定,虽然是杂事,但抬眼望望四周,除了英文还算熟悉,没有一个词语能看懂,在这样一个人生地不熟的地方哪怕是要好好地安顿下来也不容易，想到马上要联系的是世界四大博物馆之一的艾尔米塔什博物馆(冬宫)里的采访任务,困难可想而知。

真是应了那句有缘千里来相会，我们选择的翻译小潘是个爽利的女大学生。说起来,其实倒要算是小潘选中了我们,当然这和我们没有关系,要说起来,是和杨柳青年画有关。小潘的家乡是河北唐山,之前在国内通过网络找到小潘的时候,她原本并不想做我们的翻译,因为我们资金有限,而翻译的内容又很多。但是后来,当小潘听说这趟出差与杨柳青年画有关之后,小姑娘突然表现出了极大的热情,因为对中国传统文化的喜爱,我们双方这才在圣彼得堡的机场得以相见。这不是缘分是什么呢?

在小潘的帮助之下,我们顺利地叫到了出租车,机场离酒店很远,司机一句话不说,专心致志地将车开得飞快。我们一路欣赏着街边的风景倒也不觉得时间过得慢。圣彼得堡这里虽然阳光普照,但风是清凉的,街上的行人步履悠闲,穿什么的都有,一派异国风情。

酒店名叫 Hotel Vera,是一家家庭式旅馆,紧邻主干道,非常简约的设计风格,干净舒适。前台可以说英语,这让我们比较放心。等入住手续全部办妥之后,我们终于可以实地探访这座美丽的城市了。

在莫斯科火车站广场旁(因为这个火车站是去往莫斯科方向的,所以叫莫斯科火车站),我们吃到了在俄罗斯的第一餐。这是一家类似半自助餐式样的餐馆,每个人拿着盘子,在准备好的餐食前进行选择,最后根据所取食物统一结账。小潘告诉我们,俄罗斯人非常喜欢吃这种类似国内大食堂一样的餐馆,因为便宜又方便。而菜色嘛,不能说丰富,因为只有肉类比较丰富,菜比较少,但总算是味道浓郁,并且有著名的俄罗斯红菜。也许是饿了,我们每个人都吃得很香。

下午的任务就是熟悉周边情况,拍摄放在明天,下午要先去掌握一下主

要的拍摄目的地——冬宫——的情况。

小潘带着我们坐公交车，教会了我们几句简单的俄语“谢谢”和“好”。坐公交统一都是28卢比（相当于3块多人民币），数了数大概七站路可以从住处到冬宫。

第一次亲眼看到世界四大博物馆之一的冬宫，淡绿色的宏伟建筑处处镶金作饰，非常富丽堂皇，这里简单对冬宫做个介绍吧：冬宫是俄罗斯圣彼得堡的标志性建筑，始建于1721年，属俄罗斯巴洛克风格建筑。冬宫具有双重属性，既是博物馆，也是皇宫，早在彼得大帝的女儿伊丽莎白·彼得罗夫娜女皇在位期间（1741—1761）冬宫就已经具有皇家博物馆的属性。叶卡捷琳娜·阿列克谢耶夫娜二世女皇在位期间，极大地扩充了冬宫的馆藏数量，并于1764年在冬宫内建立了艾尔米塔什博物馆（当时是她的私人博物馆）。该馆当时收藏的是女皇叶卡捷琳娜二世从柏林商人戈茨科夫斯基手中获得的225幅绘画作品以及来自欧洲和北亚地区的艺术珍品。1917年，尼古拉二世（1895—1917年在位）宣布退位，冬宫结束了它作为皇宫的历史。直到1852年，作为博物馆，冬宫在12月17日自己的建馆日（这一天也是神圣叶卡捷琳娜日）这天正式对公众开放。

由于今天是周一，博物馆并没有对外开放，但游人依然有很多。广场上到处是晒太阳的游人与闲庭信步的鸽子，鸽子在这里属于保护动物，据说伤害鸽子会被判刑，因此这些鸽子并不很怕人，有些甚至会到你的手上来寻找食物，非常可爱。

冬宫的对面是圣彼得堡海事总部，建得也非常辉煌雄伟。我们在踩点结束后，基本确定了明天的拍摄计划：冬宫外景拍摄与馆内沟通联系。

值得一提的是这次出差刚好赶上圣彼得堡的极昼时间，因此这个夏天我们将会感受一段太阳不落山的日子。

7月6日

因为有时差的问题(圣彼得堡比北京时间晚五个小时),这一觉醒来实际上感觉还在北京时间的夜里。虽然不舍得起床,但拍摄有任务,并不是旅游,每个人的神经从早上就不得不开始绷紧了。

七点多的圣彼得堡,空气清凉到沁人心脾,推开临街的窗口,行人不少,今天的阳光非常明媚,拍外景想必也会非常美丽。

在酒店用过早餐，小潘已经在楼下等着我们出发了。小姑娘非常有活力,对我们的机器设备也非常有兴趣。用她的话说:“这是进了剧组呢。”而也因为我们的装备,就连酒店前台两位美丽的俄罗斯姑娘都频频向我们微笑。谁能想到，这之后我们的杨柳青年画还真的吸引对方参与到我们的拍摄中来了,这里先按下不表。

冬宫的美是一种张扬的美,因为这里曾经作为皇宫被使用过,因此,这座建筑上的每一处雕塑都带有皇族富丽堂皇的味道。而冬宫广场的气魄和规模更是令人吃惊,有意思的是,这里的全部建筑虽然非常和谐,但其实却是在不同时代、由不同建筑师用不同风格建造起来的。比如为了纪念战胜拿破仑,那根树立在广场中央,高 47.5 米,直径 4 米,重 600 吨,用整块花岗石雕成的亚历山大纪念柱就与冬宫和对面的圣彼得堡海事总部完全处于不同的年代。这根纪念柱不用任何支撑,只靠自身重量屹立在基石上,顶尖上是手持十字架的天使,天使双脚踩着一条蛇,这是战胜敌人的象征。纪念柱下是许多休息的游人,我们的外景拍摄也选择了这里。

站在冬宫的外围,你会不由自主地赞叹这里的美轮美奂,这座由意大利著名建筑师巴托洛米奥·拉斯特雷利设计的建筑是 18 世纪中叶俄国巴洛克式建筑的杰出典范,中央稍突出,有 3 道拱形铁门,入口处有阿特拉斯巨神群像。宫殿四周有两排柱廊，气势雄伟。

冬宫与英国的大英博物馆、法国的卢浮宫、美国的大都会艺术博物馆并称为世界四大博物馆。这里有艺术藏品270多万件，据说5分钟看一件，一件一件地看下来需要花费27年时间之久。而这其中，杨柳青木版年画作为中国民间传统艺术的代表就被收藏在这里，并且有上百幅之多，其中不乏珍品与孤品。然而，杨柳青年画属于冬宫馆藏品，一般不随便向世人展览，我们想要采访的请求虽然已经申请提交，但却并没有得到最终批复，必须耐心等待。

之后，我们的记者兵分三路，一路由记者王煜铭带着翻译小潘前去冬宫内部确认对方是否收到申请函，是否可以确认采访。另两路记者分别前往冬宫的前后身进行出镜导语与外景拍摄。

阳光明媚，冬宫外的游客非常友好，一些中国游客在听到摄制组是为了杨柳青年画前来冬宫采访的，都对我们竖起了大拇指。

然而，等外景与出镜导语都拍摄完毕之后，我们再次汇合，王煜铭老师却告诉大家这样一个消息——之前的申请因为某些不可控因素，其实并未送达馆内领导，我们必须尽快重新申请一份，晴天霹雳！也就是说，我们现在除了重新申请、重新等待之外，无路可走。

然而，干等并不能解决问题，我们的采访计划还有其他，为了实现最大效率利用时间，我们决定吃完饭后兵分两路：一路人马在冬宫继续守候，另一路人马到俄罗斯科学院远东研究所去进行前期沟通。俄罗斯科学院远东研究所是研究俄罗斯与中国、日本、朝鲜半岛的关系及上述地区的社会经济发展状况、历史、哲学、文化、民族等问题的研究所。该所的中国学、日本学研究实力雄厚，在俄罗斯国内和国际上都具有重要影响。而俄罗斯著名的汉学家、科学院院士鲍里斯·利沃维奇·里弗京生前就在此工作过，他还有一个更为中国人所知的名字——李福清。李福清先生，一生都在致力于研究中国文化，而且研究范围相当广泛，其中包括中国民间文学、中国古典小说、中俄文化交流史等。他在中国年画的研究领域更是取得了令人瞩目的成就，曾与著名作家冯骥才先生合作出版过一本《中国木版年画集成·俄罗斯藏品卷》，其中大部分作品为杨柳青木版年画。对于这样一位对杨柳青年画研究做出过巨大贡献的俄罗斯学者，我们又怎能错过寻访他工作过的地方呢？因此，午后两点，简单吃过午饭后，小潘就带着王煜铭导演出发了，而记者赵玮作为女摄像师一路跟随拍摄，记录沟通过程。

俄罗斯科学院远东研究所距离冬宫并不算远，步行20分钟左右就可到达。该所位于冬宫后的涅瓦河边，涅瓦河既是圣彼得堡的母亲河，同时也是这座城市最美丽的景观河之一。我们在步行途中一边欣赏着涅瓦河的美景，一边留心寻找着来此取景拍摄的最佳点位。

涓涓河水、徐徐清风，有如此美景相伴，我们本来心情极佳，但到了俄罗斯科学院远东研究所之后，心却凉了半截。因为跟馆内的工作人员沟通后出现了与冬宫相同的情况，研究所方面并未收到早前发出的拍摄申请函，而且所内的主要负责人也在此假期时间出去度假了。听到这个消息我们深受打击，因为此时正值许多俄罗斯人度假，我们来的时机并不是很好，但事已至此我们必须打起精神来抓紧一切时间进行补救。研究所为我们留下了联系方式后，我们就火速赶回冬宫，与另一组人马汇合。

等到大家再次汇合，已经是晚上七点多了，吃过晚饭回到宾馆，已经打了几十个国际长途进行沟通的记者霍五月老师开始重新草拟申请函，小潘将在今天夜里将申请函进行翻译重新发给冬宫与研究所，我们的采访仍然在等待。

由于陡生变故，这天晚上摄制组进行了第一次选题策划会，商量明天的拍摄计划。而由于圣彼得堡是俄罗斯的文化与艺术中心，因此这里有众多非常出名的艺术院校。小潘推荐给了我们她的母校俄罗斯国立师范大学的美术系，据说在这个系的任课教师中,就有与中国文化渊源极深的俄罗斯人民画家。

这里要额外解释一下,“人民画家”在俄罗斯是由总统钦点,被十分推崇的一个荣誉称号。这一称号是对某位艺术家其学术、艺术和社会影响力的综合评定,是俄罗斯国人认可的相关领域内艺术家的最高荣誉。

因此,听说有这样的人民画家,虽然现在正值暑期,学校也已经在陆续放假,但我们的一路记者还是决定明天带着小潘去学校碰碰运气,看是否能就“杨柳青年画艺术与中国传统艺术”为题对学校里的老师进行采访。另一路记者则计划继续前往冬宫进行采访确认，毕竟登门造访更容易让对方感到尊重,得到对方的好感。

今天的晚饭是酒店后面的一家小餐馆,每位记者都边看图边比划地点。圣彼得堡的气候属于太阳出来很晒,云朵一来又很冷,整整一天,我们背着沉重的摄像器材到处走动,多少显得有点狼狈,虽然拍摄并不顺利,但此时此刻每个人的心里都憋着一口气,必须相信:世上无难事,只怕有心人!

7月7日

因为圣彼得堡现在没有日落,晚上往往容易失去时间的感觉。不过这倒是对我们这些时间有限,又遇到这么多问题的拍摄团队大有好处。因为天不黑就代表还可以工作,必须抓紧每一分钟筹备可以拍摄的内容。于是每天晚上按时睡觉就变成了最容易忽略的事情，再加上初来乍到的兴奋感渐渐淡去,时差的问题却渐渐袭来,早上起床就变成了一件非常令人难受的事情,团队里的所有人都开始有黑眼圈了。

由于俄罗斯国立师范大学处于酒店到冬宫的中间位置，而我们的翻译只有一位,于是我们决定先去冬宫看看情况,如果可以有准许拍摄的消息,那我们当然第一时间留在冬宫拍摄,回来再补拍学校镜头。这样决定之后,我们告诉小潘在冬宫等我们，几天下来，坐公交车的“复杂”问题我们已经能够解决，虽然站牌依然完全看不明白，但只要记住小潘告诉我们的那几路公交车，再用照片告知对方我们要去的位置基本就可以解决问题。

在冬宫的门口我们见到了小潘，昨晚小潘已经将重新翻译好的申请文案通过电子邮箱递交给了冬宫官方。但小潘也告诉我们，俄罗斯人不比中国人懂得变通，一般不会出现特事特办的情况，文案要等对方按照程序进行提交申请才能给我们答复，而最近刚好是暑期，有不少俄罗斯人会选择去度假，因此我们要有一定的心理准备，要知道，以前中央电视台在冬宫的采访也曾碰壁过。

果然，预想的问题还是出现了，十点半左右，我们再次进入冬宫博物馆接待处进行询问，提交上去的文案是否已经送达，没想到兜兜转转了将近一个小时后得到的回复依然还是处于未接收状态。无奈之下，我们的记者与小潘开始了新一轮的电话作战。当然团队还是只有一个字可以做，那就是“等”。

但此时却也有了一个好消息，那就是俄罗斯科学院远东研究所的负责人回复我们允许拍摄了。精诚所至，金石为开。大概是我们之前的电话攻势，以及直接登门拜访打动了对方，采访申请竟然被特批通过了。

于是我们立即依旧采取兵分两路的模式：一路人马静待冬宫回音，另一路人马徒步赶往俄罗斯科学院远东研究所进行拍摄。

经过了这么多波折，我们终于见识到了李福清先生生前工作过的地方。研究所内的装潢古朴典雅，可以看出完美保存了最初的设计和装饰，虽然历史悠久却并不让人觉得陈旧，反而尽显深厚底蕴，给人一种肃穆之感。工作人员热心地领我们进入了所内一个小型的展览室，那里展出了许多研究所的学者工作的照片、资料以及研究成果。他们还依照展品为我们讲述了李福清的故事，并带领我们参观了该所的图书馆。不难想见当年李福清在这里工作、阅读的情景，我们不禁为他对于杨柳青年画研究的贡献而深受感动。

由于俄罗斯科学院远东研究所的成功拍摄，令整个团队信心大增。于是我们对俄罗斯地理学会博物馆也是如法炮制，先是电话沟通进行轮番轰炸，再是直接登门拜访。或许是因为我们再次登门的诚意打动了他们，博物馆的临时负责人就决定破例带我们进去拍摄。但他表示，杨柳青年画版的《天津地图》是该馆的珍贵藏品，不能轻易示人，而且在此期间图书馆准备重新修缮，所以有很多珍贵的藏品已经被转移至库房中安全地保存了起来。他还表示让我们入内拍摄就已实属破例了，想要从众多珍贵藏品中找出《天津地图》来拍摄他实在是无法做主，必须由总负责人亲自批示才可以拍摄。因此我们最终也没能拍到杨柳青年画版的《天津地图》，这大概是我们此行中最大的遗憾了。

解决了这两处的拍摄，下午四点，我们决定再次分开行动，一路记者带通信设备（在国外，电话漫游费用非常贵，为了节省，我们租了 Wi-Fi，用网络进行相互之间的沟通，但是 Wi-Fi 主机只有一个，因此要分开行动就必须保证一个队伍有 Wi-Fi，一个队伍有当地电话可以使用）继续在冬宫留守，一路记者和小潘带摄影设备前往大学进行拍摄。俄罗斯国立师范大学位于喀山大教堂的隔壁，整个校园闹中取静，建筑很有历史韵味。由于已到暑假，学生非常少，漫步其中，竟有点世外桃源的感觉。小潘告诉我们，由于这所学校的艺术系比较强，因此教学楼也格外气派，甚至有独立的走廊可以直接进入，在这个走廊的公示栏里，我们看到了系里的课表等内容。当然，这些内容也在小潘的解释与翻译下被我们拍摄了下来。

上到这个教学楼的三楼，一路上金发碧眼的学生不断与我们擦肩而过，看来艺术系还有人在上课。此时已经是下午五点多，教学楼里非常安静，正有清洁人员在擦洗木材质的地板，除了一些学生制作的雕塑作业摆放在过道中，还有一些画作挂在这里。

我们挨个欣赏这些作品，其中有几幅版画引起了我们的注意，与杨柳青年画的细腻鲜艳不同，这些版画的作品名都标注在画的下方，用色对比强烈大胆非常有现代感。我们选择了其中一幅名为《青蛙王子》的版画进行了出镜导语的拍摄。就在此时，一位看上去 30 多岁的女子经过，问我们在做什么？显然这是一位助教级别的老师。小潘赶紧上前说明来意，女子在看了我们存在电子设备里的杨柳青年画之后，非常友好地告诉我们，明天早上来这里，会有教授在这里上课，并且系主任对中国传统艺术非常感兴趣，或许可以配合我们的采访。这真是个好消息啊！

之后，我们又在这里拍摄了一些学校里的风景。晚上吃饭的时候已经是八点多了，在附近采买了一些补给后，我们返回了住处（俄罗斯的水含铁量超标，需要买矿泉水饮用）。

夜里十点再次开碰头会，根据今天拍摄的情况做明天的拍摄计划：首先当然是保证有人去冬宫继续进行沟通，同时另一路人去学校就俄罗斯的高等院所对中国传统艺术的研究等内容进行深入采访。

夜里十一点多，伴随着不落的阳光，所有人回房休息。

7 月 8 日

大清早，天空开始微微的飘雨，温度迅速下降到只有十多度，三名记者（黄瑾、赵玮、马晓熹）加上翻译小潘前去学校进行拍摄。

也许是下起了雨，今天的校园明显人更少了，只有教学楼里有人在活动。我们找到昨天来过的艺术系三楼，正好遇到一位白发苍苍、气质儒雅的老人。他很热情地跟我们打招呼，小潘上前询问后，高兴地比起了胜利的手

势。原来此人正是艺术系荣誉教授列特涅夫·瓦西里·亚历山大洛维奇，而令我们感动的是这位教授竟然主动给我们递上了提前准备好的中文名片。

拥有中文名片，看来这位教授与中国的渊源相当深厚，而仔细看名片，我们更是发现，他不但是俄罗斯人民画家，还是俄罗斯功勋画家以及俄罗斯高校功勋工作者，这些在俄罗斯属于最高级别的荣誉称号让我们对教授的背景愈发好奇。

通过小潘的翻译，我们了解到原来这就是昨天助教推荐给我们的那位教授亚历山大洛维奇。他从事绘画事业50多年，目前是俄罗斯国立师范大学荣誉教授。他指导高年级学生学习绘画，本人与中国确实有很深的渊源，从20世纪80年代开始，基本上每几年就会去中国进行学术交流，因此，拥有中文名片也就不足为奇了。他本人对北京非常熟悉，甚至也为北京的一些老建筑作画，而他擅长的绘画方式多种多样，版画的创作方式他也曾经尝试过。虽然老先生听说过中国年画，但其实并没有见过真正的杨柳青年画。

当我们拿出杨柳青年画的电子样本时，老教授连连惊呼：“实在是太漂亮了。”我们问他杨柳青年画哪里漂亮，他表示杨柳青年画的用色非常绚丽多彩，线条也非常细腻流畅，表现人物活灵活现，是不可多得的艺术品。不愧是高水平的艺术家，一下子就找准了杨柳青年画的魅力之处。

亚历山大洛维奇教授也告诉我们，中俄在版画方面的交流其实在很多年前就已经开始了。虽然从表现形式上来看，俄罗斯的版画艺术与杨柳青年画有着非常大的差别，但艺术是不分国界的，好的版画艺术品所传达出来的深厚韵味也都是能打动人心的。而艺术要向前发展，交流学习则必不可少。正巧在两周后他将要前往中国进行文化交流，他也希望届时可以去天津杨柳青真正看一看杨柳青年画的制作过程是怎样的。

亚历山大洛维奇教授非常热情，甚至破天荒地带着我们到他的办公室里进行参观。我们惊奇地发现这里有许多传统的中国元素，虽然杂乱但是文化气息浓郁。

从教授的办公室出来，三名记者都被杨柳青年画的艺术魅力所折服。虽然语言完全不通，交流起来非常费劲，但杨柳青年画却在我们与俄罗斯艺术家之间架起了一座无形的桥梁，让两个国家、两个民族之间的人得以相谈甚欢，这真是非常神奇的力量。

此刻，因为窗外的雨下得非常大，在教室的地下室里，我们遇到了许多等待雨停的俄罗斯大学生，他们对我们非常好奇，更对我们手中的杨柳青年画感到好奇。于是由小潘翻译，我们采访了几位学生，还指导其中的一位用中文念出了“连年有余”。在学校的采访非常顺利。等到雨小些，我们赶紧出发与另一路记者汇合。

下午，为了轻装上阵随机应变，我们又开始了分兵作战，一路人马先将部分用不到的设备放回酒店，另一路人马留下来继续在冬宫外守候。

此时此刻，已经是我们在冬宫外守候的第三天了。电话打了上百个，沟通信件往复了十几封。每个人都处于崩溃的边缘，现在可以说除了冬宫内部，冬宫周边的一切我们都彻底地熟悉了，洗手间哪里有，咖啡哪里卖，热狗哪里吃（因为等待随时不能离人，所以中午饭我们都是轮流去买热狗咖啡），每个记者都可以做到不用问路就能应付。可是，这样的结果不是我们想要的，虽然困难我们早已想到，但是没想到是这样的困难，几乎没有给我们留下任何一点余地。如果抛开冬宫内部那上百幅珍品杨柳青年画的素材，其实也就没有去学校、地理学会、远东研究所等这些地方的必要——因为皮之不存，毛将焉附！我们拍摄的大量素材又要在哪里立住脚呢？

每个人都垂头丧气，甚至我们已经想到回天津，用技术上的蒙太奇手法来弥补缺憾的办法。但如果那样操作，那只能说这次俄罗斯采访之旅是失败的。虽然我们每个人都不希望是这样的结果,但是异国他乡,我们又能如何呢?不得不接受这样的现实。于是,大家决定乖乖地买票进馆,用小型设备拍一些冬宫内部素材,等到回去再加工。

可天无绝人之路! 就在我们已经绝望的时候,小潘的邮箱有了动静:您好,采访申请已经得到批复,允许你们周五(也就是 7 月 10 日)进馆采访,届时会有杨柳青年画提供给你们。

当小潘一字一句地将这些文字翻译给我们的时候,我们所有人甚至都不敢相信自己的耳朵。而大伙欢呼雀跃的举动甚至吓到了正在排队等待进馆参观的各国游客。

天突然更蓝了,到处游走的鸽子也似乎感觉到了我们的快乐,不停地围着我们讨食吃。几天来的压抑感瞬间消散,每个人的脸上都洋溢着喜悦。

买的票不能退,我们决定进馆参观,顺便了解一下里面的环境,好更好地进行周五的拍摄工作。

冬宫最早是叶卡捷琳娜二世女皇的私人博物馆。1764 年,叶卡捷琳娜二世从柏林购进伦勃朗、鲁本斯等人的 25 幅绘画,存放在冬宫的艾尔米塔什,该馆由此而得名。为了彰显权势,叶卡捷琳娜二世在位的 34 年间(1762—1796)不断大量收购各种类别的艺术品,包括 16 000 枚硬币与纪念章、约 2000 幅画、38 000 册书籍等等。随着收藏品的增多,这里从 1764 至 1789 年先后建造了小艾尔米塔什和大艾尔米塔什。

冬宫的建筑面积超过 4.6 万平方米,其内共有 1050 个房间、1886 道门、117 个楼梯。冬宫博物馆的珍藏品数量浩瀚,分别陈列在东方艺术馆、远东艺术博物馆、西欧艺术馆等分馆中。

东方艺术馆拥有公元前 4000 年以来的展品 16 万件,其中有几千件古埃及的文物,如石棺、木乃伊、浮雕、纸莎草纸文献、祭祀用品和科普特人的纺织品，世界上最大的伊朗银器，以及巴比伦、亚述、土耳其的文物。

远东艺术博物馆收藏了大量的中国文物和艺术品，其中有200多件殷商时代的甲骨文献，公元1世纪的珍稀丝绸和绣品，敦煌千佛洞的雕塑和壁画样品，中国的瓷器、珐琅、漆器、山水和仕女图，包括3000幅中国年画及在泰国以外最多量的泰国雕塑。

西欧艺术馆是冬宫最早设立的展馆，占有120个展厅，主要是文艺复兴时期的绘画、素描、雕塑。

古希腊和古罗马的雕像、花瓶等文物被分别陈列在20多个大厅里。艾尔米塔什的建筑和内部装饰颇有特色，拼花地板光亮鉴人，艺术家具精致耐用，各种宝石花瓶、镶有宝石的落地灯和桌子有400件左右。

冬宫里非常大，我们进馆时已经是下午三点多了，匆忙地看过中国馆后，我们去参观了里面最出名的几件珍品。

首先要介绍的是著名的孔雀钟，这是座用黄金打造的超大型孔雀钟表。手工精巧、金光闪闪，是冬宫的镇馆之宝。大玻璃罩中伟大的孔雀钟是由英国历史上最伟大的珠宝设计师詹姆斯·考克斯(James Cox)以及他的工匠团队一起制造的。它由一系列极其复杂的机械装置组成:一棵枝繁叶茂的小树上站着一只美丽的孔雀，左右两边分别是一只公鸡和一只被关在笼子里的猫头鹰，树下则长满了12朵圆蘑菇，在中间最大的一棵蘑菇的顶端，还落着一只振翅欲飞的蜻蜓。当孔雀钟上满发条时，蜻蜓就会一秒一秒地转动，起到秒针的作用，而蜻蜓下面的大蘑菇上，可以看到小时和分钟的刻度。孔雀开屏后金色的一面象征着太阳和白天。银色的一面象征着月亮和黑夜。公鸡的啼叫象征着新的一天的开始，整个运行过程代表着从黑夜到黎明周而复始。由于这个钟表已经有200多年的历史了，尽管它仍然能够启动，但是为了最大限度地延长它的寿命，“孔雀钟”通常情况下都处于停止状态。

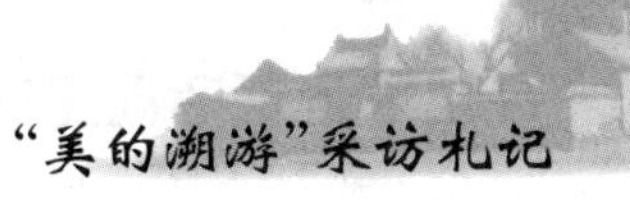

但是非常幸运的是,我们赶上了它的开屏,好心的博物馆工作人员还告诉我们具体的时间点,拉着我们前去参观。真的是幸运的团队啊。

其实这座钟最初是打算卖到中国的。从上文中提到的考克斯出的说明图录中可以看出,当初这座钟上孔雀的旁边是两条蛇。由于考克斯与当时的清政府生意进行得不顺利,因此后来考克斯便对它进行了改造。将两条蛇移去之后,加上了一只公鸡和一只猫头鹰,使其变得符合西方人的品位。俄国亲王波将金(Potiomkin)购买了它,并将其送给女皇叶卡捷琳娜二世。

另外,还要说说达·芬奇的名画。要知道世界上留传至今的达·芬奇油画总计不过十幅,其中的两幅《持花圣母》和《圣母丽达》就陈列在这里。当时的沙皇高价购得这两幅画,视如珍宝,立即下令修建达·芬奇大厅以展示两幅珍品,如今这两幅画已成为冬宫镇馆之宝,大约画于1478年。

能够站在这样的名画之前细细品味,每位记者内心的激动可想而知。除此之外,拉斐尔的《科涅斯塔比勒圣母》和《圣家族》、米开朗琪罗的雕塑品《蜷缩成一团的小男孩》,都是该馆收藏的珍品。

晚上七点半我们才从馆内恋恋不舍地出来,这次参观无疑是管中窥豹,如果有机会,一定要再来细细品味。但因为后天就要正式前往拍摄,我们今天晚上决定好好制订计划。

没想到的是,我们无意中的举动,竟然引起了酒店工作人员的兴趣。因为我们一直在用电子产品讨论杨柳青年画的拍摄问题,酒店员工看到中国年画特别喜欢,一定要求与我们合影并准备挂到她们酒店的文化墙上,这让我们又一次见识到了杨柳青年画的魅力。

7月9日

也许是心里的石头落了地,昨晚这一觉睡得实在安稳,早起吃饭,大家有了一个新想法。我们要拍一部微型纪录片，将我们在圣彼得堡这几天的煎熬与拍摄的不易记录下来。

而今天，确实是一个幸福的日子，我们要好好参观与拍摄圣彼得堡最出名的建筑物，仔细领略这个俄罗斯的艺术与文化中心。下午我们要亲自去这里的菜市场买食材，去翻译小潘家进行庆祝，并为小潘做采访。

上午我们决定先在涅瓦河周边游览。涅瓦大街是圣彼得堡的一条古老的主街道，横穿城市的中心地带，被誉为“世界上绝无仅有的美丽街道”。古老的涅瓦大街两旁矗立着一座座历经沧桑的古建筑，那每一块沉默的大理石上，仿佛都铭刻着这座城市曾经有过的荣光、梦想和变迁，还有一代代圣彼得堡人悲欢离合的故事。

1883 年，在离涅瓦大街不远处的格里鲍耶陀夫运河旁，也就是著名的基督复活教堂，又称喋血大教堂、滴血大教堂。

这座教堂结构繁复、色彩绚丽，教堂顶端的圆顶五光十色，在阳光下熠熠生辉，小潘告诉我们，这座宛如童话里的教堂从每个面看上去都是一样的。而这些正是俄罗斯东正教建筑的典型特点。教堂内部用小巧而精美的马赛克瓷片嵌满了表现《圣经·旧约》故事的镶嵌画。教堂正面的柱子、饰框、飞檐皆用大理石、花岗石以及不同色彩的瓷砖和搪瓷、青铜板材装饰。四周的壁画拼图表现的是《新约全书》的故事，中央图案呈现了基督在人间的生活，东西两侧再现了耶稣受难、被钉上十字架、基督复活等宗教故事。

由于教堂非常高，因此走进这里会有一种突如其来的庄重又压抑的感觉。人们说话会不由自主变小声，神情也会变得严肃起来。而据说暗杀亚历山大二世①现场的那一段街道如今就被封闭在教堂的墙内，因此，站在这里

---

① 公元 1881 年 3 月 1 日，亚历山大二世乘马车准备去签署改组国家委员会，启动俄罗斯君主立宪政改进程的法令时遭暗杀。

就能让人感受到当年那场残暴的暗杀所留下的血腥气。而在这里我们真的看到了一个祭坛,祭坛四周巧妙饰以黄玉、琉璃和红宝石,表达了晶莹的“血滴溢出溅落之意”,虽然瑰丽却是那么的触目惊心。

我们一行人沉默着从教堂中出来,下一站我们要去看看另一座著名的喀山大教堂,喀山大教堂离喋血大教堂不算很远,也位于圣彼得堡的涅瓦大街上，由俄罗斯建筑师沃罗尼欣设计,1801 年到 1811 年历经 11 年才完全竣工。

喀山大教堂虽然没有喋血教堂那么绚丽，整个教堂的风格非常朴素庄重,但与旅游景点完全不同,这里今天仍然有善男信女在默默祷告,女子基本上都用纱巾包上了头,我们入乡随俗安安静静地参观结束后,纪录片的征程正式开始了。

解决完午饭,我们首先要购买后天一大早去莫斯科的火车票,本来以为这是个简单的事情,可没想到购买我们八个人的火车票竟然整整用了将近一个小时。俄罗斯火车站的自动售票机可以提供俄文与英文两种服务方式,因为有小潘在,她也曾经在这种机器上买过火车票,因此我们决定由小潘操作,我们提供护照资料。真是不比较不知国内先进,在国内买动车票,基本上是拿着身份证直接就可以刷出个人信息来的。但是在这里所有的资料都要手动填写，而手填的内容之详细，令我们每一个人都感到惊讶(姓名、年龄、性别、出生日期、国籍、护照号、甚至还要填写发护照的具体省份……),而机器反应也比较慢,一次只能填写三人的资料。因此,这才为买票花掉了将近一个小时的时间。

买好了火车票,已经是下午三点多,我们赶紧搭车前往小潘家附近的菜市场,因为去那里很远,大概要四十分钟的时间。小潘告诉我们,马上要去的市场他们都管其叫黑毛市场，估计是因为这里有很多黑头发的南美人在做生意吧,这个市场比较便宜,但治安也相对比较乱。

市场很大,与国内的农贸市场非常相似,肉制品、蔬菜等等应有尽有,尤其是奶制品,比国内多出很多花样来。这里的物价总体来说:蔬菜类的比国内要高出一些,但肉类却出奇地便宜。

让我们觉得有趣的是,即便是买食材这种小事,其实也能深深地感受到东西方文化的差异。在我们买鱼结账时,对方不停地摇着头让我们再选,我们说够了,对方就说,我们八个人买一条鱼不够吃,要再多买几条才可以。后来我们的翻译小潘向对方解释,中国人是分享着吃饭的,鱼只是作为多道菜肴中的一道而已后,对方才总算是摇着头结了账。

多么有趣的体验呀!而这些也都被导演王煜铭记录在了镜头之中,作为我们俄罗斯之行纪录片的一部分。

晚上开始准备做饭时才发现,小潘毕竟是租住在这边,东西并不全,烧饭用的火力也有限,我们所有人分配了一下决定,一队人去附近的超市采买其他需要的东西,顺便进行一些外景拍摄(因为这里已经离我们住的酒店远了很多,环境也有了很大的差别),另一队人则做一些煮饭的准备工作。

此时已是晚上的七点钟左右!

等到我们叮叮当当地把所有食物变成中式晚餐摆上桌时，已经是晚上九点多。此时,不落的太阳光似乎有了寒意,但屋里的气氛很热烈,明天将是一场硬仗,我们必须全力以赴取得圆满成功。

这一路走来，个中滋味与各种艰辛只有我们每位参与其中受过煎熬的记者心里最清楚,当拍摄终于有了眉目,摄像机前我们总算可以干杯庆贺。

吃过晚饭,我们对小潘进行了采访,镜头前的她非常诚挚地告诉我们,最初她仅仅是因为杨柳青年画的吸引力而偶然进入到我们的团队。而经过这么多的无奈、波折之后,我们的成功也让她觉得自豪。这是我们每个人的

努力换来的结果，在这一过程中，我们每一个人在工作中的韧劲深深地打动了她，也让她有信心把这次的翻译任务顺利完成。经过这次采访，我们与小潘之间的友谊定会长存，也真心祝福这个伶俐的小姑娘能越来越好。

夜里十一点多，我们返回酒店，准备好所有需要准备的设备与文稿等，安然入睡等待新一天的到来。

7 月 10 日

念念不忘，必有回响，今天是我们此行最为重要的一天。

因为邮件中告知我们上午十点进馆采访，上午九点半我们就已经等在了指定的进口处。天气很好，不间断地下过几天雨，今天的阳光格外明媚，真正的碧空如洗。

我们安静地等在门口，时间一分一秒过去，眼看到十点了，我们却没有等到博物馆的工作人员。明天，我们就将启程赶赴莫斯科，再也没有时间与机会在这里等待下去了，我们的心一点一点沉下来。

在小潘带领下，两名记者再次进入接待处询问情况……

十点四十五分左右，就在我们又要绝望之时，导演王煜铭从一扇小门里飞奔出来，看不出来他的脸上是什么情绪，王导比画着让我们赶紧跟着他走，所有人迅速背起行李跟上他。

在我们鱼贯而入博物馆后，一名上了年纪的俄罗斯女工作人员带着我们一路疾走。

在穿过整个博物馆的时候，每个人的心里都在一直祈祷，不要把我们丢在某个展馆前，告诉我们这就是提供给你们的拍摄点。

终于，在一部内部员工使用的电梯前，女子停下了脚步，我们的心略微放下，这证明我们去的地方不是普通游客可以进入的，看来有门儿。

上了电梯，我甚至紧张到忘记是到了几楼，电梯门开，又走了一段儿，一名上了年纪的俄罗斯大叔快步上前与我们握手，他竟然断断续续地说着中文，意思是让我们跟着他去他办公的地方。

在中国馆内的一扇非员工进入的大门前，俄罗斯大叔掏出了钥匙，咔咔声响起。那扇神秘的大门徐徐敞开，其内的照明更加昏暗，神秘的气氛笼罩着我们每个人，里面会是一个什么样的地方呢？

其实，这里就好像是一个排列有序的库房，库房里是中国的许多艺术珍品。在这里，我们看到了敦煌壁画，看到了一些浮雕等等的文物，还有研究人员正在修复这些物品。穿过昏暗的库房一样的陈列室，再过一道门，眼前豁然开朗。透明的玻璃穹顶下，一张巨大的工作台位于这间屋内的正中央，上面也有正在修复中的中国古代艺术品。

而我们的目标物——杨柳青木版年画——据说正摆在这间屋内某个角落里的一张小书桌上。为什么要用“据说”这个词呢？因为此刻在这位俄罗斯大叔的指引下，我们其实已经能够看到那些装裱起来的年画，但是上面盖着保护纸，还并不能一睹真容。经过这么多天的折磨，我们现在已经有点神经敏感，万一这些年画并不是杨柳青年画，我们该怎么办？因为毕竟这里是几千公里外的外国，如果外国人搞错年画品种想来也不是什么奇怪的事情。

不怕一万，还真就怕这个万一！第一张年画就让我们所有人心里一惊、头皮发麻——这真的不是杨柳青年画!!!

我们赶紧翻看这些年画，一张，二张，三张……可是越翻心越凉，这里没有一张是杨柳青年画。我想此刻，所有记者的心都已经凉透了。没有杨柳青年画，那等于我们的采访依然没有成功，哪怕我们现在已经是史无前例的唯一一家站在冬宫内部馆藏位置拍摄的媒体，但我们心里知道，这个拍摄任务依然没有完成。

摄像记者把光都已经打好了，无论如何，我们已经知道这里肯定有杨柳青年画，那我们就必须迎难而上，去提出这个“非分”的要求。

当然，这不是那么容易的事情，听到我们的诉求，俄罗斯大叔为难地用中文说：“不行，就只能拍这些年画，我得到的通知就是这些年画，肯定没有错！”虽然语调非常的外国人，但可以听出其中的斩钉截铁。

怎么办？怎么办？只求我们大家能急中生智。

女记者先上跟他聊聊再说吧，聊着聊着，对方说了一句：“我妈妈以前在中国学过中文，我特别喜欢说中文。”原来，这位名叫盖尔耶维奇的教授曾经与中国有过这么深的渊源。既然如此，这可是个突破口，我们得好好抓住，既然对方喜欢中文，那就引他多说点中文让对方开心，到时再提要求，看着我们这些女记者盼望的神情，估计盖尔耶维奇教授应该也不好拒绝吧。对，就这么办！我们一边比画，一边用中文询问他母亲的情况，他母亲为中俄友好交流做了多大贡献之类最容易引起对方好感与责任感的话题。

等到谈话深入，我们小心翼翼地引出了杨柳青年画的话题，盖尔耶维奇教授此时笑容满面，听到我们再次提起杨柳青年画，没有了之前那防备的态度，而是非常自豪地夸起来，自己对杨柳青年画有颇多研究，并且就在这个博物馆内有很多堪称精品的杨柳青年画。我们赶紧说，“带我们去看看吧，见识见识。”犹豫了半晌，“唉，走吧，走吧！”

盖尔耶维奇教授终于点头了，虽然看上去有点不情愿，但是毕竟腿已经迈开了，我们赶紧簇拥着他，生怕他反悔似的一边一个跟了上去。又是一段昏暗路途，出了工作间，再出仓库，走入正式馆内，再走一段展馆里的路来到一扇门前。大叔拿出另一把钥匙开门。

门开后，这次可以很快看清里面的情况，因为房间面积不大，并且堆了许多东西，除了周围一圈都是书架一样的大柜子，中间仍然是一个办公桌，空间狭窄到我们无法正常进行采访,看来在这里只能是随机应变了。

盖尔耶维奇教授转身从身后的一个柜子中小心翼翼地抽出了一张带有保护衬纸的大卡纸,就在卡纸漏出一角的时候,我们知道,有戏了!

一眼就能确定这是一幅保存完好、画质精美的杨柳青年画。大叔一边跟我们用中文混杂着俄文介绍这张年画的来历,一边又回身取出一本书来,这是一本《杨柳青年画史概要》。他的意思是要我们在其中找出我们需要的几幅,因为这里的年画都按照这本书上的编号进行了标记。

书翻了又翻,一直不见我们最想要的那几幅,但是看来朝思暮想的杨柳青年画就在这间屋内,我们所有人的情绪都从紧张渐渐转成了兴奋。

突然,数字 99 跳入所有人的视线中,这是杨柳青年画《白蛇传》,而且不同于我们所见过的,这是一幅将所有白蛇传故事融为一体呈现在一张纸上的不可思议的年画。我们赶紧要求,找这一张。

盖尔耶维奇教授看了看,一边伸着大拇指称赞,一边转身在柜中找起来,我们看这情况也赶紧在狭窄的通道中帮他一起寻找。寻找的过程中,大叔取出来的每一幅作品都令我们为之心动,而这其中就包括我们曾经在徐州寻访过的有关刘备招亲的三国故事的杨柳青年画。这些精美绝伦的年画让所有人为之惊叹,最终当 99 号《白蛇传》呈现在眼前时,我们每个人的心中都涌上了不一样的感触。这些保存完整,具有极高艺术价值的杨柳青年画经历了几十年甚至上百年,如今静静地躺在千里之外异国他乡的博物馆内,作为中国传统民间艺术的珍品,一个国家文化的象征为俄罗斯与中国之间的文化交流做出了应有的贡献。而这全要感谢一位被郭沫若称为是“阿翰林”的苏联汉学家——米·瓦·阿列克谢耶夫。这位几乎已经是半个中国人的俄罗斯人,对中国感情至深,对中国古典文学极尽热情,花费了毕生精力倾心于中国传统文化的研究。

从1906年起，阿列克谢耶夫曾数次来华，在天津杨柳青等年画主产地，收集到了四千多幅各色年画、木版以及大量民俗学资料。他虚心求教于中国学者，不仅为四百幅年画配上了俄语的说明文字，而且还凭借其扎实的汉学功底，比较贴切地阐发了画面寓意。这些中国民间瑰宝，成为了中俄民间友好往来的见证和载体。而我们今天见到的这些，就是其中最为珍贵的那一批。这样久远的历史，这样沉厚的文化，我们此刻甚至可以触摸，这让大家眼中不由自主蓄满了泪水。

因为找到了年画，见到了年画，拍到了年画，接下来的采访变得非常顺利，大叔对我们这次来冬宫采访的勇气表示赞佩，因此对我们的提问几乎到了知无不言、言无不尽的地步。

接下来就是在冬宫里的空镜拍摄，等到我们要离开时，素材已经拍了有近三个小时。当然，这些都是珍贵的资料，或许也是前无古人、后无来者的资料了。

7月11日

早上六点，亮了一夜的天这会儿却阴沉起来，今天是要离开圣彼得堡的日子，来不及不舍我们就已经要面对新的征途。退房时，服务员意外地将已经打包好的早餐递给了我们，异国他乡，如此贴心的感觉真好。

下一站是莫斯科，这天上午我们要搭乘早班火车，这趟火车几乎就是中国高铁的翻版，然而速度却慢了许多。从圣彼得堡到莫斯科六百多公里的路程，一共需要四个多小时。一路都是绿油油的，风光无限。

中午到达莫斯科，这里的天比圣彼得堡低沉了很多，没有了那种天高气爽的感觉，但来不及细细体验，我们要赶紧去找旅馆放行李，吃饭休整去踩点。因为我们在俄罗斯只有满打满算一天半的时间了，拍摄已近尾声。

简单地吃过午餐,下午先是要联系一位姓彭的音乐老师。这位彭老师是几年前从中国来莫斯科做交流的学生。因为她是天津人,而且每次来俄罗斯都要买年画作为礼物送给当地的同学。

我们与她约在普希金艺造型术博物馆见面，顺便在这个博物馆踩点以准备明天的拍摄。

约好了是下午四点见面,从酒店的地图来看,普希金艺术博物馆距离俄罗斯的象征——红场——并不远,于是我们决定先去红场进行踩点,因为明天也有在红场的拍摄要完成。

红场是俄罗斯首都莫斯科市中心的著名广场，西南与俄罗斯的政治中心克里姆林宫相毗连。红场内与周边有包括列宁墓、圣巴西尔大教堂、国家百货商场、国家历史博物馆等建筑在内的名胜与购物胜地。红场大约有 695 米长、130 米宽。整个红场的基调以红色为主,游人置身其中能非常强烈地感受到整个广场的雄伟庄重。我们去的时候，刚好赶上纪念卫国战争胜利 70 周年大阅兵,到处喜气洋洋,许多新人在这里结婚拍照留念,有人看到我们还邀请加入他们的欢乐中。

由于翻译小潘一直长住在圣彼得堡,对莫斯科其实并不熟悉。因此,虽然普希金造型艺术博物馆就在红场附近,我们仍然找的很辛苦。

下午三点半,在走了许多弯路之后,终于见到了这座博物馆的真容。这座博物馆曾经是苏联的国家美术馆,建于 1912 年,1937 年为纪念诗人普希金逝世 100 周年,改用普希金造型艺术博物馆这个名字。这个馆里以收藏古代东方、希腊、罗马、拜占庭和文艺复兴时代至 20 世纪以来世界各国的艺术作品为主,艺术品总数约为 50 万件,而这其中也有杨柳青年画。

彭老师非常热情,她在俄罗斯已经五年之久,因为是学艺术的,整个人都散发着艺术的气息。她告诉我们,俄罗斯人,尤其是搞艺术的俄罗斯人都

非常喜欢中国的传统艺术，知道她是天津人之后，许多当地的同学在结婚这样的大场合下，甚至会指明要天津产的传统中国艺术品，因此她没少往俄罗斯带杨柳青的年画和以年画为题材的风筝。而再过几天她的一个朋友就要结婚，她已经答应人家会送杨柳青的风筝给对方。我们相谈甚欢，约定好明晚作为在俄罗斯的最后一个夜晚给彭老师做采访。告别之时，彭老师也笑着跟我们说，杨柳青的传统艺术品对当代的中俄友好交流确实做出了积极的贡献，她就是最好的见证者。

当天晚上，王煜铭导演决定对我们自己这个团队做一个总采访，总结与梳理我们在俄罗斯的整个采访过程，也为我们正在构想中的纪录片进行采访补充。虽然 7 天过去，现在所有人其实都已经疲惫不堪，但每个人都义不容辞参与其中。以往都是为别人化妆，今天我们几个女记者也都化了妆，准备好好将这几天的心路历程在镜头前讲一讲。而为了采访的效果好，我们甚至在宾馆工作人员诧异的目光下，将宾馆房间改造成了最好的采访室。

灯光亮起，每个人都沉浸在回忆之中，娓娓道来这整整七天的回忆，这才发现有欢喜也有泪水，有辛苦也有收获，有顺利也有波折，当任务圆满完成时，当心中的大石块落地时，每位记者的心中都该是五味杂陈的吧？

对自己团队的采访一直进行到夜里十二点多，虽然疲惫，但这一晚却是所有人在俄罗斯睡的最香甜的一个夜晚。

7 月 12 日

今天早起还有最后一天的任务，那就是在普希金造型艺术博物馆的拍摄。由于正放假，博物馆里并没有相关负责人可以接受我们的采访，而这个博物馆由于毗邻克里姆林宫，政治性更强，我们采访内部的要求并没有得到许可，但这并不影响我们的拍摄。经过协商，我们被允许在外部进行拍摄。

从20世纪20年代初期开始这个博物馆一直在扩大真品收藏，首先就是绘画真品的收藏，这让博物馆取得了进一步的发展。如今普希金造型艺术博物馆已成为俄罗斯反映世界文化的主要美术馆之一。

这座博物馆里有几十幅杨柳青年画作品，按照资料显示，这些年画也都是从阿列克谢耶夫访华开始保留下来的作品。其中有很多作品记录下了当时中国社会的现状，有着非常高的艺术价值与历史价值。真的很希望能有下一次，我们可以一睹这些年画的真容。

在俄罗斯，有越来越多的年轻人选择来中国学习，而天津就属于俄罗斯人最喜欢选择的留学地点之一。这其中就有一部分人是因为父母曾经与中国有过交集而选择来中国学习。这天下午的采访，我们就选择了这样一位在天津上学的大学生，这个中文名字叫作刘林的大男孩是因为他的母亲曾经在中国生活过，对中国的感情颇深，于是按照母亲的意愿，来到了中国学习中文。接受我们采访的这一天，他最小的弟弟刚刚出生三天，他说他妈妈肯定特别高兴他能接受来自中国的电视台的采访。

长相讨喜，中文说的也不错的他，对我们带来的天津杨柳青年画几乎是一见钟情，刚刚在天津学习中文不到一年的他有些中文词汇还不会说，但遇到这样的情况时，他会用世界通用语——肢体语言表达自己的情绪。采访最后，我们约定在天津再见，到时他还要给我们展示他划龙舟的风姿。

明天就要启程回国，此刻我们所有人都心绪难平。整理行李到深夜，一件一件好像很沉重，满满的收获在摄像机里，更在我们的心里……

7月13日

早上5点起床出发，在机场的忙碌让我们暂时忘记了离别的忧伤，等到坐上飞机，愁绪才上心头，但转念又才想起，这明明就是新征程的开始，因为

回去还有电视片的制作要完成……

下午 7 点多,经过 8 个多小时的飞行,飞机顺利降落在北京机场,我们的采访任务圆满结束。